全面注册制与企业上市合规之路

高慧 / 编著

企业管理出版社

图书在版编目（CIP）数据

全面注册制与企业上市合规之路 / 高慧编著. —北京：企业管理出版社，2023.11

ISBN 978-7-5164-2960-0

Ⅰ.①全… Ⅱ.①高… Ⅲ.①上市公司—企业管理—研究—中国 Ⅳ.①F279.246

中国国家版本馆CIP数据核字（2023）第186366号

书　　名	全面注册制与企业上市合规之路
书　　号	ISBN 978-7-5164-2960-0
作　　者	高　慧
策　　划	蒋舒娟
责任编辑	刘玉双
出版发行	企业管理出版社
经　　销	新华书店
地　　址	北京市海淀区紫竹院南路17号　邮　　编：100048
网　　址	http://www.emph.cn　电子信箱：metcl@126.com
电　　话	编辑部（010）68701661　发行部（010）68701816
印　　刷	三河市荣展印务有限公司
版　　次	2024年1月第1版
印　　次	2024年1月第1次印刷
开　　本	710mm×1000mm　1/16
印　　张	22.75印张
字　　数	445千字
定　　价	98.00元

版权所有　翻印必究　·　印装有误　负责调换

序言 PREFACE

资本市场并不缺少有价值的公司，而是缺少发现的眼睛。

我们所处的这个时代可以称作 VUCA 时代，世界以 Volatility（易变性）、Uncertainty（不确定性）、Complexity（复杂性）、Ambiguity（模糊性）呈现在我们面前。

资本是市场创新的润滑剂，从这个角度看，今天的市场是二维的，一维是非资本市场，一维是资本市场。

在非资本市场领域，我们可以看到诸如华为和老干妈这样卓越的未上市企业；在资本市场领域，我们能看到借助于资本市场崛起且取得竞争优势的新能源上市公司宁德时代和比亚迪。

新一代勇于创新的企业家借助于资本的力量，抓住机遇获取人才优势、竞争优势，通过企业资产证券化，让更多的创新型人才获得和企业共同成长的流动性溢价，使得企业生命的未来收益得以在当下变现。

当前，中小企业如雨后春笋般涌现，它们迫切需要和大企业同台竞技、公平竞争。

每一个中小企业都有一个资本梦。中国资本市场经历多次变革，在激荡中前行，无论怎样，我们都选择做时间的朋友，在长期主义之路上，与有大格局的企业家同行，必然会发现有价值的公司。

全面注册制诞生在中国企业创新创业的新时代，为中小企业，特别是坚定创新创业的专精特新企业进入资本市场打开了一扇大门。

2019年12月28日,第十三届全国人民代表大会常务委员会第十五次会议审议通过了修订后的《中华人民共和国证券法》(以下简称"《证券法》"),自2020年3月1日起施行。

资产证券化、数字化,改变了人类活动的经济结构和生活结构,新的《证券法》不仅开启了中国资本市场的注册制时代,也开启了中国资本市场进一步市场化、国际化的征程。

资产证券化与企业家财富传承紧密相关,企业家的财富和梦想之船借助于资本的力量扬帆启航,不能缺少深谙资本市场规律的律师保驾护航。

亚当·斯密在《国富论》中写道:"我们把自己的健康托付给医生,把自己的财富,并且有时还把自己的名誉和生命托付给律师或代理律师。这类事情不能随便托付给一个非常平庸或地位低微的人。因此,他们的报酬必须配得上他们在社会上所应有的且与这样一个重大地位相称的信任。他们在接受教育时所必须付出的长久时间和巨大费用,与上述情况结合在一起,必然进一步提高他们的劳动价格。"

企业家的制胜法宝不仅在于其敏锐的商业嗅觉和卓越的管理能力,还在于其抵抗资本市场诱惑的能力。

资本市场风云变幻,眼看他起高楼,眼看他宴宾客,眼看他楼塌了,律师是见证者,也是参与者。

一个好的律师不是简单地告诉企业家什么可以做,什么不可以做,而是要给出一个可执行的解决方案,能够和企业的管理、运营融为一体,让企业家在资本市场面前学会敬畏市场、敬畏法治、敬畏专业、敬畏风险。

高慧

二〇二三年于上海

CONTENTS 目录

第一章　企业家契约精神与敬畏精神 001

　　第一节　企业家契约精神 001

　　第二节　企业家敬畏之心 003

第二章　注册制之《证券法》规制下的合规指引 005

第三章　注册制之《虚假陈述若干规定》规制下的合规指引 021

第四章　多层次资本市场对企业上市的影响 037

　　第一节　注册制的基本架构 037

　　第二节　中国多层次资本市场的体系和定位 038

　　第三节　注册制之法律监管体系与法律责任 039

第五章　主板、科创板、创业板定位与发行上市条件 041

　　第一节　主板、科创板、创业板定位 041

　　第二节　主板、科创板、创业板发行上市条件 045

第六章　注册制之发行上市法律、财务、业务监管规则适用指引 ...049

　　第一节　重大法律、财务、业务监管规则适用指引体系 ...049

　　第二节　重大法律、财务、业务监管规则适用指引相关问题 ...049

第七章　注册制之企业上市重大法律问题合规指引..................101

第一节　劳务派遣、劳务分包、劳务外包业务模式合规问题..................101
第二节　股东超过 200 人合规问题..................111
第三节　公司以自有资产评估调账转增股本合规问题..................132
第四节　国有股东认定合规问题..................137
第五节　知识产权合规问题..................142
第六节　返程投资外汇登记合规问题..................158
第七节　红筹回归合规问题..................162
第八节　税务合规问题..................170
第九节　商业特许经营（加盟）合规问题..................178
第十节　客户、供应商入股合规问题..................185

第八章　注册制之企业上市审核问询机制..................189

第一节　审核注册流程..................189
第二节　企业上市发行承销与交易..................191
第三节　注册制之企业发行上市信息披露的基本要求..................195

第九章　注册制之企业上市合规治理指引..................197

第一节　企业上市组织架构设计的路径..................197
第二节　注册制之家族企业治理、关联关系的合规要点..................204
第三节　公司治理之商业贿赂的陷阱..................207
第四节　公司治理之欺诈发行、操纵证券市场的陷阱..................209

第十章　注册制之企业上市尽职调查与规范整改合规指引..................220

第一节　尽职调查的目的、小组组建及流程..................221
第二节　历史沿革的核查..................222
第三节　主要资产权属、债权债务、重大合同的核查要点..................224
第四节　重大诉讼、仲裁和行政处罚，生产经营合规性，业务经营资质核查..................225
第五节　企业员工与劳动人事情况核查..................225

第六节　企业财务和税务情况尽职核查..226

   第七节　企业上市互联网核查方法..227

   第八节　企业上市主要法律问题整改方案..230

第十一章　注册制之企业上市私募融资合规指引..232

   第一节　企业上市引进私募融资的战略规划..232

   第二节　企业私募融资的对赌问题..234

   第三节　企业上市之私募融资出让股权比例和价格..................................241

第十二章　注册制之企业上市股份制改制合规指引......................................242

   第一节　上市工作机制及整体工作计划..242

   第二节　企业上市改制重组的基本路径..246

   第三节　企业上市改制之同业竞争解决方案..248

   第四节　企业上市改制之资产整合及同一控制下企业合并方案..................252

   第五节　公司股份改制工作操作细则..257

   第六节　企业改制以未分配利润、盈余公积、资本公积转增股本是否
           应当缴纳个人所得税问题..262

第十三章　注册制之企业发行 CDR 合规指引..264

   第一节　CDR 法律规则体系..264

   第二节　试点企业发行 CDR 核心要点..264

   第三节　试点企业发行 CDR 的尽职调查..274

   第四节　试点企业发行 CDR 案例..277

第十四章　注册制之分拆子公司上市合规要点..289

   第一节　上市公司分拆子公司上市的条件..289

   第二节　上市公司分拆子公司上市的信息披露要求和决策程序..................290

   第三节　上市公司分拆子公司上市案例..291

   第四节　注册制之上市公司分拆子公司上市审核要点..............................296

第十五章 注册制之企业上市失败典型案例 300
第一节 科创板上市失败典型案例 300
第二节 创业板上市失败典型案例 309
第三节 企业上市问询反馈撤回申报典型案例 316

第一章
企业家契约精神与敬畏精神

第一节　企业家契约精神

企业家精神的一个重要部分就是企业家契约精神，因为市场经济的本质就是契约经济。真正的企业家将守护契约精神放在企业经营的第一位，没有契约精神的创业者成不了企业家，也不适合进入资本市场。

企业计划上市时，一般会先咨询中介机构（如券商、律师、会计师），评估上市的可行性。对于企业家而言，他需要知道上市失败可能带来的风险，如税务风险、引入战略投资的对赌风险、股权稀释风险、合规风险、沉没成本风险，等等，而这些风险的应对都与企业家契约精神有关。

企业家契约精神是企业家最为宝贵的品质，也是企业在资本市场的立足之本。没有这种精神，企业最终会被投资者以用脚投票的方式抛弃。

一、管住权力

企业上市前，企业家的权力在企业内部较少受到制约；但是上市后，企业成为公众公司，企业家就要受到上市公司治理规则的约束。

民营企业家在上市前基于快速占领市场、把握先机的初衷，往往容易专断行事，造成一言堂的局面。当企业上市后，如果这种一言堂的局面不改变，企业家个人的野心会膨胀，其会忘记经营实业创造价值的初心，而热衷于风险极高的资本运作。

因此，企业上市前，企业家需要考虑自身是否愿意、是否准备好管住自己的权力，带领企业在契约下、在规则下实现发展的目标。

二、合规

诚信经营并不代表经营是合规的。很多民营企业从规模上看已经走上快速发展之路，但是，企业家总觉得诚信经营就代表经营合规，以致企业既没有法务部，也没有外聘的法律顾问。这说明企业家并没有真正理解合规的意义。合规是一把矫正尺，任何时候，企业都需要合规部门把握方向，尤其是在飞速发展或弯道超车的过程中。

合规部门同意吗？我们的律师看过了吗？这是企业家在做决策的时候应该问的最后两个问题。无论是大企业还是小企业，都要做好风控工作，哪怕只设置一个法务岗位，或者外聘一个律师。企业家对合规部门的重视程度、对外聘律师的重视程度，反映出企业家是否具有契约精神。

因此，看一个企业家的风控意识如何，就看他身边是不是有一名律师。

在商业领域或者资本市场，一些专业律师发挥着十分重要的作用，如并购律师、证券律师是企业进行并购、证券发行和交易的智库专家。专业律师熟悉商业规则，熟悉相关的行业，他们的使命就是促成商业交易，保障交易安全。企业家要想基业长青，一定要重视律师的作用。

三、摆正心态

资本市场无论是配额制、邀请制、审核制，还是最终的注册制，对于合规的企业来说，永远都是注册制。问题的关键是企业家能否做到不为周遭环境所左右，不为上市公司资本运作所诱惑。

企业家还要有"经得住多少诋毁，就能担得起多少赞美"的心态。上市之路，一路波折，关键是做好企业本身，要顺势而为。努力，尽力，企业上市是一次凤凰涅槃，对企业家和管理层来说，上市相当于再次创业，只有抱有一颗平常心，才能笑到最后。

四、自律

你有多自律，就有多自由。毕达哥拉斯说："不能约束自己的人不能称他为自由的人。"康德说："自由不是我要做什么就做什么，相反，自由是我不想做什么就能够不做什么。"

资本市场自律有别于企业家个人自律。企业进入资本市场看似给自己套上了规则之治的枷锁，实际上是获得了一个更加广阔的证券市场平台。证券市场是一个产业与金融的创新平台，自律的企业家一定会遵守证券市场的治理规则，同时，自己不想做什么就能够不做什么。企业家应当以基业长青和做大做强为目标，不要试图借助于规则的灰色谋求私利。企业需要长青，只有自律的企业家才能带领企业在资本市场上基业长青。

第二节　企业家敬畏之心

一、敬畏市场

资本市场是实体经济的晴雨表。上市公司通过资本市场的流动性溢价和未来收益变现获得金融杠杆优势和信用优势，通过资本优势获得人才竞争优势，这些优势在非资本市场领域是很难获得的。当企业家在非资本市场领域获得了某方面的成就，他会习惯性地认为利用相关经验可以在资本市场上获得更大的成功。

企业家这种习惯性思维往往将企业带入一条不归之路。因此，企业家从非资本市场进入资本市场后要坚守的第一条底线就是尊重资本市场的基本规律。

企业家进入资本市场，要敬畏资本市场，尊重资本市场基本规律和游戏规则，尊重资本市场用脚投票的基本思维方式，尊重资本市场服务实体经济的基本功能，尊重资本市场中小投资者的基本权利，尊重资本市场公众公司的治理规则。

二、敬畏法治

经得起多大的诱惑，才能撑得起多大的企业。资本市场诱惑太多、太大，但是，资本市场不是法外之地，相对于非资本市场，资本市场对法人治理的要求要高很多。

欺诈上市、财务舞弊、操纵证券市场、内幕交易是资本市场的四大顽疾，是全球资本市场治理的重中之重。欣泰电气、康得新、康美药业、金亚科技、长生生物等上市公司就因为未能敬畏法治付出了代价，如强制退市、惩罚性处罚、惩罚性赔偿，甚至实际控制人和主要董事、监事、高级管理人员承担刑事责任。

因此，进入资本市场的企业家的第二条底线就是敬畏法治，要认真学习《证券法》和《中华人民共和国刑法》（以下简称"《刑法》"），远离欺诈上市、财务舞弊、大股东违规占用资金、操纵业绩、操纵并购、内幕交易等违法行为。

三、敬畏专业

专业的人做专业的事，对于在非资本市场取得成功的企业家来说，进入资本市场，第三条底线就是敬畏专业。

在企业上市的过程中，要充分尊重券商、律师、会计师的专业意见，保持初心和学习的态度，规范法人治理结构，完善公司财务制度和内控制度，提升公司生产经营的合规性，坚定地打好进入资本市场的基础。

当企业家进入资本市场后，敬畏专业还有更深刻的意义，就是坚持做好主业，做自己最擅长的事，不要轻易进入陌生领域，不要动不动就开展资本运作，进行并购整合。纵观A股资本市场并购的历史，很多企业没有坚持做好主业，跨界做自己不擅长的事，或者盲目并购，结果是得不偿失，以致影响了主业的发展。

所以，敬畏专业，一方面是敬畏资本市场的专业机构和团队，专业的事让专业的人去做；另一方面是敬畏自己的专业，不要做自己不擅长做的事。

四、敬畏风险

企业上市的本质是获得流动性溢价和未来收益的变现。对企业家来说，不能只盯着资本市场流动性溢价和未来收益变现的价值，还应当警惕证券市场杠杆的风险性。企业一旦插上金融杠杆的翅膀，就会有飞得更高的冲动，而并购整合、股票质押、债券，甚至场外配资都会像影子一样跟随着企业，灰犀牛、黑天鹅、明斯基时刻等资本市场的风险的存在更要求企业和企业家居安思危。

因此，敬畏风险是守住财富的金钥匙。

第二章
注册制之《证券法》规制下的合规指引

2019年12月28日,第十三届全国人民代表大会常务委员会第十五次会议审议通过了修订后的《证券法》,自2020年3月1日起施行。

资产证券化、数字化,改变了人类活动的经济结构和生活结构,新的《证券法》不仅开启了中国资本市场的注册制时代,也开启了资本市场的市场化、国际化、全球化之路。

《证券法》明确规定公开发行的证券,应当在依法设立的证券交易所上市交易或者在国务院批准的其他全国性证券交易场所交易。证券在证券交易所上市交易,应当采用公开的集中交易方式或者国务院证券监督管理机构批准的其他方式。

一、关于规范体系

（一）存托凭证和资产支持证券、资产管理产品等准证券被纳入新《证券法》监管体系

①允许搭建红筹架构的境内实体企业,通过境外搭建的红筹架构主体在不拆除红筹架构的基础上在境内证券市场发行存托凭证,即CDR。

②明确资产支持证券、资产管理产品作为准证券的法律地位。此前,资产支持证券和资产管理产品主要由《证券公司及基金管理公司子公司资产证券化业务管理规定》和《中国人民银行 中国银行保险监督管理委员会 中国证券监督管理委员会 国家外汇管理局关于规范金融机构资产管理业务的指导意见》予以规范,新《证券法》从根本上解决了多头监管的问题。

（二）适应资本市场全球化趋势,引入"长臂管辖"

针对境外证券发行交易损害境内市场秩序和损害境内投资人合法权益的情况,监管机构和司法机构需要具有"长臂管辖"权力。

上海证券交易所（以下简称"上交所"）和深圳证券交易所（以下简称"深交所"）陆续开通了"沪港通""深港通"和"沪伦通"，推进中国资本市场的全球化，对于境外证券发行交易涉及操控价格、虚假披露或具有误导性的资料等扰乱境内市场秩序的市场失当行为，境内投资人可以依据《证券法》的规定，提起代表人诉讼，中国证券监督管理委员会（以下简称"证监会"）可以根据《证券法》赋予的"长臂管辖"权力开展调查。

二、《证券法》明确实行股票发行注册制，支持员工持股计划

新的《证券法》明确证券发行实行注册制，证券发行注册制的具体范围、实施步骤，由国务院规定。上交所、深交所、北京证券交易所（以下简称"北交所"）根据《证券法》有序推进注册制具体制度的落地。

①非公开引进投资人属于私募股权投资的范畴，向特定对象融资的人数限制为不超过200人。

②《证券法》明确规定，实施员工持股计划的员工人数不计算在公开发行证券的范围内。公司首次公开发行股票，可以通过有限合伙或者资管计划等合法方式实施股权激励计划，每一个合伙企业或者资管计划视为1人，不需要穿透计算股东人数是否超过200人。

三、股票发行市场化注册条件

（一）具备健全且运行良好的组织机构

公开、透明、制度化的公司治理必须建构在股东会、董事会、监事会和独立董事等制度建设和权力制衡上，董事、监事、高级管理人员、核心技术人员和核心业务人员结构的稳定是保障组织机构健全且运行良好的基础。因此，是否具备该条件成为判断企业是否具备现代企业制度的重要参考依据。

（二）具有持续经营能力

证券发行的注册制制度设计，是设立一套估值体系，根据主板、创业板和专精特新创新板的定位和特点，制定符合资本市场现状的上市市值指标审核体系。

市值是判断企业是否具备上市条件的依据之一。但是，任何估值都是建立在判断企业是否具备持续经营能力的基础上。当企业存在以下情形，应关注其持续经营能力是否受到影响。

①企业所处行业受国家政策限制或国际贸易条件影响存在重大不利变化风险；

②企业所处行业出现周期性衰退、产能过剩、市场容量骤减、增长停滞等

情况；

③企业所处行业准入门槛低、竞争激烈，相比于竞争者，企业在技术、资金、规模效应等方面不具有明显优势；

④企业所处行业上下游供求关系发生重大变化，导致原材料采购价格或产品售价出现重大不利变化；

⑤企业因业务转型的负面影响，营业收入、毛利率、成本费用及盈利水平出现重大不利变化，且最近一期经营业绩尚未出现明显好转趋势；

⑥企业重要客户本身发生重大不利变化，进而对企业业务的稳定性和持续性产生重大不利影响；

⑦企业由于工艺过时、产品落后、技术更迭、研发失败等原因，市场占有率持续下降，重要资产或主要生产线出现重大减值风险，主要业务停滞或萎缩；

⑧企业多项业务数据和财务指标呈现恶化趋势，且短期内没有好转迹象；

⑨对发行人业务经营或收入实现有重大影响的商标、专利、专有技术以及特许经营权等重要资产或技术存在重大纠纷或诉讼，已经或者未来将对发行人财务状况或经营成果产生重大影响；

⑩其他明显影响或导致丧失持续经营能力的情形。

（三）最近三年财务会计报告被出具无保留意见审计报告

发行人经营情况、财务状况等，由专业证券服务机构、会计师事务所进行判断，并以是否出具保留意见的审计报告判断企业财务会计的规范程度。会计师事务所对出具的标准无保留意见的审计报告的真实性、准确性、完整性负责，这加大了证券服务机构的职业责任和职业风险。

（四）发行人及其控股股东、实际控制人最近三年不存在贪污、贿赂、侵占财产、挪用财产或者破坏社会主义市场经济秩序的刑事犯罪

①最近三年一般指最近 36 个月；

②关于发行人及其控股股东、实际控制人涉及刑事犯罪，除了贪污、贿赂罪外，侵占财产和挪用财产罪也属于刑法分则规定的破坏社会主义市场经济秩序犯罪。

（五）经国务院批准的国务院证券监督管理机构规定的其他条件

根据《证券法》的规定，证券交易所上市规则规定的上市条件，应当对发行人的经营年限、财务状况、最低公开发行比例和公司治理、诚信记录等提出要求。

四、《证券法》设立专章强化信息披露

《证券法》建立以信息披露为核心的注册制法律体系，其本质是将选择权交

给市场，政府作为扶持之手，重在事后监管。

实施以信息披露为核心的注册制，关键是把握信息披露。

（一）如何判断信息披露充分、真实、准确、完整

①发行人报送的证券发行申请文件，应当充分披露投资者作出价值判断和投资决策所必需的信息，内容应当真实、准确、完整；

②为证券发行出具有关文件的证券服务机构和人员，必须严格履行法定职责，保证所出具文件的真实性、准确性和完整性。

信息披露的内容真实、准确主要基于不得欺诈发行证券的规定；但是，信息披露的完整性，则需要发行人和证券服务机构即会计师事务所、律师事务所作出预判，判断证券服务机构是否勤勉尽职，是否需要承担对投资人损失的连带赔偿责任，需要评估其是否充分披露投资者作出价值判断和投资决策所必需的信息。

（二）充分披露投资者作出价值判断和投资决策所必需的信息的几个特征

1. 充分性

发行上市申请文件披露的内容是否包含对投资者作出投资决策有重大影响的信息，披露程度是否满足投资者作出投资决策所需。包括但不限于是否充分、全面披露发行人业务、技术、财务、公司治理、投资者保护等方面的信息以及本次发行的情况和对发行人的影响，是否充分揭示可能对发行人经营状况、财务状况产生重大不利影响的所有因素等事项。

2. 一致性

发行上市申请文件的内容及信息披露内容是否一致，内容是否合理和具有内在逻辑性。包括但不限于财务数据是否勾稽合理，是否符合发行人实际情况，非财务信息与财务信息是否相互印证，保荐人、证券服务机构核查依据是否充分，能否对财务数据的变动或者与同行业公司存在的差异作出合理解释。

3. 可理解性

发行上市申请文件披露内容是否简明易懂，是否便于一般投资者阅读和理解。包括但不限于是否使用浅白语言，是否简明扼要、重点突出、逻辑清晰，是否结合企业自身特点进行有针对性的信息披露。

五、《证券法》增强企业发行上市时间的可预见性

股票发行实行注册制，在执行落地层面，审核问询时间要有可预见性或者可控性。首次公开发行股票，审核问询时间以 3 个月为限，但发行人回复问询的时间不计算在内。一般来说，治理规范的公司发行股票上市时间加上回复问询的时

间可以控制在 6 个月左右。

六、欺诈发行责令回购机制

《证券法》规定，发行人在招股说明书等证券发行文件中隐瞒重要事实或者编造重大虚假内容，已经发行并上市的，国务院证券监督管理机构可以责令发行人回购证券，或者责令负有责任的控股股东、实际控制人买回证券。

七、关于股票发行时间和发行失败

实行注册制存在发行人不被投资人看好或者估值过高导致发行失败的可能，因此，《证券法》对此作出了规定。

①证券的代销、包销期限最长不得超过 90 日。

②股票发行采用代销方式，代销期限届满，向投资者出售的股票数量未达到拟公开发行股票数量 70% 的，为发行失败。发行人应当按照发行价并加算银行同期存款利息返还股票认购人。

八、规范的股票限售制度

依法发行的证券，《中华人民共和国公司法》（以下简称"《公司法》"）和其他法律对其转让期限有限制性规定的，在限定的时间内不得转让。具体规定如下。

①发起人持有的本公司股份，自公司成立之日起一年内不得转让。公司公开发行股份前已发行的股份，自公司股票在证券交易所上市交易之日起一年内不得转让。

②公司董事、监事、高级管理人员应当向公司申报所持有的本公司的股份及其变动情况。在任职期间每年转让的股份不得超过其所持有本公司股份总数的 25%；所持本公司股份自公司股票上市交易之日起一年内不得转让；离职后半年内，不得转让其所持有的本公司股份。公司章程可以对公司董事、监事、高级管理人员转让其所持有的本公司股份作出其他限制性规定。

上市公司持有 5% 以上股份的股东、实际控制人、董事、监事、高级管理人员，以及其他持有发行人首次公开发行前发行的股份或者上市公司向特定对象发行的股份的股东，转让其持有的本公司股份的，不得违反法律、行政法规和国务院证券监督管理机构关于持有期限、卖出时间、卖出数量、卖出方式、信息披露等的规定，并应当遵守证券交易所的业务规则。

在限制转让期内转让证券，或者转让股票不符合法律、行政法规和国务院证券监督管理机构规定的,责令改正,给予警告,没收违法所得,并处以买卖证券等值以下的罚款。

九、证券服务机构和人员限制交易制度

《证券法》将限制交易的对象扩大到会计师事务所和律师事务所及其人员。

①为证券发行出具审计报告或者法律意见书等文件的证券服务机构和人员,在该证券承销期内和期满后6个月内,不得买卖该证券。

②为发行人及其控股股东、实际控制人,或者收购人、重大资产交易方出具审计报告或者法律意见书等文件的证券服务机构和人员,自接受委托之日起至上述文件公开后5日内,不得买卖该证券。实际开展上述有关工作之日早于接受委托之日的,自实际开展上述有关工作之日起至上述文件公开后5日内,不得买卖该证券。

十、关于北交所公开发行股票和采用集合竞价交易方式

《证券法》明确规定,公开发行的证券应当在依法设立的证券交易所上市交易,或者在国务院批准的其他全国性证券交易场所交易。证券在证券交易所上市交易,应当采用公开的集中交易方式或者国务院证券监督管理机构批准的其他方式。

十一、关于短线交易归入权

上市公司、股票在国务院批准的其他全国性证券交易场所交易的公司持有5%以上股份的股东、董事、监事、高级管理人员,将其持有的该公司的股票或者其他具有股权性质的证券在买入后6个月内卖出,或者在卖出后6个月内又买入,由此所得收益归该公司所有,公司董事会应当收回其所得收益。

董事、监事、高级管理人员、自然人股东持有的股票或者其他具有股权性质的证券,包括其配偶、父母、子女持有的及利用他人账户持有的股票或者其他具有股权性质的证券。

十二、《证券法》建立募集资金使用制度,改变募集资金用途须经股东大会作出决议

公司对公开发行股票所募集的资金,必须按照招股说明书或者其他公开发行募集文件所列资金用途使用;改变资金用途,必须经股东大会作出决议。擅自改变用途,未作纠正的,或者未经股东大会认可的,不得公开发行新股。

企业确立了募集资金使用的基本原则,但是可以基于市场环境的变化,在经

股东大会作出决议后变更募集资金的用途。

擅自改变公开发行证券所募集资金的用途的，责令改正，处以 50 万元以上 500 万元以下的罚款；对直接负责的主管人员和其他直接责任人员给予警告，并处以 10 万元以上 100 万元以下的罚款。

发行人的控股股东、实际控制人从事或者组织、指使从事违法改变募集资金用途的，给予警告，并处以 50 万元以上 500 万元以下的罚款；对直接负责的主管人员和其他直接责任人员，处以 10 万元以上 100 万元以下的罚款。

十三、证券交易结果恒定制度及例外规则

《证券法》第一百一十一条和第一百一十七条是对证券交易结果恒定原则的规定，即按照依法制定的交易规则进行的交易，不得改变其交易结果。

证券交易结果恒定的例外是指人工智能所带来的可能在程序化交易中出现的重大事件。不可抗力、意外事件、重大技术故障、重大人为差错等突发性事件影响证券交易正常进行时，为维护证券交易的正常秩序和市场公平，证券交易所可以按照业务规则采取技术性停牌、临时停市等处置措施，并应当及时向国务院证券监督管理机构报告。突发性事件导致证券交易结果出现重大异常，按交易结果进行交收将对证券交易正常秩序和市场公平造成重大影响的，证券交易所按照业务规则可以采取取消交易、通知证券登记结算机构暂缓交收等措施，并应当及时向国务院证券监督管理机构报告并公告。

通过计算机程序自动生成或者下达交易指令进行程序化交易的，应当符合国务院证券监督管理机构的规定，并向证券交易所报告，不得影响证券交易所系统安全或者正常交易秩序。

采取程序化交易影响证券交易所系统安全或者正常交易秩序的，责令改正，并处以 50 万元以上 500 万元以下的罚款；对直接负责的主管人员和其他直接责任人员给予警告，并处以 10 万元以上 100 万元以下的罚款。

十四、关于内幕交易行为

内幕交易屡禁不止，主要是因为规范内幕交易行为的制度不完善，内幕交易概念和内幕信息知情人范围界定不清，惩罚力度不够。《证券法》基于人工智能时代大数据分析的优势，进一步明确了内幕交易概念的内涵和外延，并且扩展了内幕信息知情人的范围。

内幕信息是指在证券交易活动中，涉及发行人的经营、财务或者对该发行人证券的市场价格有重大影响的尚未公开的信息。

内幕信息知情人包括：

①发行人及其董事、监事、高级管理人员；

②持有公司 5% 以上股份的股东及其董事、监事、高级管理人员，公司的实际控制人及其董事、监事、高级管理人员；

③发行人控股或者实际控制的公司及其董事、监事、高级管理人员；

④由于所任公司职务或者因与公司业务往来可以获取公司有关内幕信息的人员；

⑤上市公司收购人或者重大资产交易方及其控股股东、实际控制人、董事、监事和高级管理人员；

⑥因职务、工作可以获取内幕信息的证券交易场所、证券公司、证券登记结算机构、证券服务机构的有关人员；

⑦因职责、工作可以获取内幕信息的证券监督管理机构工作人员；

⑧因法定职责对证券的发行、交易或者对上市公司及其收购、重大资产交易进行管理可以获取内幕信息的有关主管部门、监管机构的工作人员；

⑨国务院证券监督管理机构规定的可以获取内幕信息的其他人员。

证券交易内幕信息的知情人和非法获取内幕信息的人，在内幕信息公开前，不得买卖该公司的证券，或者泄露该信息，或者建议他人买卖该证券。

证券交易内幕信息的知情人或者非法获取内幕信息的人违反《证券法》规定从事内幕交易的，责令依法处理非法持有的证券，没收违法所得，并处以违法所得 1 倍以上 10 倍以下的罚款；没有违法所得或者违法所得不足 50 万元的，处以 50 万元以上 500 万元以下的罚款。单位从事内幕交易的，还应当对直接负责的主管人员和其他直接责任人员给予警告，并处以 20 万元以上 200 万元以下的罚款。

在调查操纵证券市场、内幕交易等重大证券违法行为时，经国务院证券监督管理机构主要负责人或者其授权的其他负责人批准，可以限制被调查的当事人的证券买卖，但限制的期限不得超过 3 个月；案情复杂的，可以延长 3 个月。

通知出境入境管理机关依法阻止涉嫌违法人员、涉嫌违法单位的主管人员和其他直接责任人员出境。

为防范证券市场风险，维护市场秩序，国务院证券监督管理机构可以采取责令改正、监管谈话、出具警示函等措施。

十五、《证券法》建立负面清单制度，严惩操纵证券市场行为

一部分上市公司大股东、实际控制人为了获取巨大利益，通过各种方式操纵证券市场，达到获取暴利的目的，损害中小投资者利益。《证券法》建立负面清

单制度，对操纵证券市场行为进行严惩。

操纵证券市场的不当行为主要包括：

①单独或者通过合谋，集中资金优势、持股优势或者利用信息优势联合或者连续买卖；

②与他人串通，以事先约定的时间、价格和方式相互进行证券交易；

③在自己实际控制的账户之间进行证券交易；

④不以成交为目的，频繁或者大量申报并撤销申报；

⑤利用虚假或者不确定的重大信息，诱导投资者进行证券交易；

⑥对证券、发行人公开作出评价、预测或者投资建议，并进行反向证券交易；

⑦利用在其他相关市场的活动操纵证券市场；

⑧操纵证券市场的其他手段。

新的《证券法》全面规范新型操纵证券市场的行为，净化市场环境。操纵证券市场的，责令依法处理其非法持有的证券，没收违法所得，并处以违法所得1倍以上10倍以下的罚款。没有违法所得或者违法所得不足100万元的，处以100万元以上1,000万元以下的罚款。单位操纵证券市场的，还应当对直接负责的主管人员和其他直接责任人员给予警告，并处以50万元以上500万元以下的罚款。

十六、关于编造、传播虚假信息或误导性信息，扰乱证券市场的行为

禁止任何单位和个人编造、传播虚假信息或者误导性信息，扰乱证券市场。

禁止证券交易场所、证券公司、证券登记结算机构、证券服务机构及其从业人员，证券业协会、证券监督管理机构及其工作人员，在证券交易活动中作出虚假陈述或者信息误导。

各种传播媒介传播证券市场信息必须真实、客观，禁止误导。传播媒介及其从事证券市场信息报道的工作人员不得从事与其工作职责发生利益冲突的证券买卖。

编造、传播虚假信息或者误导性信息，扰乱证券市场，给投资者造成损失的，应当依法承担赔偿责任。

编造、传播虚假信息或者误导性信息，扰乱证券市场的，没收违法所得，并处以违法所得1倍以上10倍以下的罚款；没有违法所得或者违法所得不足20万元的，处以20万元以上200万元以下的罚款。

在证券交易活动中作出虚假陈述或者信息误导的，责令改正，处以 20 万元以上 200 万元以下的罚款；属于国家工作人员的，还应当依法给予处分。

传播媒介及其从事证券市场信息报道的工作人员从事与其工作职责发生利益冲突的证券买卖的，没收违法所得，并处以买卖证券等值以下的罚款。

十七、关于出借账户行为

任何单位和个人不得违反规定，出借自己的证券账户或者借用他人的证券账户从事证券交易。

投资者应当使用实名开立的账户进行交易。

出借自己的证券账户或者借用他人的证券账户从事证券交易的，责令改正，给予警告，可以处 50 万元以下的罚款。

十八、投资者不得违规利用财政资金、银行信贷资金买卖证券

禁止使用财政资金和银行信贷资金买卖证券，对于违反该规定购买的证券是否有效及如何处理，《证券法》并没有作出规定。这主要是限制国资背景的投资公司使用财政资金举牌上市公司，以及民营企业通过嵌套或者资管计划利用信贷资金举牌上市。

十九、关于上市公司收购行为

《证券法》对举牌上市公司的收购行为作出了明确的规定，解决了恶意举牌上市公司的难题。

①通过证券交易所的证券交易，投资者持有或者通过协议、其他安排与他人共同持有一个上市公司已发行的有表决权股份达到 5% 时，应当在该事实发生之日起 3 日内，向国务院证券监督管理机构、证券交易所作出书面报告，通知该上市公司，并予公告，在上述期限内不得再行买卖该上市公司的股票，但国务院证券监督管理机构规定的情形除外。

②投资者持有或者通过协议、其他安排与他人共同持有一个上市公司已发行的有表决权股份达到 5% 后，其所持该上市公司已发行的有表决权股份比例每增加或者减少 5%，应当依照规定进行报告和公告，在该事实发生之日起至公告后 3 日内，不得再行买卖该上市公司的股票，但国务院证券监督管理机构规定的情形除外。

③投资者持有或者通过协议、其他安排与他人共同持有一个上市公司已发行的有表决权股份达到 5% 后，其所持该上市公司已发行的有表决权股份比例每增

加或者减少 1%，应当在该事实发生的次日通知该上市公司，并予公告。

④违反①②两项规定买入上市公司有表决权的股份的，在买入后的 36 个月内，对该超过规定比例部分的股份不得行使表决权。

二十、限制倒壳卖壳行为

在上市公司收购中，收购人持有的被收购的上市公司的股票，在收购行为完成后的 18 个月内不得转让。

二十一、上市公司发生重大事件立即报告和公告义务制度

獐子岛扇贝事件、长生生物疫苗事件、新城控股实际控制人违法犯罪事件对上市公司产生重大影响，《证券法》针对该类事件就如何履行信息披露义务作出了明确的规定。该类重大事件发生后，上市公司须立即报告和公告。公司的控股股东或者实际控制人对重大事件的发生、进展产生较大影响的，应当及时将其知悉的有关情况书面告知公司，并配合公司履行信息披露义务。

发生可能对上市公司、股票在国务院批准的其他全国性证券交易场所交易的公司的股票交易价格产生较大影响的重大事件，投资者尚未得知时，公司应当立即将有关该重大事件的情况向国务院证券监督管理机构和证券交易场所报送临时报告，并予公告，说明事件的起因、目前的状态和可能产生的法律后果。

重大事件包括：

①公司的经营方针和经营范围的重大变化；

②公司的重大投资行为，公司在一年内购买、出售重大资产超过公司资产总额 30%，或者公司营业用主要资产的抵押、质押、出售或者报废一次超过该资产的 30%；

③公司订立重要合同、提供重大担保或者从事关联交易，可能对公司的资产、负债、权益和经营成果产生重要影响；

④公司发生重大债务和未能清偿到期重大债务的违约情况；

⑤公司发生重大亏损或者重大损失；

⑥公司生产经营的外部条件发生的重大变化；

⑦公司的董事、三分之一以上监事或者经理发生变动，董事长或者经理无法履行职责；

⑧持有公司 5% 以上股份的股东或者实际控制人持有股份或者控制公司的情况发生较大变化，公司的实际控制人及其控制的其他企业从事与公司相同或者相似业务的情况发生较大变化；

⑨公司分配股利、增资的计划，公司股权结构的重要变化，公司减资、合并、分立、解散及申请破产的决定，或者依法进入破产程序、被责令关闭；

⑩涉及公司的重大诉讼、仲裁，股东会、董事会决议被依法撤销或者宣告无效；

⑪公司涉嫌犯罪被依法立案调查，公司的控股股东、实际控制人、董事、监事、高级管理人员涉嫌犯罪被依法采取强制措施；

⑫国务院证券监督管理机构规定的其他事项。

二十二、不履行承诺给投资者造成损失的，应当依法承担赔偿责任

发行人及其控股股东、实际控制人、董事、监事、高级管理人员等作出公开承诺的，应当披露。不履行承诺给投资者造成损失的，应当依法承担赔偿责任。

上市公司控股股东、实际控制人、董事、监事、高级管理人员作出公开承诺，因客观原因或者其他原因未履行，即使上市公司召开股东大会通过了豁免上述人员因未履行承诺而负有赔偿义务的议案，但未在股东大会中投赞成票的股东（投资人），只要其因上述人员未履行承诺遭受损失，均可以通过诉讼方式主张赔偿。

二十三、对投资人承担过错连带赔偿责任制度

《证券法》加大了中介机构的责任，增加了保荐机构、承销机构直接责任人员的过错连带赔偿责任，增加了律师事务所和会计师事务所、评估师事务所、财务顾问等证券服务机构的过错连带赔偿责任；增加了发行人控股股东、实际控制人的过错连带赔偿责任；增加了发行人董事、监事、高级管理人员和直接责任人员的过错连带赔偿责任。

新的《证券法》直接震慑中介机构及直接责任人员，强调直接责任人员的责任，净化证券服务市场。一方面，《证券法》可以促进监事履行职责；另一方面，《证券法》对独立董事具有震慑作用。独立董事由上市公司发放薪酬，且一般由上市公司控股股东、实际控制人提名，其独立性受到限制；独立董事承担连带赔偿责任，且目前薪酬津贴水平相对不高，权责利完全不匹配。目前绝大多数上市公司并没有给独立董事购买责任保险，这将直接影响其继续担任职务的意愿。

①信息披露义务人未按照规定披露信息，或者公告的证券发行文件、定期报告、临时报告及其他信息披露资料存在虚假记载、误导性陈述或者重大遗漏，致使投资者在证券交易中遭受损失的，信息披露义务人应当承担赔偿责任；发行人的控股股东、实际控制人、董事、监事、高级管理人员和其他直接责任人员以及保荐人、承销的证券公司及其直接责任人员，应当与发行人承担连带赔偿责任，

但是能够证明自己没有过错的除外。

②证券服务机构为证券的发行、上市、交易等证券业务活动制作、出具审计报告及其他鉴证报告、资产评估报告、财务顾问报告、资信评级报告或者法律意见书等文件,应当勤勉尽责,对所依据的文件资料内容的真实性、准确性、完整性进行核查和验证。其制作、出具的文件有虚假记载、误导性陈述或者重大遗漏,给他人造成损失的,应当与委托人承担连带赔偿责任,但是能够证明自己没有过错的除外。

③发行人因欺诈发行、虚假陈述或者其他重大违法行为给投资者造成损失的,发行人的控股股东、实际控制人和相关的证券公司可以委托投资者保护机构,就赔偿事宜与受到损失的投资者达成协议,予以先行赔付。先行赔付后,可以依法向发行人以及其他连带责任人追偿。

④证券服务机构违反《证券法》的规定,未勤勉尽责,所制作、出具的文件有虚假记载、误导性陈述或者重大遗漏的,责令改正,没收业务收入,并处以业务收入1倍以上10倍以下的罚款;没有业务收入或者业务收入不足50万元的,处以50万元以上500万元以下的罚款;情节严重的,并处暂停或者禁止从事证券服务业务。对直接负责的主管人员和其他直接责任人员给予警告,并处以20万元以上200万元以下的罚款。

⑤保荐人出具有虚假记载、误导性陈述或者重大遗漏的保荐书,或者不履行其他法定职责的,责令改正,给予警告,没收业务收入,并处以业务收入1倍以上10倍以下的罚款;没有业务收入或者业务收入不足100万元的,处以100万元以上1,000万元以下的罚款;情节严重的,并处暂停或者撤销保荐业务许可。对直接负责的主管人员和其他直接责任人员给予警告,并处以50万元以上500万元以下的罚款。

⑥信息披露义务人未按照规定报送有关报告或者履行信息披露义务的,责令改正,给予警告,并处以50万元以上500万元以下的罚款;对直接负责的主管人员和其他直接责任人员给予警告,并处以20万元以上200万元以下的罚款。发行人的控股股东、实际控制人组织、指使从事上述违法行为,或者隐瞒相关事项导致发生上述情形的,处以50万元以上500万元以下的罚款;对直接负责的主管人员和其他直接责任人员,处以20万元以上200万元以下的罚款。

⑦信息披露义务人报送的报告或者披露的信息有虚假记载、误导性陈述或者重大遗漏的,责令改正,给予警告,并处以100万元以上1,000万元以下的罚款;对直接负责的主管人员和其他直接责任人员给予警告,并处以50万元以上500万元以下的罚款。发行人的控股股东、实际控制人组织、指使从事上述违法行为,或者隐瞒相关事项导致发生上述情形的,处以100万元以上1,000万元以下的罚款;对直

接负责的主管人员和其他直接责任人员，处以 50 万元以上 500 万元以下的罚款。

二十四、征集股东投票权制度

上市公司董事会、独立董事、持有 1% 以上有表决权股份的股东或者依照法律、行政法规或者国务院证券监督管理机构的规定设立的投资者保护机构，可以作为征集人，自行或者委托证券公司、证券服务机构，公开请求上市公司股东委托其代为出席股东会，并代为行使提案权、表决权等股东权利。

①征集股东权利的，征集人应当披露征集文件，上市公司应当予以配合。
②禁止以有偿或者变相有偿的方式公开征集股东权利。
③公开征集股东权利违反法律、行政法规或者国务院证券监督管理机构有关规定，导致上市公司或者其股东遭受损失的，应当依法承担赔偿责任。

二十五、投资者保护机构直接起诉董监高职务损害行为制度

发行人的董事、监事、高级管理人员执行公司职务时违反法律、行政法规或者公司章程的规定给公司造成损失，发行人的控股股东、实际控制人等侵犯公司合法权益给公司造成损失，投资者保护机构持有该公司股份的，可以为公司的利益以自己的名义向人民法院提起诉讼，持股比例和持股期限不受《公司法》规定的限制。

二十六、"明示退出，默示加入"原则

投资者提起虚假陈述等证券民事赔偿诉讼时，诉讼标的是同一种类，且当事人一方人数众多的，可以依法推选代表人进行诉讼。

对此类诉讼，可能存在有相同诉讼请求的其他众多投资者的，人民法院可以发出公告，说明该诉讼请求的案件情况，通知投资者在一定期间向人民法院登记。人民法院作出的判决、裁定，对参加登记的投资者发生效力。

投资者保护机构受 50 名以上投资者委托，可以作为代表人参加诉讼，并为经证券登记结算机构确认的权利人依照规定向人民法院登记，但投资者明确表示不愿意参加该诉讼的除外。

二十七、部分机构从事证券业务的备案制度

律师事务所、会计师事务所、资产评估事务所从事证券业务，须报国务院证券监督管理机构和国务院有关主管部门备案。

二十八、证券服务机构底稿保存期限不少于10年

证券服务机构应当妥善保存客户委托文件，核查和验证资料，工作底稿以及与质量控制、内部管理、业务经营有关的信息和资料，任何人不得泄露、隐匿、伪造、篡改或者毁损。上述信息和资料的保存期限不得少于10年，自业务委托结束之日起算。

二十九、证券违法调查和解制度

国务院证券监督管理机构对涉嫌证券违法的单位或者个人进行调查期间，被调查的当事人书面申请，承诺在国务院证券监督管理机构认可的期限内纠正涉嫌违法行为，赔偿有关投资者损失，消除损害或者不良影响的，国务院证券监督管理机构可以决定中止调查。被调查的当事人履行承诺的，国务院证券监督管理机构可以决定终止调查；被调查的当事人未履行承诺或者有国务院规定的其他情形的，应当恢复调查。具体办法由国务院规定。

三十、证券违法举报奖励制度

对涉嫌证券违法、违规行为，任何单位和个人有权向国务院证券监督管理机构举报。

对涉嫌重大违法、违规行为的实名举报线索经查证属实的，国务院证券监督管理机构按照规定给予举报人奖励。

国务院证券监督管理机构应当对举报人的身份信息保密。

三十一、禁止证券业务数据出境制度

境外证券监督管理机构不得在中华人民共和国境内直接进行调查取证等活动。未经国务院证券监督管理机构和国务院有关主管部门同意，任何单位和个人不得擅自向境外提供与证券业务活动有关的文件和资料。

三十二、《证券法》明确市场禁入，净化证券市场环境

《证券法》明确证券市场禁入是指在一定期限内直至终身不得从事证券业务、证券服务业务，不得担任证券发行人的董事、监事、高级管理人员，或者一定期限内不得在证券交易所、国务院批准的其他全国性证券交易场所交易证券的制度。

三十三、承担民事赔偿责任优先

《证券法》规定：违反本法规定，应当承担民事赔偿责任和缴纳罚款、罚金、违法所得，违法行为人的财产不足以支付的，优先用于承担民事赔偿责任。这是对中小投资者进行优先保护。

第三章
注册制之《虚假陈述若干规定》规制下的合规指引

2022年1月22日,《最高人民法院关于审理证券市场虚假陈述侵权民事赔偿案件的若干规定》(法释〔2022〕2号)(以下简称"《虚假陈述若干规定》")正式实施,其与《证券法》共同构筑证券市场保护中小投资者合法权益的法治基石。

一、明确虚假陈述引发的侵权民事赔偿案件的适用范围

(一)关于证券交易场所的认定

《虚假陈述若干规定》将证券交易场所明确为证券交易所、国务院批准的其他全国性证券交易场所。

证券交易所即上交所、深交所和北交所,国务院批准的其他全国性证券交易场所即全国股转系统(新三板)。

国务院规定设立的区域性股权市场(新四板)参照适用《虚假陈述若干规定》。新四板即按照《国务院办公厅关于规范发展区域性股权市场的通知》(国办发〔2017〕11号)、《区域性股权市场监督管理试行办法》设立的区域股权市场。已在证监会公示备案的区域性股权市场共35家。

(二)关于证券的认定

《虚假陈述若干规定》所规定的证券涵盖了前述认定的证券交易场所根据《上市公司证券发行注册管理办法》《公司债券发行与交易管理办法》《全国中小企业股份转让系统业务规则(试行)》确定的证券和证监会授权证券交易场所制定的债券交易规则确定的证券。

证券,指下列证券品种:①股票(包括首次公开发行、公开发行和非公开发

行）；②可转换公司债券；③证监会认可的其他品种。

证监会认可的其他品种包括存托凭证、债券（包括公开和非公开）、资产支持证券和其他具有固定收益特征的产品。

在区域性股权市场（新四板）非公开发行、转让中小微企业股票、可转换为股票的公司债券参照适用《虚假陈述若干规定》。

（三）关于在证券交易场所进行特定事项协议转让是否适用《虚假陈述若干规定》

《虚假陈述若干规定》规定的交易因果关系的认定条件之一是原告在虚假陈述实施日之后、揭露日或更正日之前实施了相应的交易行为，即在诱多型虚假陈述中买入了相关证券，或者在诱空型虚假陈述中卖出了相关证券。

据此，根据《上海证券交易所上市公司股份协议转让业务办理指引》《深圳证券交易所上市公司股份协议转让业务办理指引》《北京证券交易所上市公司股份协议转让业务办理指引》《全国中小企业股份转让系统挂牌公司股份特定事项协议转让细则》规定，在证券交易场所进行特定事项的协议转让不适用《虚假陈述若干规定》。

特定事项协议转让，是指转让双方因收购及股东权益变动、存在控制关系、引进战略投资者等特定事项达成转让协议。包括转让股份数量不低于上市公司总股本5%的协议转让；转让双方存在实际控制关系，或均受同一控制人所控制的协议转让；外国投资者战略投资上市公司涉及的协议转让。

特定事项协议转让并不存在在诱多型虚假陈述中买入了相关证券，或者在诱空型虚假陈述中卖出了相关证券的行为，因此，在证券交易场所进行特定事项协议转让不适用《虚假陈述若干规定》。

二、关于虚假陈述及重大性的认定

（一）关于虚假陈述的认定

依据《虚假陈述若干规定》，信息披露义务人违反法律、行政法规、监管部门制定的规章和规范性文件关于信息披露的规定，在披露的信息中存在虚假记载、误导性陈述或者重大遗漏的，人民法院应当认定为虚假陈述。

虚假记载，是指信息披露义务人披露的信息中对相关财务数据进行重大不实记载，或者对其他重要信息作出与真实情况不符的描述。

误导性陈述，是指信息披露义务人披露的信息隐瞒了与之相关的部分重要事实，或者未及时披露相关更正、确认信息，致使已经披露的信息因不完整、不准确而具有误导性。

重大遗漏，是指信息披露义务人违反关于信息披露的规定，对重大事件或者重要事项等应当披露的信息未予披露。

虚假陈述可以分为诱多型虚假陈述和诱空型虚假陈述。

诱多型虚假陈述，是指虚假陈述行为人故意违背事实真相发布虚假的利多信息，或者隐瞒实质性的利空信息不予公布或不及时公布等，以使投资人在股价处于相对高位时，仍然保持积极的心态进行买入或持有股票的行为。

诱空型虚假陈述，是指虚假陈述行为人发布虚假的消极利空信息，或者隐瞒实质性的利好信息不予公布或不及时公布等，以使投资人在股价向下运行或处于相对低位时，因受其虚假陈述影响怀着消极心态卖出股票，在虚假陈述被揭露或者被更正后股价上涨从而使投资人遭受损失的行为。

（二）关于重大性的认定

依据《虚假陈述若干规定》，信息披露义务人及其他责任方可以因虚假陈述不具有重大性抗辩免责。判断虚假陈述是否具有重大性，应当以虚假陈述是否导致相关证券交易价格或交易量明显变化作为依据，法律明确规定的重大事件或者重大事项是认定虚假陈述重大性的重要依据。

具体地，根据《证券法》和《虚假陈述若干规定》，重大性指的是以下情形。

1.《证券法》规定的情形

（1）《证券法》第八十条规定的情形

①公司的经营方针和经营范围的重大变化；

②公司的重大投资行为，公司在一年内购买、出售重大资产超过公司资产总额30%，或者公司营业用主要资产的抵押、质押、出售或者报废一次超过该资产的30%；

③公司订立重要合同、提供重大担保或者从事关联交易，可能对公司的资产、负债、权益和经营成果产生重要影响；

④公司发生重大债务和未能清偿到期重大债务的违约情况；

⑤公司发生重大亏损或者重大损失；

⑥公司生产经营的外部条件发生的重大变化；

⑦公司的董事、三分之一以上监事或者经理发生变动，董事长或者经理无法履行职责；

⑧持有公司5%以上股份的股东或者实际控制人持有股份或者控制公司的情况发生较大变化，公司的实际控制人及其控制的其他企业从事与公司相同或者相似业务的情况发生较大变化；

⑨公司分配股利、增资的计划，公司股权结构的重要变化，公司减资、合

并、分立、解散及申请破产的决定,或者依法进入破产程序、被责令关闭;

⑩ 涉及公司的重大诉讼、仲裁,股东会、董事会决议被依法撤销或者宣告无效;

⑪ 公司涉嫌犯罪被依法立案调查,公司的控股股东、实际控制人、董事、监事、高级管理人员涉嫌犯罪被依法采取强制措施;

⑫ 国务院证券监督管理机构规定的其他事项。

(2)《证券法》第八十一条规定的情形

①公司股权结构或者生产经营状况发生重大变化;

②公司债券信用评级发生变化;

③公司重大资产抵押、质押、出售、转让、报废;

④公司发生未能清偿到期债务的情况;

⑤公司新增借款或者对外提供担保超过上年末净资产的20%;

⑥公司放弃债权或者财产超过上年末净资产的10%;

⑦公司发生超过上年末净资产10%的重大损失;

⑧公司分配股利,作出减资、合并、分立、解散及申请破产的决定,或者依法进入破产程序、被责令关闭;

⑨涉及公司的重大诉讼、仲裁;

⑩公司涉嫌犯罪被依法立案调查,公司的控股股东、实际控制人、董事、监事、高级管理人员涉嫌犯罪被依法采取强制措施;

⑪ 国务院证券监督管理机构规定的其他事项。

2. 其他情形

①虚假陈述的内容属于监管部门制定的规章和规范性文件中要求披露的重大事件或者重要事项。

②虚假陈述的实施、揭露或者更正导致相关证券的交易价格或者交易量产生明显的变化。

三、关于交易因果关系的认定

(一)不具有交易因果关系的情形

依据《虚假陈述若干规定》,信息披露义务人及其他责任方能够证明下列情形之一的,交易因果关系不成立。

①原告的交易行为发生在虚假陈述实施前,或者是在揭露或更正之后;

②原告在交易时知道或者应当知道存在虚假陈述,或者虚假陈述已经被证券市场广泛知悉;

③原告的交易行为是受到虚假陈述实施后发生的上市公司的收购、重大资产

重组等其他重大事件的影响；

④原告的交易行为构成内幕交易、操纵证券市场等证券违法行为；

⑤原告的交易行为与虚假陈述不具有交易因果关系的其他情形。

（二）交易因果关系认定的难点

1. 情形之一

信息披露义务人多次实施了不同的虚假陈述且均构成重大性，不同阶段的投资者应当以其交易行为发生时最近的诱多型虚假陈述或者诱空型虚假陈述作为索赔的依据。

2. 情形之二

信息披露义务人持续实施同一虚假陈述行为，应当认定投资者交易行为是多因一果。

3. 情形之三

投资者基于信息披露义务人在虚假陈述之后发生收购、重大资产重组以及《证券法》第八十条、第八十一条规定的重大事件后买入或者卖出股票的，交易因果关系阻断。这里的因果关系阻断也包括新三板公司自基础层转入创新层，决定将交易方式由集合竞价变更为做市转让等重大事件。

4. 情形之四

信息披露义务人同次实施了不同的虚假陈述，应当认定投资者交易行为多因一果。

四、关于损失因果关系的认定

依据《虚假陈述若干规定》，人民法院应当查明虚假陈述与原告损失之间的因果关系，以及导致原告损失的其他原因等案件基本事实，确定赔偿责任范围。

被告能够举证证明原告的损失部分或者全部是由他人操纵市场、证券市场风险、证券市场对特定事件的过度反应、上市公司内外部经营环境等其他因素所导致的，对其关于相应减轻或者免除责任的抗辩，人民法院应当予以支持。

（一）关于系统性风险因素的扣除

依据《虚假陈述若干规定》，系统性风险主要指证券市场风险、证券市场对特定事件的过度反应。

1. 证券市场风险

（1）经济周期波动风险

经济周期是经济发展的一个客观规律，即经济总是在繁荣、萧条、衰退、复苏中循环往复。资本市场是实体经济的晴雨表，能够直接反映经济周期的变化。

经济繁荣和复苏时期，资本市场表现为牛市，各板块指数上涨；经济萧条和衰退时期，资本市场表现为熊市，各板块指数下跌。因此，可以通过分析产业或者行业周期波动来判断经济周期及资本市场的变化，进而通过行业指数波动判断经济周期风险对股票价格的影响。有证据表明股票受周期性波动影响较大的，应当予以扣除。

（2）政策风险

政策风险主要是指国家出台某些行业或产业政策引发的证券市场风险。如出台"双碳"政策对新能源行业是利好，出台硬科技支持性政策对科创企业是利好，而政府对平台公司的反垄断整顿、对直播行业的整顿、对影视行业的整顿、对游戏行业的整顿等对相关行业或企业是利空。有证据证明行业股票重大变动系政策风险引起的，应当予以扣除。

（3）利率风险

一般地，美联储的加息会使美股市场的股票下跌，进而影响全球股市。提高存款准备金率也会引发同样的利率风险，银根收紧，证券市场的钱减少，资金就会流向高收益的债券。有证据证明利率变动对证券市场影响较大的，应当予以扣除。

（4）通货膨胀风险

CPI、PPI、GDP等指标可以衡量经济是否存在通货膨胀，以及通货膨胀对经济、对证券市场的影响。有证据证明CPI、PPI、GDP等指数波动较大，通货膨胀影响证券市场的，应当予以扣除。

在康美药业案件中，广州市中级人民法院认为，案涉虚假陈述行为从实施日到揭露日时间较长，在此期间，证券市场走势波动亦较大。投资者的损失中，部分损失是由证券市场系统因素造成的，该部分损失应予扣除。至于扣除方式，投保基金选取医药生物（申万）指数作为比对指数，并采用个体相对比例法测算投资者证券市场系统风险扣除比例，即从投资者第一笔有效买入开始，假设投资者买卖案涉股票时，同时买入卖出相同数量的医药生物（申万）指数，每一笔交易均同步对应指数的买入卖出，并将每个投资者持股期间的指数加权平均跌幅与个股加权平均跌幅进行对比，扣除证券市场系统风险的影响。投保基金具体所采用的计算公式为：市场系统风险扣除比例 = 证券买入与卖出期间指数加权平均跌幅 / 证券买入与卖出期间个股加权平均跌幅；指数加权平均跌幅 =（指数卖出损失 + 指数持有损失）/（有效索赔股数 × 指数买入均价）；个股加权平均跌幅 =（个股卖出损失 + 个股持有损失）/（有效索赔股数 × 个股买入均价）。法院认为该测算方法可以更合理地计算不同时期买入康美药业股票的各投资者因市场系统风险受到的损失，投保基金以此方法测算系统风险扣除比例并无不妥。根据测算情况，除去损失金额在扣除系统风险后为 0 或者负数的 3,289 名投资者后，共计 52,037 名投资者有损失。

2. 证券市场对特定事件的过度反应

一般来说，过度反应是指某一事件引起证券市场交易价格剧烈变动，超过预期的理论水平，然后再以反向修正的形式回归应有价位的现象。如部分芯片企业受美国制裁引发投资者对整个行业的过度反应，新冠疫情引发部分行业股票价格上涨或下跌的过度反应。

当一系列利好消息披露后，投资者将会对未来的利好消息保持更高的预期，或者连续的利空消息使投资者对未来过分悲观，从而导致股价过度偏离基本面，形成过度反应。

因此，证券市场一般通过设置涨跌幅限制和熔断机制对证券市场过度反应进行修正。

（二）关于非系统性风险因素的扣除

依据《虚假陈述若干规定》，非系统性风险主要是指他人操纵证券市场和上市公司内部经营环境的变化。

关于证券市场虚假陈述案件中是否存在他人操纵证券市场造成投资者损失的情形，监管机构启动对操纵证券市场的行政调查或者刑事追责会为判定投资者损失是否存在非系统风险提供重要证据。被告能够通过自行调查初步证明存在操纵证券市场行为的，可以通过向监管机构举报的方式获得行政监管调查的证据。

一般地，上市公司内部经营环境的变化主要有以下几种情形：

①董监高不能正常履职，或者主要董监高辞职，导致的交易价格或者交易量产生明显的变化；

②上市公司不能正常披露年报，导致的交易价格或者交易量产生明显的变化；

③上市公司发生控制权之争，导致的交易价格或者交易量产生明显的变化；

④上市公司董监高或者实际控制人出现个人道德问题等负面新闻，导致的交易价格或者交易量产生明显的变化；

⑤上市公司出现生产经营停滞、停产，或者违反市场监管、税务、环保等行政法规，或者董监高涉嫌违法违规、涉嫌犯罪等，导致的交易价格或者交易量产生明显的变化；

⑥上市公司出现重大诉讼或者重大合同违约等情形，导致的交易价格或者交易量产生明显的变化。

五、关于举证责任的分配

（一）人民法院依职权调查取证

为了查明事实，人民法院可以依法向证监会有关部门或者派出机构调查收集有关证据。

案件审理过程中，人民法院可以就诉争虚假陈述行为违反信息披露义务规定情况、对证券交易价格的影响、损失计算等专业问题征求证监会或者相关派出机构、证券交易场所、证券业自律管理组织、投资者保护机构等单位的意见。

（二）被告的举证责任

依据《证券法》《虚假陈述若干规定》，证券虚假陈述民事侵权案件，被告提出抗辩的，能够举证证明不存在以下四项规则要件之一的，可以抗辩免责。

①原告的交易行为与虚假陈述不具有交易因果关系；
②虚假陈述不具有重大性；
③被告对虚假陈述不存在过错，包括证明勤勉尽职免责；
④原告的损失部分或者全部是由他人操纵市场、证券市场的风险、证券市场对特定事件的过度反应、上市公司内外部经营环境等其他因素所导致。

（三）原告的举证责任

根据《最高人民法院关于适用〈中华人民共和国民事诉讼法〉的解释》，当事人对自己提出的诉讼请求所依据的事实或者反驳对方诉讼请求所依据的事实，应当提供证据加以证明，但法律另有规定的除外。

因此，除了人民法院依据职权调取的证据以及法律规定应当由被告举证证明的事项外，其他证明事项均应当按照"谁主张、谁举证"的原则由原告举证。

特别地，对于按照法律规定由被告举证证明其可以免责或者减轻责任的抗辩，原告不仅有权进行质证和反驳，也要积极主动搜集证据予以抗辩。

六、关于行为人董监高、独立董事过错的认定

（一）过错的两种情形

依据《虚假陈述若干规定》，过错分为以下两种。

①行为人故意制作、出具存在虚假陈述的信息披露文件，或者明知信息披露文件存在虚假陈述而不予指明、予以发布；
②行为人严重违反注意义务，对信息披露文件中虚假陈述的形成或者发布存在过失。

(二)行为人董监高、独立董事的免责抗辩适用

1. 董监高

董监高应当对自己已勤勉尽职、没有过错承担举证责任。在无主观过错情形下,董监高需要举证证明其没有严重违反注意义务、不存在过失。一般来说,司法实践中判定董监高是否勤勉尽职有以下几种情形。

①人民法院根据董监高工作岗位和职责、在信息披露资料的形成和发布等活动中所起的作用、取得和了解相关信息的渠道、为核验相关信息所采取的措施等实际情况进行审查认定是否存在过错,以及过错的大小。

②发行人董监高仅以其不从事日常经营管理、无相关职业背景和专业知识、相信发行人或者管理层提供的资料、相信证券服务机构出具的专业意见等理由主张其没有过错的,人民法院不予支持。

③发行人董监高无法保证证券发行文件和定期报告内容的真实性、准确性、完整性或者有异议的,以书面方式发表附具体理由的意见并依法披露的,人民法院可以认定其主观上没有过错,但在审议、审核信息披露文件时投赞成票的除外。即发行人董监高投反对或者弃权并发表具体理由的可免责。

因此,董监高在没有参与证券欺诈的情形下,基于是否严重违反注意义务应当在以下几个方面做到合规。

①需要董监高审议、决策、签字披露的重大信息,董监高应当基于同业惯例、所担任职务职责、职业敏感性、特别注意义务综合判断,决策或者签字披露重大事项应当排除合理怀疑,需要具体负责人书面说明的应当由其通过书面形式(包括电子邮件)予以说明;需要第三方中介出具专业意见的,应当由其出具书面的意见(包括电子邮件及专项意见)予以说明;需要启动现场尽职调查的应当启动必要的调查访谈,访谈决议事项具体负责人,访谈决议事项的相关方,形成书面的调查记录。如果上述勤勉尽职核查程序仍然无法排除合理怀疑或者所决议事项存在重大程序瑕疵,或者严重缺乏谨慎性的,或者缺乏商业合理性的,应当投反对票,而不是弃权。

②董监高应当通过与公司签订的聘任协议明确自己的职责范围。一般的劳动合同并不能明确董监高的责任,建议签订董监高聘任协议,补充完善职责权限,明确工作职责和范围,或者通过签订责任书明确职责范围。基于证券欺诈的特殊注意义务,董事长、财务总监、董事会秘书和主管公司证券业务的副职高管,如副董事长、副总裁等,其与其他董监高相比注意义务要高很多。另外,具体到某一重大事项披露涉及具体负责的董监高,如供应商、客户协助企业造假,不知情但负责采购或者销售的副总就要承担比其他董监高更高的注意义务。

③重视董事会会议纪要。董事在审议重大事项的决议前应当以电子邮件的方式和董事会秘书沟通，对初步审议文件提出补充说明或者支持依据的，应当提前通过电子邮件提供，越详细越好。董事会现场会议期间，董事应当积极发言，即便其他董事已经就相关问题充分发言，仍应当发言对相关董事的建议予以附议并可适当补充意见，该类意见应当明确记入董事会会议纪要，并拍照留存。

2. 独立董事

独立董事能够证明下列情形之一的，人民法院应当认定其没有过错：

①在签署相关信息披露文件之前，对不属于自身专业领域的相关具体问题，借助于会计、法律等专门职业的帮助仍然未能发现问题的；

②在揭露日或更正日之前，发现虚假陈述后及时向发行人提出异议并监督整改或者向证券交易场所、监管部门书面报告的；

③在独立意见中对虚假陈述事项发表保留意见、反对意见或者无法表示意见并说明具体理由的，但在审议、审核相关文件时投赞成票的除外；

④因发行人拒绝、阻碍其履行职责，导致无法对相关信息披露文件是否存在虚假陈述作出判断，并及时向证券交易场所、监管部门书面报告的；

⑤能够证明勤勉尽责的其他情形。

独立董事提交证据证明其在履职期间能够按照法律、监管部门制定的规章和规范性文件以及公司章程的要求履行职责的，或者在虚假陈述被揭露后及时督促发行人整改且效果较为明显的，人民法院可以结合案件事实综合判断其过错情况。

依据《上市公司独立董事履职指引》，独立董事每年为所任职上市公司有效工作的时间原则上不少于15个工作日，包括出席股东会、董事会及各专门委员会会议，对公司生产经营状况、管理和内部控制等制度的建设及执行情况、董事会决议执行情况等进行调查，与公司管理层进行工作讨论，对公司重大投资、生产、建设项目进行实地调研等。独立董事应当按照《上市公司独立董事履职指引》第十条和第十一条的规定勤勉履职。

①按照第十条的规定，对上市公司及相关主体进行监督和调查。独立董事发现上市公司或相关主体存在下列情形时，应积极主动履行尽职调查义务，必要时可聘请中介机构进行专项调查：a. 重大事项未按规定提交董事会或股东会审议；b. 公司未及时或适当地履行信息披露义务；c. 公司发布的信息中可能存在虚假记载、误导性陈述或重大遗漏；d. 公司生产经营可能违反法律、法规或者公司章程；e. 其他涉嫌违法违规、损害社会公众股股东权益或社会公众利益的情形。

确认上述情形确实存在的，独立董事应立即督促上市公司或相关主体改正，并向证监会派出机构和公司证券上市地的证券交易所报告。

②按照第十一条规定制作工作笔录。独立董事应当将其履行职责的情况记入独立董事工作笔录，包括对上市公司生产经营状况、管理和内部控制等制度的建设及执行情况、董事会决议执行情况等进行调查，与公司管理层讨论，参加公司董事会，发表独立意见等内容。独立董事与公司内部机构和工作人员以及中介机构人员的工作邮件、电话、短信及微信等电子通信往来记录，是工作笔录的组成部分。

独立董事履职的工作笔录及上市公司向独立董事提供的资料，独立董事应当妥善保存至少 5 年。

七、关于中介机构过错的认定

（一）过错的分类

依据《虚假陈述若干规定》，过错分为以下两种。

①行为人故意制作、出具存在虚假陈述的信息披露文件，或者明知信息披露文件存在虚假陈述而不予指明、予以发布；

②行为人严重违反注意义务，对信息披露文件中虚假陈述的形成或者发布存在过失。

（二）中介机构的免责抗辩适用

依据《关于注册制下督促证券公司从事投行业务归位尽责的指导意见》，各中介机构对各自出具的专项文件负责，对与本专业相关的业务事项履行特别注意义务，对其他业务事项履行普通注意义务。招股说明书、重组报告书、债券募集说明书等引用会计师事务所、律师事务所、评估机构等其他中介机构专业意见或内容的，出具意见或文件的中介机构依法承担责任。证券公司对注册申请文件和信息披露资料进行全面核查验证，对其他中介机构的专业意见以"合理信赖"为一般原则，对存在"重大异常""前后重大矛盾""重大差异"等特殊情形进行调查、复核，对未引用其他中介机构专业意见的内容依法承担责任。

证券公司应当复核但未复核，或复核工作未全面到位的，依法承担责任。按照定性与定量相结合原则，细化需要证券公司复核的"重大事项"的标准及程序；研究明确证券公司对注册申请文件和信息披露资料进行"全面核查验证"的标准和程序。

因此，中介机构要证明其没有严重违反注意义务，不存在过失，唯有勤勉尽责、言必有据、合理信赖一条路。

1. 发行人保荐机构、承销机构及其直接责任人员

依据《虚假陈述若干规定》，保荐机构、承销机构等机构及其直接责任人员提交的尽职调查工作底稿、尽职调查报告、内部审核意见等证据能够证明下列情形的，人民法院应当认定其没有过错。

①已经按照法律、行政法规、监管部门制定的规章和规范性文件、相关行业执业规范的要求，对信息披露文件中的相关内容进行了审慎尽职调查；

②对信息披露文件中没有证券服务机构专业意见支持的重要内容，经过审慎尽职调查和独立判断，有合理理由相信该部分内容与真实情况相符；

③对信息披露文件中证券服务机构出具专业意见的重要内容，经过审慎核查和必要的调查、复核，有合理理由排除职业怀疑并形成合理信赖。

保荐机构应当严格按照《证券发行上市保荐业务工作底稿指引》《保荐人尽职调查工作准则》（以下简称"《尽调准则》"）开展全面尽职调查，所有披露事项都应当有底稿支撑并做好工作记录。

鉴于保荐机构作为发行人最关键和最核心的中介机构，其所承担的责任必然与其所获得的收益相匹配。在全面尽职调查的基础上，合理信赖会计师事务所和律师事务所等证券服务机构的专业意见，但仍然要尽到一般注意义务。

2. 会计师事务所、律师事务所、资信评级机构、资产评估机构、财务顾问等证券服务机构

依据《虚假陈述若干规定》，会计师事务所、律师事务所、资信评级机构、资产评估机构、财务顾问等证券服务机构制作、出具的文件存在虚假陈述的，人民法院应当按照法律、行政法规、监管部门制定的规章和规范性文件，参考行业执业规范规定的工作范围和程序要求等内容，结合其核查、验证工作底稿等相关证据，认定其是否存在过错。

证券服务机构的责任限于其工作范围和专业领域。证券服务机构依赖保荐机构或者其他证券服务机构的基础工作或者专业意见，出具的专业意见存在虚假陈述，能够证明其对所依赖的基础工作或者专业意见经过审慎核查和必要的调查、复核，排除了职业怀疑并形成合理信赖的，人民法院应当认定其没有过错。

（1）会计师事务所

会计师事务所应当严格按照《中国注册会计师审计准则第 1101 号——注册会计师的总体目标和审计工作的基本要求》（2022 年）和《中国注册会计师审计准则第 1131 号——审计工作底稿》（2022 年）的规定开展专项尽职调查，专项意见应当有底稿支撑，函证程序独立合法，查验事项应当交叉复核。

会计师事务所能够证明下列情形之一的，人民法院应当认定其没有过错：

①按照执业准则、规则确定的工作程序和核查手段并保持必要的职业谨慎，仍未发现被审计的会计资料存在错误的；

②审计业务必须依赖的金融机构，发行人的供应商、客户等相关单位提供不实证明文件，会计师事务所保持了必要的职业谨慎仍未发现的；

③已对发行人的舞弊迹象提出警告并在审计业务报告中发表了审慎审计意见的；

④能够证明没有过错的其他情形。

（2）律师事务所

律师事务所作为证券服务机构，对于法律事项应当尽到特别注意义务，对于披露的事项应当严格按照《公开发行证券公司信息披露的编报规则第12号——公开发行证券的法律意见书和律师工作报告》《律师事务所从事证券法律业务管理办法》《律师事务所证券法律业务执业规则（试行）》及《监管规则适用指引——法律类第2号：律师事务所从事首次公开发行股票并上市法律业务执业细则》开展尽职调查，做好工作记录，每一项披露和专项意见应当有底稿支撑。

八、关于诉讼时效的认定

《虚假陈述若干规定》将投资者提起证券虚假陈述的诉讼时效起算日确定为揭露日或更正日。除了诉讼时效中断事由外，投资者提起虚假陈述诉讼的诉讼时效自揭露日或更正日起算时间为3年，3年诉讼时效届满，投资者将因被告提出诉讼时效抗辩而丧失胜诉的实体权利。

因此，投资者应当在虚假陈述揭露日或者更正日之后尽快启动虚假陈述的损害赔偿，并不需要等证监会等有关部门作出行政处罚决定书，或者法院作出判决书后以此作为证据提起诉讼。

九、"三日一价"及投资者损失的确定

（一）"三日一价"的确定（如表3-1所示）

表3-1 "三日一价"的确定

实施日	信息披露义务人作出虚假陈述或者发生虚假陈述之日	信息披露义务人在证券交易场所的网站或者符合监管部门规定条件的媒体上公告发布具有虚假陈述内容的信息披露文件，以披露日为实施日
		通过召开业绩说明会、接受新闻媒体采访等方式实施虚假陈述的，以该虚假陈述的内容在具有全国性影响的媒体上首次公布之日为实施日

续表

实施日	信息披露义务人作出虚假陈述或者发生虚假陈述之日	信息披露文件或者相关报道内容在交易日收市后发布的,以其后的第一个交易日为实施日
		因未及时披露相关更正、确认信息构成误导性陈述,或者未及时披露重大事件或者重要事项等构成重大遗漏的,以应当披露相关信息期限届满后的第一个交易日为实施日
揭露日/更正日	虚假陈述在具有全国性影响的报刊、电台、电视台或监管部门网站、交易场所网站、主要门户网站、行业知名的自媒体等媒体上,首次被公开揭露并为证券市场知悉之日/信息披露义务人在证券交易场所网站或者符合监管部门规定条件的媒体上,自行更正虚假陈述之日	监管部门以涉嫌信息披露违法为由对信息披露义务人立案调查的信息公开之日
		证券交易场所等自律管理组织因虚假陈述对信息披露义务人等责任主体采取自律管理措施的信息公布之日
		信息披露义务人实施的虚假陈述呈连续状态的,以首次被公开揭露并为证券市场知悉之日为揭露日
		信息披露义务人实施多个相互独立的虚假陈述的,人民法院应当分别认定其揭露日
基准日	在虚假陈述揭露或更正后,为将原告应获赔偿限定在虚假陈述所造成的损失范围内,确定损失计算的合理期间而规定的截止日期	在采用集中竞价的交易市场中,自揭露日或更正日起,被虚假陈述影响的证券集中交易累计成交量达到可流通部分100%之日为基准日
		自揭露日或更正日起,集中交易累计换手率在10个交易日内达到可流通部分100%的,以第10个交易日为基准日
		在30个交易日内未达到可流通部分100%的,以第30个交易日为基准日
基准价格	虚假陈述揭露日或更正日起至基准日期间每个交易日收盘价的平均价格,为损失计算的基准价格。无法以此确定基准价格的,人民法院可以根据有专门知识的人的专业意见,参考对相关行业进行投资时的通常估值方法确定基准价格	

(二)投资者损失的计算

在集中竞价的交易市场中,原告因虚假陈述买入相关股票所造成的投资差额损失,按照表3-2所示的方法计算。

表 3-2　因虚假陈述买入相关股票所造成的投资差额损失的计算方法

买入	卖出	投资差额损失
在实施日之后、揭露日或更正日之前买入	在揭露日或更正日之后、基准日之前卖出	按买入股票的平均价格与卖出股票的平均价格的差额，乘以已卖出的股票数量
在实施日之后、揭露日或更正日之前买入	基准日之前未卖出	按买入股票的平均价格与基准价格的差额，乘以未卖出的股票数量

在集中竞价的交易市场中，原告因虚假陈述卖出相关股票所造成的投资差额损失，按照表 3-3 所示的方法计算。

表 3-3　因虚假陈述卖出相关股票所造成的投资差额损失的计算方法

卖出	买入	投资者差额损失
在实施日之后、揭露日或更正日之前卖出	在揭露日或更正日之后、基准日之前买回	按买回股票的平均价格与卖出股票的平均价格的差额，乘以买回的股票数量
在实施日之后、揭露日或更正日之前卖出	基准日之前未买回	按基准价格与卖出股票的平均价格的差额，乘以未买回的股票数量

十、关于配合造假的供应商、客户、金融机构的责任

证券欺诈等虚假陈述案件中，供应商、客户、金融机构配合发行人财务造假，具有一定的隐蔽性和欺骗性，如果不追究帮助造假者，并不能从源头上消除证券欺诈等虚假陈述行为。正是因为帮助造假的隐蔽性和欺骗性，保荐机构、承销商和其他证券服务机构在已经尽到勤勉义务和排除职业合理怀疑的情形下才得以免责。因此，根据《虚假陈述若干规定》，有证据证明发行人的供应商、客户，以及为发行人提供服务的金融机构等明知发行人实施财务造假活动，仍然为其提供相关交易合同、发票、存款证明等予以配合，或者故意隐瞒重要事实致使发行人的信息披露文件存在虚假陈述，原告起诉请求判令其与发行人等责任主体赔偿由此导致的损失的，人民法院应当予以支持。

十一、承担连带责任的当事人之间的责任分担与追偿

根据《虚假陈述若干规定》，承担连带责任的当事人之间的责任分担与追偿，按照《中华人民共和国民法典》（以下简称"《民法典》"）第一百七十八

条的规定处理，但《虚假陈述若干规定》第二十条第二款规定的情形除外。

因此，连带责任人的责任份额根据各自责任大小确定；难以确定责任大小的，平均承担责任。实际承担责任超过自己责任份额的连带责任人，有权向其他连带责任人追偿。

关于证券欺诈虚假陈述中责任的划分，造假者承担全部责任，这是毋庸置疑的。发行人，发行人实际控制人，发行人董监高，发行人客户、供应商，为发行人提供服务的金融机构，发行人的保荐机构、承销机构、证券服务机构中任何一方造假，应当直接并连带承担赔偿责任。

从全球证券市场证券欺诈案件的特征和赔偿机制来看，关于中介机构的赔偿责任的认定主要基于中介机构是否勤勉尽职，是否在其专业领域尽到了特别注意义务，对于其他中介机构出具的意见是否尽到了一般注意义务。

无论是特别注意义务还是一般注意义务，关键都在于是否排除职业合理怀疑，是否履行了必要的尽职调查程序。在财务造假的证券欺诈案件中，会计师事务所的注意义务要高于保荐机构和律师事务所的注意义务。

在承担责任上，一般应当按照责任的大小、注意义务的性质确定比例。

在五洋债案例中，五洋建设董事长陈某、德邦证券、大信会所承担487名自然人投资者合计7.4亿元债务本息的连带赔偿责任，锦天城和大公国际分别在5%和10%范围内承担上述债务的连带赔偿责任。

在康美药业案例中：康美药业实际控制人马某和许某，董事、副总经理、董事会秘书邱某，财务总监庄某，职工监事、副总经理温某，监事、独立董事马某和审计机构广东正中珠江会计师事务所，正中珠江合伙人、签字会计师杨某承担100%连带责任；董事马某等三人、监事会（监事或者董事会设审计委员会）主席罗某、监事林某、副总经理李某等三人承担20%连带责任（约4.92亿元）；独立董事江某等三人承担10%连带责任（约2.46亿元）；独立董事郭某等两人承担5%连带责任（约1.23亿元）。

第四章
多层次资本市场对企业上市的影响

第一节　注册制的基本架构

从国家监管的角度看，注册制作为扶持之手，重在提供资本市场资源配置的制度设计和金融市场稳定的法治化、持续性、惩罚性监管环境；从资本市场的角度看，注册制以信息披露为核心，把选择权交给市场。

企业（发行人）作为信息披露第一责任人，应当诚实守信，依法充分披露投资者作出价值判断和投资决策所必需的信息。企业申请上市应遵守市场规则、法治规则、风险规则、专业规则，信息披露要以投资人的角度思考，只有达到以下信息披露的要求才能真正为注册制落地夯实基础。

①信息披露真实、准确、完整，符合招股说明书内容与格式准则的要求。

②信息披露包含对投资者作出投资决策有重大影响的信息，披露程度达到满足投资者作出投资决策所需的水平。包括但不限于充分、全面披露发行人业务、技术、财务、公司治理、投资者保护等方面的信息以及本次发行的情况，充分揭示可能对发行人经营状况、财务状况产生重大不利影响的所有因素。

③信息披露内容一致、合理和具有内在逻辑性，包括但不限于财务数据勾稽合理，符合发行人实际情况，非财务信息与财务信息相互印证，保荐人、证券服务机构核查依据充分，对财务数据的变动或者与同行业公司存在的差异作出合理解释。

④信息披露简明易懂，便于一般投资者阅读和理解，包括但不限于使用浅白语言、简明扼要、重点突出、逻辑清晰，结合企业自身特点进行有针对性的信息披露。

交易所受理企业公开发行股票并上市的申请，审核并判断企业是否符合发行条件、上市条件和信息披露要求。审核工作主要通过提出问题、回答问题的方式展开，督促发行人完善信息披露内容。

第二节 中国多层次资本市场的体系和定位

中国资本市场进入注册制时代以来，逐步形成了上交所的主板市场和科创板市场、深交所的主板市场和创业板市场、北交所的专精特新创新型企业板、全国股转系统创新层、以基础层为主的新三板市场和区域性股权转让市场。

2013年12月14日，国务院发布《关于全国中小企业股份转让系统有关问题的决定》，明确了全国股转系统全国性公开证券市场的市场性质，主要为创新型、创业型、成长型中小企业发展服务的市场定位，符合条件的股份公司均可通过主办券商申请挂牌，公开转让股份，进行股权融资、债权融资、资产重组等。

2020年3月1日正式施行的《证券法》进一步明确了新三板作为"国务院批准的其他全国性证券交易场所"的法律地位，夯实了新三板场内、集中、公开市场的性质。

多层次资本市场分为主板、科创板、创业板、北交所、创新层、基础层和区域性股权转让市场（如图4-1所示），全国中小企业股份转让系统简称"新三板"。

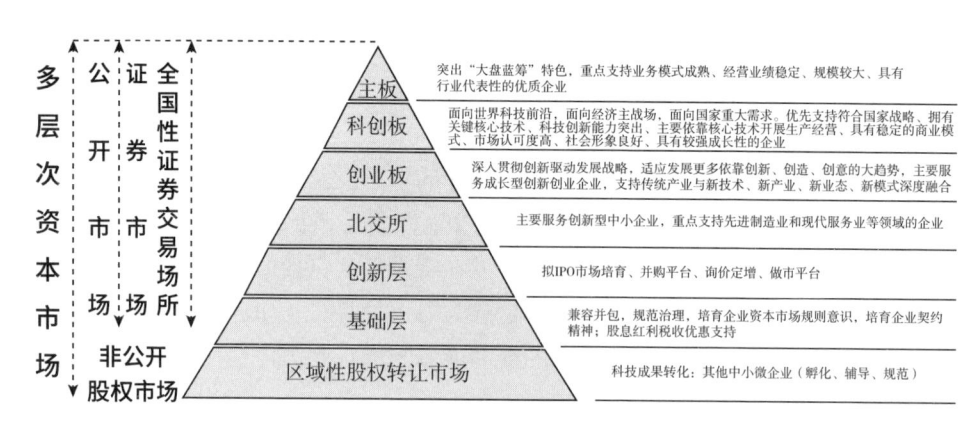

图4-1 注册制时代的多层次资本市场

主板突出"大盘蓝筹"特色，重点支持业务模式成熟、经营业绩稳定、规模较大、具有行业代表性的优质企业。

科创板面向世界科技前沿，面向经济主战场，面向国家重大需求，优先支持符合国家战略、拥有关键核心技术、科技创新能力突出、主要依靠核心技术开展生产经营、具有稳定的商业模式、市场认可度高、社会形象良好、具有较强成长性的企业。

创业板深入贯彻创新驱动发展战略，适应发展更多依靠创新、创造、创意的大趋势，主要服务成长型创新创业企业，支持传统产业与新技术、新产业、新业态、新模式深度融合。

北交所主要服务创新型中小企业，重点支持先进制造业和现代服务业等领域的企业。

创新层市场在基础层市场中遴选具有一定规模的创新型、创业型、成长型中小企业，为北交所培育种子企业。

基础层市场的定位是为创新型、创业型、成长型中小企业发展服务的证券市场，为中小企业提供资本市场股息红利税收优惠支持，为中小企业提供询价模式的定向发行股票、发行优先股、可转债等证券市场金融工具，规范中小企业公司治理，为创新层培养种子企业。

区域性股权转让市场主要服务所在区域的其他中小微企业，为中小微企业提供市场化融资、产权交易和合规治理方面的服务。

第三节 注册制之法律监管体系与法律责任

与以信息披露为核心的注册制相对应，《证券法》和《刑法》针对欺诈发行的违法行为设立了高额的惩罚制度，大幅增加了欺诈发行的违法成本。

一、行政责任

《证券法》第十三章"法律责任"中集中对发行人违规发行、欺诈发行、信息披露违法行为、虚假陈述等违法行为加大了处罚力度，并大幅提高处罚金额上限。对于欺诈发行的行为，对发行人处以罚款的上限从原来的 60 万元或非法所募资金金额的 5% 调整为 2,000 万元或非法所募资金金额的 1 倍，对责任人员处以罚款的上限从 30 万元调整为 1,000 万元。

二、民事责任

《证券法》第九十三条规定发行人因欺诈发行、虚假陈述或者其他重大违法行为给投资者造成损失时相关主体的先行赔付机制。

此外，《证券法》第九十五条允许投资者推选代表人参加证券民事赔偿诉讼，在法院公告登记的情况下，投资者在一定期间向人民法院登记，人民法院作出的判决、裁定对参加登记的投资者发生效力。同时，对于投资者保护机构接受 50 名以上投资者的委托作为代表人参加的诉讼，实行"默示加入、明示退出"的诉讼机制，为保护投资者权益提供了强有力的制度支持。

三、刑事责任

对于构成刑事犯罪的欺诈发行行为，《刑法》将欺诈发行的刑期上限由 5 年有期徒刑提高至 15 年有期徒刑，并将对个人的罚金由非法募集资金的 1%~5% 修改为"并处罚金"，取消 5% 的上限限制，对单位的罚金由非法募集资金的 1%~5% 提高至 20%~100%。

第五章
主板、科创板、创业板定位与发行上市条件

第一节 主板、科创板、创业板定位

一、主板定位

根据《首次公开发行股票注册管理办法》的规定，主板突出"大盘蓝筹"特色，重点支持业务模式成熟、经营业绩稳定、规模较大、具有行业代表性的优质企业。

二、科创板定位

根据《首次公开发行股票注册管理办法》的规定，科创板面向世界科技前沿、面向经济主战场、面向国家重大需求。优先支持符合国家战略、拥有关键核心技术、科技创新能力突出、主要依靠核心技术开展生产经营、具有稳定的商业模式、市场认可度高、社会形象良好、具有较强成长性的企业。

上交所可以根据需要就发行人是否符合科创板定位，向科技创新咨询委员会提出咨询。

科创企业处于科技前沿，专业性较强，更新迭代和发展变化快，为了在科创板相关工作中更准确地把握科创企业的行业特点，上交所设立科技创新咨询委员会，提供专业咨询、政策建议，以更好地推动科创板建设，促进科创板制度设计完善。

科技创新咨询委员会主要为科创板建设、科创企业属性确定、科创企业上市推荐指引制定等提供咨询意见，并以适当方式参与科创板发行上市具体审核，提供审核问询意见和建议。

（一）科创板产业定位

根据《上海证券交易所科创板企业发行上市申报及推荐暂行规定》，申报科创板发行上市的发行人，应当属于下列行业领域的高新技术产业和战略性新兴产业：

①新一代信息技术领域，主要包括半导体和集成电路、电子信息、下一代信息网络、人工智能、大数据、云计算、软件、互联网、物联网和智能硬件等；

②高端装备领域，主要包括智能制造、航空航天、先进轨道交通、海洋工程装备及相关服务等；

③新材料领域，主要包括先进钢铁材料、先进有色金属材料、先进石化化工新材料、先进无机非金属材料、高性能复合材料、前沿新材料及相关服务等；

④新能源领域，主要包括先进核电、大型风电、高效光电光热、高效储能及相关服务等；

⑤节能环保领域，主要包括高效节能产品及设备、先进环保技术装备、先进环保产品、资源循环利用、新能源汽车整车、新能源汽车关键零部件、动力电池及相关服务等；

⑥生物医药领域，主要包括生物制品、高端化学药、高端医疗设备与器械及相关服务等；

⑦符合科创板定位的其他领域。

（二）科创板企业上市科创属性评价

根据《上海证券交易所科创板企业发行上市申报及推荐暂行规定》，科创属性同时符合下列四项指标的发行人，支持和鼓励其按照《科创属性评价指引（试行）》的规定申报科创板发行上市：

①最近三年研发投入占营业收入比例在5%以上，或者最近三年研发投入金额累计在6,000万元以上；

②研发人员数量占当年员工总数的比例不低于10%；

③形成主营业务收入的发明专利5项以上；

④最近三年营业收入复合增长率达到20%，或者最近一年营业收入金额达到3亿元。

采用《上海证券交易所科创板股票发行上市审核规则》第二十二条第五款规定的上市标准申报科创板发行上市的企业可不适用上述第四项指标中关于"营业收入"的规定；软件行业不适用上述第三项指标的要求，研发投入占比应在10%以上。

（三）科创板企业上市创新能力评价

根据《上海证券交易所科创板企业发行上市申报及推荐暂行规定》，具备下列情形之一，科技创新能力突出的发行人，不受科创板企业申报科创属性指标的限制，支持和鼓励其按照《科创属性评价指引（试行）》的规定申报科创板发行上市：

①拥有的核心技术经国家主管部门认定具有国际领先、引领作用或者对于国家战略具有重大意义；

②作为主要参与单位或者核心技术人员作为主要参与人员，获得国家自然科学奖、国家科技进步奖、国家技术发明奖，并将相关技术运用于主营业务；

③独立或者牵头承担与主营业务和核心技术相关的"国家重大科技专项"项目；

④依靠核心技术形成的主要产品（服务），属于国家鼓励、支持和推动的关键设备、关键产品、关键零部件、关键材料等，并实现了进口替代；

⑤形成核心技术和主营业务收入相关的发明专利（含国防专利）合计50项以上。

（四）科创板的科技创新性要求

企业是否具备科创性，根据交易所审核实践，应当从以下几个方面进行判断：

①是否掌握具有自主知识产权的核心技术，核心技术是否权属清晰、是否国内或国际领先、是否成熟或者存在快速迭代的风险；

②是否拥有高效的研发体系，是否具备持续创新能力，是否具备突破关键核心技术的基础和潜力，包括但不限于研发管理情况、研发人员数量、研发团队构成及核心研发人员背景情况、研发投入情况、研发设备情况、技术储备情况；

③是否拥有市场认可的研发成果，包括但不限于与主营业务相关的发明专利、软件著作权及新药批件情况，独立或牵头承担重大科研项目情况，主持或参与制定国家标准、行业标准情况，获得国家科学技术奖项及行业权威奖项情况；

④是否具有相对竞争优势，包括但不限于所处行业市场空间和技术壁垒情况、行业地位及主要竞争对手情况、技术优势及可持续性情况、核心经营团队和技术团队竞争力情况；

⑤是否具备技术成果有效转化为经营成果的条件，是否形成有利于企业持续经营的商业模式，是否依靠核心技术形成较强成长性，包括但不限于技术应用情况、市场拓展情况、主要客户构成情况、营业收入规模及增长情况、产品或服务盈利情况；

⑥是否服务于经济高质量发展，是否服务于创新驱动发展战略、可持续发展

战略、军民融合发展战略等国家战略，是否服务于供给侧结构性改革。

发行人应对自身是否具备科创性进行评估，且发行人的评估应当客观。发行人的评估主要包括以下几点：

①所处行业及其技术发展趋势与国家战略的匹配程度；

②企业拥有的核心技术在境内与境外所处的位置；

③核心竞争力及科技创新水平的具体表征，如获得的专业资质和重要奖项、核心技术人员的科研能力、科研资金的投入情况、取得的研发进展及其成果等；

④保持技术不断创新的机制、技术储备及技术创新的具体安排；

⑤依靠核心技术开展生产经营的实际情况。

三、创业板定位与负面清单

（一）创业板战略定位

根据《首次公开发行股票注册管理办法》的规定，创业板深入贯彻创新驱动发展战略，适应发展更多依靠创新、创造、创意的大趋势，主要服务成长型创新创业企业，支持传统产业与新技术、新产业、新业态、新模式深度融合。

（二）创业板"三创四新"的评价量化指标

根据《深圳证券交易所创业板企业发行上市申报及推荐暂行规定》（2022年修订）的规定，支持和鼓励符合下列标准之一的成长型创新创业企业申报在创业板发行上市。

1. "三创四新"评价标准之一：研发投入复合增长率、研发投入金额、营业收入复合增长率三项评价指标

最近三年研发投入复合增长率不低于15%，最近一年研发投入金额不低于1,000万元，且最近三年营业收入复合增长率不低于20%。

2. "三创四新"评价标准之二：研发投入金额、营业收入复合增长率两项评价指标

最近三年累计研发投入金额不低于5,000万元，且最近三年营业收入复合增长率不低于20%。

3. "三创四新"评价标准之三：营业收入复合增长率单一评价指标

属于制造业优化升级、现代服务业或者数字经济等现代产业体系领域，且最近三年营业收入复合增长率不低于30%。

最近一年营业收入金额达到3亿元的企业，或者按照《关于开展创新企业境内发行股票或存托凭证试点的若干意见》等相关规则申报创业板的已境外上市红筹企业，不适用上述营业收入复合增长率要求。

(三)负面清单

根据《深圳证券交易所创业板企业发行上市申报及推荐暂行规定》(2022年修订),属于上市公司行业分类相关规定中下列行业的企业,原则上不支持其申报在创业板发行上市,但与互联网、大数据、云计算、自动化、人工智能、新能源等新技术、新产业、新业态、新模式深度融合的创新创业企业除外:农林牧渔业;采矿业;酒、饮料和精制茶制造业;纺织业;黑色金属冶炼和压延加工业;电力、热力、燃气及水生产和供应业;建筑业;交通运输、仓储和邮政业;住宿和餐饮业;金融业;房地产业;居民服务、修理和其他服务业。禁止产能过剩行业、《产业结构调整指导目录》中的淘汰类行业,以及从事学前教育、学科类培训、类金融业务的企业在创业板发行上市。

第二节 主板、科创板、创业板发行上市条件

一、发行上市条件(如表5-1所示)

表5-1 主板、科创板、创业板发行上市条件

	主板	科创板	创业板
发行人主体资格	依法设立且持续经营三年以上的股份有限公司,具备健全且运行良好的组织机构。 有限责任公司按原账面净资产值折股整体变更为股份有限公司的,持续经营时间可以从有限责任公司成立之日起计算		
发行人会计基础与内控	发行人会计基础工作规范,财务报表的编制和披露符合企业会计准则和相关信息披露规则的规定,在所有重大方面公允地反映了发行人的财务状况、经营成果和现金流量,最近三年财务会计报告由注册会计师出具无保留意见的审计报告。 发行人内部控制制度健全且被有效执行,能够合理保证公司运行效率、合法合规和财务报告的可靠性,并由注册会计师出具无保留结论的内部控制鉴证报告		
发行人业务完整,具有直接面向市场独立持续经营的能力	资产完整,业务及人员、财务、机构独立,与控股股东、实际控制人及其控制的其他企业间不存在对发行人构成重大不利影响的同业竞争,不存在严重影响独立性或者显失公平的关联交易。		

续表

发行人业务完整，具有直接面向市场独立持续经营的能力	主营业务、控制权和管理团队稳定，首次公开发行股票并在主板上市的，最近三年内主营业务和董事、高级管理人员均没有发生重大不利变化；首次公开发行股票并在科创板、创业板上市的，最近二年内主营业务和董事、高级管理人员均没有发生重大不利变化；首次公开发行股票并在科创板上市的，核心技术人员应当稳定且最近二年内没有发生重大不利变化。发行人的股份权属清晰，不存在导致控制权可能变更的重大权属纠纷，首次公开发行股票并在主板上市的，最近三年实际控制人没有发生变更；首次公开发行股票并在科创板、创业板上市的，最近二年实际控制人没有发生变更。 不存在涉及主要资产、核心技术、商标等的重大权属纠纷，重大偿债风险，重大担保、诉讼、仲裁等或有事项，经营环境已经或者将要发生重大变化等对持续经营有重大不利影响的事项
发行人合规性	发行人生产经营符合法律、行政法规的规定，符合国家产业政策。 最近三年内，发行人及其控股股东、实际控制人不存在贪污、贿赂、侵占财产、挪用财产或者破坏社会主义市场经济秩序的刑事犯罪，不存在欺诈发行、重大信息披露违法或者其他涉及国家安全、公共安全、生态安全、生产安全、公众健康安全等领域的重大违法行为。 董事、监事和高级管理人员不存在最近三年内受到证监会行政处罚，或者因涉嫌犯罪正在被司法机关立案侦查或者涉嫌违法违规正在被证监会立案调查且尚未有明确结论意见等情形
责任承担	自注册申请文件申报之日起，发行人及其控股股东、实际控制人、董事、监事、高级管理人员，以及与本次股票公开发行并上市相关的保荐人、证券服务机构及相关责任人员，即承担相应法律责任，并承诺不得影响或干扰发行上市审核注册工作
交易所审核机制	交易所设立独立的审核部门，负责审核发行人公开发行并上市申请；设立科技创新咨询委员会或行业咨询专家库，负责为板块建设和发行上市审核提供专业咨询和政策建议；设立上市委员会，负责对审核部门出具的审核报告和发行人的申请文件提出审议意见
交易所审核方式	交易所主要通过向发行人提出审核问询、发行人回答问题方式开展审核工作，判断发行人是否符合发行条件、上市条件和信息披露要求，督促发行人完善信息披露内容
审核过程中的重大问题	交易所审核过程中，发现重大敏感事项、重大无先例情况、重大舆情、重大违法线索的，应当及时向证监会请示报告，证监会及时明确意见

二、主板、科创板、创业板上市市值及财务指标（如表5-2所示）

表5-2 主板、科创板、创业板上市市值及财务指标

类型	项目	主板	科创板	创业板
非红筹、无差异表决权的一般企业	预计市值、收入、净利润、现金流、研发投入等组合指标	标准一：最近三年净利润均为正，最近三年净利润累计不低于1.5亿元，最近一年净利润不低于6,000万元，最近三年经营活动产生的现金流量净额累计不低于1亿元或营业收入累计不低于10亿元。 标准二：预计市值不低于50亿元，且最近一年净利润为正，最近一年营业收入不低于6亿元，最近三年经营活动产生的现金流量净额累计不低于1.5亿元。 标准三：预计市值不低于80亿元，且最近一年净利润为正，最近一年营业收入不低于8亿元。	标准一：预计市值≥10亿元，最近两年净利润均为正且累计不低于5,000万元，或最近一年利润为正且累计营业收入不低于1亿元。 标准二：预计市值≥15亿元，最近一年营业收入不低于2亿元，且最近三年研发投入合计占最近三年营业收入比例不低于15%。 标准三：预计市值≥20亿元，最近一年营业收入不低于3亿元，且最近三年经营活动产生的现金流量净额累计不低于1亿元。 标准四：预计市值≥30亿元，最近一年营业收入不低于3亿元。 标准五：预计市值≥40亿元，主要业务或产品须经国家有关部门批准，市场空间大，已取得阶段性成果。医药行业企业须至少有一项核心产品获准开展二期临床试验，其他符合科创板定位的企业须具备明显的技术优势并满足相应条件	标准一：最近两年净利润均为正，且累计净利润不低于5,000万元 标准二：预计市值不低于10亿元，最近一年净利润为正且营业收入不低于1亿元 标准三：预计市值不低于50亿元且最近一年营业收入不低于3亿元
已在境外上市红筹	市值	市值不低于2,000亿元	市值不低于2,000亿元	市值不低于2,000亿元
	市值+技术优势	市值200亿元以上，拥有自主研发、国际领先的技术，科技创新能力较强，在同行业竞争中处于相对优势地位	市值200亿元以上，拥有自主研发、国际领先的技术，科技创新能力较强，在同行业竞争中处于相对优势地位	—

续表

类型	项目	主板	科创板	创业板
尚未在境外上市红筹	市值+营业收入	预计市值不低于200亿元；最近一年营业收入不低于30亿元	预计市值不低于200亿元；最近一年营业收入不低于30亿元	预计市值不低于200亿元；最近一年营业收入不低于30亿元
尚未在境外上市的高增长型红筹	市值	预计市值不低于100亿元	预计市值不低于100亿元	预计市值不低于100亿元
	市值+营业收入	预计市值不低于50亿元；最近一年营业收入不低于5亿元	预计市值不低于50亿元；最近一年营业收入不低于5亿元	预计市值不低于50亿元；最近一年营业收入不低于5亿元
设置差异表决权的企业	市值+净利润	预计市值不低于200亿元，且最近一年净利润为正	预计市值不低于100亿元	预计市值不低于50亿元
	市值+净利润+营业收入	预计市值不低于100亿元，且最近一年净利润为正，最近一年营业收入不低于10亿元	预计市值不低于50亿元；最近一年营业收入不低于5亿元	预计市值不低于50亿元；最近一年营业收入不低于5亿元

第六章
注册制之发行上市法律、财务、业务监管规则适用指引

第一节　重大法律、财务、业务监管规则适用指引体系

①《监管规则适用指引——发行类第3号》（2023年）

②《监管规则适用指引——发行类第4号》（2023年）

③《监管规则适用指引——发行类第5号》（2023年）

④《〈首次公开发行股票注册管理办法〉第十二条、第十三条、第三十一条、第四十四条、第四十五条和〈公开发行证券的公司信息披露内容与格式准则第57号——招股说明书〉第七条有关规定的适用意见——证券期货法律适用意见第17号》（以下简称"《法律适用意见第17号》"）（2023年）

⑤《监管规则适用指引——法律类第2号》（2022年）

⑥《监管规则适用指引——发行类第2号》（2021年）

⑦《监管规则适用指引——关于申请首发上市企业股东信息披露》（2021年）

第二节　重大法律、财务、业务监管规则适用指引相关问题

一、实际控制人认定及锁定期安排

根据《法律适用意见第17号》"二、关于《首次公开发行股票注册管理办法》第十二条'实际控制人没有发生变更'和第四十五条控股股东、实际控制人锁定期安排的理解与适用"的规定：

（一）认定规则一

1. 实际控制人的认定

实际控制人的认定应当根据股权结构、董事和高级管理人员的提名任免以及其他内部治理情况，客观、审慎地进行。

2. 构成控制

具有下列情形之一的，构成控制：

①持有上市公司股份数量最多，但是有相反证据的除外；

②直接或者间接行使的表决权数量最多；

③能够决定董事会半数以上成员的任免；

④实际控制人的配偶、直系亲属，直接或间接持有上市公司 5% 以上股份或者担任公司董事、高级管理人员的，应当被认定为共同实际控制人，但是有相反证据的除外。

（二）认定规则二

实际控制人以发行人自身的认定为主，由发行人股东予以确认。

核查要点：公司章程、协议或其他安排以及发行人股东大会（股东出席会议情况、表决过程、审议结果、董事提名和任命等）、董事会（重大决策的提议和表决过程等）、监事会及发行人经营管理的实际运作情况。

发行人股权较为分散但存在单一股东控制比例达到 30% 的情形的，若无相反的证据，原则上应将该股东认定为控股股东或实际控制人。

存在下列情形之一的，保荐机构和发行人律师应当关注是否通过实际控制人认定而规避发行条件或监管：

①公司认定存在实际控制人，但其他持股比例较高的股东与实际控制人持股比例接近；

②公司认定无实际控制人，但第一大股东持股接近 30%，其他股东比例不高且较为分散。

（三）代持关系

实际控制人认定中涉及股权代持情况的，发行人、相关股东应说明存在代持的原因，并提供支持性证据。

对于存在代持关系但不影响发行条件的，发行人应在招股说明书中如实披露。如经查实，股东之间知晓代持关系的存在，且对代持关系没有异议，代持的股东之间没有纠纷和争议，则应将代持股份还原至实际持有人。

通常不应以股东间存在代持关系、表决权让与协议、一致行动协议等为由，认定公司控制权未发生变动。

（四）无实际控制人

发行人不存在拥有公司控制权的主体或者公司控制权的归属难以判断，如果符合以下情形，可视为公司控制权没有发生变更：

①发行人的股权及控制结构、经营管理层和主营业务在首发前36个月（主板）或者24个月（科创板、创业板）内没有发生重大变化；

②发行人的股权及控制结构不影响公司治理有效性；

③发行人及其保荐机构和律师能够提供证据充分证明公司控制权没有发生变更。

相关股东采取股份锁定等有利于公司股权及控制结构稳定措施的，可将该等情形作为判断公司控制权没有发生变更的重要因素。

（五）锁定期安排

发行人控股股东和实际控制人所持股份自发行人股票上市之日起36个月内不得转让，控股股东和实际控制人的亲属（依据《民法典》相关规定认定）、一致行动人所持股份应当比照控股股东和实际控制人所持股份进行锁定。

为确保发行人股权结构稳定、正常生产经营不因发行人控制权发生变化而受到影响，发行人没有或者难以认定实际控制人的，发行人股东应当按持股比例从高到低依次承诺其所持股份自上市之日起锁定36个月，直至锁定股份的总数不低于发行前股份总数的51%。对于具有一致行动关系的股东，应当合并后计算持股比例再进行排序锁定。位列上述应当予以锁定的51%股份范围的股东，符合下列情形之一的，可不适用上述锁定36个月的规定：

①员工持股计划；

②持股5%以下的股东；

③非发行人第一大股东且符合一定条件的创业投资基金股东，具体条件参照创投基金的监管规定。

"符合一定条件的创业投资基金股东"的认定程序为，由创业投资基金股东向保荐机构提交书面材料，经保荐机构和发行人律师核查后认为符合相关认定标准的，在申报时由保荐机构向交易所提交书面材料，交易所在认定时应当征求相关职能部门的意见。

发行人申报前6个月内进行增资扩股的，新增股份的持有人应当承诺新增股份自发行人完成增资扩股工商变更登记手续之日起锁定36个月。在申报前6个月内从控股股东或者实际控制人处受让的股份，应当比照控股股东或者实际控制人所持股份进行锁定。相关股东刻意规避股份锁定期要求的，应当按照相关规定进行股份锁定。

二、共同实际控制人

根据《法律适用意见第 17 号》"二、关于《首次公开发行股票注册管理办法》第十二条'实际控制人没有发生变更'和第四十五条控股股东、实际控制人锁定期安排的理解与适用"的规定,发行人主张多人共同拥有公司控制权的,应该符合以下条件。

①每人都必须直接持有公司股份或者间接支配公司股份的表决权。

②发行人公司治理结构健全、运行良好,多人共同拥有公司控制权的情况不影响发行人的规范运作。

③多人共同拥有公司控制权的情况,一般应当通过公司章程、协议或者其他安排予以明确。公司章程、协议或者其他安排必须合法有效、权利义务清晰、责任明确,并对发生意见分歧或者纠纷时的解决机制作出安排。该情况在最近 36 个月(主板)或者 24 个月(科创板、创业板)内且在首发后的可预期期限内是稳定、有效存在的,共同拥有公司控制权的多人没有出现重大变更。

④法定或约定形成的一致行动关系并不必然导致多人共同拥有公司控制权若主张通过一致行动协议共同拥有公司控制权但无第一大股东为纯财务投资人等合理理由的,一般不能排除第一大股东为共同控制人。共同控制人签署一致行动协议的,应当在协议中明确发生意见分歧或者纠纷时的解决机制。

⑤实际控制人的配偶、直系亲属,如其持有公司股份达到 5% 以上或者虽未超过 5% 但是担任公司董事、高级管理人员并在公司经营决策中发挥重要作用,应当说明上述主体是否为共同实际控制人。

⑥共同实际控制人签署一致行动协议的,应当在协议中明确发生意见分歧或纠纷时的解决机制。对于作为实际控制人亲属的股东所持的股份,应当比照实际控制人自发行人上市之日起锁定 36 个月。

三、公司控制权发生变更的情形

根据《法律适用意见第 17 号》"二、关于《首次公开发行股票注册管理办法》第十二条'实际控制人没有发生变更'和第四十五条控股股东、实际控制人锁定期安排的理解与适用"的规定:

如果发行人最近 36 个月(主板)或者 24 个月(科创板、创业板)内持有、实际支配公司股份表决权比例最高的主体发生变化,且变化前后的主体不属于同一实际控制人,视为公司控制权发生变更。发行人最近 36 个月(主板)或者 24 个月(科创板、创业板)内持有、实际支配公司股份表决权比例最高的主体存在重大不确定性,视为公司控制权发生变更。

实际控制人为单名自然人或有亲属关系多名自然人，实际控制人去世导致股权变动，股权受让人为继承人的，通常不视为公司控制权发生变更。其他多名自然人为实际控制人，实际控制人之一去世的，应结合股权结构、去世自然人在股东大会或董事会决策中的作用、对发行人持续经营的影响等因素综合判断公司控制权是否发生变更。

四、境外控制架构

根据《监管规则适用指引——发行类第 4 号》4-8 的规定：

（一）核查要点

设置此类架构的原因、合法性及合理性，持股的真实性，是否存在委托持股、信托持股，是否有各种影响控股权的约定，股东的出资来源等问题。

（二）需要说明的事项

①发行人控股股东和受控股股东、实际控制人支配的股东所持发行人的股份权属是否清晰；

②发行人如何确保其公司治理和内控的有效性。

五、董事、高级管理人员及核心技术人员的要求

根据《监管规则适用指引——发行类第 4 号》4-12 的规定：

（一）核心技术人员

核心技术人员通常包括公司技术负责人、研发负责人、研发部门主要成员、主要知识产权和非专利技术的发明人或设计人、主要技术标准的起草者等。

（二）最近 36 个月（或 24 个月）内董事、高级管理人员及核心技术人员均没有发生重大不利变化

认定原则：实质重于形式。

最近两年内的变动人数及比例，在计算人数比例时，以上述人员合计总数作为基数。

人员离职或无法正常参与发行人的生产经营是否对发行人生产经营产生重大不利影响：

①变动后新增的人员由原股东委派或发行人内部培养产生的，原则上不构成重大不利变化。发行人管理层因退休、调任等原因发生岗位变化的，不轻易认定为重大变化，但发行人应当披露相关人员变动对公司生产经营的影响。

②发行人申请在科创板上市的，还应当按照上述要求披露核心技术人员的变动情况。

六、对重大违法行为的认定

根据《法律适用意见第 17 号》"三、关于《首次公开发行股票注册管理办法》第十三条'国家安全、公共安全、生态安全、生产安全、公众健康安全等领域的重大违法行为'的理解与适用"的规定：

①涉及国家安全、公共安全、生态安全、生产安全、公众健康安全等领域的重大违法行为是指发行人及其控股股东、实际控制人违反相关领域法律、行政法规或者规章，受到刑事处罚或者情节严重行政处罚的行为。

有以下情形之一且中介机构出具明确核查结论的，可以不认定为重大违法行为：

a. 违法行为轻微、罚款数额较小；
b. 相关处罚依据未认定该行为属于情节严重的情形；
c. 有权机关证明该行为不属于重大违法行为。

违法行为导致严重环境污染、重大人员伤亡或者社会影响恶劣等并被处罚的，不适用上述规定。

②发行人合并报表范围内的各级子公司，如对发行人主营业务收入或者净利润不具有重要影响（占比不超过 5%），其违法行为可不视为发行人本身存在重大违法行为，但相关违法行为导致严重环境污染、重大人员伤亡或者社会影响恶劣等的除外。

如被处罚主体为发行人收购而来，且相关处罚于发行人收购完成之前已执行完毕，原则上不视为发行人存在重大违法行为。但发行人主营业务收入和净利润主要来源于被处罚主体或者相关违法行为导致严重环境污染、重大人员伤亡或者社会影响恶劣等的除外。

③最近三年从刑罚执行完毕或者行政处罚执行完毕之日起计算 36 个月。

④保荐机构和发行人律师应当对发行人及其控股股东、实际控制人是否存在上述事项进行核查，并对是否构成重大违法行为及发行上市的法律障碍发表明确意见。

七、同业竞争问题

根据《法律适用意见第 17 号》"一、关于《首次公开发行股票注册管理办法》第十二条'构成重大不利影响的同业竞争'的理解与适用"的规定：

1. 什么是"同业"

"同业"是指竞争方从事与发行人主营业务相同或者相似的业务。

2. 相同或相似的业务是否构成"竞争"

按照实质重于形式的原则，结合相关企业历史沿革、资产、人员主营业务等方面与发行人的关系，判断是否构成竞争：

①业务是否具有替代性、竞争性；

②是否有利益冲突；

③是否在同一市场范围内销售；

④对未来发展的潜在影响等。

竞争方的同类收入或毛利占发行人该业务收入或毛利的比例达30%以上的，如无充分相反证据，原则上应认定为构成重大不利影响。

对于控股股东、实际控制人控制的与发行人从事相同或者相似业务的企业，发行人还应当结合目前自身业务和关联方业务的经营情况、未来发展战略等，在招股说明书中披露未来对于相关资产、业务的安排，以及避免上市后出现构成重大不利影响的同业竞争的措施。

3. 特殊情形

①如果发行人控股股东、实际控制人是自然人，其配偶及夫妻双方的父母、子女控制的企业与发行人存在竞争关系的，应当认定为构成同业竞争。

②发行人控股股东、实际控制人的其他亲属及其控制的企业与发行人存在竞争关系的，应当充分披露前述相关企业在历史沿革、资产、人员、业务、技术、财务等方面对发行人独立性的影响，报告期内交易或者资金往来，销售渠道、主要客户及供应商重叠等情况，以及发行人未来有无收购安排。

八、研发投入

（一）研发投入的认定

研发投入为企业研究开发活动形成的总支出，通常包括研发人员工资费用、直接投入费用、折旧费用与长期待摊费用、设计费用、装备调试费、无形资产摊销费用、委托外部研究开发费用、其他费用等。

本期研发投入为本期费用化的研发费用与本期资本化的开发支出之和。

（二）相关要求

①发行人应制定并严格执行研发相关内控制度，明确研发支出的开支范围、标准、审批程序以及研发支出资本化的起始时点、依据、内部控制流程。

a. 建立研发项目的跟踪管理系统，有效监控、记录各研发项目的进展情况；

b. 建立与研发项目相对应的人财物管理机制；

c. 建立研发支出审批程序。

②按照研发项目设立台账归集核算研发支出。

③发行人应审慎制定研发支出资本化的标准，并在报告期内保持一致。

④披露研发投入的确认依据、核算方法、最近三年研发投入的金额、明细构成、最近三年累计研发投入占最近三年累计营业收入的比例及其与同行业可比上市公司的对比情况。

九、研发支出资本化

根据《监管规则适用指引——发行类第 5 号》5-4 的规定：

（一）会计处理要求

①研究阶段的支出，应于发生时计入当期损益；

②开发阶段的支出，在同时满足会计准则列明的条件时，才能按规定确认为无形资产；

③初始确认和计量时，发行人应结合研发支出资本化相关内控制度的健全性和有效性，逐条具体分析进行资本化的开发支出是否同时满足会计规定的条件；

④后续计量时，相关无形资产的预计使用寿命和摊销方法应符合会计准则规定，按规定进行减值测试并足额计提减值准备。

（二）核查要求

中介机构应从研究开发项目的立项与验收、研究阶段及开发阶段划分、资本化条件确定、费用归集及会计核算和相关信息披露等方面，关注发行人研究开发活动和财务报告流程相关内部控制是否健全有效并一贯执行，对发行人研发支出资本化相关会计处理的合规性、谨慎性和一贯性发表核查意见。

①研发支出成本费用归集范围是否恰当，研发支出是否真实、准确，是否与相关研发活动相关。

②研究阶段和开发阶段划分是否合理，是否与研发流程相联系，是否遵循正常研发活动的周期及行业惯例并一贯运用，是否完整、准确披露研究阶段与开发阶段划分依据。

③研发支出资本化条件是否均已满足，是否具有内外部证据支持。应重点从技术可行性，预期产生经济利益方式，技术、财务资源和其他资源支持等方面进行关注。

④是否为申请高新技术企业认定及企业所得税费用加计扣除等目的虚增研发支出。

⑤研发支出资本化的会计处理与同行业可比公司是否存在重大差异及差异的合理性。

（三）信息披露

发行人应根据重要性原则，在招股说明书中披露以下内容。

①研发支出资本化相关会计政策，与资本化相关研发项目的研究内容、进度、成果、完成时间（或预计完成时间）、经济利益产生方式（或预计产生方式）、当期和累计资本化金额、主要支出构成，以及资本化的起始时点和确定依据等。

②与研发支出资本化相关的无形资产的预计使用寿命、摊销方法、减值等情况，并说明是否符合相关规定，研发支出资本化时点是否与同行业可比公司存在重大差异及合理性。发行人应结合研发项目推进和研究成果运用可能发生的内外部不利变化、与研发支出资本化相关的无形资产规模等因素，充分披露相关无形资产的减值风险及对公司未来业绩可能产生的不利影响。

十、依靠核心技术开展生产经营的企业

（一）主要依靠核心技术开展生产经营

这是指企业的主要经营成果来源于依托核心技术的产品或服务。

①发行人能够坚持科技创新，通过持续的研发投入积累形成核心技术。

②发行人主要的生产经营能够以核心技术为基础，将核心技术进行成果转化，形成基于核心技术的产品（服务）。如果企业核心技术处于研发阶段，其主要研发投入均应当围绕该核心技术及其相关的产品（服务）。

③核心技术的判断主要结合发行人所处行业的国家科技发展战略和政策、整体技术水平、国内外科技发展水平和趋势等因素，综合判断。

（二）相关要求

发行人的研发投入是否主要围绕核心技术及其相关产品（服务），要求发行人说明报告期内通过核心技术开发产品（服务）的情况，核心技术产品（服务）的生产和销售数量，核心技术产品（服务）在细分行业的市场占有率；

发行人营业收入是否主要来源于依托核心技术的产品（服务），营业收入中是否存在较多的与核心技术不具有相关性的贸易等收入，核心技术能否支持公司的持续成长，发行人应说明依靠核心技术开展生产经营所产生收入的构成、占比、变动情况及原因等。收入的主要内容与计算方法应适当，非偶发性收入，非来源于显失公平的关联交易。

十一、科研项目相关政府补助

根据《监管规则适用指引——发行类第 5 号》5-5 的规定：

（一）会计处理要求

发行人应结合科研项目获取政府经济资源的主要目的和科研成果所有权归属，判断上述从政府取得的经济资源适用的具体准则。

若发行人充分证明相关科研项目与日常活动相关，从政府取得的经济资源属于提供研发服务或者使用相关科研项目技术所生产商品的对价或者对价组成部分，原则上适用收入准则；若发行人充分证明从该科研项目获得的政府经济资源是无偿的，补助资金主要用途是形成发行人自有知识产权，原则上适用政府补助准则。

发行人应结合补助条件、形式、与公司日常活动的相关性等，说明相关会计处理是否符合会计准则规定。

（二）非经常性损益列报要求

企业从政府无偿取得的货币性资产或非货币性资产应确认为政府补助。企业应根据《公开发行证券的公司信息披露解释性公告第1号——非经常性损益》判断政府补助是否应列入非经常性损益。通常情况下，政府补助文件中明确补助发放标准，企业可根据其经营活动的产量或者销量等确定可能持续收到的补助金额，属于定额或定量的政府补助，应列入经常性损益。企业因研究或专项课题等获得的政府补助，即使政府通过预算等方式明确各期补助发放金额，但与企业经营活动的产量或者销量等无关，则不属于定额或定量的政府补助，应列入非经常性损益。

（三）核查要求

保荐机构及申报会计师应核查发行人上述事项，并对发行人政府补助相关会计处理和非经常性损益列报的合规性发表意见。

（四）信息披露

发行人应根据重要性原则，披露所承担科研项目的名称、类别、实施周期、总预算及其中的财政预算金额、计入当期收益和经常性损益的政府补助金额等内容。

十二、尚未盈利或最近一期存在累计未弥补亏损

根据《监管规则适用指引——发行类第5号》5-16的规定：

（一）核查要求

发行人尚未盈利或最近一期存在累计未弥补亏损的，中介机构应充分核查尚未盈利或最近一期存在累计未弥补亏损的原因，并就其是否影响发行人持续经营能力发表意见。

（二）信息披露

1. 原因分析

发行人应结合行业特点和公司情况，针对性量化分析披露尚未盈利或最近一期存在累计未弥补亏损的成因，是否符合投入产出规律，是否具有商业合理性，是否属于行业普遍现象。对行业共性因素，应结合所属行业情况、竞争状况、发展态势以及同行业可比公司经营情况等，具体分析披露行业因素对公司盈利的影响。对公司特有因素，应结合公司的投资、研发、生产、销售等情况，具体分析披露有关因素对公司盈利的影响，相关因素在报告期内的变化情况、发展趋势，相关因素与报告期内盈利变动的匹配关系。

2. 影响分析

发行人应充分披露尚未盈利或最近一期存在累计未弥补亏损对公司现金流、业务拓展、人才吸引、团队稳定、研发投入、战略投入、生产经营可持续性等方面的影响。尚未盈利的发行人应充分披露尚未盈利对公司经营的影响，是否对未来持续经营能力产生重大不利影响。

3. 趋势分析

尚未盈利的发行人应谨慎估计并客观披露与未来业绩相关的前瞻性信息，包括原因分析中有关因素的发展趋势、达到盈亏平衡状态主要经营要素需达到的水平、未来是否可实现盈利以及其他有利于投资者对公司盈利趋势形成合理预期的信息。披露前瞻性信息时，应披露预测相关假设基础，并声明假设的数据基础及相关预测具有重大不确定性，提醒投资者谨慎使用。

4. 风险因素

尚未盈利的发行人，应结合自身情况有针对性地充分披露相关风险因素，如未来一定期间无法盈利风险，收入无法按计划增长风险，研发失败风险，产品或服务无法得到客户认同风险，资金状况、业务拓展、人才引进、团队稳定、研发投入等方面受到限制或影响的风险等。预期未盈利状态仍将持续存在的，发行人还应结合《上市规则》的具体条款分析触发退市条件的可能性，并充分披露相关风险。

最近一期存在累计未弥补亏损的，发行人应披露累计未弥补亏损及其成因对公司未来盈利能力、分红政策影响等。

5. 投资者保护措施及承诺

尚未盈利或最近一期存在累计未弥补亏损的发行人，应披露依法落实保护投资者合法权益规定的各项措施；应披露本次发行前累计未弥补亏损是否由新老股东共同承担以及已履行的决策程序。尚未盈利企业应披露其控股股东、实际控制人和董事、监事、高级管理人员、核心技术人员按照相关规定作出的关于减持股份的特殊安排或承诺。

十三、工会、职工持股会持股问题

根据《法律适用意见第 17 号》第五条第（二）项的相关规定：

①发行人控股股东或实际控制人存在职工持股会或工会持股情形的，应当予以清理；

②对于间接股东存在职工持股会或工会持股情形的，如不涉及发行人实际控制人控制的各级主体，发行人不需要清理，但应予以充分披露；

③对于工会或职工持股会持有发行人子公司股份，经保荐机构、发行人律师核查后认为不构成发行人重大违法违规的，发行人不需要清理，但应予以充分披露。

十四、历史上自然人股东人数较多的问题

根据《监管规则适用指引——发行类第 4 号》4-1 的规定：

①历史上自然人股东入股、退股（含工会持股、职工持股会清理等事项）是否按照当时有效的法律法规履行了相应程序；

②入股或股权转让协议、款项收付凭证、工商登记资料等法律文件是否齐备，自然人股东股权变动是否真实，并抽取一定比例的股东进行访谈，就相关自然人股东股权变动的真实性、所履行程序的合法性；

③是否存在委托持股或信托持股情形、是否存在争议或潜在纠纷、相关纠纷是否对发行人控股权权属清晰稳定存在影响；

④发行人以定向募集方式设立股份公司的，重点关注有权部门就发行人历史沿革的合规性、是否存在争议或潜在纠纷等事项的意见。

十五、申报前引入新股东

根据《监管规则适用指引——发行类第 4 号》4-2 的规定：

（一）核查要点

①对 IPO 申报前 12 个月通过增资或者股权转让产生的新股东，保荐机构、发行人律师应按照《监管规则适用指引——关于申请首发上市企业股东信息披露》《监管规则适用指引——发行类第 2 号》的相关要求进行核查。应当在招股说明书中充分披露新增股东的基本情况、入股原因、入股价格及定价依据，新股东与发行人其他股东、董事、监事、高级管理人员是否存在关联关系，新股东与

本次发行的中介机构及其负责人、高级管理人员、经办人员是否存在关联关系，新增股东是否存在股份代持情形。

上述新增股东应当承诺所持新增股份自取得之日起 36 个月内不得转让。

②如新股东为法人，应披露其股权结构及实际控制人；如为自然人，应披露其基本信息；如为合伙企业，应披露合伙企业的基本情况及普通合伙人及其控制人、有限合伙人的基本信息。

③最近一年年末资产负债表日后增资扩股引入新股东的，申报前须增加一期审计。

（二）不视为新股东的特殊情形

①红筹企业（是指注册地在境外、主要经营活动在境内的企业）拆除红筹架构以境内企业为主体申请上市，如该境内企业直接股东原持有红筹企业股权、持有境内企业股权比例为根据红筹企业持股比例转换而来，且该股东自持有红筹企业股权之日至 IPO 申报时点满 12 个月，原则上不视为新股东。

②发行人直接股东如以持有发行人重要子公司（置换时资产、营业收入或利润占比超过 50%）股权置换为发行人股权的，如该股东自持有子公司股权之日至 IPO 申报时点满 12 个月，原则上不视为新股东。

（三）锁定期

①新增股东应当承诺所持新增股份自取得之日起 36 个月内不得转让。

②在全国中小企业股份转让系统挂牌、境外证券交易所上市交易期间通过集合竞价、连续竞价交易方式增加的股东；因继承、执行法院判决或仲裁裁决、执行国家法规政策要求取得发行人股份的股东；由省级及以上人民政府主导取得发行人股份的股东。

十六、申报后新增股东

根据《法律适用意见第 17 号》"四、关于《首次公开发行股票注册管理办法》第三十一条'证监会规定的其他情形'的理解与适用"的规定：

发行人申报后，通过增资或者股权转让产生新股东的，原则上应当终止发行上市审核程序或者发行注册程序，但股权变动未造成实际控制人变更，未对发行人控股权的稳定性和持续经营能力造成不利影响，且同时符合下列情形的除外：

①新股东产生系因继承、离婚、执行法院判决或仲裁裁决、执行国家法规政策要求或由省级及以上人民政府主导；

②新股东承诺其所持股份上市后 36 个月之内不转让、不上市交易（继承、离婚原因除外）。

在核查和信息披露方面，发行人申报后产生新股东且符合上述要求无须重新申报的，应当比照申报前 12 个月新增股东的核查和信息披露要求执行。除此之外，保荐机构和发行人律师还应当对股权转让事项是否造成发行人实际控制人变更，是否对发行人股权结构的稳定性和持续经营能力造成不利影响进行核查并发表意见。

十七、出资瑕疵或者改制瑕疵

根据《监管规则适用指引——发行类第 4 号》4-5 的规定：

（一）历史上出资瑕疵

历史上存在出资瑕疵的，应当在申报前依法采取补救措施。发行人应当充分披露存在的出资瑕疵事项、采取的补救措施，以及中介机构的核查意见。

保荐机构和发行人律师重点关注出资瑕疵事项的影响及发行人或相关股东是否因出资瑕疵受到过行政处罚、是否构成重大违法行为及本次发行的法律障碍，是否存在纠纷或潜在纠纷。

（二）历史上改制瑕疵

对于发行人是国有企业、集体企业改制而来，或发行人主要资产来自国有或集体企业，或历史上存在挂靠集体组织经营的企业，若改制或取得资产过程中法律依据不明确、相关程序存在瑕疵或与有关法律法规存在明显冲突，原则上发行人应在招股说明书中披露有权部门关于改制程序的合法性、是否造成国有或集体资产流失的意见。

国有企业、集体企业改制过程不存在上述情况的，保荐机构、发行人律师应结合当时有效的法律法规等，分析说明有关改制行为是否经有权机关批准、法律依据是否充分、履行的程序是否合法以及对发行人的影响等。

十八、发行人资产来自上市公司

根据《监管规则适用指引——发行类第 4 号》4-6 的规定：

境内上市公司在境内分拆子公司上市，保荐机构和发行人律师应核查是否符合境内分拆上市的相关规定并发表意见；境外上市公司在境内分拆子公司上市，保荐机构和发行人律师应核查是否符合境外监管的相关规定并发表意见。

除上述情形外的发行人部分资产来自上市公司，保荐机构和发行人律师应当针对以下事项进行核查并发表意见：

①发行人取得上市公司资产的背景，所履行的决策程序、审批程序与信息披露情况，是否符合法律法规、交易双方公司章程以及证监会和证券交易所有关上市公司监管和信息披露的要求，资产转让是否存在争议、诉讼或潜在纠纷。

②发行人及其关联方的董事、监事和高级管理人员在上市公司及其关联方的历史任职情况及合法合规性，是否存在违反竞业禁止义务的情形，发行人与上市公司及其董事、监事和高级管理人员是否存在亲属及其他密切关系，如存在，在相关决策程序履行过程中，相关人员是否回避表决或采取保护非关联股东利益的有效措施；资产转让过程中是否存在损害上市公司及其中小投资合法利益的情形。

③发行人来自上市公司的资产置入发行人的时间，在发行人资产中的占比情况，对发行人生产经营的作用。

十九、资产完整性

根据《监管规则适用指引——发行类第 4 号》4-10 的规定，发行人租赁控股股东、实际控制人租赁房产或者商标、专利来自控股股东、实际控制人授权使用的，保荐机构和发行人律师应当关注相关资产的具体用途、对发行人的重要程度、未投入发行人的原因、租赁或授权使用费用的公允性、是否能确保发行人长期使用、今后的处置方案，并就该等情况是否对发行人资产完整性和独立性构成重大不利影响发表明确意见。

存在以下两种情况时，保荐机构及发行人律师还应重点关注、充分核查论证并发表意见：

①生产型企业的发行人，其生产经营所必需的主要厂房、机器设备等固定资产系向控股股东、实际控制人租赁使用；

②发行人的核心商标、专利、主要技术等无形资产是由控股股东、实际控制人授权使用。

二十、发行人与关联方共同投资

根据《监管规则适用指引——发行类第 4 号》4-15 的规定：发行人如存在与其控股股东、实际控制人、董事、监事、高级管理人员及其亲属直接或者间接共同设立公司的情形，发行人及中介机构应主要披露及核查以下事项。

①公司基本情况，包括但不限于公司名称、成立时间、注册资本、住所、经营范围、股权结构、最近一年又一期主要财务数据及简要历史沿革。

②中介机构应重点关注共同设立公司的背景、原因和必要性，发行人出资是否合法合规、出资价格是否公允。

③如发行人与共同设立的公司存在业务或资金往来，还应当披露相关交易的交易内容、交易金额、交易背景以及相关交易与发行人主营业务之间的关系。中

介机构应当核查相关交易的真实性、合法性、必要性、合理性及公允性，是否存在损害发行人利益的行为。

④如公司共同投资方为董事、高级管理人员及其近亲属，应当说明公司是否符合《公司法》相关规定，即董事、高级管理人员未经股东会或者股东大会同意，不得利用职务便利为自己或者他人谋取属于公司的商业机会，自营或者为他人经营与所任职公司同类的业务。

二十一、三类股东问题

根据《监管规则适用指引——发行类第 4 号》规定，中介机构应该按照"4-4 资产管理产品、契约型私募投资基金投资发行人的核查及披露要求"进行核查。

银行非保本理财产品，资金信托，证券公司、证券公司子公司、基金管理公司、基金管理子公司、期货公司、期货公司子公司、保险资产管理机构、金融资产投资公司发行的资产管理产品等《关于规范金融机构资产管理业务的指导意见》（银发〔2018〕106 号）规定的产品（以下统称"资产管理产品"），以及契约型私募投资基金，直接持有发行人股份的，应当核查披露相关信息。

①确认公司控股股东、实际控制人、第一大股东不属于资产管理产品、契约型私募投资基金。

②资产管理产品、契约型私募投资基金为发行人股东的，应核查确认该股东依法设立并有效存续，已纳入国家金融监管部门有效监管，并已按照规定履行审批、备案或报告程序，其管理人也已依法注册登记。

③发行人应当按照首发信息披露准则的要求对资产管理产品、契约型私募投资基金股东进行信息披露。通过协议转让、特定事项协议转让和大宗交易方式形成的资产管理产品、契约型私募投资基金股东，中介机构应对控股股东、实际控制人、董事、监事、高级管理人员及其近亲属，本次发行的中介机构及其负责人、高级管理人员、经办人员是否直接或间接在该等资产管理产品、契约型私募投资基金中持有权益进行核查并发表明确意见。

④应核查确认资产管理产品、契约型私募投资基金已作出合理安排，可确保符合现行锁定期和减持规则要求。

二十二、对赌协议

根据《监管规则适用指引——发行类第 4 号》4-3 的规定：
投资机构在投资发行人时约定对赌协议等类似安排的，保荐机构及发行人律师、申报会计师应当重点就以下事项核查并发表明确核查意见：

①发行人是否为对赌协议当事人；

②对赌协议是否存在可能导致公司控制权变化的约定；

③对赌协议是否与市值挂钩；

④对赌协议是否存在严重影响发行人持续经营能力或者其他严重影响投资者权益的情形。

存在上述情形的，保荐机构、发行人律师、申报会计师应当审慎论证是否符合股权清晰稳定、会计处理规范等方面的要求，不符合相关要求的对赌协议原则上应在申报前清理。

同时满足以下要求的对赌协议可以不清理：

①对赌协议不存在严重影响发行人持续经营能力或者其他严重影响投资者权益的情形；

②发行人不作为对赌协议当事人；

③对赌协议不存在可能导致公司控制权变化的约定；

④对赌协议不与市值挂钩；

发行人应当在招股说明书中披露对赌协议的具体内容、对发行人可能存在的影响等，并进行风险提示。

解除对赌协议应关注以下方面。

①约定"自始无效"，对回售责任"自始无效"相关协议签订日在财务报告出具日之前的，可视为发行人在报告期内对该笔对赌不存在股份回购义务，发行人收到的相关投资款在报告期内可确认为权益工具；对回售责任"自始无效"相关协议签订日在财务报告出具日之后的，需补充提供协议签订后最新一期经审计的财务报告。

②未约定"自始无效"的，发行人收到的相关投资款在对赌安排终止前应作为金融工具核算。

二十三、同一控制下企业合并

发行人应严格遵守相关会计准则规定，详细披露合并范围及相关依据，对特殊合并事项予以重点说明。

①发行人企业合并行为应按照《企业会计准则第 20 号——企业合并》相关规定进行处理。其中，同一控制下的企业合并，参与合并的企业在合并前后均受同一方或相同的多方最终控制且该控制并非暂时性的。

a."同一方"指对参与合并企业在合并前后均实施最终控制的投资者。

b."相同的多方"通常指根据投资者之间的协议约定,在对被投资单位的生产经营决策行使表决权时发表一致意见的两个或两个以上的投资者。

c."控制并非暂时性"是指参与合并的各方在合并前后较长的时间内受同一方或相同的多方最终控制。较长的时间通常指一年以上(含一年)。

②通常情况下,同一控制下的企业合并是指发生在同一企业集团内部企业之间的合并。

③在对参与合并企业在合并前控制权归属认定中,如存在委托持股、代持股份、协议控制(VIE 模式)等特殊情形,发行人应提供与控制权实际归属认定相关的充分事实证据和合理性依据。

二十四、红筹企业协议控制下合并报表编制

《企业会计准则第 33 号——合并财务报表》第七条规定"合并财务报表的合并范围应当以控制为基础确定",第八条规定"投资方应在综合考虑所有相关事实和情况的基础上对是否控制被投资方进行判断"。

部分按相关规定申请科创板发行上市的红筹企业,如存在协议控制架构或类似特殊安排,将不具有持股关系的主体(以下简称"被合并主体")纳入合并财务报表合并范围,在此情况下,发行人应:

①充分披露协议控制架构的具体安排,包括协议控制架构涉及的各方法律主体的基本情况、主要合同的核心条款等;

②分析披露被合并主体设立目的、被合并主体的相关活动以及如何对相关活动作出决策、发行人享有的权利是否使其目前有能力主导被合并主体的相关活动、发行人是否通过参与被合并主体相关活动而享有可变回报、发行人是否有能力运用对被合并主体的权利影响其回报金额、投资方与其他各方的关系;

③结合上述情况和会计准则规定,分析披露发行人合并依据是否充分,详细披露合并报表编制方法。

二十五、客户集中

根据《监管规则适用指引——发行类第 5 号》5-17 的规定:

(一)总体要求

重点关注该情形的合理性、客户稳定性和业务持续性,是否存在重大不确定性风险,进而影响发行人持续经营能力。

发行人来自单一客户主营业务收入或毛利贡献占比超过 50% 的,一般认为发行人对该客户存在重大依赖。

保荐机构应合理判断发行人是否符合发行条件，督促发行人做好信息披露和风险揭示。

（二）核查要求

1. 客户集中情形核查要求

①发行人客户集中的原因及合理性。

②发行人客户在行业中的地位、透明度与经营状况，是否存在重大不确定性风险。

③发行人与客户合作的历史、业务稳定性及可持续性，相关交易的定价原则及公允性。

④发行人与重大客户是否存在关联关系，发行人的业务获取方式是否影响独立性，发行人是否具备独立面向市场获取业务的能力。

对于因行业因素导致发行人客户集中度高的，保荐机构通常还应关注发行人客户集中与行业经营特点是否一致，是否存在下游行业较为分散而发行人自身客户较为集中的情形。对于非因行业因素导致发行人客户集中度偏高的，保荐机构通常还应关注该客户是否为异常新增客户，客户集中是否可能导致发行人未来持续经营能力存在重大不确定性。

2. 单一客户重大依赖情形核查要求

发行人对单一客户存在重大依赖的，保荐机构除应按照"客户集中情形核查要求"进行核查外，通常还应关注并核查以下方面。

①发行人主要产品或服务应用领域和下游需求情况，市场空间是否较大；发行人技术路线与行业技术迭代的匹配情况，是否具备开拓其他客户的技术能力以及市场拓展的进展情况，包括与客户的接触洽谈、产品试用与认证、订单情况等。

②发行人及其下游客户所在行业是否属于国家产业政策明确支持的领域，相关政策及其影响下的市场需求是否具有阶段性特征，产业政策变化是否会对发行人的客户稳定性、业务持续性产生重大不利影响。

③对于存在重大依赖的单一客户属于非终端客户的情况，应当穿透核查终端客户的有关情况、交易背景，分析说明相关交易是否具有合理性，交易模式是否符合行业惯例，销售是否真实。

如无法充分核查并说明发行人单一客户重大依赖的合理性、客户稳定性或业务持续性，保荐机构应就发行人是否具备持续经营能力审慎发表核查意见。

（三）信息披露

发行人应在招股说明书中披露上述情况，充分揭示客户集中度较高可能带来的风险。

二十六、持续经营能力

根据证监会发布的《监管规则适用指引——发行类第 5 号》5-7 的规定，发行人存在以下情形的，应重点关注是否影响发行人持续经营能力。

①因宏观环境因素影响存在重大不利变化风险，如法律法规、汇率税收、国际贸易条件、不可抗力事件等。

②发行人因行业因素影响存在重大不利变化风险，如：

a. 发行人所处行业被列为行业监管政策中的限制类、淘汰类范围，或行业监管政策发生重大变化，导致发行人不满足监管要求；

b. 发行人所处行业出现周期性衰退、产能过剩、市场容量骤减、增长停滞等情况；

c. 发行人所处行业准入门槛低、竞争激烈，相比导致市场占有率下滑；

d. 发行人所处行业上下游供求关系发生重大变化，导致原材料采购价格或产品售价出现重大不利变化。

③发行人因自身因素影响存在重大不利变化风险，如：

a. 发行人重要客户或供应商发生重大不利变化，进而对发行人业务稳定性和持续性产生重大不利影响；

b. 发行人由于工艺过时、产品落后、技术更迭、研发失败等原因导致市场占有率持续下降，主要资产价值大幅下跌、主要业务大幅萎缩；

c. 发行人多项业务数据和财务指标呈现恶化趋势，由盈利转为重大亏损，且短期内没有好转迹象；

d. 发行人营运资金不能覆盖持续经营期间，或营运资金不能够满足日常经营、偿还借款等需要；

e. 对发行人业务经营或收入实现有重大影响的商标、专利、专有技术以及特许经营权等重要资产或技术存在重大纠纷或诉讼，已经或者将对发行人财务状况或经营成果产生重大不利影响。

④其他明显影响发行人持续经营能力的情形。保荐机构及申报会计师应详细分析和评估上述因素的具体情形、影响程度和预期结果，综合判断上述因素是否对发行人持续经营能力构成重大不利影响，审慎发表明确意见，并督促发行人充分披露可能影响持续经营的风险因素。

二十七、财务内控不规范的处理

根据《监管规则适用指引——发行类第 5 号》5-8 的规定：

（一）财务内控不规范情形

①无真实业务支持情况下，通过供应商等取得银行贷款或为客户提供银行贷款资金走账通道（简称"转贷"行为）；

②向关联方或供应商开具无真实交易背景的商业票据，通过票据贴现获取银行融资；

③与关联方或第三方直接进行资金拆借；

④频繁通过关联方或第三方收付款项，金额较大且缺乏商业合理性；

⑤利用个人账户对外收付款项；

⑥出借公司账户为他人收付款项等；

⑦违反内部资金管理规定对外支付大额款项、大额现金收支、挪用资金；

⑧被关联方以借款、代偿债务、代垫款项或者其他方式占用资金；

⑨存在账外账；

⑩在销售、采购、研发、存货管理等重要业务循环中存在内控重大缺陷。

发行人确有特殊客观原因，认为不属于财务内控不规范情形的，须提供充分合理性证据，如外销业务因外汇管制等原因确有必要通过关联方或第三方代收货款，且不存在审计范围受到限制的情形；连续 12 个月内银行贷款受托支付累计金额与相关采购或销售（同一交易对手或同一业务）累计金额基本一致或匹配等；与参股公司（非受实际控制人控制）的其他股东同比例提供资金。

首次申报审计截止日后，发行人原则上不能存在上述内控不规范和不能有效执行的情形。

（二）核查要求

①中介机构应根据有关情形发生的原因及性质、时间及频率、金额及比例等因素，综合判断是否对内控制度有效性构成重大不利影响。

②中介机构应对发行人有关行为违反法律法规、规章制度情况进行认定，判断是否属于舞弊行为，是否构成重大违法违规，是否存在被处罚情形或风险，是否满足相关发行条件。

③中介机构应对发行人有关行为进行完整核查，验证相关资金来源或去向，充分关注相关会计核算是否真实、准确，与相关方资金往来的实际流向和使用情况，判断其是否通过体外资金循环粉饰业绩或虚构业绩。

④中介机构应关注发行人是否已通过收回资金、纠正不当行为、改进制度、

加强内控等方式积极整改，是否已针对性建立内控制度并有效执行，且未发生新的不合规行为；有关行为是否存在后续影响，是否存在重大风险隐患。发行人已完成整改的，中介机构应结合对此前不规范情形的轻重或影响程度的判断，全面核查、测试，说明测试样本量是否足够支撑其意见，并确认发行人整改后的内控制度是否已合理、正常运行并持续有效，不存在影响发行条件的情形。

⑤中介机构应关注发行人的财务内控是否持续符合规范要求，能够合理保证公司运行效率、合法合规和财务报告的可靠性，不影响发行条件及信息披露质量。

（三）信息披露

发行人应根据重要性原则，充分披露报告期内的财务内控不规范行为，如相关交易形成原因、资金流向和用途、违反有关法律法规具体情况及后果、后续可能影响的承担机制，并结合财务内控重大缺陷的认定标准披露有关行为是否构成重大缺陷、整改措施、相关内控建立及运行情况等。

审计截止日为经审计的最近一期资产负债表日。

二十八、第三方回款

根据证监会发布的《监管规则适用指引——发行类第5号》5-11的规定，第三方回款，通常指发行人销售回款的支付方（如银行汇款的汇款方、银行承兑汇票或商业承兑汇票的出票方或背书转让方）与签订经济合同的往来客户（或实际交易对手）不一致。

（一）核查要求

①第三方回款的真实性，是否虚构交易或调节账龄。中介机构需核查的内容包括但不限于：抽样选取不一致业务的明细样本和银行对账单回款记录，追查至相关业务合同、业务执行记录及资金流水凭证，获取相关客户代付款确认依据，以核实委托付款的真实性、代付金额的准确性及付款方和委托方之间的关系，说明合同签约方和付款方不一致的合理原因及第三方回款统计明细记录的完整性，并对第三方回款所对应营业收入的真实性发表明确意见。

②第三方回款有关收入占营业收入的比例，相关金额及比例是否处于合理范围。

③第三方回款的原因、必要性及商业合理性，是否与经营模式相关、符合行业经营特点，是否能够区分不同类别的第三方回款。与经营模式相关、符合行业经营特点的第三方回款情况包括但不限于：客户为个体工商户或自然人，通过家庭约定由直系亲属代为支付货款；客户为自然人控制的企业，该企业的法定代表

人、实际控制人代为支付货款；客户所属集团通过集团财务公司或指定相关公司代客户统一对外付款；政府采购项目指定财政部门或专门部门统一付款；通过应收账款保理、供应链物流等合规方式或渠道完成付款；境外客户指定付款。

④发行人及其实际控制人、董事、监事、高管或其他关联方与第三方回款的支付方是否存在关联关系或其他利益安排。

⑤境外销售涉及境外第三方回款的，第三方代付的商业合理性或合规性。

⑥是否因第三方回款导致货款归属纠纷。

⑦合同明确约定第三方付款的，该交易安排是否合理。

⑧资金流、实物流与合同约定及商业实质是否一致，第三方回款是否具有可验证性，是否影响销售循环内部控制有效性的认定。

二十九、会计政策、会计估计变更和差错更正

根据《监管规则适用指引——发行类第5号》5-9的规定：

（一）申报前会计政策、会计估计变更和差错更正

发行人在申报前进行审计调整的，申报会计师应按要求对发行人编制的申报财务报表与原始财务报表的差异比较表出具鉴证报告并说明审计调整原因，保荐机构应核查审计调整的合理性与合规性。

报告期内发行人会计政策和会计估计应保持一致，不得随意变更，如变更应符合会计准则的规定，并履行必要的审批程序。保荐机构及申报会计师应关注发行人变更会计政策或会计估计是否有充分、合理的理由及依据。无充分、合理的证据证明会计政策或会计估计变更的合理性，或者未经批准擅自变更会计政策或会计估计的，或者连续、反复自行变更会计政策或会计估计的，视为滥用会计政策或会计估计。

（二）申报后会计政策、会计估计变更

发行人申报后存在会计政策、会计估计变更事项的，相关变更事项应符合专业审慎原则，与同行业上市公司不存在重大差异，不存在影响发行人会计基础工作规范性及内控有效性情形。在此基础上，发行人应提交更新后的财务报告。保荐机构及申报会计师应重点核查以下方面并发表明确意见：

①变更事项的时间、内容和范围，对发行人的影响；

②变更事项的性质、内容、原因及依据，是否合规，是否符合审慎原则，变更后发行人会计政策、会计估计与同行业上市公司是否存在重大差异；

③发行人是否滥用会计政策或者会计估计；

④变更事项是否反映发行人会计基础工作薄弱或内控缺失；

⑤变更事项是否已准确、充分披露。

（三）申报后差错更正

发行人申报后出现会计差错更正事项的，保荐机构及申报会计师应重点核查以下方面并发表明确意见：

①差错更正事项的时间、内容和范围，对发行人的影响；

②差错更正事项的性质、原因及依据，是否合规，是否符合审慎原则；

③差错更正事项是否因会计基础薄弱、内控重大缺陷、盈余操纵、未及时进行审计调整的重大会计核算疏漏、滥用会计政策或者会计估计以及恶意隐瞒或舞弊行为，是否反映发行人会计基础工作薄弱或内控缺失；

④差错更正事项是否已准确、充分披露。

三十、募集资金用途

根据《监管规则适用指引——发行类第 4 号》4-18 的规定。

首次公开发行股票的募集资金除可用于固定资产投资项目外，还可用于公司的一般用途，如补充流动资金、偿还银行贷款等。募集资金的数额和投资方向应当与发行人现有生产经营规模、财务状况、技术水平和管理能力、未来资本支出规划等相适应。发行人应谨慎运用募集资金、注重投资者回报，并根据相关监管要求，加强募集资金运用的持续性信息披露。

募集资金用于固定资产投资项目的，发行人应按照招股说明书信息披露准则的要求披露项目的建设情况、市场前景及相关风险等。募集资金用于补充流动资金等一般用途的，发行人应在招股说明书中分析披露募集资金用于上述一般用途的合理性和必要性。其中，用于补充流动资金的，应结合公司行业特点、现有规模及成长性、资金周转速度等合理确定相应规模；用于偿还银行贷款的，应结合银行信贷及债权融资环境、公司偿债风险控制目标等说明偿还银行贷款后公司负债结构合理性等。

募集资金投向科技创新领域的，发行人应当披露其具体安排及与发行人现有主要业务、核心技术之间的关系、发行人为实施募投项目所储备的研发基础。保荐机构应当对募集资金用途是否符合科创领域、是否与发行人现有业务与技术水平相匹配、发行人是否具备实施本次募投项目的科研能力发表核查意见。

已通过上市委员会审议的，发行人原则上不得调整募集资金投资项目，但可根据项目实际投资情况、成本变化等因素合理调整募集资金的需求量，并可以将部分募集资金用于公司一般用途（须在招股说明书中说明调整的原因）。已通过上市委员会审议的发行人如提出增加新股发行数量的，属于发行上市审核规则规定的影响发行上市及投资者判断的重大事项，须重新提交上市委员会审议。

三十一、中小商业银行披露及核查要求

中小商业银行申报发行上市，发行人应重点说明并披露下列问题：

①中小商业银行是否符合产权清晰、公司治理健全、风险管控能力强、资产质量好、有一定规模且业务较为全面、竞争力和盈利能力较强的要求；

②最近两年银行业监管部门监管评级的综合评级结果；

③最近三年年末及最近一期末风险监管核心指标是否符合银行业监管部门的相关规定；

④持续经营能力；

⑤最近一年及最近一期末存款或贷款规模在主要经营地中小商业银行的市场份额排名中是否居于前列；

⑥最近三年内是否进行过重大不良资产处置、剥离，或发生过重大银行案件；

⑦报告期内监管评级、风险监管核心指标的变动情况及变动原因；

⑧内部职工持股是否符合《关于规范金融企业内部职工持股的通知》（财金〔2010〕97号）的规定；

⑨银行设立、历次增资和股权转让是否按规定向银行业监管部门履行了必要的审批或者备案等手续；

⑩是否已结合资本状况、股权结构、业务现状及其发展状况等因素，合理确定资本金补充机制，并在招股说明书中予以披露；

⑪是否参照《公开发行证券的公司信息披露编报规则第26号——商业银行信息披露特别规定》（证监会公告〔2008〕33号）的规定编制招股说明书。

保荐机构、发行人律师应对前述事项进行核查，并对下列事项发表明确核查意见：

①贷款风险分类制度的健全性和执行的有效性，所推荐的中小商业银行是否已根据银行业监管部门要求制定贷款分类制度并在报告期内得到有效执行；

②公司治理结构、风险管理体系和内部控制制度的健全性和有效性，所推荐的中小商业银行是否已建立健全的公司治理结构、完善的风险管理体系和内部控制制度，其报告期内各项风险管理与内部控制措施是否得到全面有效执行；

③重点风险领域相关业务的风险与合法、合规性，所推荐的中小商业银行相关业务是否合法、合规，是否存在重大风险；

④贷款集中度和关联贷款，所推荐中小商业银行是否存在重大信用风险。

三十二、诉讼或仲裁

《监管规则适用指引——发行类第 4 号》4-9 涉及如下规定。

①发行人应当在招股说明书中披露对股权结构、生产经营、财务状况、未来发展等可能产生较大影响的诉讼或仲裁事项,包括案件受理情况和基本案情,诉讼或仲裁请求,判决、裁决结果及执行情况,诉讼或仲裁事项对发行人的影响等。如诉讼或仲裁事项可能对发行人产生重大影响,应当充分披露发行人涉及诉讼或仲裁的有关风险。

②保荐机构、发行人律师应当全面核查报告期内发生或虽在报告期外发生但仍对发行人产生较大影响的诉讼或仲裁的相关情况,包括案件受理情况和基本案情,诉讼或仲裁请求,判决、裁决结果及执行情况,诉讼或仲裁事项对发行人的影响等。

发行人提交首发申请至上市期间,保荐机构、发行人律师应当持续关注发行人诉讼或仲裁的进展情况、发行人是否新发生诉讼或仲裁事项。发行人诉讼或仲裁的重大进展情况以及新发生的对股权结构、生产经营、财务状况、未来发展等可能产生较大影响的诉讼或仲裁事项,应当及时补充披露。

③发行人控股股东、实际控制人、控股子公司、董事、监事、高级管理人员和核心技术人员涉及的重大诉讼或仲裁事项比照上述标准执行。

④涉及主要产品、核心商标、专利、技术等方面的诉讼或仲裁可能对发行人生产经营造成重大影响,或者诉讼、仲裁有可能导致发行人实际控制人变更,或者其他可能导致发行人不符合发行条件的情形,保荐机构和发行人律师应在提出明确依据的基础上,充分论证该等诉讼、仲裁事项是否构成本次发行的法律障碍并审慎发表意见。

三十三、土地使用权

根据《监管规则适用指引——发行类第 4 号》4-13 的规定:

发行人存在使用或租赁使用集体建设用地、划拨地、农用地、耕地、基本农田及其上建造的房产等情形的,保荐机构和发行人律师应对其取得和使用是否符合《中华人民共和国土地管理法》等法律法规的规定、是否依法办理了必要的审批或租赁备案手续、有关房产是否为合法建筑、是否可能被行政处罚、是否构成重大违法行为出具明确意见,说明具体理由和依据。

上述土地为发行人自有或虽为租赁但房产为自建的,如存在不规范情形且短期内无法整改,保荐机构和发行人律师应结合该土地或房产的面积占发行人全部土地或房产面积的比例,使用上述土地或房产产生的营业收入、利润情况,评估其对于发行人的重要性。如面积占比较低、对生产经营影响不大，应披露因土地问题被处罚情形下的责任承担主体、搬迁的费用及承担主体、有无下一步解决措施等，并对该等事项作重大风险提示。

发行人生产经营用的主要房产系租赁上述土地上所建房产的，如存在不规范情形，原则上不构成发行上市障碍。保荐机构和发行人律师应就其是否对发行人持续经营构成重大影响发表明确意见。发行人应披露如因土地问题被处罚的责任承担主体、搬迁的费用及承担主体、有无下一步解决措施等，并对该等事项作重大风险提示。

发行人募投用地尚未取得的，需披露募投用地的计划、取得土地的具体安排、进度等。保荐机构、发行人律师需对募投用地是否符合土地政策、城市规划、募投用地落实的风险等进行核查并发表明确意见。

三十四、社会保险金、公积金缴纳

根据《监管规则适用指引——发行类第 4 号》4-16 的规定：

发行人报告期内存在应缴未缴社会保险金和住房公积金情形的，应当在招股说明书中披露应缴未缴的具体情况及形成原因，说明补缴可能对发行人的持续经营造成的影响，揭示相关风险，并披露应对方案。保荐机构、发行人律师应对前述事项进行核查，并对其是否属于重大违法行为出具明确意见。

三十五、公众公司、H股公司或境外分拆、退市公司申请IPO的核查要求

根据《监管规则适用指引——发行类第 4 号》4-17 的规定：

发行人曾为或现为新三板挂牌公司、境外上市公司的，应说明并简要披露其在挂牌或上市过程中，以及挂牌或上市期间在信息披露、股权交易、董事会或股东大会决策等方面的合法合规性，披露摘牌或退市程序的合法合规性（如有），是否存在受到处罚的情形。涉及境外退市或境外上市公司资产出售的，发行人还应披露相关外汇流转及使用的合法合规性。保荐机构及发行人律师应对上述事项进行核查并发表意见。

如新三板挂牌公司的股东中包含被认定为不适格股东的，发行人应合并披露相关持股比例，合计持股比例较高的，应披露原因及其对发行人生产经营的影响。

三十六、股权质押、冻结或发生诉讼仲裁

根据《监管规则适用指引——发行类第 4 号》4-7 的规定：

对于控股股东、实际控制人支配的发行人股权出现质押、冻结或诉讼仲裁的，发行人应当按照招股说明书准则要求予以充分披露；保荐机构、发行人律师应当充分核查发生上述情形的原因，相关股权比例，质权人、申请人或其他利益相关方的基本情况，约定的质权实现情形，控股股东、实际控制人的财务状况和清偿能力，以及是否存在股份被强制处分的可能性、是否存在影响发行人控制权稳定的情形等。对于被冻结或诉讼纠纷的股权达到一定比例或被质押的股权达到一定比例且控股股东、实际控制人明显不具备清偿能力，导致发行人控制权存在不确定性的，保荐机构及发行人律师应充分论证，并就是否符合发行条件审慎发表意见。

对于发行人的董事、监事及高级管理人员所持股份发生被质押、冻结或发生诉讼纠纷等情形，发行人应当按照招股说明书准则的要求予以充分披露，并向投资者揭示风险。

三十七、关联交易

根据《监管规则适用指引——发行类第 4 号》4-11 的规定：

中介机构在尽职调查过程中，应当尊重企业合法合理、正常公允且确实有必要的经营行为，如存在关联交易的，应就交易的合法性、必要性、合理性及公允性，以及关联方认定，关联交易履行的程序等事项，基于谨慎原则进行核查，同时请发行人予以充分信息披露，具体如下：

①关于关联方认定。发行人应当按照《公司法》，企业会计准则和证监会、证券交易所的相关规定认定并披露关联方。

②关于关联交易的必要性、合理性和公允性。发行人应披露关联交易的交易内容、交易金额、交易背景以及相关交易与发行人主营业务之间的关系；还应结合可比市场公允价格、第三方市场价格、关联方与其他交易方的价格等，说明并摘要披露关联交易的公允性，是否存在对发行人或关联方的利益输送。

对于控股股东、实际控制人与发行人之间关联交易对应的营业收入、成本费用或利润总额占发行人相应指标的比例较高（如达到 30%）的，发行人应结合相关关联方的财务状况和经营情况、关联交易产生的营业收入、利润总额合理性等，充分说明并摘要披露关联交易是否影响发行人的经营独立性、是否构成对控股股东或实际控制人的依赖，是否存在通过关联交易调节发行人收入利润或成本费用、对发行人利益输送的情形；此外，发行人还应披露未来减少与控股股东、

实际控制人发生关联交易的具体措施。

③关于关联交易的决策程序。发行人应当披露章程对关联交易决策程序的规定，已发生关联交易的决策过程是否与章程相符，关联股东或董事在审议相关交易时是否回避，以及独立董事和监事会成员是否发表不同意见等。

④关于关联方和关联交易的核查。保荐机构及发行人律师应对发行人的关联方认定，发行人关联交易信息披露的完整性，关联交易的必要性、合理性和公允性，关联交易是否影响发行人的独立性、是否可能对发行人产生重大不利影响，以及是否已履行关联交易决策程序等进行充分核查并发表意见。

三十八、环保问题的披露及核查要求

根据《监管规则适用指引——发行类第 4 号》4-14 的规定：

（一）披露要求

发行人应当在招股说明书中做好相关信息披露，包括：

①生产经营中涉及环境污染的具体环节、主要污染物名称及排放量、主要处理设施及处理能力；

②报告期内，发行人环保投资和相关费用成本支出情况，环保设施实际运行情况，报告期内环保投入、环保相关成本费用是否与处理公司生产经营所产生的污染相匹配；

③募投项目所采取的环保措施及相应的资金来源和金额等；

④公司生产经营与募集资金投资项目是否符合国家和地方环保要求，发行人若发生环保事故或受到行政处罚的，应披露原因、经过等具体情况，发行人是否构成重大违法行为，整改措施及整改后是否符合环保法律法规的有关规定。

（二）核查要求

保荐机构和发行人律师应对发行人的环保情况进行核查，包括：

①是否符合国家和地方环保要求

②已建项目和已经开工的在建项目是否履行环评手续，公司排污达标检测情况和环保部门现场检查情况，

③公司是否发生环保事故或重大群体性的环保事件，有关公司环保的媒体报道。

在对发行人全面系统核查基础上，保荐机构和发行人律师应对发行人生产经营总体是否符合国家和地方环保法规和要求发表明确意见，发行人曾发生环保事故或因环保问题受到处罚的，保荐机构和发行人律师应对是否构成重大违法行为发表明确意见。

三十九、增资或转让股份形成的股份支付

根据《监管规则适用指引——发行类第 5 号》5-1 的规定：

（一）具体适用情形

发行人向职工（含持股平台）、顾问、客户、供应商及其他利益相关方等新增股份，以及主要股东及其关联方向职工（含持股平台）、客户、供应商及其他利益相关方等转让股份，发行人应根据重要性水平，依据实质重于形式原则，对相关协议、交易安排及实际执行情况进行综合判断，并进行相应会计处理。有充分证据支持属于同一次股权激励方案、决策程序、相关协议而实施的股份支付，原则上一并考虑适用。

1. 实际控制人/老股东增资

解决股份代持等规范措施导致股份变动，家族内部财产分割、继承、赠与等非交易行为导致股份变动，资产重组、业务并购、转换持股方式、向老股东同比例配售新股等导致股份变动，有充分证据支持相关股份获取与发行人获得其服务无关的，不适用《企业会计准则第 11 号——股份支付》。

为发行人提供服务的实际控制人/老股东以低于股份公允价值的价格增资入股，且超过其原持股比例而获得的新增股份，应属于股份支付。如果增资协议约定，所有股东均有权按各自原持股比例获得新增股份，但股东之间转让新增股份受让权且构成集团内股份支付，导致实际控制人/老股东超过其原持股比例获得的新增股份，也属于股份支付。实际控制人/老股东原持股比例，应按照相关股东直接持有与穿透控股平台后间接持有的股份比例合并计算。

2. 顾问或实际控制人/老股东亲友获取股份

发行人的顾问或实际控制人/老股东亲友（以下简称"当事人"）以低于股份公允价值的价格取得股份，应综合考虑发行人是否获取当事人及其关联方的服务。

发行人获取当事人及其关联方服务的，应构成股份支付。

实际控制人/老股东亲友未向发行人提供服务，但通过增资取得发行人股份的，应考虑是否实际构成发行人或其他股东向实际控制人/老股东亲友让予利益，从而构成对实际控制人/老股东的股权激励。

3. 客户、供应商获取股份

发行人客户、供应商入股的，应综合考虑购销交易公允性、入股价格公允性等因素判断。

购销交易价格与第三方交易价格、同类商品市场价等相比不存在重大差异，且发行人未从此类客户、供应商获取其他利益的，一般不构成股份支付。

购销交易价格显著低于/高于第三方交易价格、同类商品市场价等可比价格的：①客户、供应商入股价格未显著低于同期财务投资者入股价格的，一般不构成股份支付；②客户、供应商入股价格显著低于同期财务投资者入股价格的，需要考虑此类情形是否构成股份支付。是否显著低于同期财务投资者入股价格，应综合考虑与价格公允性相关的各项因素。

（二）确定公允价值应考虑的因素

①入股时期、业绩基础与变动预期、市场环境变化。

②行业特点，同行业并购重组市盈率、市净率水平。

③股份支付实施或发生当年市盈率、市净率等指标。

④熟悉情况并按公平原则自愿交易的各方最近达成的入股价格或股权转让价格，如近期合理的外部投资者入股价，但要避免采用难以证明公允性的外部投资者入股价。

⑤采用恰当的估值技术确定公允价值，但要避免采取有争议的、结果显失公平的估值技术或公允价值确定方法，如明显增长预期下按照成本法评估的净资产或账面净资产。

判断价格是否公允应考虑其与某次交易价格是否一致，是否处于股权公允价值的合理区间。

（三）确定等待期应考虑的因素

股份立即授予或转让完成且没有明确约定等待期等限制条件的，股份支付费用原则上应一次性计入发生当期，并作为偶发事项计入非经常性损益。设定等待期的股份支付，股份支付费用应采用恰当方法在等待期内分摊，并计入经常性损益。

发行人应结合股权激励方案及相关决议、入股协议、服务合同、发行人回购权的期限、回购价格等有关等待期的约定及实际执行情况，综合判断相关约定是否实质上构成隐含的可行权条件，即职工是否必须完成一段时间的服务或完成相关业绩方可真正获得股权激励对应的经济利益。

发行人在股权激励方案中没有明确约定等待期，但约定一旦职工离职或存在其他情形（例如职工考核不达标等非市场业绩条件），发行人、实际控制人或其指定人员有权回购其所持股份或在职工持股平台所持有财产份额的，应考虑此类条款或实际执行情况是否构成实质性的等待期，尤其关注回购价格影响。回购价格公允，回购仅是股权归属安排的，职工在授予日已获得相关利益，原则上不认定存在等待期，股份支付费用无须分摊。回购价格不公允或尚未明确约定的，表明职工在授予日不能确定获得相关利益，只有满足特定条件后才能获得相关利益，应考虑是否构成等待期。

1. 发行人的回购权存在特定期限

发行人对于职工离职时相关股份的回购权存在特定期限，例如固定期限届满前、公司上市前或上市后一定期间等，无证据支持相关回购价格公允的，一般应将回购权存续期间认定为等待期。

2. 发行人的回购权没有特定期限，且回购价格不公允

发行人的回购权没有特定期限或约定职工任意时间离职时发行人均有权回购其权益，且回购价格与公允价值存在较大差异的，例如职工仅享有持有期间的分红权、回购价格是原始出资额或原始出资额加定期利息等，发行人应结合回购价格等分析职工实际取得的经济利益，判断该事项应适用职工薪酬准则还是股份支付准则。

3. 发行人的回购权没有特定期限，且回购价格及定价基础均未明确约定

发行人的回购权没有特定期限，且回购价格及定价基础均未明确约定的，应考虑相关安排的商业合理性。发行人应在申报前根据股权激励的目的和商业实质对相关条款予以规范，明确回购权期限及回购价格。

（四）核查要求

保荐机构及申报会计师应对发行人的股份变动是否适用《企业会计准则第11号——股份支付》进行核查，并对以下问题发表明确意见：股份支付相关安排是否具有商业合理性；股份支付相关权益工具公允价值的计量方法及结果是否合理，与同期可比公司估值是否存在重大差异；与股权所有权或收益权等相关的限制性条件是否真实、可行，相关约定是否实质上构成隐含的可行权条件，等待期的判断是否准确，等待期各年/期确认的职工服务成本或费用是否准确；发行人股份支付相关会计处理是否符合规定。

（五）信息披露

发行人应根据重要性原则，在招股说明书中披露股份支付的形成原因、具体对象、权益工具的数量及确定依据、权益工具的公允价值及确认方法、职工持有份额/股份转让的具体安排等。

四十、有关涉税事项

根据《监管规则适用指引——发行类第5号》5-6的规定：

发行人依法取得的税收优惠，如高新技术企业、软件企业、文化企业及西部大开发等特定性质或区域性的税收优惠，符合《公开发行证券的公司信息披露解释性公告第1号——非经常性损益》规定的，可以计入经常性损益。

中介机构应对照税收优惠的相关条件和履行程序的相关规定,对发行人税收优惠政策到期后是否能够继续享受优惠发表明确意见。

①如果很可能获得相关税收优惠批复,按优惠税率预提预缴经税务部门同意,可暂按优惠税率预提,并说明如果未来被追缴税款,是否有大股东承诺补偿;同时,发行人应在招股说明书中披露税收优惠不确定性风险。

②如果获得相关税收优惠批复的可能性较小,须按照谨慎性原则按正常税率预提,未来根据实际的税收优惠批复情况相应调整。

发行人补缴税款,符合会计差错更正要求的,可追溯调整至相应期间;缴纳罚款、滞纳金等,原则上应计入缴纳当期。

四十一、在审期间分红及转增股本

根据《监管规则适用指引——发行类第5号》5-19的规定:

发行人在审期间现金分红、分派股票股利或资本公积转增股本的,应依据公司章程和相关监管要求,充分论证必要性和恰当性,并履行相应决策程序,相关分红方案应在发行上市前实施完毕。发行人应重点披露以下内容:

①发行人大额分红的,应充分披露分红的必要性和恰当性,以及对财务状况和新老股东利益可能产生的影响;

②发行人分派股票股利或资本公积转增股本的,应披露股本变化后最近一期经审计的财务报告。

四十二、期权激励计划

根据《法律适用意见第17号》"五、关于《首次公开发行股票注册管理办法》第四十四条规定的'期权激励计划'的理解与适用"的规定:

(一)首发申报前制定、上市后实施的期权激励计划

1. 发行人首发申报前制定、上市后实施的期权激励计划应当符合的要求

发行人存在首发申报前制定、上市后实施的期权激励计划的,应当体现增强公司凝聚力、维护公司长期稳定发展的导向。

期权激励计划原则上应当符合下列要求:

①激励对象应当符合相关上市板块的规定;

②激励计划的必备内容与基本要求,激励工具的定义与权利限制,行权安排,回购或者终止行权,实施程序等内容,应当参考《上市公司股权激励管理办法》的相关规定执行;

③期权的行权价格由股东自行商定确定,但原则上不应低于最近一年经审计

的净资产或者评估值;

④发行人全部在有效期内的期权激励计划所对应股票数量占上市前总股本的比例原则上不得超过15%,且不得设置预留权益;

⑤在审期间,发行人不应新增期权激励计划,相关激励对象不得行权;最近一期末资产负债表日后行权的,申报前须增加一期审计;

⑥在制订期权激励计划时应当充分考虑实际控制人稳定,避免上市后期权行权导致实际控制人发生变化;

⑦激励对象在发行人上市后行权认购的股票,应当承诺自行权日起36个月内不减持,同时承诺上述期限届满后比照董事、监事及高级管理人员的相关减持规定执行。

2. 发行人信息披露要求

发行人应当在招股说明书中充分披露期权激励计划的有关信息:

①期权激励计划的基本内容、制订计划履行的决策程序、目前的执行情况;

②期权行权价格的确定原则,以及和最近一年经审计的净资产或者评估值的差异与原因;

③期权激励计划对公司经营状况、财务状况、控制权变化等方面的影响;

④涉及股份支付费用的会计处理等。

3. 中介机构核查要求

保荐机构及申报会计师应当对下述事项进行核查并发表核查意见:

①期权激励计划的制订和执行情况是否符合以上要求;

②发行人是否在招股说明书中充分披露期权激励计划的有关信息;

③股份支付相关权益工具公允价值的计量方法及结果是否合理;

④发行人报告期内股份支付相关会计处理是否符合企业会计准则相关规定。

(二)首发申报前实施员工持股计划

1. 发行人首发申报前实施员工持股计划应当符合的要求

发行人首发申报前实施员工持股计划的,原则上应当全部由公司员工构成,体现增强公司凝聚力、维护公司长期稳定发展的导向,建立健全激励约束长效机制,有利于兼顾员工与公司长远利益,为公司持续发展夯实基础

员工持股计划应当符合下列要求:

①发行人应当严格按照法律、行政法规、规章及规范性文件要求履行决策程序,并遵循公司自主决定、员工自愿参加的原则,不得以摊派、强行分配等方式强制实施员工持股计划。

②参与持股计划的员工,与其他投资者权益平等,盈亏自负,风险自担,不

得利用知悉公司相关信息的优势，侵害其他投资者合法权益。

员工入股应当主要以货币出资，并按约定及时足额缴纳。按照国家有关法律法规，员工以科技成果出资入股的，应当提供所有权属证明并依法评估作价，及时办理财产权转移手续。

③发行人实施员工持股计划，可以通过公司制企业、合伙制企业、资产管理计划等持股平台间接持股，并建立健全持股在平台内部的流转、退出机制，以及所持发行人股权的管理机制。

参与持股计划的员工因离职、退休、死亡等原因离开公司的，其所持股份权益应当按照员工持股计划章程或者协议约定的方式处置。

2. 员工持股计划计算股东人数的原则

①依法以公司制企业、合伙制企业、资产管理计划等持股平台实施的员工持股计划，在计算公司股东人数时，员工人数不计算在内。

②参与员工持股计划时为公司员工，离职后按照员工持股计划章程或者协议约定等仍持有员工持股计划权益的人员，可不视为外部人员。

③新《证券法》施行之前（即2020年3月1日之前）设立的员工持股计划，参与人包括少量外部人员的，可不作清理。在计算公司股东人数时，公司员工人数不计算在内，外部人员按实际人数穿透计算。

3. 发行人信息披露要求

发行人应当在招股说明书中充分披露员工持股计划的人员构成、人员离职后的股份处理、股份锁定期等内容。

4. 中介机构核查要求

保荐机构及发行人律师应当对员工持股计划的设立背景、具体人员构成、价格公允性、员工持股计划章程或者协议约定情况、员工减持承诺情况、规范运行情况及备案情况进行充分核查，并就员工持股计划是否合法合规实施，是否存在损害发行人利益的情形发表明确意见。

5. 工会持股、职工持股会清理

考虑到发行条件对发行人股权清晰、控制权稳定的要求，发行人控股股东或者实际控制人存在职工持股会或者工会持股情形的，应当予以清理。

对于间接股东存在职工持股会或者工会持股情形的，如不涉及发行人实际控制人控制的各级主体，发行人不需要清理，但应当予以充分披露。

对于职工持股会或者工会持有发行人子公司股份，经保荐机构、发行人律师核查后认为不构成发行人重大违法行为的，发行人不需要清理，但应当予以充分披露。

四十三、现金交易核查

根据《监管规则适用指引——发行类第 5 号》5-10 的规定，发行人报告期存在现金交易或以大额现金支付薪酬、报销费用、垫付各类款项的，保荐机构及申报会计师通常应关注并核查以下方面：

①现金交易或大额现金支付的必要性与合理性，是否符合发行人业务情况或行业惯例，现金交易比例及其变动情况是否处于合理范围；

②现金交易的客户或供应商情况，是否涉及发行人关联方；

③相关收入确认及成本核算的原则与依据，是否涉及体外循环或虚构业务；

④现金管理制度是否与业务模式、内部管理制度匹配，与现金交易、现金支付相关的内部控制制度是否完备、合理并执行有效；

⑤现金交易流水的发生与相关业务发生是否真实一致，是否存在异常分布；

⑥实际控制人及发行人董事、监事、高管等关联方以及大额现金支付对象是否与客户或供应商及其关联方存在资金往来；

⑦发行人为减少现金交易采取的改进措施及进展情况；

⑧现金交易占比达到重要性水平的，相关风险是否充分披露。

保荐机构及申报会计师应详细说明对发行人现金交易、大额现金支付的核查方法、过程与证据，对发行人报告期现金交易、大额现金支付的真实性、合理性和必要性及相关内控有效性发表明确意见。

四十四、经销模式

根据《监管规则适用指引——发行类第 5 号》5-12 的规定：

（一）适用情形

中介机构应按风险导向和重要性原则，对于报告期任意一期经销收入或毛利占比超过 30% 的发行人，原则上应按照本规定做好相关工作并出具专项说明，未达到上述标准的，可参照执行。

（二）核查内容

1. 关于经销商模式商业合理性

结合发行人行业特点、产品特性、发展历程、下游客户分布、同行业可比公司情况，分析发行人经销商模式的分类和定义，不同类别、不同层级经销商划分标准，以及采用经销商模式的必要性和商业合理性。

2. 关于经销商模式内控制度合理性及运行有效性

经销商模式内控制度包括但不限于：经销商选取标准和批准程序，对不同类别经销商、多层级经销商管理制度,终端销售管理、新增及退出管理方法,定价考核机制(包括营销、运输费用承担和补贴、折扣和返利等),退换货机制,物流管理模式(是否直接发货给终端客户),信用及收款管理,结算机制,库存管理机制,对账制度,信息管理系统设计与执行情况,说明相关内控制度设计的合理性及运行的有效性。

3. 经销收入确认、计量原则

经销收入确认、计量原则,对销售补贴或返利、费用承担、经销商保证金的会计处理,附有退货条件、给予购销信用、前期铺货借货、经销商作为居间人参与销售等特别方式下的经销收入确认、计量原则,是否符合企业会计准则的规定,是否与同行业可比公司存在显著差异。

4. 关于经销商构成及稳定性

①不同类别、不同层级经销商数量、销售收入及毛利占比变动原因及合理性;

②新增、退出经销商数量,销售收入及毛利占比,新增、退出经销商销售收入及毛利占比合理性,新设即成为发行人主要经销商的原因及合理性;

③主要经销商销售收入及毛利占比,变动原因及合理性,经销商向发行人采购规模是否与其自身业务规模不匹配;

④经销商是否存在个人等非法人实体,该类经销商数量、销售收入及毛利占比,与同行业可比公司是否存在显著差异。

5. 关于经销商与发行人关联关系及其他业务合作

①主要经销商基本情况,包括但不限于:注册资本、注册地址、成立时间、经营范围、股东、核心管理人员、员工人数、与发行人合作历史等。

②发行人及其控股股东、实际控制人、董事、监事、高管、关键岗位人员及其他关联方与经销商、经销商的终端客户是否存在关联关系或其他利益安排,是否存在其他特殊关系或业务合作(如是否存在前员工、近亲属设立的经销商,是否存在经销商使用发行人名称或商标),是否存在非经营性资金往来,包括对经销商或客户提供的借款、担保等资金支持等。

③经销商持股的原因,入股价格是否公允,资金来源,发行人及其关联方是否提供资助。

④经销商是否专门销售发行人产品。

⑤关联经销商销售收入、毛利及占比,销售价格和毛利率与非关联经销商是否存在显著差异。

6.关于经销商模式经营情况分析

①经销商模式销售收入及占比、毛利率，与同行业可比公司是否存在显著差异。

②不同销售模式（直销、经销等）、不同区域（境内、境外等）和不同类别经销商销售的产品数量、销售价格、销售收入及占比、毛利及占比、毛利率情况；不同模式、不同区域、不同类别经销商销售价格、毛利率存在显著差异的原因及合理性。

③经销商返利政策及其变化情况，返利占经销收入比例，返利计提是否充分，是否通过调整返利政策调节经营业绩。

④经销商采购频率及单次采购量分布是否合理，与期后销售周期是否匹配。

⑤经销商一般备货周期，经销商进销存、退换货情况，备货周期是否与经销商进销存情况匹配，是否存在经销商压货的情形，退换货率是否合理。

⑥经销商信用政策及变化，给予经销商的信用政策是否显著宽松于其他销售模式或对部分经销商信用政策显著宽松于其他经销商，是否通过放宽信用政策调节收入。

⑦经销商回款方式、应收账款规模合理性，是否存在大量现金回款或第三方回款情况。

⑧终端客户构成情况，各层级经销商定价政策，期末库存及期后销售情况，各层级经销商是否压货以及大额异常退换货，各层级经销商回款情况；直销客户与经销商终端客户重合的，同时对终端客户采用两种销售模式的原因及合理性。

（三）核查要求

中介机构应实施充分适当的核查程序，获取经销商收入相关的可靠证据，以验证经销商收入的真实性。

1.制定核查计划

中介机构应制订核查计划，详细记录核查计划制订的过程（过程如有调整，详细记录调整过程、原因及审批流程）。制订核查计划应考虑因素包括但不限于：行业属性、行业特点，可比公司情况，发行人商业模式，经销商分层级管理方式，财务核算基础，信息管理系统，发行人产品结构、经销商结构、终端销售结构及其特点；样本选取标准、选取方法及选取过程，不同类别的核查数量、金额及占比等。

2.选取核查样本

中介机构可参考《中国注册会计师审计准则第1314号——审计抽样》采用统计抽样、非统计抽样等方法选取样本，详细记录样本选取标准和选取过程，严禁人为随意调整样本选取。样本选取应考虑因素包括但不限于：经销商类别、层级、数量、规模、区域分布、典型特征、异常变动（如新增或变化较大）等具体特点。核查的样本量应能为得出核查结论提供合理基础。

3. 实施有效核查

中介机构应按核查计划，综合采用多种核查方法，对选取样本实施有效核查，如实记录核查情况，形成工作底稿。具体核查方法包括但不限于：

①内部控制测试：了解、测试并评价与经销商相关的内控制度的合理性和执行有效性。

②实地走访：实地走访所选取的经销商及终端客户，察看其主要经营场所、发行人产品在经营场所的库存状态，了解进销存情况；了解经销商实际控制人和关键经办人的相关信息及其向发行人采购的商业理由，了解经销商的经营情况、财务核算基础、信息管理系统等；核查经销商财务报表，了解经销商资金实力。

③分析性复核：核查发行人、经销商相关合同、台账、销售发票、发货单、验收单/报关单/代销清单、回款记录等，核查发行人经销收入与经销商采购成本的匹配性，销货量与物流成本的匹配性，相互印证销售实现过程及结果真实性；核查发行人与经销商相关的信息管理系统可靠性，经销商信息管理系统进销存情况，与发行人其他业务管理系统、财务系统、资金流水等数据是否匹配。

④函证：函证发行人主要经销商，函证内容包括各期销售给经销商的产品数量、金额、期末库存和对应应收款等。

⑤抽查监盘：对经销商的期末库存进行抽查监盘，核实经销商期末库存真实性。

⑥资金流水核查：核查发行人及其控股股东、实际控制人、董事、监事、高管、关键岗位人员及其他关联方与经销商之间的资金往来。发现异常情况应扩大资金流水核查范围。

由于行业特征、经销商结构和数量等原因导致部分核查程序无法有效实施的，中介机构应充分说明原因，并使用恰当的替代程序，确保能合理地对经销商最终销售的真实性发表明确意见。

4. 发表核查意见

中介机构应按照以上要求进行逐一核查，说明核查程序、核查方法、核查比例、核查证据并得出核查结论，对经销商模式下收入真实性发表明确意见。

四十五、通过互联网开展业务相关信息系统核查

根据《监管规则适用指引——发行类第 5 号》5-13 的规定：

部分发行人，如电商、互联网信息服务企业、互联网营销企业等，其业务主要通过互联网开展，其报告期任意一期通过互联网取得的营业收入占比或毛利占比超过30%，原则上保荐机构及申报会计师应对其通过互联网开展业务的信息系统可靠性进行专项核查并发表明确核查意见。

发行人应向保荐机构及申报会计师完整提供报告期应用的信息系统情况，包括系统名称、开发人、基本架构、主要功能、应用方式、各层级数据浏览或修改权限等；应向保荐机构及申报会计师开放足够权限，为其核查信息系统提供充分条件。

对于直接向用户收取费用的企业，如从事互联网线上销售、互联网信息服务、互联网游戏等方面业务的企业，保荐机构及申报会计师的核查应包括但不限于以下方面：①经营数据的完整性和准确性，是否存在被篡改的风险，与财务数据是否一致；②用户的真实性与变动合理性，包括新增用户的数量与地域分布、留存用户的数量、活跃用户的数量、用户单次访问时长与访问时间段等，系统数据与第三方统计平台数据是否一致；③用户行为核查，包括但不限于充值与消费的情况，充值、消费的时间分布是否合理；④系统收款或交易金额与第三方支付渠道交易金额是否一致，是否存在自充值或刷单情况；⑤平均用户收入、平均付费用户收入等数值的变动是否合理；⑥业务系统记录与计算虚拟钱包（如有）的充值、消费数据是否准确；⑦互联网数据中心（IDC）或带宽费用的核查情况，与访问量是否匹配；⑧获客成本、获客渠道是否合理，变动是否存在异常。

对用户消费占整体收入比例较低，主要依靠展示或用户点击转化收入的企业，如用户点击广告后向广告主或广告代理商收取费用的企业，保荐机构及申报会计师的核查应包括但不限于以下方面：①经营数据的完整性和准确性，是否存在被篡改的风险，与财务数据是否一致；②不同平台用户占比是否符合商业逻辑与产品定位；③推广投入效果情况，获客成本是否合理；④用户行为真实性核查，应用软件的下载或激活的用户数量、新增和活跃的用户是否真实，是否存在购买虚假用户流量或虚构流量的情况；⑤广告投放的真实性，是否存在与广告商串通进行虚假交易的情况；⑥用户的广告浏览行为是否存在明显异常。

如因核查范围受限、历史数据丢失、信息系统缺陷、涉及商业秘密等原因无法获取全部或部分运营数据，无法进行充分核查，保荐机构及申报会计师应考虑该等情况是否存在异常，并就信息系统可靠性审慎发表核查意见，同时，对该等事项是否构成本次发行上市的实质性障碍发表核查意见。

此外，发行人主要经营活动并非直接通过互联网开展，但其客户主要通过互联网销售发行人产品或服务，如发行人该类业务营业收入占比或毛利占比超过30%，保荐机构及申报会计师应核查该类客户向发行人传输交易信息、相关数据的方式、内容，并以可靠方式从发行人获取该等数据，核查该等数据与发行人销售、物流等数据是否存在差异，互联网终端客户情况（如消费者数量、集中度、地域分布、消费频率、单次消费金额分布等）是否存在异常。对无法取得客户相关交易数据的，保荐机构及申报会计师应充分核查原因并谨慎评估该情况对发表核查意见的影响。

四十六、信息系统专项核查

根据《监管规则适用指引——发行类第5号》5-14的规定：

（一）适用情形

发行人日常经营活动高度依赖信息系统的，如业务运营、终端销售环节通过信息系统线上管理，相关业务运营数据由信息系统记录并存储，且发行人相关业务营业收入或成本占比、毛利占比或相关费用占期间费用的比例超过30%的，原则上，保荐机构及申报会计师应对开展相关业务的信息系统可靠性进行专项核查并发表明确核查意见。保荐机构及申报会计师应结合发行人的业务运营特点、信息系统支撑业务开展程度、用户数量及交易量级等进行判断。

如保荐机构及申报会计师结合对发行人业务运营、信息系统以及数据体量的了解，认为存在覆盖范围等方面局限的，应考虑引入信息系统专项核查工作。

（二）核查总体要求

1. 总体原则

发行人应向中介机构提供报告期应用的信息系统情况，包括系统名称、开发人、基本架构、主要功能、应用方式、各层级数据浏览或修改权限等；应为中介机构核查信息系统开放足够权限，提供充分条件。

中介机构应对发行人存储于信息系统中的业务运营和财务数据的完整性、准确性、一致性、真实性和合理性等进行专项核查并发表明确意见。

2. 胜任能力

中介机构应选派或聘请具备相应专业能力的团队和机构执行信息系统核查工作。

3. 责任划分

聘请其他机构开展信息系统专项核查工作或参考其核查结论的，中介机构应考虑其他机构的独立性、可靠性及其核查工作的充分性，并就借助于他人开展信息系统专项核查工作的必要性与有效性谨慎发表意见。

4. 核查方案

执行信息系统专项核查，核查团队应以风险防控为导向，结合发行人业务模式、盈利模式、系统架构、数据流转等情况，充分考虑舞弊行为出现的可能性，识别业务流程中可能存在的数据造假风险点，合理设计核查方案，运用大数据分析和内部控制测试等手段逐一排查风险点，全面验证发行人信息系统中业务和财务数据的完整性、准确性、一致性、真实性和合理性。

（三）核查工作要求

1. IT 系统控制

包括但不限于系统开发、访问逻辑、权限管理、系统运维、数据安全、数据备份等流程控制情况；重点关注是否存在过度授权，是否存在录入信息系统应用层数据或篡改信息系统后台数据库等数据造假的风险，是否发生过导致数据异常的重大事件；判断发现的缺陷是否对信息系统存储数据的真实性、准确性及完整性产生影响，是否存在补偿性控制，并明确缺陷的性质是否属于重大缺陷以及对内部控制有效性的影响程度。

2. 基础数据质量探查

包括但不限于基础运营数据及财务数据的准确性、完整性；基础数据直接生成或加工生成的主要披露数据的真实性、准确性及完整性；重点关注是否存在数据缺失、指标口径错误导致披露数据失实等事项。

3. 业务财务数据一致性核查

包括但不限于经营数据与核算数据、资金流水等财务数据的一致性或匹配性，测试范围应覆盖整个核查期间；重点关注财务核算数据与经营数据不一致、资金流水与订单金额不匹配等事项。

4. 多指标分析性复核

深入分析关键业务指标和财务指标的变化趋势及匹配性，通过多指标分析性复核找出"异常"趋势和交易；分析贯穿整个业务链条的关键业务及财务指标数据趋势，指标数据应至少以"月"为时间维度进行统计和分析，对个别关键指标数据应按"天"分析；重点关注关键业务指标和财务指标的变化趋势及匹配性，排查是否存在背离发行人业务发展、行业惯例或违反商业逻辑的异常情形，相关核查包括但不限于用户变动合理性、用户行为分布合理性、获客渠道等。

5. 反舞弊场景分析

应针对行业情况设计舞弊场景进行验证测试；基于业务流程可能出现舞弊造假环节的场景进行验证测试，分析核查期间用户行为及订单表现，形成异常数据临界值，识别脱离临界值的异常用户或异常订单并进行深入排查，包括但不限于用户真实性、收入分布合理性、获客成本变动合理性等。

6. 疑似异常数据跟进

包括但不限于排查有聚集性表现的疑似异常数据，除业务逻辑相互印证外，还应执行明细数据分析或实质性走访验证；对确实无法合理解释的异常情况，应分析其对收入真实性的影响并发表明确意见。

（四）核查报告要求

1. 核查报告内容

信息系统专项核查报告应清晰描述核查工作的整个过程，准确描述和界定核查范围、比例，清晰描述发行人业务模式、经营活动，充分揭示所有风险点，准确叙述每一个风险点涉及的核查方法、核查经过、核查结果、异常情况和跟进测试情况。信息系统专项核查报告应做到内容翔实、结论清晰、不留疑问。

2. 核查报告结论

中介机构应结合信息系统专项核查结果，分别就发行人的信息系统是否真实、准确、完整地记录发行人的经营活动，业务数据与财务数据是否一致发表明确意见。存在明显异常事项的，应明确披露该事项及问题性质，并就该事项的实质性影响发表明确意见。因核查范围受限、历史数据丢失、信息系统缺陷、涉及商业秘密等原因，无法获取全部运营数据，无法进行充分核查的，中介机构应就信息系统可靠性审慎发表核查意见，并就该事项是否构成本次发行上市的实质性障碍发表核查意见。

四十七、资金流水核查

根据《监管规则适用指引——发行类第 5 号》5-15 的规定：

（一）适用情形

保荐机构及申报会计师应当充分评估发行人所处经营环境、行业类型、业务流程、规范运作水平、主要财务数据水平及变动趋势等因素，确定发行人相关资金流水核查的具体程序和异常标准，以合理保证发行人财务报表不存在重大错报风险。发行人及其控股股东、实际控制人、董事、监事、高级管理人员等相关人员应按照诚实信用原则，向中介机构提供完整的银行账户信息，配合中介机构核查资金流水。中介机构应勤勉尽责，采用可靠手段获取核查资料，在确定核查范围、实施核查程序方面保持应有的职业谨慎。在符合银行账户查询相关法律法规的前提下，除发行人银行账户资金流水以外，结合发行人实际情况，资金流水核查范围还可能包括控股股东、实际控制人、发行人主要关联方、董事、监事、高级管理人员、关键岗位人员等开立或控制的银行账户资金流水，以及与上述银行账户发生异常往来的发行人关联方及其员工开立或控制的银行账户资金流水。

（二）核查要求

保荐机构及申报会计师在资金流水核查中，应结合重要性原则和支持核查结论需要，重点核查报告期内发生的以下事项。

①发行人资金管理相关内部控制制度是否存在较大缺陷。

②是否存在银行账户不受发行人控制或未在发行人财务核算中全面反映的情况，是否存在发行人银行开户数量等与业务需要不符的情况。

③发行人大额资金往来是否存在重大异常，是否与公司经营活动、资产购置、对外投资等不相匹配。

④发行人与控股股东、实际控制人、董事、监事、高级管理人员、关键岗位人员等是否存在异常大额资金往来。

⑤发行人是否存在大额或频繁取现的情形，是否无合理解释；发行人同一账户或不同账户之间，是否存在金额、日期相近的异常大额资金进出的情形，是否无合理解释。

⑥发行人是否存在大额购买无实物形态资产或服务（如商标、专利技术、咨询服务等）的情形，如存在，相关交易的商业合理性是否存在疑问。

⑦发行人实际控制人个人账户大额资金往来较多且无合理解释，或者频繁出现大额存现、取现情形。

⑧控股股东、实际控制人、董事、监事、高级管理人员、关键岗位人员是否从发行人获得大额现金分红款、薪酬或资产转让款，转让发行人股权获得大额股权转让款，主要资金流向或用途存在重大异常。

⑨控股股东、实际控制人、董事、监事、高级管理人员、关键岗位人员与发行人关联方、客户、供应商是否存在异常大额资金往来。

⑩是否存在关联方代发行人收取客户款项或支付供应商款项的情形。

发行人在报告期内存在以下情形的，保荐机构及申报会计师应考虑是否需要扩大资金流水核查范围。

①发行人备用金、对外付款等资金管理存在重大不规范情形。

②发行人毛利率、期间费用率、销售净利率等指标各期存在较大异常变化，或者与同行业公司存在重大不一致。

③发行人经销模式占比较高或大幅高于同行业公司，且经销毛利率存在较大异常。

④发行人将部分生产环节委托其他方进行加工的，且委托加工费用大幅变动，或者单位成本、毛利率大幅异于同行业。

⑤发行人采购总额中进口占比较高或者销售总额中出口占比较高，且对应的采购单价、销售单价、境外供应商或客户资质存在较大异常。

⑥发行人重大购销交易、对外投资或大额收付款在商业合理性方面存在疑问。

⑦董事、监事、高级管理人员、关键岗位人员薪酬水平发生重大变化。

⑧其他异常情况。

保荐机构及申报会计师应将上述资金流水的核查范围、资金流水核查重要性水平确定方法和依据、异常标准及确定依据、核查程序、核查证据编制形成工作底稿，在核查中受到的限制及所采取的替代措施应一并作书面记录。保荐机构及申报会计师还应结合上述资金流水核查情况，就发行人内部控制是否健全有效、是否存在体外资金循环形成销售回款、承担成本费用的情形发表明确核查意见。

四十八、投资收益占比

根据《监管规则适用指引——发行类第 5 号》5-18 的规定：

（一）总体要求

针对发行人来自合并报表范围以外的投资收益占当期合并净利润比例较高的情形，保荐机构及申报会计师应重点关注发行人来自合并财务报表范围以外的投资收益对盈利的贡献程度，发行人纳入合并报表范围以内主体状况，发行人合并财务报表范围以外投资对象业务内容，以及招股说明书相关信息披露等情况。

（二）核查要求

发行人来自合并报表范围以外的投资收益占当期合并净利润的比例较高，保荐机构及申报会计师通常应关注以下几个方面：

①发行人如减除合并财务报表范围以外的对外投资及投资收益，剩余业务是否具有持续经营能力；

②被投资企业主营业务与发行人主营业务是否具有高度相关性，如涉及同一行业、类似技术产品、上下游关联产业等，是否存在大规模非主业投资情况；

③是否充分披露相关投资的基本情况及对发行人的影响。

（三）信息披露

发行人应在招股说明书"风险因素"中充分披露相关风险特征，同时在管理层分析中披露以下内容：

①被投资企业的业务内容、经营状况，发行人与被投资企业所处行业的关系，发行人对被投资企业生产经营状况的判断力和控制力等信息；

②发行人对被投资企业的投资过程，与被投资企业控股股东的合作历史、未来合作预期及合作模式是否符合行业惯例，被投资企业分红政策等；

③被投资企业非经常性损益情况及对发行人投资收益构成的影响，该影响数是否已作为发行人的非经常性损益计算；

④其他重要信息。

四十九、应收款项减值

根据《监管规则适用指引——发行类第 5 号》5-2 的规定：

保荐机构及申报会计师应对发行人应收款项包括但不限于以下事项进行核查并发表明确意见。

①根据预期信用损失模型，发行人可依据客户类型、商业模式、付款方式、回款周期、历史逾期、违约风险、时间损失、账龄结构等方面的显著差异，将应收款项划分为不同的组合，分别进行减值测试。

②发行人评估预期信用损失，应考虑所有合理且有依据的信息，包括前瞻性信息，并说明预期信用损失的确定方法和相关参数的确定依据。

③如果对某些单项或某些组合应收款项不计提坏账准备，发行人应充分说明并详细论证未计提的依据和原因，说明是否存在信用风险，账龄结构是否与收款周期一致，是否考虑前瞻性信息，不应仅以欠款方为关联方客户、优质客户、政府工程客户或历史上未发生实际损失等理由而不计提坏账准备。

④发行人重要客户以现金、银行转账以外方式回款的，应清晰披露回款方式。

⑤发行人应清晰说明应收账款账龄的起算时点，分析披露的账龄情况与实际是否相符；应收账款初始确认后又转为商业承兑汇票结算的或应收票据初始确认后又转为应收账款结算的，发行人应连续计算账龄并评估预期信用损失；应收账款保理业务，如果是有追索权债权转让，发行人应根据原有账龄评估预期信用损失。

⑥发行人应参考同行业上市公司确定合理的应收账款坏账准备计提政策；计提比例与同行业上市公司存在显著差异的，应在招股说明书中披露具体原因。

五十、客户资源或客户关系及企业合并涉及无形资产的判断

根据《监管规则适用指引——发行类第 5 号》5-3 的规定：

①客户资源或客户关系，只有源自合同性权利或其他法定权利且确保能在较长时期内获得稳定收益，才能确认为无形资产。发行人无法控制客户资源或客户关系带来的未来经济利益的，不应将其确认为无形资产。发行人开拓市场过程中支付的营销费用，或仅购买相关客户资料，而客户并未与出售方签订独家或长

期买卖合同，有关客户资源或客户关系的支出通常应为发行人获取客户渠道的费用。

发行人已将客户资源或客户关系确认为无形资产的，应详细说明确认的依据。发行人应在资产负债表日判断是否存在可能发生减值的迹象，如考虑上述无形资产对应合同的实际履行情况与确认时设定的相关参数是否存在明显差异等。保荐机构及申报会计师应针对上述事项发表明确意见。

②非同一控制下企业合并中，购买方在初始确认购入的资产时，应充分识别被购买方拥有但财务报表未确认的无形资产，满足会计准则规定确认条件的，应确认为无形资产。

在企业合并确认无形资产的过程中，发行人应保持专业谨慎，充分论证是否存在确凿证据以及可计量、可确认的条件，评估师应按照公认可靠的评估方法确认其公允价值。保荐机构及申报会计师应保持应有的职业谨慎，详细核查发行人确认的无形资产是否符合会计准则规定的确认条件和计量要求，是否存在虚构无形资产情形，是否存在估值风险和减值风险。

五十一、首发相关承诺

根据《监管规则适用指引——发行类第4号》4-19的规定：

1. 关于减持价格和股票锁定期延长承诺

《中国证监会关于进一步推进新股发行体制改革的意见》规定了解禁后24个月内减持价不低于发行价和特定情形下锁定期限自动延长6个月的最低承诺要求，发行人控股股东、持有股份的董事和高级管理人员也可根据具体情形提出更高、更细的锁定要求。已作出承诺的董事、高级管理人员，应明确不因职务变更、离职等原因放弃履行承诺。

2. 关于上市36个月内公司股价低于每股净资产时承诺稳定公司股价的预案

启动预案的条件必须明确，比如公司股票连续20个交易日收盘价低于每股净资产；发行人、控股股东、董事（独立董事除外）及高级管理人员都必须提出相应的股价稳定措施，具体措施可以是发行人回购公司股票，控股股东增持公司股票，董事、高级管理人员增持公司股票、减薪等。公司可根据具体情况自主确定稳定股价措施，但措施应明确，比如明确增持公司股票的数量或资金金额。对于未来新聘的董事、高级管理人员，也应要求其履行公司发行上市时董事、高级管理人员已作出的相应承诺。

3. 关于股份回购承诺

招股说明书及有关申报文件应明确，如果招股说明书存在对判断发行人是否符合法律规定的发行条件构成重大、实质性影响的虚假记载、误导性陈述或者重大遗漏导致股份回购情形的，发行人、控股股东将如何启动股份回购，以什么价格回购等；公司及控股股东、实际控制人、董事、监事、高级管理人员及相关中介机构作出的关于赔偿投资者损失的承诺应当具体、明确，确保投资者合法权益得到有效保护。

4. 关于持股 5% 以上股东持股意向

发行前持股 5% 及以上的股东必须至少披露限售期结束后 24 个月内的减持意向，说明减持的价格预期、减持股数，不可以用"根据市场情况减持"等语句敷衍。招股说明书及相关申报材料应披露该类股东持有股份的锁定期安排，将在满足何种条件时，以何种方式、价格在什么期限内进行减持；该类股东应承诺在减持前 3 个交易日予以公告，通过证券交易所集中竞价交易首次减持的在减持前 15 个交易日予以公告。如其未履行上述承诺，要明确其将承担何种责任和后果。

5. 关于发行人及其控股股东、中介机构的职责

发行人及其控股股东等责任主体所作出的承诺及相关约束措施，是招股说明书等申报文件的必备内容，应按要求进行充分披露。除上述承诺外，发行人、控股股东等主体作出的其他承诺，如控股股东、实际控制人关于规范关联交易的承诺，也应匹配未能履行承诺时的约束措施。

保荐机构应对相关承诺的内容合法、合理，失信补救措施的及时有效等发表核查意见。发行人律师应对相关承诺及约束措施的合法性发表意见。

五十二、保荐机构管理层的保荐项目签字责任要求

根据《监管规则适用指引——发行类第 3 号》3-1 的规定：

（一）风险控制要求

保荐机构管理层应当确保首发和再融资保荐项目符合以下风险控制要求：

①保荐机构从事首发和再融资保荐业务，应当以保荐项目风险控制为核心，建立健全保荐业务的内部控制制度，增强自我约束和风险控制能力，切实提高保荐项目执业质量；

②保荐机构在执行立项、尽职调查、质量控制、"内核"、持续督导等各个环节相关制度的基础上，进一步强化保荐项目的风险控制，保荐项目的风险控制应当纳入保荐机构公司整体层面的合规和风险控制体系；

③风险控制应当贯穿保荐业务各个环节，问询意见回复报告、举报信核查报告和上市委员会意见回复报告均应履行公司整体层面相应决策和风险控制程序。

（二）签字要求

保荐机构相关人员应按照《首次公开发行股票注册管理办法》《证券发行上市保荐业务管理办法》相关规定履行签字要求，在证券发行募集文件，包括招股说明书、发行保荐书等文件中签字确认，并声明承担相应的法律责任。

同时，保荐机构法定代表人应当在保荐工作报告（保荐机构尽职调查报告）、各轮问询意见回复报告、举报信核查报告等各类核查报告和上市委员会意见回复报告等文件中签字确认，并声明承担相应的法律责任。

五十三、发行人发行审核过程中变更中介机构或签字人员的处理

根据《监管规则适用指引——发行类第3号》3-2的规定：

（一）处理原则

①发行审核过程中，发行人更换保荐机构的，按照交易所发行审核相关要求处理。

②发行审核过程中，发行人更换签字保荐代表人、律师事务所及签字律师、会计师事务所及签字会计师等中介机构或签字人员的，相关中介机构应当做好更换的衔接工作，更换后的中介机构或签字人员完成尽职调查并出具专业意见后，应当将齐备的文件及时提交证监会或交易所，并办理中介机构或签字人员变更手续。

③更换后的中介机构承担核查申请文件或出具真实、准确、完整的专业报告的责任。被更换的中介机构，不得免除其对于此前工作的责任。

（二）变更专项说明

①更换中介机构或签字人员过程中，发行人、保荐机构应当出具专项说明（更换保荐机构的，由更换后的保荐机构出具专项说明），变更前后的中介机构或签字人员均应当出具承诺函。如仅涉及签字人员变更的，除变更前后的签字人员外，所属中介机构应当出具承诺函。

②专项说明或承诺函应当说明变更原因、变更后中介机构或签字人员的基本情况（从业资格、执业情况）等内容，还应当对变更前后中介机构或签字人员签署的相关文件的真实性、准确性、完整性等进行承诺。

③专项说明或承诺函应当由相关负责人及签字人员签字，发行人或中介机构盖章。

五十四、发行规模达到一定数量实施联合保荐的标准

根据《监管规则适用指引——发行类第3号》3-3的规定：

拟融资金额超过 100 亿元的 IPO 项目、拟融资金额超过 200 亿元的再融资项目可以按照《证券发行上市保荐业务管理办法》相关规定实行联合保荐，参与联合保荐的保荐机构不得超过两家。

五十五、影响发行的重大事项的核查及承诺要求

根据《监管规则适用指引——发行类第 3 号》3-4 的规定：

交易所上市委员会审议后（向特定对象发行的在发行上市审核机构审核后），中介机构应当关注发行人是否持续符合发行条件、上市条件和信息披露要求，并核查是否存在可能影响本次发行上市的重大事项。

交易所将审核意见、发行人注册申请文件及相关审核资料报送证监会履行发行注册程序前，发行人、保荐机构及相关中介机构应当向交易所就未发生可能影响本次发行上市的重大事项出具承诺。

发行人、保荐机构及相关中介机构应当在披露招股意向书前，或启动发行前向交易所就未发生可能影响本次发行上市的重大事项出具承诺。

发行人、保荐机构应当在上市公告书中承诺，公司不存在影响发行上市的重大事项。

五十六、再融资申请文件的更新及补正要求

根据《监管规则适用指引——发行类第 3 号》3-5 的规定：

在审核注册阶段，发行人公告新的年报、半年报后，应在 10 个工作日内报送更新后的全套申报材料。发行人新公布季度报告或临时公告的，如涉及影响本次发行的重大事项或季度财务数据发生重大不利变化（亏损或扣非前后合并口径归属母公司的净利润同比下降超过 30%），应于 5 个工作日内报送专项核查报告，对相关事项对本次发行的影响进行说明。

五十七、信息豁免披露的理解与适用

《公开发行证券的公司信息披露内容与格式准则第 57 号——招股说明书》第七条规定"发行人有充分依据证明本准则要求披露的某些信息涉及国家秘密、商业秘密及其他因披露可能导致违反国家有关保密法律法规规定或严重损害公司利益的，可按程序申请豁免披露"。《法律适用意见第 17 号》提出如下适用意见。

1. 国家秘密

涉及国家秘密或者其他因披露可能导致发行人违反国家有关保密法律法规规定的信息，原则上可以豁免披露；如要求豁免披露的信息内容较多或者较为重

要，可能对投资者的投资决策有重大影响，中介机构应当审慎论证是否符合发行上市的信息披露要求。

涉及国家秘密或者其他因披露可能导致发行人违反国家有关保密法律法规规定的，发行人关于信息豁免披露的申请文件应当逐项说明：

①申请豁免披露的信息、认定涉密的依据及理由；

②相关信息披露文件是否符合有关保密规定和《公开发行证券的公司信息披露内容与格式准则第57号——招股说明书》要求，涉及军工的是否符合《军工企业对外融资特殊财务信息披露管理暂行办法》等相关规定，豁免披露是否对投资者决策判断构成重大障碍；

③内部保密制度的制定和执行情况，是否符合《保密法》等相关法律法规的规定，是否存在因违反保密规定受到处罚的情形。

对于发行上市审核注册过程中提出的信息豁免披露或者调整意见，发行人应当相应回复、补充相关文件的内容，有实质性增减的，应当说明调整后的内容是否符合相关规定、是否存在泄密风险。

发行人需提供国家主管部门关于该信息为涉密信息的认定文件。发行人全体董事、监事、高级管理人员出具关于首次公开发行股票并上市的申请文件不存在泄密事项且能够持续履行保密义务的声明，发行人控股股东、实际控制人对其已履行和能够持续履行相关保密义务出具承诺文件。

2.商业秘密

涉及商业秘密或者其他因披露可能严重损害公司利益的信息，如属于《公开发行证券的公司信息披露内容与格式准则第57号——招股说明书》规定应当予以披露的信息，中介机构应当审慎论证是否符合豁免披露的要求。

①商业秘密符合下列情形之一，且尚未公开、未泄密的，原则上可以豁免披露：

a.商业秘密涉及产品核心技术信息；

b.商业秘密涉及客户、供应商等他人经营信息，且披露该信息可能导致发行人或者他人受到较大国际政治经济形势影响。

②商业秘密涉及发行人自身经营信息（如成本、营业收入、利润、毛利率等），披露后可能损害发行人利益，如该信息属于《公开发行证券的公司信息披露内容与格式准则第57号——招股说明书》、证券期货法律适用意见、监管规则适用指引等证监会和交易所相关规则要求披露的信息，原则上不可以豁免披露。

③涉及商业秘密或者其他因披露可能严重损害公司利益的，发行人关于信息

豁免披露的申请文件应当逐项说明：

a. 申请豁免披露的信息、该信息是否依据内部程序认定为商业秘密，发行人关于商业秘密的管理制度、认定依据、决策程序等；

b. 申请豁免披露的信息是否属于已公开信息或者泄密信息；相关信息披露文件是否符合《公开发行证券的公司信息披露内容与格式准则第57号——招股说明书》及相关规定要求，豁免披露是否对投资者决策判断构成重大障碍。

3. 中介机构核查要求

保荐机构、发行人律师应当对发行人将相关信息认定为国家秘密、商业秘密或者因披露可能导致其违反国家有关保密法律法规规定或者严重损害公司利益的依据是否充分进行核查，并对该信息豁免披露符合相关规定、不影响投资者决策判断、不存在泄密风险出具意见明确、依据充分的专项核查报告。申报会计师应当出具对发行人审计范围是否受到限制、审计证据的充分性以及发行人豁免披露的财务信息是否影响投资者决策判断的核查报告。涉及军工的，中介机构应当说明开展军工涉密业务咨询服务是否符合国防科技工业管理部门等军工涉密业务主管部门的规定。

4. 替代性披露要求

对于豁免披露的信息，发行人应当采取汇总概括、代码或者指数化等替代性方式进行披露，替代方式对投资者作出价值判断及投资决策不应构成重大障碍，并符合《公开发行证券的公司信息披露内容与格式准则第57号——招股说明书》的基本要求。中介机构应当就其替代披露方式是否合理，是否对投资者作出价值判断及投资决策存在重大障碍，并符合《公开发行证券的公司信息披露内容与格式准则第57号——招股说明书》的基本要求发表明确意见。

5. 在提交发行上市申请文件或者问询回复时，发行人及中介机构应当一并提交关于信息豁免披露的专项说明、核查意见。如豁免申请未获得同意，发行人应当补充披露相关信息。

6. 发行上市申请文件、审核问询回复等需要对外披露的文件涉及上述情形的，均可依法提出豁免申请。

7. 再融资信息豁免披露相关要求参照上述规定执行，证监会对再融资信息豁免披露有特别规定的，从其规定。

第七章
注册制之企业上市重大法律问题合规指引

第一节 劳务派遣、劳务分包、劳务外包业务模式合规问题

劳动力成本的上升推动了制造业企业的转型升级,制造业一方面通过人工智能、机器人升级生产生态,另一方面通过新的用工模式或者生产业务模式解决劳动力成本高的难题。

制造业企业在上市过程中,一般会通过劳务派遣、劳务分包、劳务外包的方式解决劳动力成本高的问题。

劳务派遣和劳务分包有明确的法律法规规范,易于区别。劳务外包实际上是一种生产或业务领域的劳务协作模式,实践中并没有非常明确的法规予以规范。《劳务派遣暂行规定》明确规定用人单位以承揽、外包等名义,按劳务派遣用工形式使用劳动者的,按照劳务派遣的相关规定处理。因此,拟上市制造企业需要根据公司实际经营情况、生产模式综合判断自身是否适合采用劳务外包方式。

一、劳务派遣、劳务分包、劳务外包业务模式的定义

(一)劳务派遣

劳务派遣是指由劳务派遣单位与用工单位签订劳务派遣协议,约定派遣岗位和人员数量、派遣期限、劳动报酬和社会保险费的数额与支付方式并在用工单位临时性、辅助性或者替代性的工作岗位上实施的补充用工形式。

实施劳务派遣用工需要满足以下条件。

1.临时性、辅助性、替代性的工作岗位

①临时性工作岗位是指存续时间不超过 6 个月的岗位;

②辅助性工作岗位是指为主营业务岗位提供服务的非主营业务岗位；

③替代性工作岗位是指用工单位的劳动者因脱产学习、休假等原因无法工作的一定期间内，可以由其他劳动者替代工作的岗位。

2. 劳务派遣用工不得超过其用工总量的 10%

劳务派遣用工总量控制，涉及拟上市主体和下属子公司，并分别计算总量。

3. 用人单位以承揽、外包等名义，按劳务派遣用工形式使用劳动者的，按照劳务派遣的相关规定处理

实践中，制造业在辅助性岗位使用劳务派遣较多，认定辅助性岗位应根据《劳务派遣暂行规定》通过工会或者职工代表大会决议并公示。对于进行生产、销售和售后服务等直接面对产品、客户的岗位，原则上不应认定为辅助性岗位。一般情况下，公司的保安、保洁、司机、后勤管理、厨师、企业内勤人员可认定为辅助性工作岗位，对于为主营业务提供不可或缺的财务、行政、人力资源的基层岗位，以及在生产岗位中为主要生产工序提供辅助作业的学徒、助理，亦可认定为辅助性岗位。

（二）劳务分包

劳务分包是指施工总承包企业或者专业承包企业将其承包工程中的劳务作业发包给劳务分包企业完成。

依据《房屋建筑和市政基础设施工程施工分包管理办法》（2019 年）和《建筑业企业资质标准》，建筑业企业资质分为施工总承包、专业承包和施工劳务三个序列。目前各省市主管部门已陆续取消施工劳务企业资质要求，原先的审批制改为备案制。

因此，劳务分包是需要取得施工劳务资质并在建筑企业业务领域适用的一种劳务作业方式。

（三）劳务外包

劳务外包一般认为是企业（发包方）将部分业务或辅助性工作委托给本企业之外的专业机构或其他经济组织（承包方），由承包方自行安排劳动者按照发包方的要求完成业务或工作的业务模式。

二、劳务派遣、劳务分包、劳务外包业务模式的判定

（一）劳务派遣与劳务外包的区别（如表 7-1 所示）

表 7-1　劳务派遣与劳务外包的区别

序号	区别	劳务派遣	劳务外包
1	法律适用不同	劳务派遣属于《劳动法》[①]意义上的概念，对应概念是"直接用工"，适用《劳动合同法》[②]	劳务外包是一种业务经营模式，对应概念是"直接经营"，属民事法律关系，受《合同法》[③]等调整
2	合同性质不同	劳务派遣签订劳务派遣合同	劳务外包合同的主要形式为生产外包、业务外包、岗位外包、业务流程外包等的协议
3	对劳动者的指挥管理权限不同	劳务派遣情况下，用工单位对劳动者的劳动过程享有完整的指挥管理权，用工单位的各种规章制度适用于被派遣的劳动者	劳务外包中，指挥管理权由承包单位行使；发包人不直接对其进行管理，发包人的各种规章制度也并不适用于从事外包劳务的劳动者。但发包单位基于安全、消防、质量等因素，可对劳动者行使一定的间接管理权
4	劳动风险的承担不同	劳务派遣中的核心要素是劳动过程，劳务派遣单位对被派遣劳动者的工作结果不负责任，劳动结果风险由用工单位承担	业务外包中的核心要素是工作成果，发包人关注的是承包人交付的工作成果，承包人只有在工作成果符合约定时才能获得相应的外包费用，从事外包业务的劳动者的劳动风险与发包人无关
5	用工风险的承担不同	劳务派遣作为一种劳动用工方式，用工单位是劳务派遣三方法律关系中的一方主体，须承担一定的用工风险	业务外包中，承包人招用劳动者的用工风险与发包人无关，发包人与承包人自行承担各自的用工风险，各自的用工风险完全隔离
6	经营资质要求不同	劳务派遣单位必须是严格按照《劳动合同法》规定设立的、获得劳务派遣行政许可的法人实体	业务外包中的承包人一般没有特别的经营资质要求

[①] 即《中华人民共和国劳动法》，本书简称"《劳动法》"。
[②] 即《中华人民共和国劳动合同法》，本书简称"《劳动合同法》"。
[③] 即《中华人民共和国合同法》，本书简称"《合同法》"。

续表

序号	区别	劳务派遣	劳务外包
7	会计处理不同	在劳务派遣中，劳务派遣人员工资总额纳入用工单位工资总额的统计范围	在业务外包活动中，承包人在发包人支付的外包费用中向从事业务外包工作的劳动者支付劳动报酬，业务外包费用不纳入发包人的工资总额

（二）劳务分包与劳务外包的区别

劳务分包适用于建筑领域的专项规定，属于法律特别规定；劳务外包适用一切具备劳务外包业务模式的企业。

三、企业上市发行审核有关劳务派遣、劳务外包、劳务分包的案例

【案例一】JQ 科技

问题：补充说明劳务外包与劳务派遣的区别，不存在违反《劳务派遣暂行规定》的情形。

回复：

1. 劳务外包与劳务派遣的区别

劳务派遣是一种非标准劳动关系的用工形式，属于《劳动法》意义上的概念，其对应的概念是"直接用工"；劳务外包是一种业务经营模式，发包单位与承包单位之间是民事关系，主要受《合同法》等民事法律调整，承包方与劳动者之间是民事关系，而劳动者虽然有可能直接与发包单位在工作中发生实际的接触，但法律上并不存在直接关系。对劳动者是否具有指挥管理权可以作为劳务派遣和劳务外包的区分标准。

2. 发行人不存在违反《劳务派遣暂行规定》的情形

（1）劳务外包相关政策信息

根据上海市人力资源和社会保障局、上海市高级人民法院 2014 年 12 月 31 日发布的《关于劳务派遣适用法律若干问题的会议纪要》中"十一、关于派遣用工与人力资源服务外包的区分问题"：

"发包单位基于消防、安全生产、产品服务质量、工作场所秩序等方面管理需要而对承包单位的劳动者行使部分指挥管理权的，劳动争议处理机构要根据案件事实谨慎处理，不可简单判定法律关系已发生改变。"

"在人力资源服务外包中，发包单位和承包单位可通过协议方式合理确定具

体的管理界限。在外包协议未被判定无效的情况下，发包单位对承包单位的劳动者部分越权指挥且未对法律关系改变起决定性作用的，应当进行整改；劳动者以此为由要求按劳务派遣处理或确认与发包单位存在劳动关系的，缺乏法律依据，不予支持。"

通过对发行人人力资源部门负责人、所有劳务外包单位实际控制人进行访谈，并查阅外包岗位日常管理的相关凭证（如考核表、请假申请等），发行人自2014年采购劳务起，劳务外包单位派驻专业的操作工人进场组织生产，并对工人实施包括定员、定责、定额、考核、处分在内的直接管理；发行人仅基于生产安全、秩序、生产质量等实施间接管理。双方管理界限明确，劳务外包与派遣用工存在本质区别。

（2）用工合规情况

根据上海市徐汇区人力资源和社会保障局于2016年1月27日出具的证明，2013年1月1日至2015年12月31日，未对公司作出过行政处理或行政处罚。

2015年8月25日，公司注册地由徐汇区变更为闵行区。根据上海市闵行区人力资源和社会保障局于2015年11月24日、2016年2月1日、2016年4月21日、2016年7月14日、2016年7月22日、2017年1月19日、2017年7月18日出具的证明，报告期内，公司及子公司没有因违反劳动法律法规和规范性文件而受到其行政处理、行政处罚的记录。

根据深圳市福田区劳动监察大队于2015年12月8日、2016年2月25日、2016年8月8日、2017年2月4日、2017年7月7日出具的证明，报告期内，深圳分公司没有因违反劳动法律法规被行政处罚的记录。

2016年2月，保荐机构与发行人律师走访了上海闵行区劳动监察大队，经现场访谈，公司在劳动用工方面不存在违反《劳动法》等相关法律法规或受到行政处罚的情形。

综上所述，律师认为，劳务外包是公司基于业务特点所采用的业务合作模式，与劳务派遣存在本质区别，公司不存在违反《劳务派遣暂行规定》的情形；公司在用工方面亦不存在重大违法违规或受到行政处罚的情形。

【案例二】DN 电子

问题：

说明劳务外包和劳务派遣的差异以及公司将自身的情形界定为劳务外包的依据；说明报告期内劳务外包人员的社会保险费缴纳情况；请发行人律师对发行人报告期内劳务外包的合法合规性发表意见。

回复：

1. 关于劳务外包和劳务派遣的差异

劳务外包是指企业将其部分业务或职能工作发包给相关机构，由该机构自行安排人员按照企业的要求完成相应的业务或工作。

劳务派遣是指由劳务派遣单位与被派遣劳动者签订劳动合同，然后向用工单位派出该员工，使其在用工单位的工作场所内劳动，接受用工单位的指挥、监督，以完成劳动力和生产资料的结合的一种特殊用工方式。

结合业务实质，劳务外包与劳务派遣在合同形式、用工风险承担、劳务人员管理责任、劳务费用计算以及报酬支付方式等方面存在差异，具体情况如下（略）。

2. 公司将自身的情形界定为劳务外包的依据

经核查，发行人于2015年5月29日与ZP公司签署生产外包合同，合同期限自2015年6月1日至2017年5月31日。根据合同内容，发行人与ZP公司的业务合作具体内容如表7-2所示。

表7-2 发行人与ZP公司的业务合作

内容	劳务外包
合同形式	生产外包合同，约定以ZP公司向发行人派驻劳务工的方式承接并完成发行人厂内指定生产线的生产操作任务
用工风险承担	如劳务人员发生各类意外伤害，在工伤保险和商业保险赔付额度内由ZP公司承担，超出部分双方各承担50%
劳务人员管理责任	ZP公司根据发行人要求提供劳务作业人员并予以管理
劳务费用计算	ZP公司定期向发行人报送劳务人员的工作内容及工作量，并由发行人确认劳务费用
报酬支付方式	发行人向ZP公司支付劳务费用，ZP公司负责劳务人员工资发放及社会保险费缴纳，发行人不直接向劳务人员发放工资

发行人根据订单及用工情况，将部分生产线的拉丝、镀锡等工序按照劳务外包合同约定交由劳务外包人员完成。

律师取得了劳务外包合同、劳务费支付记录及劳务公司开具的劳务费发票，经核查后认为，发行人与劳务公司的业务关系为劳务外包具备合理性。

3. 报告期内劳务外包人员的社会保险费缴纳情况

根据发行人与劳务公司签订的合同、发行人及ZP公司出具的情况说明，劳务人员的社会保险费由劳务公司承担。

4. 发行人报告期内劳务外包的合法合规性

劳务外包是企业整合其外部优秀的专业资源，提高用工效率的一种管理模式，劳务外包服务单位与发包单位作为平等民事主体根据《合同法》订立民事合同，劳务外包的外包服务单位负责该业务或劳动所涉专业人员的招聘、薪酬发放、培训、业务现场管理等各个环节，企业以业务完成量或岗位人员工作开展情况与外包服务单位进行结算。外包服务单位承担所有用人风险和相应的法定雇主责任。

报告期内，发行人和劳务外包服务单位根据双方签订的生产外包合同的约定，享受合同权利，承担合同义务及法律责任，不存在违反合同条款的情形。

根据湖州市吴兴区人力资源和社会保障局出具的证明，报告期内发行人严格遵守劳动和社会保障方面的法律、法规，不存在因违反劳动和社会保障方面的法律、法规而受到行政处罚的情况。

根据湖州市住房公积金管理中心2017年1月9日出具的证明，报告期内发行人不存在由于违反国家住房公积金法律、法规和规范性文件而遭受行政处罚的情况。

律师经核查后认为，发行人报告期内为满足用工需求而采取劳务外包方式合法合规。

【案例三】ZY 生态

问题：

标的公司报告期内的前五大供应商包含劳务公司，请补充披露采购的具体内容；请律师对标的公司的用工形式是否属于劳务派遣以及用工形式是否合法发表明确意见。

回复：

标的公司在报告期内向前五大供应商中的劳务公司所采购的内容主要为劳务分包服务。生态环境建设项目地域跨度大、工程建设内容多样、时间紧张，ZY 生态现场施工人员无法满足业务扩张的全部需求，因此在项目实施过程中，ZY 生态通常将施工项目中部分非主要或专业性较强的劳务分包给具有相应资质的承包单位。进行劳务分包后，分包方须负责安排施工人员开展工作，ZY 生态按照合同约定向分包方结算分包工程款项，从而发生劳务分包成本。劳务分包涉及的劳务用工由分包方雇佣并与分包方签订劳动协议，ZY 生态不承担该类人员的工资、社会保险金等成本。分包单位主要为 ZY 生态所在地的建筑劳务公司，ZY 生态对其较为了解和信任，其能够保障项目施工质量，这导致 ZY 生态劳务采购相对较为集中。

律师经核查认为：

ZY生态工程项目采用劳务外包方式，与劳务派遣具有本质区别，具体如下。

1. 劳务分包与劳务派遣的定义

（1）劳务分包

最高人民法院《建设工程施工合同司法解释的理解与适用》将劳务分包概念解释为："劳务分包是指施工总承包企业或者专业承包企业即劳务作业发包人将其承包工程中的劳务作业发包给具有相应资质的劳务承包企业。"

（2）劳务派遣

劳务派遣是指由劳务派遣机构与派遣劳工订立劳工合同，由派遣劳工向要派企业（实际用工单位）给付劳务，劳动合同关系存在于劳务派遣机构与派遣劳工之间，但劳动力给付的事实则发生于派遣劳工与要派企业（实际用工单位）之间的一种用工形式。

2. 劳务外包与劳务派遣的区别

（1）对劳动者的管理权限不同

劳务外包中，从事外包劳务的劳动者由承包人直接管理，发包人不得直接对其进行管理，发包人的各种规章制度也并不适用于从事外包劳务的劳动者；劳务派遣中的劳动者，主要由用工单位直接管理，用工单位的各种规章制度适用于被派遣劳动者。对劳动者管理权限的不同，是劳务外包和劳务派遣最核心的区别。

（2）劳动风险的承担不同

劳务外包中的核心要素是工作成果，发包人关注的是承包人交付的工作成果，承包人只有在工作成果符合约定时才能获得相应的外包费用，从事外包劳务劳动者的劳动风险与发包人无关；劳务派遣中的核心要素是劳动过程，劳务派遣单位对被派遣劳动者的工作结果不负责任，被派遣劳动者不能完成工作的风险由用工单位承担。

（3）用工风险的承担不同

劳务外包中，承包人招用劳动者的用工风险与发包人无关，发包人与承包人自行承担各自的用工风险，各自的用工风险完全隔离；劳务派遣作为一种劳动用工方式，用工单位系劳务派遣三方法律关系中的一方主体，须承担一定的用工风险，比如劳务派遣单位违法给被派遣劳动者造成损害的，用工单位与劳务派遣单位须承担连带赔偿责任。

（4）经营资质要求不同

劳务外包中的承包人一般都没有特别的经营资质要求，除非有特别法的规定；劳务派遣单位必须是严格按照《劳动合同法》规定设立的、获得劳务派遣行政许可的法人实体。

3. ZY 生态的劳务采购模式

生态环境建设项目地域跨度大、工程建设内容多样、时间紧张，ZY 生态现场施工人员无法满足业务扩张的需求，因此在项目实施过程中，ZY 生态通常将施工项目中部分非主要或专业性较强的劳务分包给具有相应资质的承包单位。进行劳务分包后，分包方须负责安排施工人员开展工作，ZY 生态按照合同约定向分包方结算分包工程款项。劳务分包涉及的劳务用工由分包方雇佣并与分包方签订劳动协议，ZY 生态不承担该类人员的工资、社会保险金等成本。

综上所述，律师经核查认为，ZY 生态工程项目采取劳务外包模式，是由业务特点所决定的，符合生态环境建设行业内的普遍做法，不属于劳务派遣性质，不存在劳动用工违法行为。经核查 ZY 生态与劳务公司签署的劳务分包合同、劳务公司提供的资质证明文件，ZY 生态与劳务公司之间的劳务分包行为符合相关法规的规定，合法有效。

【案例四】ZFT 公司

问题：

①发行人劳务采购占营业成本比例超过 50%。发行人部分劳务外包方未取得相关资质，不符合《建筑业企业资质管理规定》的有关要求，直至 2015 年 4 月才进行规范。请发行人代表就其工程承接、分包合规性、合同执行、外包方审核评价、相关成本核算等说明其相关的内控制度及执行情况。请保荐代表人说明对发行人进行辅导规范的过程中是否勤勉尽责，对发行人内控制度是否完善发表明确意见。

②报告期内发行人各期的劳务派遣和劳务采购较多，占主营业务成本的比例分别为 49.16%、51.14%、52.73%，且发行人员工离职率为 22.27%、20.86%、27.29%，请发行人代表说明：对发行人员工及劳务外协人员的管理制度是否完善；劳务外协对发行人业务独立性的影响；采购劳务的费用支出与实际用工情况是否匹配；离职率高的原因及对发行人业务的影响。请保荐代表人发表明确核查意见。

回复：

公司属于服务型企业，主要为客户提供通信网络维护服务，同时为部分客户提供通信网络优化服务，其中劳务采购均应用在通信网络维护服务，且主要发生在公司业务中部分非核心的、需要大量劳动力完成的环节，具体为：人工挖运土石方、回填土；安砌青石路沿及草坪路沿；二布六油防水层；梯踏步贴面砌、缸砖粘贴……。通信网络优化服务未采用劳务采购形式。

与公司签订劳务采购协议的企业中，福州 TJ 建筑工程有限公司、福建省 YS 建设工程有限公司、福州 XY 建筑工程有限公司、三明市 HH 通信技术服务有限公司不具备相关业务资质，其劳务分包金额及所占公司同期劳务分包总金额比例自 2013 年以后已逐渐下降。

公司在报告期内存在向无劳务外包资质的企业采购劳务的情况，发行人律师在进场尽职调查时已经发现，并向公司提出了清理、整改和规范意见，包括：要求未取得劳务分包资质的供应商补办取得劳务分包资质、寻找合格的替代供应商、停止向未取得劳务分包资质的供应商采购新的劳务等。发行人律师在"内核"时亦予以关注，并再次敦促公司进一步整改和规范。发行人律师尽到了勤勉尽责的义务。公司也意识到了此问题，并进行了逐步整改和规范。

2015 年 1 月，公司修订《ZFT 公司内部控制流程之劳务采购业务流程》，并建立劳务采购合格供应商名录，对劳务采购的各环节进行管理，以保证劳务采购的执行合法合规。流程要求公司选定的劳务供应商必须具备相应资质，不得继续与不具备劳务外包资质的劳务供应商签订劳务采购协议。由于劳务分包协议的持续性、客户对工期的严格要求等因素影响，公司最终于 2015 年 4 月整改完毕。

公司于报告期内未因将相关劳务分包给不具备相关业务资质的劳务分包商而产生工程质量问题，未因此遭受客户投诉、索赔或监管部门处罚。公司控股股东、实际控制人亦出具承诺："报告期内，ZFT 公司存在将部分劳务分包给不具有相应资质的劳务分包商的情形，若公司因此而遭受客户索赔或监管部门处罚而产生损失，本人将承担一切责任，并给予公司足额补偿。"

公司已建立行之有效的内部控制制度，使公司的各项业务有章可循，保证公司业务的正常运营和持续高效发展，并通过董事会、审计委员会及内部审计机构的监督，定期对各项内部控制制度进行评价，对发现的内部缺陷及时采取措施。公司现有的内部控制制度涵盖了业务运营、财务管理等各个方面，在完整性、有效性和合理性方面不存在重大缺陷。会计师对公司出具了无保留结论的内部控制鉴证报告，认为公司于 2013 年 12 月 31 日、2014 年 12 月 31 日、2015 年 12 月 31 日在所有重大方面有效地保持了按照《企业内部控制基本规范》建立的与财务报表相关的内部控制。

对于发行人在报告期内存在向无劳务外包资质的企业采购劳务的情况，律师及时向发行人提出整改和规范意见，协助发行人完成对不规范行为的整改，履行了勤勉尽责义务；律师事务所"内核"亦关注到此类问题，并督促发行人进行整改和规范。发行人对上述不规范情形进行了逐步整改和规范，制定和完善了相应的内控制度，并最终于 2015 年 4 月整改完毕。发行人未因上述不规范情形产生工程质量问题，遭受客户投诉、索赔或监管部门处罚，控股股东、实际控制人亦出具了相应承诺，发行人已建立较为完善的内控制度并由会计师出具了无保留结论的内部控制鉴证报告，上述不规范情形对发行人本次发行不构成实质性法律障碍。

第二节　股东超过 200 人合规问题

《证券法》第十条明确规定，向特定对象发行证券累计超过 200 人的属于公开发行，须依法报经证监会核准。对于股东人数已经超过 200 人的未上市股份有限公司（以下简称"200 人公司"），符合根据《非上市公众公司监管指引第 4 号——股东人数超过 200 人的未上市股份有限公司申请行政许可有关问题的审核指引》（以下简称"《非上市公众公司监管指引第 4 号》"）规定的，可申请公开发行并在证券交易所上市，对 200 人公司合规性的审核纳入行政许可过程中一并审核，不再单独审核。

一、《非上市公众公司监管指引第4号》的具体操作路径

1. 审核标准

（1）公司依法设立且合法存续

200 人公司的设立、增资等行为不违反当时法律明确的禁止性规定，目前处于合法存续状态。城市商业银行、农村商业银行等银行业股份公司应当符合《关于规范金融企业内部职工持股的通知》（财金〔2010〕97 号）。

200 人公司的设立、历次增资依法需要批准的，应当经过有权部门的批准。存在不规范情形的，应当经过规范整改，并经当地省级人民政府确认。

200 人公司在股份形成及转让过程中不存在虚假陈述、出资不实、股权管理混乱等情形，不存在重大诉讼、纠纷以及重大风险隐患。

（2）股权清晰

200 人公司的股权清晰，是指股权形成真实、有效，权属清晰及股权结构清晰。具体要求包括：

①股权权属明确。200 人公司应当设置股东名册并进行有序管理，股东、公司及相关方对股份归属、股份数量及持股比例无异议。股权结构中存在工会或职工持股会代持、委托持股、信托持股，以及通过持股平台间接持股等情形的，应

当按照《非上市公众公司监管指引第 4 号》的相关规定进行规范。

《非上市公众公司监管指引第 4 号》所称"持股平台"是指单纯以持股为目的的合伙企业、公司等持股主体。

②股东与公司之间、股东之间、股东与第三方之间不存在重大股份权属争议、纠纷或潜在纠纷。

③股东出资行为真实，不存在重大法律瑕疵，或者相关行为已经得到有效规范，不存在风险隐患。

申请行政许可的 200 人公司应当对股份进行确权，通过公证、律师见证等方式明确股份的权属。申请公开发行并在证券交易所上市的，经过确权的股份数量应当达到股份总数的 90% 以上（含 90%）；申请在全国股转系统挂牌公开转让的，经过确权的股份数量应当达到股份总数的 80% 以上（含 80%）。未确权的部分应当设立股份托管账户，专户管理，并明确披露有关责任的承担主体。

（3）经营规范

200 人公司持续规范经营，不存在资不抵债或者明显缺乏清偿能力等破产风险的情形。

（4）公司治理与信息披露制度健全

200 人公司按照证监会的相关规定，已经建立了健全的公司治理机制和履行信息披露义务的各项制度。

2. 申请文件

（1）200 人公司申请行政许可须提交的文件

①企业法人营业执照；②公司关于股权形成过程的专项说明；③设立、历次增资的批准文件；④证券公司出具的专项核查报告；⑤律师事务所出具的专项法律意见书，或者在提交行政许可的法律意见书中出具专项法律意见。

（2）存在下列情形之一的，应当报送省级人民政府出具的确认函

① 1994 年 7 月 1 日《公司法》实施前，经过体改部门批准设立，但存在内部职工股超范围或超比例发行、法人股向社会个人发行等不规范情形的定向募集公司。

② 1994 年 7 月 1 日《公司法》实施前，依法批准向社会公开发行股票的公司。

③按照《国务院办公厅转发证监会关于清理整顿场外非法股票交易方案的通知》（国办发〔1998〕10 号），清理整顿证券交易场所后"下柜"形成的股东超过 200 人的公司。

④证监会认为需要省级人民政府出具确认函的其他情形。

省级人民政府出具的确认函应当说明公司股份形成、规范的过程以及存在的

问题,并明确承担相应责任。

(3) 关于集中托管

股份已经委托股份托管机构进行集中托管的,应当由股份托管机构出具股份托管情况的证明。股份未进行集中托管的,应当按照规定提供省级人民政府的确认函。

(4) 关于银行业股份公司

属于 200 人公司的城市商业银行、农村商业银行等银行业股份公司应当提供中国银行业监督管理机构出具的监管意见。

3. 关于股份代持及间接持股的处理

(1) 一般规定

股份公司股权结构中存在工会代持、职工持股会代持、委托持股或信托持股等股份代持关系,或者存在通过持股平台间接持股的安排以致实际股东超过 200 人的,在依据《非上市公众公司监管指引第 4 号》申请行政许可时,应当已经将代持股份还原至实际股东、将间接持股转为直接持股,并依法履行了相应的法律程序。

(2) 特别规定

以私募股权基金、资产管理计划以及其他金融计划进行持股的,如果该金融计划是依据相关法律法规设立并规范运作,且已经接受证券监督管理机构监管的,可不进行股份还原或转为直接持股。

①申请行政许可的 200 人公司的控股股东、实际控制人或者重要控股子公司也属于 200 人公司的,应当依照《非上市公众公司监管指引第 4 号》的要求进行规范。

② 2006 年 1 月 1 日《证券法》修订实施后,未上市股份有限公司股东人数超过 200 人的,应当符合《证券法》和《非上市公众公司监督管理办法》的有关规定。

二、不同持股形式的规范途径

1. 定向募集公司问题

定向募集公司是在进行股份制试点初期遗留的一批未向社会公开发行股票,只对法人和内部职工募集股份的股份有限公司。

该等情形主要是发生在 1994 年《公司法》颁布以后。定向募集问题是股票发行审核委员会重点关注的事项,关注点主要是潜在纠纷和法律风险。一般情况下该问题可以通过规范得以解决,不会成为首发障碍。

根据原国家经济体制改革委员会于 1993 年 7 月 1 日发布的《定向募集股份有限公司内部职工持股管理规定》，公司向内部职工募集的股份，只限于以下人员购买和持有：

①公司募集股份时，在公司工作并在劳动工资花名册上列名的正式职工；

②公司派往子公司、联营企业工作，劳动人事关系仍在本公司的外派人员；

③公司的董事、监事；

④公司全资附属企业的在册职工；

⑤公司及其全资附属企业在册管理的离退休职工。

发行人内部职工股的发行须符合上述要求。中介机构须核查发行人内部职工股的历次变动，除继承取得内部职工股的情形外，均应符合上述资格要求。

根据《定向募集股份有限公司内部职工持股管理规定》，股权证不得交内部职工个人持有，应由公司委托省级、计划单列市人民银行认可的证券经营机构集中托管；内部职工转让股份，须经公司委托的证券经营机构办理过户手续，并开具转让收据。

因此，定向募集公司的职工持股一般采取托管的方式进行规范。若发行人存在未按规定办理托管手续的，应及时办理托管手续纠正违规行为，并通过获得省级人民政府就该事项出具的不存在违规情形的确认函予以规范。同时，针对上述情况，中介机构还应对发行人内部职工股发行后未托管期间的转让和继承进行详细核查和确认，并获得省级人民政府就内部职工股的转让、交易事项出具的合法合规确认函。

综上所述，相关合规方案可以关注以下要点。

①详细介绍内部职工股的审批和发行情况。

②详细核查内部职工股转让的情况，关注程序是否合规，是否存在潜在纠纷。

③详细介绍内部职工股的托管情况，如果托管单位存在变更，需要介绍历次变更情况；尤其是要详细介绍发行人最后一次托管的情况，并且需要证明股份托管人与实际持有人一致，以防止纠纷；内部职工股的托管确认率要达到 95% 以上。

④省级人民政府对定向募集问题的确认文件。

⑤中介机构发表核查意见。

定向募集公司的案例如表 7-3 所示。

表 7-3 定向募集公司案例

序号	公司名称	职工持股形式	规范途径
1	TY 电缆	1994 年，定向募集设立，内部职工股 100 万元，占股本总额的 2.5%	2007 年 7 月 16 日，发行人与兴业证券签订了"内部职工股集中托管协议"，委托兴业证券南平滨江中路证券营业部对其内部职工股进行集中托管； 发行人内部职工股按照《定向募集股份有限公司内部职工持股管理规定》进行集中托管已得到福建省人民政府确认，现已不存在违规情况
2	烟台 AL	1993 年，定向募集改造设立，内部职工股占比 64.29%	1994 年至 1999 年，于烟台市股权证托管中心托管，托管比率达 98.9%； 1999 年至 2007 年 1 月，转至山东证券登记有限公司托管，托管比率为 100%； 截至 2007 年 6 月，公司股票已经由山东省产权登记有限责任公司集中托管完毕，确认股东身份的内部职工股股东持有的股数占内部职工股总数的 99.75%
3	济宁 RY	1993 年，定向募集设立，内部职工股 80 万股，同时超范围发行，社会个人股形成内部职工股 685.11 万股	1997 年 4 月，将上柜交易的全部社会个人股和内部职工股在山东企业产权交易所进行了托管； 1999 年 4 月，将停止交易后的社会个人股和内部职工股在山东证券登记有限公司进行了托管； 2002 年 6 月，再次办理托管
4	JD 新材	1994 年，定向募集设立，形成内部职工股，占股份总额的 16.6%。但内部职工并未实际出资，所有出资由玻纤厂垫付	将公司设立时形成的职工股 198.3 万以 1 元/股转给玻纤厂；省政府出文确认
5	江西 TZ 电机	1991 年，募集方式设立，内部职工实际认购 93.808 万股；	2002 年 11 月，将全部股份托管于世纪证券，托管率为 95.83%； 2002 年，为规范股权结构，公司部分内部职工股将其持有的职工股以 1 元/股转让给南昌高新科技创业投资有限公司；

续表

序号	公司名称	职工持股形式	规范途径
5	江西 TZ 电机	由于职工股在设立时并未募足，在此后的经营过程中，公司持续接受职工认购股份本金，同时也办理相关职工的退股手续； 截至 2000 年 6 月，职工个人股 1,170.9678 万股，占股本总数的 38.05%	2006 年 8 月 18—19 日，公司在报刊刊登了《关于职工股托管确认的公告》要求 2002 年 11 月托管时尚未确认股权的职工股股东进行确认，至此内部职工股股东确认的股份占内部职工股总数的 99.56%； 2007 年 1 月，公司所有内部职工股股东均签署了股份锁定承诺，同时对其持股数全部进行了确认
6	HB 冶炼	1994 年，定向募集形成 25% 的内部职工股，466 名职工	1995 年，委托山东证券登记有限责任公司对内部职工股进行托管； 2003 年，内部职工股在内部职工之间进行转让，并经山东省体改办批复同意； 2004 年，全部职工股转让给 HB 集团
7	Y 传媒（个人代持）	1992 年建北大厦定向募集设立，内部职工股 500 万股； 1993 年，建北大厦与建北集团重组，以定向募集方式增资扩股，内部职工股为 4588 万； 内部职工股委托自然人持有	1994—2001 年，公司内部职工股于清远市证券登记公司办理集中托管，托管率 99.84%； 2005 年 4 月，公司内部职工股托管比例达 99.85%，对于未办理托管手续的内部职工股，该中心继续跟踪办理及统一代管其历年的分红派息； 截至 2006 年 11 月，将内部职工股共计 2,468,460 股的托管资料移交到国信证券，余下的 388,100 股仍由清远市股权托管中心进行托管
8	南京 HBL（内部职工股＋职工持股会持股）	1994 年 6 月，南京 HBL 股份有限公司设立，内部职工股占比 20%； 1996 年 9 月，建立职工持股会，承接高淳县财政局所持有的 261.58 万股份	1994 年 8 月，内部职工股托管于南京证券登记公司； 至 2001 年 9 月，公司股本认足以后，再次办理托管至今，托管率 100%； 2001 年 10 月，持股会将其持有的部分股份转让给自然人柏某；2004 年 5 月，将剩余的股份以 1.53 元/股转让给陶某

续表

序号	公司名称	职工持股形式	规范途径
9	QJD	1993年，定向募集设立，内部职工股占公司股本总额的2.5%	1994年4月，与北京证券登记公司签订《内部股权登记管理协议》；2001年6月，与北京证券登记公司签署托管协议，对公司的全部股份进行集中托管

此类公司，如在上报前拟上市公司内部职工股一直处于托管状态，股份转让相关情况也予以了充分披露，且获得有权部门的确认批文，认为不存在潜在股权纠纷和法律纠纷的，内部职工股就不构成发行上市的实质性障碍。

2. 工会、职工持股会直接或代为持股问题

1994年《公司法》生效以后，由于有限责任公司股东人数的限制，同时职工又有持股的意愿，所以出现通过工会和职工持股会对公司进行间接持股的现象。而证监会法律部24号文明确规定工会和职工持股会不能成为拟上市公司的股东，故该问题是拟上市公司必须解决的问题之一。

工会和职工持股会代持股份的问题，一般通过股权转让的方式就可以解决：职工持股会注销，工会不再承担股东的角色；如果股东人数并不违反法律法规，也可直接显化量化至个人。

具体而言，该问题的解决思路可以参考以下要点：

①详细介绍职工持股会或工会持股的形成背景和过程；

②由当地主管部门批复同意撤销职工持股会或工会持股；

③召开全体职工大会或职工代表大会就处理方案进行表决；

④签署股权转让协议或其他处理协议；

⑤取得当地体改办或其他主管部门同意调整的批复；

⑥股权受让方支付股权对价然后按照持股比例分配给职工，定价依据一般为每股净资产。

此外，以下事项需要重点关注：

①在处理过程中一定要制订尽量周全的方案，以免引起不必要的纠纷和举报。

②在股权转让过程中职工应当承担纳税义务，以职工名义交纳个人所得税并由工会或持股会代扣代缴。

③也可通过公开拍卖进行清理：首先，确认职工股股数、人数及具体持股职工身份；其次，进行股权登记及民政局备案；再次，持股会召开会议，持股职工

同意委托拍卖；最后，委托拍卖机构公开拍卖。

④对拟上市公司而言，发行人的股东不应属于职工持股会及工会持股，同时，发行人的实际控制人不应属于职工持股会或工会持股。

工会、职工持股会直接或代为持股的案例如表 7-4 所示。

表 7-4 工会、职工持股会直接或代为持股案例

序号	公司	职工持股形式	规范途径
1	TP集团	2002 年，部分职工以安置费折为 TP 集团股权并委托 TP 集团工会代为持有；2004 年 TP 集团职工技术协会于 2004 年 12 月，受让公司 30% 的股权，该股权受让价款由钟某实际支付，职工技术协会代为持有	2004 年 8 月和 12 月，集团工会通过减资和股权转让方式，实现退出；2005 年，技术协会将该股权变更至实际持有人钟某名下
2	HL股份	集团职工持股协会持股	2001 年 10 月 20 日，经集团股东会同意，HL 集团职工持股协会将其所持的全部股权转让给公司其他股东
3	EH药业	1999 年，EH 药业集团成立，徐州 DS 制药厂职工持股会出资 272.1 万元（徐州 DS 制药厂工会委员会代为持有），人数 759 人；2001 年 4 月，EH 公司将国有股量化至 EH 药业集团有限公司职工持股会 1,522.35 万元；同时职工持股会现金出资 455 万元	2005 年 3 月，将职工持股会合计持有的股权以出资额转让给 EH 投资，并将股权转让款对 EH 投资进行增资，然后再将上述 EH 投资的股权转让给孙某、祁某等 25 位自然人；2007 年 8 月，将职工持股会予以注销
4	HC集团	（工会持股）1999 年 11 月，HY 化工改制设立，HC 集团工会出资 717 万元，其中 675.6 万是由 1004 名职工以 HC 集团工会的名义投入 HY 化工，41.4 万元股权由 HC 集团工会以自有资金出资投入	2001 年 12 月，HC 集团工会以其持有的 HY 化工 2,040 万元股权出资设立了 HY 投资；HC 集团工会持有 HY 化工的股权转为 HY 投资持有 HY 化工的股权；2003 年，994 名职工合计出资 637.8 万元以资金信托方式委托其他 7 名职工购买 HC 集团工会对 HY 投资的出资额；HY 集团工会以自有资金出资形成的 HY 化工的那部分股权，全部转让给其他自然人

续表

序号	公司	职工持股形式	规范途径
4	HC集团	（信托持股） 2003年，994名职工合计出资637.8万元，以资金信托方式委托其他7名职工购买华昌集团工会对华源投资的637.8万元出资	2007年8月23—25日，原资金信托委托人与受托人解除原民事信托关系； 2007年9月5日，按每1元华源投资的出资额作价20元，将其转给120名自然人； 2007年9月5日，由于HY投资股东人数增至167人，超过《公司法》规定的，将HY投资整体变更设立为HN投资股份
5	HD公司	1997年，HD公司实行公司制改制时，HD公司员工持股会持股498.82万元	2001年7月，将所持有的公司股份498.82万元转让，其中33%股份转由11名工会持股会会员个人直接持有，16%分别转让给三家公司； 持股会2002年完成清算，2004年予以注销
6	JY港	2001年，JY港改制后，职工持股会持股49%，后由工会代持	2004年，职工持股会所持JY港股份全部转让给公司高级管理人员，职工持股会解散；但至持股会解散，仍有8名会员不同意领取其所持职工持股会出资份额应得的款项。该款项由工会代为保管，后存入专户、受让人出具承诺，保荐人和发行律师发表意见

上述公司通过以合理的价格向外转让股权，或在股东人数的规定范围内以股权还原的方式进行了规范。其中有的公司由于仍存在8名职工持股会会员不同意股权转让，被认定为解决不够彻底和存在潜在纠纷而被否；云变电器也因为长期占用转让款被认为清理不力而被否。

3. 委托持股问题

通过委托持股形式来实现职工持股与工会、持股会代持不同的只是受托人由一个团体变成一个或数个自然人，其实质还是"以一拖N"的代持方式。由于是自然人之间的委托代理关系，在拟上市发行时，巨大的利益驱动下，可能存在潜在的纠纷，故须在发行前进行规范、清理。

委托持股涉及的首先是名义出资人与实际出资人之间基于委托持股协议产生

的法律上的权利义务关系。实际出资人作为公司的隐名股东不具有对抗第三人的效力；实际出资人只有在实际履行了出资义务后，方可向名义出资人主张有关投资权益归属的权利。

公司拟发行上市，就有关委托持股事宜，需详细披露有关股份的形成原因及演变情况，包括清理过程，排除潜在问题和风险隐患或明确有关责任的承担主体。具体处理思路如下。

（1）核查委托持股的真实性

委托持股是基于合同而形成的实际出资人和名义出资人之间的权利义务关系。对于书面合同的真实性，除核查合同原件外，对此类容易产生争议纠纷的合同，还应对全部委托方和受托方进行访谈并取得当事人书面确认，并收集实际出资人的缴款凭证（最好为银行单据）等资料加以佐证；若当时没有书面合同，则须在委托方和受托方书面说明的基础上进行访谈，通过缴款凭证、股东会决议、员工持股计划等其他外部资料相互印证，谨慎判断。

（2）明确委托持股的原因

对于委托持股的原因，应当如实并详细披露，从已有案例看，通常不是规避股东人数超过200人的问题且在解除委托持股过程中加以纠正的原因并不会构成上市障碍，委托持股的原因应当具有合理性。

（3）委托持股的清理

1）还原实际出资人

还原实际出资人通常包括由实际出资人直接持股和间接持股两种方式，无论直接持股还是间接持股，都涉及发行人的股权转让。

2）解除代持涉及的个人所得税

鉴于代持过程中名义出资人的出资通常都是有实际出资人缴付，因此解除代持过程中股权转让的价格通常设定为委托方的实际出资金额（视同借款）或0元，该等定价能否被视为合理原因而无须缴纳所得税须由当地税务主管机关确定，建议收集取得完税证明或有关税务主管机关关于无须缴纳所得税的证明文件。

3）对代持形成过程中的股权变动情况进行确认

员工持股涉及的代持情形，在代持过程中很可能发生员工离职等情况，导致代持股份的变动，或在代持过程中，发行人发生增资等情况，导致实际出资人持有发行人股权比例变动，为避免争议或纠纷，建议在清理代持的过程中，向全体实际出资人说明情况并取得其表示无异议的书面确认。

4）退股的处理

鉴于上市事宜属于牵涉利益较大的事项，若对实际出资人作退股处理，则须较还原出资人方式采取更为谨慎的态度处理，除上述注意事项外，还要对包括代持费用等问题予以明确，并保留退股的全部凭证，尽量对退股协议进行公证。

5）兜底承诺

在梳理和清理代持问题的过程中，如存在部分代持协议遗失或部分离职且退股的实际出资人联系不上等情形，在如实披露的同时，应补充大股东对发行人潜在损失的兜底承诺。

委托持股的案例如表 7-5 所示。

表 7-5　委托持股案例

序号	公司	职工持股形式	规范途径
1	LH 化工	2003 年 4 月，山东 DF 化肥厂改制，其中 240.65 万元出资实际上由 19 名自然人股东受 861 名自然人委托投资形成	2007 年 5 月签署委托投资转让协议书；在每股净资产 1.77 元的基础上，以 2 元/股将委托的投资，全部转让给 19 名自然人股东，并由县公证处对协议书进行公证，股东出具承诺
2	JF 科技	2000 年，对职工进行股权激励，用于激励的股权由陶某代持	2000 年年底，将代持股权以等价方式向原股权所有人转让，并获得相关部门的确认批复
3	TY 纸业	1998 年 4 月，TY 纸业集团总公司改组，32% 界定为职工出资，委托田某等 5 名自然人持有；1999 年，将 32% 股权以出资额价格转让给 JTY 纸业，并以该转让款对 JTY 纸业增资，占其注册资本 32%	2001 年 6 月，将上述股权以净资产为基础转让给白某等 37 名自然人

案例显示，委托持股的方式主要通过股权转让（且这种股权转让主要在自然人之间进行），实现实际股东人数少于 200 人，审核关注点仍在于转让价格的合理性，以及转让行为的真实性方面。

4. 信托持股

表 7-6　信托持股案例

序号	公司名称	职工持股形式	规范途径
1	HD 石油	2001 年公司成立时向职工借入经济补偿金；2004 年，公司股份制改制将债权转为股权，并与在册股东签署资产信托合同书，委托在册股东持有（委托人数 444 名）	2006 年 9 月解除全部的信托持股协议，同时将出资份额转让给不同的中高层管理人员
2	XW 公司	2003 年 9 月 27 日，公司工会委员委托 LH 国际信托投资以现金认缴 500 万元，占增资后注册资本的 5%	2005 年 2 月 22 日，经工会同意，LH 信托将其所持本公司 5% 的股权全部转让给 YR 投资，转让价款为 600 万元

信托持股的案例相对较少，同时解决方案也比较简单，通过解除信托协议，并转让相关股权，股东人数可降至合法范围。

三、职工持股会清理方案

根据《关于职工持股会及工会能否作为上市公司股东的复函》（法律部〔2000〕24 号）、《中国证券监督管理委员会法律部关于职工持股会及工会持股有关问题的法律意见》（法协字（2002）第 115 号）的规定，职工持股会属于单位内部团体，不再由民政部门登记管理，其股东构成、出资资金来源、管理机制等情况复杂。工会成为上市公司的股东与其设立和活动的宗旨不符。

根据证监会发行监管部《监管规则适用指引——发行类第 4 号》的规定，对于历史沿革中曾存在工会、职工持股会持股或者自然人股东人数较多情形的，发行人与中介机构应当通过以下方式进行规范与核查：

对于历史沿革涉及较多自然人股东的发行人，保荐机构、发行人律师应当核查历史上自然人股东入股、退股（含工会、职工持股会清理等事项）是否按照当时有效的法律法规履行了相应程序，入股或股权转让协议、款项收付凭证、工商登记资料等法律文件是否齐备，并抽取一定比例的股东进行访谈，就相关自然人股东股权变动的真实性、所履行程序的合法性，是否存在委托持股或信托持股情形，是否存在争议或潜在纠纷发表明确意见。对于存在争议或潜在纠纷的，保荐机构、发行人律师应对相关纠纷对发行人股权清晰稳定的影响发表明确意见。发行人以定向募集方式设立股份公司的，中介机构应以有权部门就发行人历史沿革的合规性、是否存在争议或潜在纠纷等事项的意见作为其发表意见的依据。

1. 职工持股会清理程序

①职工持股会召开理事会，作出关于同意会员转让出资（清理或解散职工持股会）的决议；

②职工持股会召开会员代表大会，作出关于同意会员转让出资（清理或解散职工持股会）的决议；

③转让出资的职工与受让出资的职工或投资人签署《出资转让协议》；

④受让出资的职工或其他投资人支付款项。

2. 职工持股会清理的难点

①职工持股会人数众多，一一清理，逐一签署确认函或者进行公证，难度较大；

②部分职工思想和认识不统一，不愿意转让出资；

③部分职工对于出资转让价格期望值较高；

④拟挂牌公司在历史上未按照公司章程发放红利，职工对公司的做法有意见，不愿意配合；

⑤职工持股会人员因工作调动、辞退、死亡等原因变动较大，难以取得其对有关事项的确认或承诺；

⑥部分职工与拟挂牌公司存在法律纠纷，不愿意配合职工持股会的清理。

【案例】LD 集团借壳 JF 投资职工持股会规范方案

LD 集团规范职工持股会的整体思路是通过设立 23 个有限合伙企业承接职工持股会 900 多名股东，并且设置了 FOF 模式的有限合伙企业持股平台，由公司经营管理层设立的管理公司作为有限合伙人的 GP，具体负责合伙企业的管理。

1. LD 集团职工持股会的确权情况

1997 年 3 月 14 日，上海市农业委员会和上海市建设委员会出具《关于同意上海市 LD（集团）有限公司设立职工持股会的批复》，同意设立职工持股会，向职工集资人民币 3,020.43 万元，占 LD 集团股权比例为 18.88%。经过历次变更，截至预案签署日，LD 集团职工持股会共有成员 982 人，合计持有 LD 集团出资额 376,655.21 万元，占 LD 集团股权比例 29.09%。

对于职工持股会的持股情况，全体职工持股会成员签署声明如下。

全体持股会成员对于职工持股会股份归属、股份数量及持股比例无异议。全体持股会成员与职工持股会之间、职工持股会其他成员之间、第三方之间不存在股份权属争议、纠纷或潜在纠纷。全体持股会成员承诺其所持持股会股份权属清晰，为本人真实持有，不存在代持、信托持股情形，并承诺对该股份具有完全的处分权，股份未被冻结、拍卖，没有设置任何抵押、质押、担保或其他任何第三方权利的限制。职工持股会目前正在改制，无论改制后全体人员直接或间接持有 LD 集团股权的形式如何，上述声明中的相关内容同样适用。上述职工持股会的确权事宜已经律师的现场见证，以及相关事业部所在地公证机构的公证。

2. LD 集团职工持股会的规范过程

（1）职工持股会的规范方案

LD 集团管理层 43 人出资 10 万元共同设立一家管理公司 GLL 投资。

全体持股会成员与上述管理公司 GLL 投资成立 32 家有限合伙企业（简称"小合伙企业"）：上海 GLL 壹投资管理中心（有限合伙）至上海 GLL 叁拾贰投资管理中心（有限合伙）。其中 GLL 投资作为小合伙企业的普通合伙人，全体持股会会员作为小合伙企业的有限合伙人。

GLL 投资以及 32 家小合伙企业共同出资再组建设立一家有限合伙企业（简称"大合伙企业"）上海 GLL。

大合伙企业上海 GLL 设立后，通过吸收合并职工持股会的方式承继职工持股会的全部资产、债权债务及其他一切权利与义务。

大、小合伙企业及其全体合伙人委托管理公司 GLL 投资及投资管理委员会全权代表参与制订和实施具体的上市计划并完成有关工作。职工持股会规范后其对 LD 集团的持股架构如图 7-1 所示。

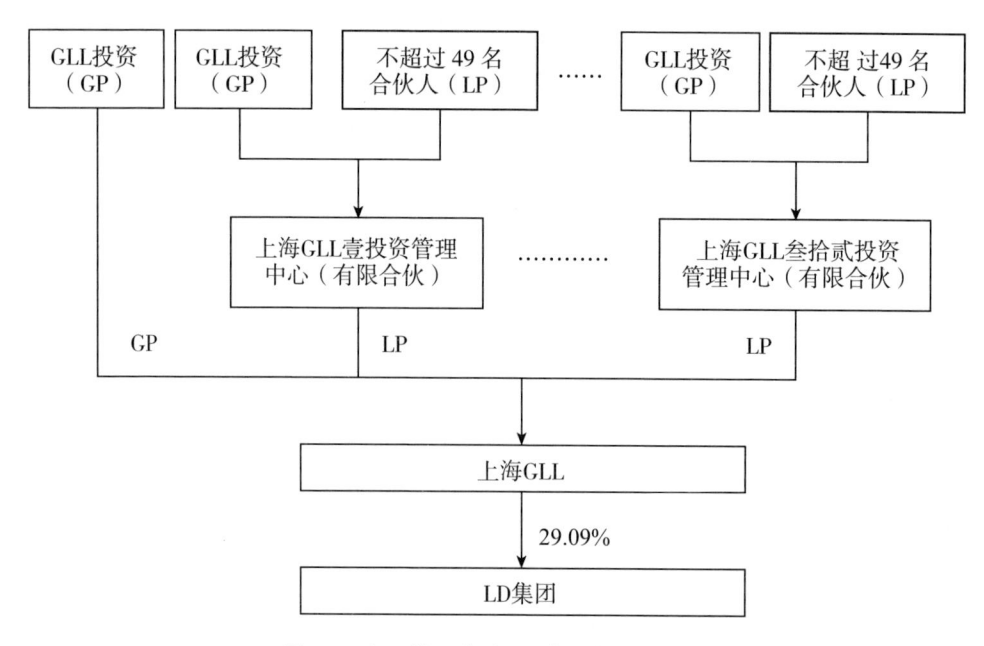

图 7-1 职工持股会对 LD 集团的持股架构

（2）管理公司的设立

2014 年 1 月，经全体股东作出股东会决议，同意设立 GLL 投资，注册资本 10 万元，于公司设立时一次性缴足。2014 年 1 月 27 日，GLL 投资取得了营业执照。GLL 投资基本情况如表 7-7 所示。

表 7-7　GLL 投资基本情况

公司名称	GLL 投资管理有限公司
公司类型	有限责任公司（国内合资）
公司注册地	—
法定代表人	张某
注册资本	10 万元
营业执照注册号	—
经营范围	投资管理；资产管理；实业投资；创业投资；企业管理咨询；投资咨询（经营项目涉及行政许可的，凭许可证件经营）

（3）小合伙企业的设立

截至预案签署日，GLL 投资与职工持股会成员分别签署了《上海 GLL 壹投资管理中心（有限合伙）合伙协议书》《上海 GLL 贰投资管理中心（有限合伙）合伙协议书》至《上海 GLL 叁拾贰投资管理中心（有限合伙）合伙协议书》，同意共同出资设立上海 GLL 壹投资管理中心（有限合伙）、上海 GLL 贰投资管理中心（有限合伙）至上海 GLL 叁拾贰投资管理中心（有限合伙）。

截至预案签署日，上海 GLL 壹投资管理中心（有限合伙）、上海 GLL 贰投资管理中心（有限合伙）至上海 GLL 叁拾贰投资管理中心（有限合伙）均取得了合伙企业营业执照，具体情况如表 7-8 所示：

表 7-8　小合伙企业部分信息

序号	小合伙企业	普通合伙人	GP 出资额（万元）	LP 出资额（万元）
1	上海 GLL 壹投资管理中心（有限合伙）	GLL 投资	0.1	519.85
2	上海 GLL 贰投资管理中心（有限合伙）	GLL 投资	0.1	114.20
3	上海 GLL 叁投资管理中心（有限合伙）	GLL 投资	0.1	103.35

续表

序号	小合伙企业	普通合伙人	GP出资额（万元）	LP出资额（万元）
4	上海GLL肆投资管理中心（有限合伙）	GLL投资	0.1	135.76
5	上海GLL伍投资管理中心（有限合伙）	GLL投资	0.1	39.73
6	上海GLL陆投资管理中心（有限合伙）	GLL投资	0.1	221.68
7	上海GLL柒投资管理中心（有限合伙）	GLL投资	0.1	121.52
8	上海GLL捌投资管理中心（有限合伙）	GLL投资	0.1	15.75
9	上海GLL玖投资管理中心（有限合伙）	GLL投资	0.1	184.29
10	上海GLL壹拾投资管理中心（有限合伙）	GLL投资	0.1	25.05
11	上海GLL壹拾壹投资管理中心（有限合伙）	GLL投资	0.1	37.51
12	上海GLL壹拾贰投资管理中心（有限合伙）	GLL投资	0.1	31.41
13	上海GLL壹拾叁投资管理中心（有限合伙）	GLL投资	0.1	37.94
14	上海GLL壹拾肆投资管理中心（有限合伙）	GLL投资	0.1	55.69
15	上海GLL壹拾伍投资管理中心（有限合伙）	GLL投资	0.1	14.76
16	上海GLL壹拾陆投资管理中心（有限合伙）	GLL投资	0.1	54.18
17	上海GLL壹拾柒投资管理中心（有限合伙）	GLL投资	0.1	51.09
18	上海GLL壹拾捌投资管理中心（有限合伙）	GLL投资	0.1	42.22
19	上海GLL壹拾玖投资管理中心（有限合伙）	GLL投资	0.1	61.64
20	上海GLL贰拾投资管理中心（有限合伙）	GLL投资	0.1	112.91
21	上海GLL贰拾壹投资管理中心（有限合伙）	GLL投资	0.1	27.46
22	上海GLL贰拾贰投资管理中心（有限合伙）	GLL投资	0.1	87.13
23	上海GLL贰拾叁投资管理中心（有限合伙）	GLL投资	0.1	52.89
24	上海GLL贰拾肆投资管理中心（有限合伙）	GLL投资	0.1	81.51
25	上海GLL贰拾伍投资管理中心（有限合伙）	GLL投资	0.1	96.55
26	上海GLL贰拾陆投资管理中心（有限合伙）	GLL投资	0.1	162.55
27	上海GLL贰拾柒投资管理中心（有限合伙）	GLL投资	0.1	288.76
28	上海GLL贰拾捌投资管理中心（有限合伙）	GLL投资	0.1	125.02

续表

序号	小合伙企业	普通合伙人	GP出资额（万元）	LP出资额（万元）
29	上海GLL贰拾玖投资管理中心（有限合伙）	GLL投资	0.1	324.66
30	上海GLL叁拾投资管理中心（有限合伙）	GLL投资	0.1	238.58
31	上海GLL叁拾壹投资管理中心（有限合伙）	GLL投资	0.1	72.51
32	上海GLL叁拾贰投资管理中心（有限合伙）	GLL投资	0.1	221.59
合计		—	3.2	3,759.74

（4）大合伙企业的设立

2014年2月，GLL投资与上海GLL壹投资管理中心（有限合伙）、上海GLL贰投资管理中心（有限合伙）至上海GLL叁拾贰投资管理中心（有限合伙）共同签署了《上海GLL投资企业（有限合伙）合伙协议书》，由上海GLL作为普通合伙人，上海GLL壹投资管理中心（有限合伙）、上海GLL贰投资管理中心（有限合伙）至上海GLL叁拾贰投资管理中心（有限合伙）合计32个小合伙企业作为有限合伙人，共同设立上海GLL投资企业（有限合伙），出资额为3,766.55万元，其中GLL投资出资6.8万元，32个小合伙企业合计出资3,759.74万元。

2014年2月19日，上海GLL取得了合伙企业营业执照。上海GLL的具体情况如表7-9所示。

表7-9 上海GLL的具体情况

合伙企业名称	上海GLL投资企业（有限合伙）
主要经营场所	上海市青浦区……
执行事务合伙人	上海GLL投资管理有限公司（委派代表：张某）
出资额	3,766.55万元
营业执照注册号	—
经营范围	投资管理，资产管理，实业投资，创业投资，企业管理咨询，投资咨询（经营项目涉及行政许可的，凭许可证件经营）

（5）大合伙企业与职工持股会的吸收合并

截至预案签署日，上海GLL已与LD集团职工持股会签署吸收合并协议。

根据该协议，吸收合并完成后，由上海 GLL 作为 LD 集团股东，继受职工持股会的全部资产、债权债务及其他一切权利、义务。上海 GLL、职工持股会办理吸收合并相关程序，自吸收合并完成之日起，由上海 GLL 取代职工持股会参与本次重大资产重组，职工持股会在《资产置换及发行股份购买资产协议》下的全部权利、义务由上海 GLL 继受，即上海 GLL 将成为本次交易的交易对方。上海 GLL 与职工持股会的吸收合并工作将在上市公司审议本次重组正式方案的董事会之前完成。

四、职工持股会确权告知函及确认书（示例）

告 知 函

××证券公司（简称"保荐机构"）、××律师事务所（简称"发行人律师"）作为××公司（简称"公司"或"发行人"）境内证券市场首次公开发行股票并上市（简称"上市"）的保荐机构和法律顾问，就公司历史沿革有关职工持股会持股及依法改制、清理职工持股等事项进行核查。

根据《非上市公众公司监管指引第 4 号——股东人数超过二百人的未上市股份有限公司申请行政许可有关问题的审核指引》（简称"《指引》"）的规定，股权清晰，是指股权形成真实、有效，权属清晰及股权结构清晰。股份公司股权结构中存在工会代持、职工持股会代持、委托持股或信托持股等股份代持关系，或者存在通过持股平台间接持股的安排以致实际股东超过二百人的，在依据《指引》申请行政许可时，应当已经将代持股份还原至实际股东，将间接持股转为直接持股，并依法履行了相应的法律程序。

本次核查程序，将依据《指引》对上述相关事项进行核查。

确 认 书

一、基本事实

（一）个人情况

①本人_____，性别____，身份证号_____。

②____年__月，【A】改制为【B】时，本人系公司职工，当时所在岗位是_____。

（二）历史出资

①本人参与改制时，系公司在职员工，有权分享公司工资结余分配。

②公司改制时，本人出资_____元。

③本人确认，出资额中个人缴纳部分系本人自有或自筹。

④____年__月前，本人通过职工持股会／工会委员会间接持有公司股权。在此期间，除领取红利外，其他股东权利通过职工持股会会员代表大会及职工持股理事会行使。

（三）职工股清理

① ____年__月__日，公司召开第四次职工持股会会员代表大会，审议通过《关于解决工会委员会（职工持股会）职工出资历史遗留问题的方案》。

②____年__月__日，工会委员会召开全体会员大会，审议通过《关于解决工会委员会所持公司股权问题的方案》。根据该方案，工会委员会将所持股权置换为合伙企业持股。

③本人现通过_____合伙企业（有限合伙）／间接持有公司股份，不存在通过其他任何方式委托他人代本人持有公司股份的情形。

二、本人确认

①本人曾参与公司改制，系个人真实意思表示。改制时，职工持股个人缴纳部分系本人自有或自筹，不存在接受他人委托、替他人代持情形。

②本人通过职工持股会／工会委员会间接持有公司股权期间，除分红权外，其他股东权利通过职工持股会会员代表大会或职工持股理事会行使。本人已按照职工持股会章程领取公司历史分红。

③本人根据____年__月__日工会委员会全体会员大会审议通过的方案将股权置换至合伙企业系本人真实意思表示。

④本人现持有的_____合伙企业（有限合伙）出资份额系本人真实持有，不存在为他人代持的情形。

⑤本人与公司及第三方就本次确认的股权不存在纠纷及其他未决事项。

声明人：_____

见证律师：_____

____年__月__日

五、职工持股会关于股权确权事宜的通知（示例）

通　知

××有限公司职工持股会全体会员：

为进一步加快××有限公司（简称"公司"）的发展，使公司更好地融入资本市场，公司决定公开发行股票并上市（简称"上市"）。依据《非上市公众公司监管指引第4号——股东人数超过二百人的未上市股份有限公司申请行政许可有关问题的审核指引》的相关要求，同时本着保护会员合法权益的原则，职工持股会决定对职工持股会所有会员进行股权确权工作。

一、确权对象

公司职工持股会截至＿＿年＿月＿日在册的所有会员。

二、确权工作整体方案

①会员确权整体方案：依据就近原则，会员按照通知的时间、地点，提交通知规定的资料并进行现场确权。

②本通知发布之日至＿＿年＿月＿日为确权工作通知期间，在此期间，请相关负责人通知所负责区域所有在册会员。

三、操作流程

（一）股权确权的时间、地点

会员在指定地点进行现场股权确权，具体安排如下。

时间：＿＿＿＿＿＿　地点：＿＿＿＿＿＿

所有会员应在上述时间提交本通知要求的资料并进行现场确权。如有特殊原因未按时提供资料或进行现场确权，最迟应在＿＿年＿月＿日前与股权确权工作人员沟通。

（二）通知及附件获取方式

本通知及附件在公司网站上进行公告，并供各会员下载，网址为：＿＿＿＿＿。如不方便下载，可在上述确权地点领取。

（三）具体操作流程

会员持有职工持股会股权未发生事项变更（即会员姓名、身份证号码未发生改变，所持股权未曾挂失、继承、赠予、转让）以及未质押或冻结的，会员本人须携带股权证、有效身份证件及复印件等，并按要求填写"公司职工持股会会员信息核查表"，办理股权确认手续。

会员持有职工持股会股权发生继承、赠与、转让等，或发生质押、冻结的，在本次股权确认工作开展前尚未到职工持股会办理登记的，会员本人或其授权经办人须按照附件中的要求提供相关文件，办理股权确认手续。

如果存在会员受他人委托代持股份情形的，除上述资料外，还应提供经公证的股份代持协议及委托方的相关主体资格文件材料。

如果股份存在尚未了结的法律纠纷或其他瑕疵的，除上述资料外，还应提供情况说明和相关证明文件。

四、说明事项

①会员应持相关资料办理股权确权事宜，如身份证丢失的，可至所在辖区派出所出具证明。

②现场确权时须携带通知要求资料的全部原件及复印件，原件经查验后退回，如原件遗失的，须到相关主管机构开具证明；核查表、声明函等资料须在现场签字确认。

③会员须保证所提供资料真实、完整、准确，否则引起的不利后果由会员自行承担。

④本次股权确权工作不向会员收取任何费用，为保证上述工作顺利进行并确保股东的权利，请各股东在通知中规定的时间内办理股权确权登记，否则自行承担无法确权的不利后果。

五、特别事项

为实现××公司公开发行股票并上市的目的，需要对职工持股会予以规范。根据公司股权设置方案，公司拟设置若干有限合伙企业，将各会员在职工持股会中持有的股权出资至各有限合伙企业中。出资完成后，各会员将通过有限合伙企业间接持有公司股权。

××有限公司

___年__月__日

第三节　公司以自有资产评估调账转增股本合规问题

一、《企业会计制度》

《企业会计制度》（财会〔2000〕25号）规定："企业的各项财产在取得时应当按照实际成本计量。其后，各项财产如果发生减值，应当按照本制度规定计提相应的减值准备。除法律、行政法规和国家统一的会计制度另有规定者外，企业一律不得自行调整其账面价值。"

二、涉及国有资产的评估调账特别规定

（一）《国有资产评估管理办法施行细则》

《国有资产评估管理办法施行细则》规定："国有资产管理行政主管部门确认的净资产价值应作为国有资产折股和确定各方股权比例的依据。注册会计师对准备实行股份制企业的财务和财产状况进行验证后，其验证结果与国有资产管理行政主管部门确认的资产评估结果不一致需要调整时，必须经原资产评估结果确认机关同意。"

（二）《中华人民共和国企业国有资产法》

企业改制是指：①国有独资企业改为国有独资公司；②国有独资企业、国有独资公司改为国有资本控股公司或者非国有资本控股公司；③国有资本控股公司改为非国有资本控股公司。

三、公司以自有资产评估调账转增股本具体处理方式

1. 企业以自有土地、房产评估增值

对于企业以自有土地、房产评估增资的，且尚未摊销完毕的，一般处理方式是将该土地评估增值部分作为重大会计差错追溯调整计入其他应收款中应收股东的款项，然后由股东按照出资比例以现金补足。

2. 企业以自有的其他无形资产评估增值

对于企业以自有的其他无形资产（如非专利技术、专利技术）评估增资，金额相对较小，且已经摊销完毕的，同时在改制时，净资产已经充实实收资本，即净资产折股不高于实收资本的，可以不再补足，但是需要原股东出具兜底承诺函。

四、相关案例

【案例一】 WT 科技

2000 年 12 月 18 日，经股东会决议通过，WT 科技决定对公司进行增资扩股，注册资本由 300 万元增至 2,000 万元，其中以资本公积向全体股东转增 700 万元，同时 WT 高速公路股份有限公司现金增资 1,000 万元。

本次增资的具体做法为：WT 科技将其所拥有的非专利技术"高速公路综合信息管理系统"进行评估，经会计师事务所出具资产评估报告书确定，评估结果为 750 万元。WT 科技将上述无形资产按评估价值入账，增加了无形资产及资本公积各 750 万元，并用该资本公积按股东持股比例向全体股东转增实收资本 700 万元；同时，WT 高速公路股份有限公司投入现金 1,000 万元。

2000 年 12 月 22 日，会计师事务所出具了验资报告，对本次增资进行验证。2000 年 12 月 29 日，WT 科技在工商局完成变更登记。

2001 年 3 月 1 日，WT 科技聘请机构对会计师事务所出具的资产评估报告书进行复核，并出具了评估验证报告书，评估结果调整为 819 万元，WT 科技根据评估结果增加了公司无形资产和资金公积各 69 万元。

发行人律师的核查意见：

经核查，WT 科技 2000 年 12 月用于增资的该部分无形资产已于 2003 年全部摊销完毕。对于此次通过评估无形资产增加资本公积并转增股本的行为和影响，发行人律师认为：

第一，上述行为发生时，WT 科技的控股股东为 WT 高速公路股份有限公司，WT 科技的所有股东均一致同意了此次转增股本的决议。同时，在转增股本时是按照当时股东的持股比例进行转增的，所有股东均按持股比例获得了相应的股份，各股东均没有异议，也不会由此产生任何纠纷。

第二，2000 年，WT 科技将公司自有的无形资产按评估价值入账，增加了无形资产及资本公积各 750 万元，存在虚增 750 万元净资产的情形。公司用该资本公积按股东持股比例向全体股东转增实收资本 700 万元，该增资行为存在瑕疵。

鉴于该部分无形资产评估报告中收益现值法的期限为 3 年，因此公司对该部分无形资产的摊销已于 2003 年摊销完毕，公司的净资产已由未分配利润予以充实，公司的注册资本也相应得到补足，因此，WT 科技 2000 年增资行为的瑕疵已于 2003 年年底实际消除，不会对公司 2003 年以后的财务状况产生影响，不会对公司的经营发展产生任何不利影响，也不会对 2007 年整体变更设立股份公司产生影响。

第三，上述行为不会对公司报告期的财务状况及经营成果产生影响，不存在损害公司利益的情形，不存在上市后损害社会公众股股东权益的情形，也不会对本次公开发行构成障碍。

同时，工商局对此行为已出具"情况说明"："2000年12月，WT科技申请办理工商变更登记手续。我局审阅了其提供的资料，依法为其办理了变更登记。我局不会对该公司的此次增资行为进行行政处罚。"

王某胜等26名股份公司现有股东共同承诺："今后如涉及WT科技2000年12月无形资产增资事宜导致WT科技及未来的股东有任何的法律或财务风险，相应的责任将全部由我等26名自然人股东共同承担。"

【案例二】CG生物

1. 2007年土地评估账面价值作为资本公积转增股本的基本情况

2007年CG生物增加注册资本4,200万元，其中，股东货币出资20,413,623.35元，资本公积金转增21,760,676.65元。资本公积金转增21,760,676.65元中包含公司根据评估价值调增土地账面价值所形成的资本公积金19,368,032.45元。

2. 发行人土地评估增值并以土地评估账面价值作为资本公积转增股本不符合相关规定

《企业会计制度》规定："企业的各项财产在取得时应当按照实际成本计量。其后，各项财产如果发生减值，应当按照本制度规定计提相应的减值准备。除法律、行政法规和国家统一的会计制度另有规定者外，企业一律不得自行调整其账面价值。"因此，发行人2005年以土地评估调账的行为不符合规定。

3. 发行人对土地评估账面价值作为资本公积转增股本事项予以规范

2009年7月，发行人将该土地评估增值部分作为重大会计差错追溯调整计入其他应收款中应收股东的款项。

2009年7月25日，发行人召开2009年第四次临时股东会，同意土地评估增值部分由卢某等49名股东按照出资比例用货币资金予以规范。根据《CG生物注册资本实收情况审核报告》，发行人已于2009年7月31日之前（含7月31日）收到49名股东缴纳的相应款项。

公司2005年8月土地评估并调账的行为，是对土地评估增值会计处理的理解有误造成的会计差错，且距离2007年资本公积转增股本时间较长，并非为转增股本而作的会计处理，不存在出资不实的主观故意；该次资产评估调账没有影响各股东的实际股权结构，没有影响公司的持续经营和公司债权人的利益，未造成不利影响，且2009年发行人股东已按照当时的出资比例用货币对该事项予以规范。

根据以上所述，发行人律师认为，发行人土地评估增值并以土地评估账面价值作为资本公积转增股本的事项不属于出资不实的情形，该事项对发行人本次发行上市不会构成实质性法律障碍。

【案例三】AK 化学

1. AK 化学以自有资产估值部分增加注册资本事项

2000 年 1 月 1 日，AK 化学设立，注册资本 100 万元，其中李某等 28 名自然人以货币资金 95 万元出资，辽阳 AK 化学品公司以"AK"商标作价 5 万元出资。辽阳会计师事务所为公司设立出具验资报告。

2002 年 1 月，辽阳 AK 化学品公司将其出资 5 万元转让给朱某等 22 名股东，AK 化学以经资产评估事务所评估的"AK"商标增值部分作价 271.46 万元增加注册资本。资产评估事务所为此出具资产评估报告书，该商标评估后的价值为 276.46 万元，评估增值 271.46 万元。

2003 年 8 月 1 日，会计师事务所出具《辽阳 AK 化学有限公司拟了解资产现行价值的资产评估报告书》，对 AK 化学所拥有的两宗土地使用权和 10 栋房屋建筑物及其他建筑物进行评估，评估结果为合计 1,038.1165 万元。其中土地评估价值为 782.4455 万元，账面价值为 202.083821 万元，评估增值 580.361679 万元；房屋建筑物评估价值为 255.671 万元，账面价值为 66.032679 万元，评估增值 189.638321 万元，合计评估增值 770 万元。AK 化学依据该评估结果调整资产账面价值，增值部分计入资本公积，并以此资本公积转增注册资本。

AK 化学 2002 年、2003 年两次以资产评估增值额增加注册资本，作为评估的标的物实际上均属于公司自有资产，根据财务会计制度的相关规定，不能再次进行评估并作为股东的出资重新增加注册资本。实际上 2002 年、2003 年 AK 化学的两次增资均为虚增，当时的股东并未履行相应的出资义务。

为了纠正上述不规范行为，经全体股东一致同意，2005 年 12 月，各股东以现金方式依法补足了其各自应履行的出资义务。2009 年 7 月，AK 化学和上述两次虚增资本事项涉及的所有股东为此出具专项说明，会计师事务所为本次现金补足出具审阅报告。

2. 中介机构对上述事项的意见

（1）保荐机构意见

AK 化学 2002 年、2003 年以自有资产进行评估增加注册资本的行为，不符合相关规定。但该情形已经由公司及其股东自行纠正，且经会计师事务所出具的审阅报告予以验证，确认截至 2005 年 12 月，AK 化学已足额收到各股东认缴的注册资本合计 1,041.46 万元。至此，以上不规范情形已经消除，其注册资本已经足额缴纳。相关不规范行为没有损害相关债权人的利益，也没有损害其他股东利益，且该公司已规范运行3个会计年度以上，该不规范情形不构成本次公开发行股票及上市的实质障碍。

（2）律师意见

AK化学2002年1月及2003年9月两次以自有资产进行评估作价作为股东出资的行为存在瑕疵，不符合相关规定。但该情形已经公司及其股东自行纠正，没有损害AK化学债权人的利益。此外，发行人已经规范运行3个会计年度，AK化学成立及变更过程中的上述不规范情形不会对发行人本次公开发行股票及上市构成实质性障碍。

【案例四】XD化工

公司在设立股份公司时按照评估值调整账务。2004年，XD公司聘请资产评估有限公司对XD公司截至2004年10月31日的资产负债情况进行评估，评估报告确认XD公司2004年10月31日资产账面值为15,361.75万元、评估值为20,392.80万元，评估增值为5,031.05万元；负债账面值为8,734.24万元，评估值为8,734.24万元；净资产账面值为6,627.51万元，评估值为11,658.57万元，评估增值为5,031.05万元。

XD公司经股份制改制后，上述资产由XD化工继续使用。在后续经营过程中，公司进行股份制改造时按评估结果进行调账的部分固定资产因技术改造等原因已处置或更新，截至2010年9月30日，上述评估资产中，XD化工仍在继续使用的固定资产评估值为5,225.35万元，无形资产评估值为4,789.74万元。

1. XD化工设立时的资产评估情况

根据资产评估有限公司2004年11月21日出具的资产评估报告，XD化工资产评估的具体情况如下：公司本次评估前，资产账面价值为6,627.51万元，评估价值为11,658.57万元，评估增值5,031.06万元，评估增值率为75.91%。评估增值幅度较大的为：①长期投资评估增值3,401.50万元，增值率为129.88%，主要原因是公司控股子公司3宗土地按照基准地价系数修正法评估增值；②固定资产项下的建筑物增值362.65万元，增值率111.15%，主要原因是公司的房屋建筑物按照重置成本法评估增值；③公司无形资产中的土地使用权评估增值1,049.88万元，增值率为142.56%，主要原因是XD公司本部拥有的5宗土地使用权按照基准地价系数修正法评估增值。

2. 评估增值资产情况

评估增值的主要原因是XD公司账面资产按历史成本法计价，截至评估基准日，由于市场环境发生变化，XD公司及其子公司持有的长期资产特别是固定资产及土地的市场价值得到较大幅度的提升,导致评估产生较大的增值。

3. 后续使用情况

XD 公司经股份制改制后,上述资产由 XD 化工继续使用。在后续经营过程中,部分固定资产因折旧年限已到期、技术改造等原因已处置或更新。

4. 评估调账有关税收的财务处理

按照财政部、国家税务总局《关于企业资产评估净增值有关所得税处理问题的通知》(财税字〔1997〕77 号),财政部、国家税务总局《关于企业资产评估增值有关所得税处理问题的补充通知》(财税〔1998〕50 号)及会计准则和税法相关规定,公司根据实际情况选用了据实逐年调整的方法对应纳税所得额进行调整。

鉴于该部分评估增值的折旧与摊销并不能在税前扣除,XD 化工按资产价值与计税基础之间的差异计算递延所得税负债。在进行年度所得税汇算时,将该部分不能在税前抵扣的折旧与摊销在计算应税所得额中扣除,同时调整期末的递延所得税负债。

经核查,XD 化工在以评估值进行调账并变更设立股份公司时,对评估增值部分应交所得税的会计处理符合会计准则及税法相关规定。

第四节　国有股东认定合规问题

一、国有股东的认定依据

1.《中华人民共和国企业国有资产法》(全国人大常委会 2008 年 10 月 28 日公布)

"本法所称国家出资企业,是指国家出资的国有独资企业、国有独资公司,以及国有资本控股公司、国有资本参股公司。"

2.《关于施行〈上市公司国有股东标识管理暂行规定〉有关问题的函》(简称"80 号文")

持有上市公司股份的下列企业或单位应按照《上市公司国有股东标识管理暂行规定》标注国有股东标识:

①政府机构、部门、事业单位、国有独资企业或出资人全部为国有独资企业的有限责任公司或股份有限公司。

②上述单位或企业独家持股比例达到或超过 50% 的公司制企业;上述单位或企业合计持股比例达到或超过 50%,且其中之一为第一大股东的公司制企业。

③上述第二项所述企业连续保持绝对控股关系的各级子企业。

④以上所有单位或企业的所属单位或全资子企业。

以上仅适用于标注上市公司国有股东标识事项。

3.《企业国有资产交易监督管理办法》（简称"32号文"）

该办法所称国有及国有控股企业、国有实际控制企业包括：

①政府部门、机构、事业单位出资设立的国有独资企业（公司），以及上述单位、企业直接或间接合计持股为100%的国有全资企业；

②第一项所列单位、企业单独或共同出资，合计拥有产（股）权比例超过50%，且其中之一为最大股东的企业；

③第一、二项所列企业对外出资，拥有股权比例超过50%的各级子企业；

④政府部门、机构、事业单位、单一国有及国有控股企业直接或间接持股比例未超过50%，但为第一大股东，并且通过股东协议、公司章程、董事会决议或者其他协议安排能够对其实际支配的企业。

4.《上市公司国有股权监督管理办法》（简称"36号令"）

该办法所称国有股东是指符合以下情形之一的企业和单位，其证券账户标注"SS"：

①政府部门、机构、事业单位、境内国有独资或全资企业；

②第一项所述单位或企业独家持股比例超过50%，或合计持股比例超过50%，且其中之一为第一大股东的境内企业；

③第二项所述企业直接或间接持股的各级境内独资或全资企业。

不符合该办法规定的国有股东标准，但政府部门、机构、事业单位和国有独资或全资企业通过投资关系、协议或者其他安排，能够实际支配其行为的境内外企业，证券账户标注为"CS"，所持上市公司股权变动行为参照该办法管理。

二、国有股东认定的相关案例

【案例一】BL网络

BL网络在科创板上市申请文件的第一轮审核问询函中被上交所问询"XZ价值持有发行人的股份是否属于国有股，其历次股权变动是否均履行了国资相关审批程序，是否取得有关主管部门对股份设置的批复文件，如是，请对招股说明书中相关股东进行标识"。

BL网络回复称：截至本问询函回复出具日，XZ价值持有发行人13.19%的股份。XZ价值是经私募投资基金备案的有限合伙企业，其出资结构如表7-10所示。

表 7-10　XZ 价值出资结构

序号	合伙人名称	出资额（万元）	出资比例（%）
1	XZ 股权投资有限公司	16,580.00	39.86
2	XZ 重庆股权投资基金管理有限公司	100.00	0.24
3	招商财富资产管理有限公司（招商财富-XZ 并购基金专项资产管理计划）	24,920.00	59.90
	合计	41,600.00	100.00

《中华人民共和国企业国有资产法》规定，本法所称国家出资企业，是指国家出资的国有独资企业、国有独资公司，以及国有资本控股公司、国有资本参股公司。

根据"80 号文"，上市公司的股东是否被标识为国有股东，主要依据如下四项标准：①政府机构、部门、事业单位、国有独资企业或出资人全部为国有独资企业的有限责任公司或股份有限公司；②上述单位或企业独家持股比例达到或超过 50% 的公司制企业，上述单位或企业合计持股比例达到或超过 50%，且其中之一为第一大股东的公司制企业；③上述第二项所述企业连续保持绝对控股关系的各级子企业；④以上所有单位或企业的所属单位或全资子企业。

2018 年 7 月 1 日起施行的《上市公司国有股权监督管理办法》规定，国有股东是指符合以下情形之一的企业和单位，其证券账户标注"SS"：①政府部门、机构、事业单位、境内国有独资或全资企业；②第一项所述单位或企业独家持股比例超过 50%，或合计持股比例超过 50%，且其中之一为第一大股东的境内企业；③第二项所述企业直接或间接持股的各级境内独资或全资企业。

《上市公司国有股权监督管理办法》第七十八条规定："国有出资的有限合伙企业不作国有股东认定，其所持上市公司股份的监督管理另行规定。"

根据招商财富资产管理有限公司出具的说明，招商财富资产管理有限公司作为有限合伙人，认缴出资 24,920 万元，出资比例为 59.90%。该部分出资系招商财富资产管理有限公司以其管理的招商财富-XZ 并购基金专项资产管理计划进行出资，根据《证券期货经营机构私募资产管理业务管理办法》（2023 年）等的相关规定，其所持有的 XZ 投资 59.90% 的合伙企业出资独立于招商财富资产管理有限公司的自有资产，属于委托人资产，且委托人均系自然人，不属于国有资产。

由于 XZ 股权投资有限公司直接和间接合计持有 XZ 价值的财产份额仅

40.10%，并未超过 50%，未形成连续的绝对控股关系，并且《上市公司国有股权监督管理办法》已明确规定国有出资的有限合伙企业不作国有股东认定，不应标注国有股东标识。因此，XZ 价值无须被认定为国有股东，其股权变动无须履行国资相关审批程序，无须取得有关主管部门对股份设置的批复文件。

【案例二】JQ 公司

证监会于 2017 年 8 月 12 日对 JQ 公司的首发申请补充反馈问题包括"补充说明 JS 高投、RC 基金所持发行人股份是否属于国有股"。

JQ 公司回复称：

1.JS 高投、RC 基金的股权结构（如表 7-11 所示）

表 7-11　JS 高投、RC 基金的股权结构

公司股东	序号	合伙人	职责	类型	股权比例
JS 高投	1	江苏 YD 股权投资基金管理有限公司	管理人	自然人控股	0.10%
	2	JS 高科技投资集团有限公司	有限合伙人	国有	41.90%
	3～50	孙某等 48 名自然人		自然人	58.00%
RC 基金	1	南京 YD 股权投资管理企业（有限合伙）	管理人	自然人控股	3.33%
	2	JS 高科技投资集团有限公司	有限合伙人	国有	30.00%
	3	江苏 YY 科技发展有限公司		自然人控股	6.67%
	4	江苏 GZ 资本管理有限公司		自然人控股	6.67%
	5	江苏 KY 集团有限责任公司		自然人控股	3.33%
	6	江苏 YF 集团有限公司		自然人控股	3.33%
	7～17	刘某等 11 名自然人		自然人	46.67%

根据股东穿透核查，JS 高投与 RC 基金的合伙人中，只有 JS 高科技投资集团有限公司（以下简称"高投集团"）是由 JS 省人民政府全资控股的有限责任公司，属于国有股东，持股比例分别为 41.90%、30%。

JS 高投与 RC 基金其他所有合伙人均为自然人或自然人绝对控股（持股 50% 以上）的企业。

2. 江苏高投、人才基金均不属于国有股东

根据"80 号文""32 号文"的规定，JS 高投、RC 基金均不属于国有股东。具体如表 7-12 所示。

表 7-12　JS 高投、RC 基金均不属于国有股东

"80 号文"	"32 号文"	JS 高投/RC 基金	是否符合
①政府机构、部门、事业单位、国有独资企业或出资人全部为国有独资企业的有限责任公司或股份有限公司	①政府部门、机构、事业单位出资设立的国有独资企业（公司），以及上述单位、企业直接或间接合计持股为 100% 的国有全资企业	非国有独资	否
②第一项所述单位或企业独家持股比例达到或超过 50% 的公司制企业，上述单位或企业合计持股比例达到或超过 50%，且其中之一为第一大股东的公司制企业	②第一项所列单位、企业单独或共同出资，合计拥有产（股）权比例超过 50%，且其中之一为最大股东的企业	JS 高投：国有独资企业股东占比 41.90%，低于 50%；RC 基金：国有独资企业股东占比 30%，低于 50%	否
③第二项所述企业连续保持绝对控股关系的各级子企业	③第一、二项所列企业对外出资，拥有股权比例超过 50% 的各级子企业		否
④以上所有单位或企业的所属单位或全资子企业	—		否

141

续表

"80号文"	"32号文"	JS 高投/RC 基金	是否符合
—	④政府部门、机构、事业单位、单一国有及国有控股企业直接或间接持股比例未超过50%，但为第一大股东，并且通过股东协议、公司章程、董事会决议或者其他协议安排能够对其实际支配的企业	虽然 JS 高投、RC 基金中的国有股东为第一大股东，但高投集团作为有限合伙人，根据合伙协议的约定，不得控制或参与合伙企业的管理或以合伙企业的名义开展任何业务。任何有限合伙人均无权为合伙企业签署文件，或代表合伙企业行事。除非另有明确约定，有限合伙人均无权要求选举、解除或更换普通合伙人。管理人由普通合伙人担任，并负责合伙企业的投资管理运营；合伙人会议仅具有咨询性，对合伙企业的经营或业务不具有任何权力和控制权，也不对合伙企业的任何投资决定承担责任。因此，高投集团并不能够对 JS 高投、RC 基金进行实际支配	否

综上所述，发行人律师认为，JS 高投、RC 基金所持发行人股份均不属于国有股。

第五节　知识产权合规问题

硬科技时代，智能制造时代，数字经济崛起，对于以科技领先的企业来说，知识产权的战略意义愈发凸显。

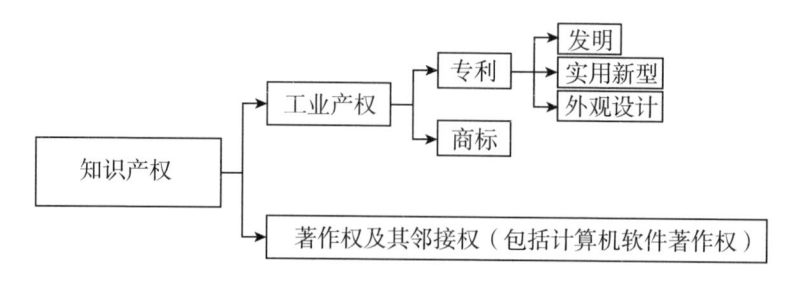

一、知识产权的主要类别

知识产权的主要类别如图 7-2 所示。

知识产权
├── 工业产权
│   ├── 专利
│   │   ├── 发明
│   │   ├── 实用新型
│   │   └── 外观设计
│   └── 商标
└── 著作权及其邻接权（包括计算机软件著作权）

图 7-2　知识产权的主要类别

二、企业上市之发明专利合规问题

对于科技型企业，特别是硬科技企业，无论是申报科创板还是创业板，企业的核心技术主要体现在发明专利上，发明专利是否为职务发明，是否存在侵犯他人在先权利，是否存在共有发明专利问题，是否存在权属纠纷，是否存在无效情形等都可能会对企业上市造成实质性障碍。

（一）专利法律状态与事实不相符

专利的法律状态包括：①年费的缴纳情况；②终止或无效状态；③专利权的剩余期限；④专利权的获取方式。

【案例】HJ 公司

HJ 公司经历两次上市，首次上市因专利存在过期问题未能成功，企业经过研发投入获得核心技术的发明专利后上市成功，上市时间为 2016 年 8 月 12 日。其主营业务为激光有机光导鼓系列产品的研究、开发、生产和销售。

2010 年 6 月 11 日，"会后事项审核会议"重新审核并否决了 HJ 公司的首发申请。审核认为，HJ 公司招股说明书和申报文件中披露的全部 5 项专利以及 2 项正在申请的专利法律状态与事实不符。HJ 公司目前全部产品均使用已被终止的 4 项外观设计专利，50% 的产品使用已被终止的 1 项实用新型专利，总体上看，5 项专利被终止对申请人存在不利影响。

2016 年，HJ 公司披露了 18 项专利，除第一次上市披露的 3 项专利外，其余均为 2010 年 4 月至 2011 年 10 月期间申请的新专利。

（二）在核心技术方面是否存在依赖性

拟上市企业主要核心技术如果存在许可取得的情形，则可能存在对第三方专利的重大依赖。

专利许可分为普通许可、排他许可和独占许可三种形式。

普通许可亦称非独占性许可，是指在规定范围内许可方授权被许可方使用某项专利，许可方保留自己使用及再授权第三人使用该项专利的许可类型。这种许可类型不具有排他性，在同一地域内有多个使用该项专利的被许可人共存。

排他许可亦称独家许可，即在一定地域，许可方只允许被许可方一家而不再许可其他人在该地域内实施其专利，但许可方仍有权在该地域内实施。

独占许可是指被许可方不仅取得在规定的时间和地域内实施某项专利技术的权利，而且有权拒绝任何第三者，包括许可方在内的一切其他人在规定的时间、地域内实施该项技术。

若拟上市公司的多项专利均为许可取得，则将会被认定为公司在核心技术方面对外部第三方存在重大依赖，这将严重影响企业上市可能性。相反，拥有独立研发能力及独立实施专利的技术条件、设备设施及人员团队的拟上市公司，则更容易通过监管机关的问询。

【案例】XW 公司

反馈意见：发行人经许可使用知识产权／软件 22 项，请补充核查发行人在核心技术方面对第三方是否存在依赖。

发行人答复：根据发行人出具的书面说明，发行人核心技术主要包括符合车载信息娱乐设备的操作系统设计技术等 23 项技术，除红外触摸屏技术为 Neonode 授予发行人使用的以外，其余均为发行人自主研发形成，对第三方不存在依赖。

（三）职务发明问题

《中华人民共和国专利法》及《中华人民共和国专利法实施细则》对职务发明的界定主要包括：

①执行本单位的任务；

②主要是利用本单位的物质技术条件完成；

③退休、调离原单位后或者劳动、人事关系终止后一年内作出的，与其在原单位承担的本职工作或者原单位分配的任务有关的发明创造。

职务发明创造申请专利的权利属于该单位；申请被批准后，该单位为专利权人。

除专利的法律状态、核心技术的依赖性之外，职务发明亦是监管机关在上市审核中的关注对象。

【案例一】深圳市 MD 电子科技股份有限公司

反馈意见：请发行人补充披露是否存在涉及公司董监高或其他核心人员在深圳大学等曾任职单位的职务成果。

发行人答复：就相关人员作为研发人员获得的知识产权，深圳大学已于 2014 年 10 月 10 日出具了《关于许某在深圳大学任职期间所获部分专利为非职务发明的确认函》，确认相关专利成果不属于曾任职单位的职务发明。

【案例二】武汉 MD 生物科技股份有限公司

反馈意见：发行人股东王某以专利权"化学发光磁酶免疫法定量检测 RBP4 试剂盒"对公司增资，请发行人对上述专利不属于职务发明进行补充核查。

发行人答复：华中科技大学同济医学院附属同济医院消化内镜中心已出具"情况说明"，确认：王某于 2002 年 9 月至 2006 年 7 月在该中心担任临床主治医师，其工作内容与上述专利研发不具有相关性；该项专利的研发不属于本单位交付的除本职工作之外的其他工作任务,该项专利研发未使用本单位的资金、设备、零部件、原材料或者不对外公开的技术材料。因此,该专利不属于职务发明。

(四)专利侵权纠纷

拟上市企业核心技术专利如果涉嫌侵犯他人在先专利情形,可能对企业上市造成实质性障碍。因此,一旦存在第三方提起专利诉讼的,应当做好充分的尽职调查和应对准备。主要应对措施包括不侵权抗辩、专利无效抗辩/反诉,现有/公知技术抗辩、先用权抗辩、合法来源抗辩等。

【案例一】深圳市 JW 创新能源装备股份有限公司

反馈意见:请补充披露 LN 公司起诉发行人专利侵权的情况,说明对发行人是否存在重大不利影响。

发行人答复:

经核查,发行人诉讼代理律师认为发行人构成专利侵权的法律依据不足。若侵权事实被认定,则对发行人的影响如下:

①根据 LN 公司诉请,赔偿总额不超过 80 万元。

②若 LN 公司要求停止使用涉案专利方法,发行人的应对措施包括改造使用方法、规避涉案专利权利要求中的独立权利要求等。

以上对发行人持续盈利能力不会产生重大不利影响,也不会对公司未来生产经营和财务状况造成重大不利影响。

【案例二】SD 智慧装备股份有限公司

2010 年 6 月 8 日,发行人的竞争对手向证监会举报发行人抄袭其专利,并向国家知识产权局申请宣告专利无效。

发行人核查意见:发行人及保荐机构分别委托知识产权代理公司对涉案专利进行鉴定,经鉴定,所涉四项专利不存在抄袭情形,竞争对手的侵权主张没有事实和法律依据。实际控制人承诺代发行人承担专利侵权案引起的全部经济赔偿责任。

【案例三】YAX 公司

2017 年 4 月 18 日,顾某认为 YAX 公司侵犯其一项发明专利的专利权,向法院提起诉讼。

2017 年 5 月 5 日,因遭遇专利权诉讼并被媒体质疑,YAX 公司宣告暂缓 IPO 的发行。

2017 年 7 月,YAX 公司在专利侵权诉讼中胜诉,正式重启 IPO。

2017 年 8 月 17 日,YAX 公司成功上市。

招股说明书披露，发行人实际控制人孙某为专利纠纷事宜作出承诺："若公司及其控股子公司、分公司因侵犯顾某的专利权而导致任何费用支出、经济赔偿等损失，本人无条件全额承担赔偿责任，或在公司及其控股子公司、分公司必须先行支付该等费用的情况下，及时向公司及其控股子公司、分公司给予全额补偿，以保证不因上述费用使公司及其控股子公司、分公司和公司未来上市后的公众股东遭受任何损失。"

三、企业上市之商标合规问题

（一）重要商标未注册

对于消费领域企业以及产品具有商标品牌效应的企业，核心产品商标是否注册，能否有效保护核心产品，对企业上市会产生重大影响。

【案例一】QZ 光电

QZ 光电主要从事半导体光电产品的研发、生产和销售业务，于 2010 年 7 月向证监会提交上市材料，证监会注意到 QZ 光电没有注册商标，故要求其中介机构进一步核查。

审核反馈要求核查发行人商标未注册原因，商标未注册对发行人持续盈利能力的影响。

发行人答复：

发行人属于光电子行业，相关产品为中间产品而非最终产品，由厂商深加工处理成为最终产品后再向消费者出售；发行人客户看重设施设备、技术力量、企业管理和质量体系等；发行人已申请注册 4 项商标，尚在注册审查阶段；客户对发行人商标的依赖性很弱，推迟商标注册对发行人盈利能力无实质性影响。

【案例二】ZH 公司

反馈意见：请发行人补充披露新商标尚未正式批准期间使用新商标的过渡安排。

发行人答复：根据商标局网站的查询记录，新商标已通过了初步审定并予以公告，公告期三个月满无异议的，国家商标局将予以核准注册，并颁发商标注册证。

根据代理机构出具的商标报告，未发现与该商标相同或近似商标申请在先，确认该商标本身具有显著性，不存在违反《商标法》规定的不予注册的情形。

发行人在新商标获得核准注册前，将继续在其产品上使用该商标，发行人使用该商标未违反相关法律法规的规定，不存在侵犯他人注册商标或与其他企业存在商标方面纠纷的情况。

（二）重要商标的依赖性

重要商标的依赖性，主要存在于发行人和集团公司共同使用一个商标的问题或者发行人使用的商标系由发行人母公司申请，但是，在重组时未将该商标转入发行人形成的问题。实践中，一些集团化发展的企业，基于集团发展的考虑，希望通过永久免费授权使用的方式解决商标使用问题，但是考虑到发行人资产的完整性，应当将对于发行人具有重要作用的商标，尤其是发行人经营类别的商标转入发行人。

【案例一】HS 公司

2007 年 HS 公司第一次申请上市被否，审核认为，发行人销售中使用的主要商标"甲天下"与其他生产食品的企业共有，有关协议书中未明确划分共有双方的使用领域，发行人对该无形资产的权利受到较大限制，发行人未来经营中使用该商标存在出现较大不利变化的风险。

2009 年 HS 公司二次上会成功通过审核，其应对措施如下。

①战略上放弃使用商标"甲天下"，逐步淡化"甲天下"商标在已使用产品上的显著性，突出"HS 乳业"商标。

②发行人经营业绩表明，放弃使用商标对发行人持续经营和盈利无不利影响。

③控股股东承诺：如商标共有造成发行人损失，自行承担全部责任。

【案例二】LK 公司

反馈意见：请发行人进一步说明和披露"必恩迪"商标的许可和共有是否影响发行人的资产独立性，是否存在对合作伙伴的商标有重大依赖的情形。

发行人答复：

发行人和成都思来共同共有"必恩迪"商标，共有协议约定，成都思来在商标共有期间不得将该商标用于除发行人生产产品以外的其他任何产品，且共有期间对共有商标进行法律上处置时，均需取得发行人的同意。该等共有不会对发行人享有该商标的专用权构成不利影响，发行人合法拥有该商标所有权及使用权。

发行人是一家专注于兽药研发、生产和销售的高新技术企业，商标相对于新兽药证书、兽药生产许可证等核心资质而言重要性较低，其商业信誉主要在于其产品质量本身而非商标，因而发行人不存在对合作伙伴的商标有重大依赖的情形。

【案例三】WM 公司

反馈意见：发行人通过无偿许可使用方式，使用 WM 集团 3 项商标。请发行人补充披露上述许可交易的原因和背景，无偿许可的考虑，是否为独家排他性许可。

发行人答复：使用集团商标系基于 WM 集团统一的集团形象管理，WM 集团对集团内所属公司许可均系无偿许可,以便于使用,非独家排他性许可,均为普通许可。

反馈意见:报告期内发行人主要产品销售是否使用上述许可商标,是否存在关联方企业与发行人使用相同或类似商标的情形。

发行人答复:主要产品均使用 WM 集团商标,发行人关联方大多使用 WM 集团上述商标。

反馈意见:发行人使用 WM 集团许可的商标事宜,是否符合发行监管对独立性的要求。

发行人答复:主要产品均属工业品而非消费品,产品商标不在下游客户审核的范围之内,发行人与客户之间签署的相关协议亦不存在关于产品商标的约定,发行人使用何种商标不影响产品销售,其业务也不会对商标产生依赖;发行人使用 WM 集团许可的商标,不会对发行人的销售及业务构成实质性影响,不会对发行人独立性以及本次发行及上市构成实质性障碍。

反馈意见:说明发行人就上述事项的整改措施。

以下为发行人答复的内容。

发行人曾出具承诺:自 2016 年 6 月 1 日起 12 个月内,公司将逐步在自产产品上使用自有商标,12 个月后,公司将不再在自产产品上使用 WM 集团许可使用的商标。

经发行人说明并经北交所律师在发行人现场核查发行人主要产品的外观、包装、说明材料等,截至本补充法律意见书出具之日,发行人已不再在自产产品上使用万马集团许可使用的商标。

(三)商标对外许可问题

发行人重要商标无正当理由许可他人使用,一方面可能形成关联交易不公允的问题,另一方面可能侵害上市公司重要无形资产,从而影响企业上市。

【案例一】PH 药业股份有限公司

反馈意见:请发行人说明采取无偿普通许可方式授权广州 KNX 使用商标的考虑,是否公允,是否存在损害发行人利益的情形及发行人的整改措施。

发行人答复:为避免销售渠道重叠,发行人与广州 KNX 签订合作经营合同,由发行人独家销售广州 KNX 名下的所有保健品。因此,发行人与广州 KNX 签订商标使用许可合同,约定发行人授权广州 KNX 无偿使用"KNX"商标,许可使用期间,广州 KNX 使用该商标的产品必须销售给发行人或其指定的第三方,未经发行人同意,不得销售给任何其他第三方。2017 年 3 月 1 日,发行人与广州 KNX 签署了《关于商标使用许可合同的终止协议》《关于合作经营合同的终止协议》，广州 KNX 不再使用"KNX"商标。

【案例二】XD 科技

审核关注：2009 年 7 月 31 日，XD 科技与 XD 生物签署了商标许可使用协议，约定 XD 科技许可 XD 生物无偿使用××号商标，许可期限为 1 年；若使用期限届满，XD 生物需要继续使用商标，双方另行协商确定许可使用费事宜。

XD 科技与 XD 生物的实际控制人相同，XD 科技将自己拥有的商标无偿许可实际控制人控制的企业使用，没有因商标许可而获得收益，关联交易定价不公允，损害了发行人的合法权益。

（四）商标侵权纠纷

一般来说，构成商标侵权的情形主要有以下三种：

①未经许可，在同种商品上使用相同的商标；

②未经许可，在同种商品上使用近似商标，导致混淆的；

③未经许可，在类似商品上使用相同或者近似商标，导致混淆的。

商标侵权抗辩主要有四种类型：不相同或不相近似的抗辩、通用名称抗辩、在先权利抗辩与合理使用抗辩。

【案例一】WE 药业

反馈意见：举报信反映，发行人未经授权使用了"WE"药品商标、"WE"基础润滑油商标，涉嫌商标侵权。请核查说明相关商标的法律状态、使用情况，是否存在知识产权争议或纠纷等风险，是否影响发行人的生产经营。

发行人答复：

核查了发行人的商标注册证、商标续展注册证明、变更申请受理通知书、注册商标变更证明；检索了国家商标局网站，查询发行人所持有的商标情况；取得国家市场监督管理总局商标局出具的关于发行人商标的相关证明文件；检索中国裁判文书网、全国法院被执行人信息查询平台等相关网站；查阅发行人产品宣传材料、公司宣传材料、公开网站；取得了南京市江北新区管理委员会市场监督管理局出具的说明。发行人商标不存在知识产权争议或纠纷等风险，不会影响发行人的正常生产经营。

【案例二】MW 科技

反馈意见：发行人与应用材料意大利公司商标侵权纠纷一案，双方达成和解，发行人停止在产品或服务（含宣传材料）上使用与应用材料意大利公司"SOFT LINE"注册商标专用权相同或近似的标识、文字。请说明诉讼事项对发行人的影响。

发行人答复：虽然发行人停止将"SOFT LINE"用于产品型号，但由于发行人商标始终未发生变化，且发行人的产品属于高端装备，客户对产品型号名称变化不敏感，发行人的后续订单未受型号名称变化的影响，诉讼事项对发行人正常生产经营不存在重大影响。

【案例三】WL 公司

反馈意见：原告铁岭市银州区 YD 广告传媒有限公司主张其是"WL"注册商标权人，认为发行人及其子公司在销售定制产品时使用了原告所拥有的"WL"商标，造成了对"WL"注册商标的混淆，并侵犯了原告的商标权，请发行人核查该商标侵权案件具体情况。

发行人答复：发行人的商标注册申请早于原告；原告商标核定使用范围类别为第 40 类，不包括发行人主营业务，发行人所有产品均不涉及第 40 类产品；发行人已就原告商标向国家市场监督管理总局商标局申请撤销并宣告无效。

四、企业上市之著作权合规问题

（一）著作权的归属

1. 委托作品

根据《中华人民共和国著作权法》（以下简称"《著作权法》"），受委托创作的作品，著作权的归属由委托人和受托人通过合同约定；合同未作明确约定或者没有订立合同的，著作权属于受托人。

2. 职务作品

一般职务作品，著作权由作者享有，但法人或者其他组织有权在其业务范围内优先使用。作品完成两年内，未经单位同意，作者不得许可第三人以与单位使用的相同方式使用该作品。

特殊职务作品，主要是利用法人或者其他组织的物质技术条件创作，并由法人或者其他组织承担责任的工程设计图、产品设计图、地图、计算机软件等职务作品；法律、行政法规规定或者合同约定著作权由法人或者其他组织享有的职务作品。特殊职务作品，作者享有署名权，著作权的其他权利由法人或者其他组织享有，法人或者其他组织可以给予作者奖励。

【案例】TH 公司

反馈意见：请发行人说明相关外部人员是否还向其他同行业企业供稿，如是，在知识产权方面是否存在潜在纠纷。

发行人答复如下：

报告期内，与公司签约的外聘作者多为教育研究单位的教研员和一线教师等具备丰富教学实践和内容编写经验的专家，其在业余时间完成合同约定的创作内容，且按照字数确定稿酬。公司无法就外聘作者是否可以向其他同行业供稿签订排他性协议，但对外聘作者在"委托创作合同"项下完成的创作内容，已明确约定公司享有作品著作权，外聘作者不得再次利用提供给公司的稿件内容，同时外聘作者还签署了"无侵犯他人著作权情形声明""作品著作权归属声明""作品使用授权声明"等声明文件，进一步明确了知识产权的归属。报告期内，未发生在知识产权方面的经济纠纷，也不存在潜在纠纷。

（二）著作权的授权许可

著作权许可使用是著作权人授权他人以一定的方式，在一定的时期和一定的地域范围内商业性使用其作品并收取报酬的行为。

【案例】GH 通信

反馈意见：发行人供应商 DJ 通讯与发行人签订协议，允许发行人无偿使用多项软件著作权，请说明 DJ 通讯允许发行人无偿使用的原因、是否合法合规、是否符合商业逻辑，发行人是否对 DJ 通讯存在依赖。

发行人答复：DJ 通讯将其为公司定制产品开发的软件著作权授权给公司无偿使用符合商业惯例，双方主体适格，经协商一致达成合意，合同合法有效；报告期内，公司采购授权软件著作权对应的板卡数量及金额较低，并且由于行业技术迭代，相关板卡已停产，公司亦停止生产需使用该等板卡的产品，故不存在因 DJ 通讯授权而对其存在依赖的情况。DJ 通讯还未允许其他主体使用相关软件著作权。

（三）著作权纠纷

一般地，著作权侵权认定依据为接触和实质性相似。接触，是指在先作品已发表，或者由于某种特殊原因，在后创作者有机会获得该作品。实质性相似，是指在后作品与在先作品在表达上存在实质性的相同或近似，使读者产生相同或近似的欣赏体验。

著作权侵权抗辩主要为：合理使用和法定许可。

《著作权法》第二十二条规定，在十二种情况下使用作品，可以不经著作权人许可，不向其支付报酬，但应当指明作者姓名、作品名称，并且不得侵犯著作权人依照《著作权法》享有的其他权利。

《著作权法》还规定，在一些情况下，可以不经著作权人许可，以特定的方式有偿使用他人已经发表的作品，但应当指明作者姓名、作品名称，并且不得侵犯著作权人依照《著作权法》享有的其他权利。

【案例一】HW 科技

2009年6月,YY公司向天津一中院起诉发行人侵犯其计算机软件著作权,法院以双方"软件许可协议"存在仲裁条款驳回起诉,后YY公司将该纠纷提交香港国际仲裁中心。

HW科技于招股说明书披露上述纠纷并解释:

公司于2009年4月开始全面使用自主研发的英文识别核心技术,替代与YY公司签约的软件产品。为更好地保护流通股股东利益,公司所有发起人股东承诺足额补偿公司因软件著作权纠纷实际承担的赔偿责任。该软件著作权纠纷不会对公司造成经济上的损失,不会对公司日常经营及发行上市造成重大不利影响。

【案例二】ZY 科技

审核反馈意见如下:

请发行人进一步说明:报告期内发生的15起知识产权诉讼和2起不正当竞争诉讼的最新进展情况和发行人已/拟采取的应对措施;上述诉讼如果败诉给发行人带来的负面影响,是否会对发行人的持续经营构成影响。

发行人答复如下:15宗著作权纠纷均为已决案件,涉案作品共27本,发行人实际承担的赔偿/补偿金额最低为2,600元,最高为72,000元,实际承担的赔偿/补偿金额合计约29万元;2宗不正当竞争诉讼案件,涉案作品共3本。上述涉诉事项相较于发行人超过50万册数字内容版权、年数字阅读收入在10亿元以上的管理规模与量级而言,为数较少,属于个别情况。

五、企业上市之商业秘密合规问题

商业秘密与专利的区别如表7-13所示。

表7-13 商业秘密与专利的区别

比较客体	商业秘密	专利
权利产生方式	立即取得	申请授权取得
权利产生条件	保密	公开换保护
权利客体范围	技术信息、经营信息	发明、实用新型、外观设计
权利取得要件	秘密性、价值型、保密性	新颖性、创造性、实用性

【案例一】LB 仪器

2011年4月,LB仪器正式上市前,相关媒体报道深圳MR生物医疗电子股份有限公司已向深圳中院提起诉讼，称发行人生产的医疗设备涉嫌侵犯其商业秘密。

发行人发出公告：

保荐机构、发行人律师对发行人涉及诉讼的相关产品的技术独立性进行了核查，认为发行人具备较强且独立的技术研发实力，发行人相关产品未侵犯 MR 医疗的相关专利及商业秘密。

保荐机构、发行人律师、发行人会计师认为，涉及侵权争议的产品占发行人业务比重较小，未对发行人持续经营和持续盈利能力构成重大影响，不构成本次发行上市的实质性障碍。

发行人实际控制人已针对可能存在的侵权案件作出书面承诺："如果公司因本次侵权案件最终败诉，并因此需要支付任何侵权赔偿金、相关诉讼费用，或因本次诉讼导致公司的生产、经营遭受损失，公司实际控制人将共同承担公司因本次诉讼产生的侵权赔偿金、案件费用及生产、经营损失。"

【案例二】KC 新源

反馈意见：2015 年两名员工从公司窃取"KC80 密封胶带"部分技术秘密信息提供给第三方公司仿制生产，发行人已向法院起诉，请发行人补充披露该技术失密事件是否对发行人经营产生重大不利影响。

发行人答复：

公司已立即通过法律手段遏制侵权行为。

①向深圳市公安局报案，因对方公司尚未批量生产未获利，因而未立案。

②民事诉讼，要求对方立即停止侵权，对方已停止侵权行为。

对方窃取的是非关键性技术秘密信息，仅掌握部分技术秘密信息无法生产出同类产品，对方公司生产的侵权样品经客户测试无法达标，无法批量生产，未对发行人产生重大不利影响。

【案例三】JS 科技

反馈意见：请说明发行人董监高及核心技术人员对其曾任职单位是否负有竞业禁止或保密义务，是否因竞业禁止、保守商业秘密或者其他事项被曾任职单位主张过权利，是否可能导致发行人的技术存在纠纷或潜在纠纷。

发行人答复：根据发行人董监高及核心技术人员出具的承诺函，上述人员均未与曾任职单位签署过保密协议、竞业禁止协议或其他类似协议，不存在对曾任职单位负有竞业禁止义务及保密义务的情况。

根据对发行人董监高及核心技术人员的访谈，并检索最高院被执行人信息查询系统、中国裁判文书网等网站，发行人董监高及其核心技术人员未曾因为竞业禁止、保守商业秘密或者其他事项被曾任职单位主张过权利，不存在可能导致发行人的技术存在纠纷或潜在纠纷的情况。

六、企业上市之集成电路布图设计合规问题

集成电路是指半导体集成电路，即以半导体材料为基片，将至少有一个是有源元件的两个以上元件和部分或者全部互连线路集成在基片之中或者基片之上，以执行某种电子功能的中间产品或者最终产品。

集成电路布图设计，是指集成电路中至少有一个是有源元件的两个以上元件和部分或者全部互连线路的三维配置，或者为制造集成电路而准备的上述三维配置。

集成电路布图设计专有权系基于《集成电路布图设计保护条例》规定，权利人享有的对受保护的布图设计的全部或者其中任何具有独创性的部分进行复制的权利以及将受保护的布图设计、含有该布图设计的集成电路或者含有该集成电路的物品投入商业利用的权利。

【案例一】FHW 电子

反馈意见：请发行人补充说明登记号为×××的集成电路布图设计的权利人为 FH 有限的原因，该集成电路布图设计对发行人生产经营的重要程度，是否影响发行人资产的完整性。

发行人答复：

该集成电路布图设计与发行人生产经营紧密相关，FH 有限整体变更为发行人后，发行人即着手办理该集成电路布图设计的权利人变更手续。2014 年 8 月 22 日，国家知识产权局签发"集成电路布图设计手续合格通知书"，同意登记号为×××的集成电路布图设计的权利人由 FH 有限更名为发行人。

发行人认为，该集成电路布图设计权利人已变更至发行人名下，不影响发行人资产的完整性。

【案例二】ZY 电子

反馈意见：发行人部分集成电路布图设计权的权属证书，目前仍在办理更名手续，请发行人列示说明正在办理更名手续的权属证书更名进度，是否存在纠纷或潜在纠纷。

发行人答复：发行人 67 项集成电路布图设计权的权属证书的更名手续目前已经全部办理完毕，权利人已由发行人前身 ZY 有限或 ZY 上海全部变更为发行人，不存在纠纷或潜在纠纷。

七、拟上市企业知识产权重大法律问题及注意事项

（一）重大法律问题及注意事项

1. 拟上市企业有关知识产权的重大法律问题

①影响资产完整性方面：核心知识产权共有、许可、权利瑕疵或负担、第三方依赖、涉嫌职务发明等。

②影响公司持续经营：核心知识产权侵权、纠纷、失效、终止或被宣告无效等。

2. 在尽职调查过程中应加强知识产权的专项核查

①发行人已获得的知识产权及其法律状态；

②发行人正在使用的知识产权与已获得的知识产权的一致性，是否涉及侵权；

③拟受让知识产权的状态、排他性、期限、期限届满后的约定；

④拟申请的知识产权，申请后的定期维护、更新；

⑤知识产权纠纷和潜在纠纷等。

对于发行人生产经营过程中的重要知识产权，应进行防御性的、战略性的保护。如为发行人未来业务可能涉及的相关商品/服务项目申请注册商标，委托专业机构定期维护（申请、续费或延展、变更等），企业内部专人定期跟踪等，保持相关知识产权的披露信息与法律状态一致。

企业在上市过程中，应特别注意避免因防御性、战略性保护而产生知识产权纠纷或潜在纠纷。

（二）对于已经存在知识产权问题的处理原则和处理方案

1. 处理原则

消除审核部门对因知识产权问题而引发的资产完整性、持续盈利能力等方面的担忧，消除或减少知识产权问题对审核和发行上市的进程、结果的影响。

2. 处理方案

①通过申请，原始取得相关知识产权，以替代存在独立性、不确定性和可能引发诉讼的知识产权；

②通过交易的方式，继受取得相关知识产权；

③规范知识产权授权使用协议，保证标的知识产权的使用权在未来可预见的期限内是稳定的、确定的；

④非发行人核心产品若无法取得知识产权所有权或使用权，发行人可对产品进行更新换代或剥离相关业务；

⑤如实披露已经发生的重大诉讼和仲裁事项，并在披露后的最短时间内解决，体现公司的诚信态度，赢得投资者的长期信任。

（三）相关案例

表 7-14　相关案例

拟上市公司	审核反馈意见	发行人答复
深圳 PM 科技股份有限公司	请发行人进一步说明：是否存在合作研发的情况；发行人在核心技术方面对合作研发是否存在依赖，发行人持续经营能力是否依赖合作研发或相关单位	公司光子治疗仪产品，应用公司拥有自主知识产权的核心技术，由发行人自主研发，不存在公司与其他单位针对公司核心产品及核心技术开展合作研发的情形，所产生的相关知识产权均为发行人单独所有。相关单位已出具"科研成果确认函"予以确认。 发行人的核心技术对其他单位不存在依赖，发行人持续经营能力不存在依赖其他单位的情形，发行人与其他单位不存在与合作研发相关的纠纷或潜在纠纷
广东 ZJ 信息存储技术股份有限公司	请保荐机构和申报会计师对发行人是否控制各类业务的关键核心技术发表明确意见。 请发行人在业务与技术中披露：扣除与核心业务关联性不强的其他业务的收入、利润后，发行人核心技术产品的收入、利润金额	发行人掌握蓝光数据存储系统的关键核心技术，并于 2018 年 1 月通过工信部科学技术成果评价，结论为具有自主知识产权，整体技术达到国际先进水平。 发行人以该技术为基础和核心，结合行业发展期初期特点制定市场策略，进行相应的客户开拓，所有业务均围绕发展和推广蓝光数据存储系统的目的开展。 报告期内，发行人的核心技术毛利占比均在 90% 以上，发行人主要依靠核心技术开展生产经营。2017 年、2018 年的核心技术相关收入同比增长率分别为 38.04%、85.20%，相关毛利增长率分别为 36.96% 和 96.25%，相关收入、利润增长具有可持续性、能依靠核心技术实现较强的成长性
天津 JR 新材料股份有限公司	请发行人披露"部分核心技术来源为集成创新、消化吸收再创新"的具体含义	关于集成创新：公司将结晶、离心和干燥三个独立生产流程合并成为一个全封闭的过程，实现过程简洁、安全隐患小、产品质量高以及大规模产能实现等重要成果，具有通用工艺难以比拟的优势。 关于消化吸收再创新：公司对通过自身和从外部取得的初步小试技术进行深入的综合研究、消化及优化完善，确定小试工艺，并自主完成中试及大试的所有设计和实践，取得预期的结果，故将此类核心技术来源归纳为消化吸收再创新

续表

拟上市公司	审核反馈意见	发行人答复
北京MG移动科技股份有限公司	请发行人披露目前核心技术人员的认定标准	公司核心技术人员的认定依据为对公司核心技术具有重要意义的研发项目的负责人及主要贡献者，具体标准包括：①核心技术人员所负责模块对于公司核心技术的重要性；②核心技术人员在该模块中的职位和贡献；③核心技术人员拥有深厚的与公司所处行业和业务相匹配的行业背景、科研成果及获奖情况等
深圳市YF科技股份有限公司	招股说明书披露，实际控制人曾任职于ZX通讯，同时发行人的多数董监高以及核心技术人员曾就职于ZX通讯或其关联公司。请发行人详细说明：发行人现有专利与ZX通讯等公司的专利是否具有相关性，上述人员是否存在实际控制人以及其他核心人员将职务成果投入发行人的情形	公司部分核心人员存在从ZX通讯离职后加入公司的情形，但核心团队自2009年就组建了独立的研发部门和研发团队，在业务、人员、机构、财务、资产等方面具有独立性，并且完全独立于ZX通讯及其关联公司。目前公司拥有的各项知识产权均为公司申请取得，相关技术全部来自自主研发。第三方出具的"专利分析报告"显示，YF科技申请的标的专利与ZX通讯申请的目标专利不存在相同或等同的技术特征，不具有相关性
贵州BSY科技股份有限公司	结合核心技术来源、技术难度、技术开发过程和所需时间等，说明成立后3个月即可完成技术开发、搭建管理架构、技术测试、快速复制并商业化的原因	公司的核心技术是基于公司的业务和发展需求自主研发取得；公司采取松耦合平台架构，降低模块间的相互依赖和影响；公司早期发布的云分发产品功能和系统复杂度较低，研发要求相对较低；公司主要管理人员和技术人员具有丰富的工作经验和对行业的深刻理解，可在短期内完成公司管理架构、技术架构的搭建
LY信息科技（上海）股份有限公司	请发行人进一步说明并披露：发行人相对其他竞争对手是否建立足够的技术壁垒及具体依据（包括但不限于技术先进性证据、核心知识产权及应用成果、行业技术路线及发行人的产品方向等）	发行人核心技术先进性的具体表征为优异的产品性能及活跃的开源生态，发行人产品在硬件性能、软件功能及开源生态系统等方面，均有较强竞争力。截至本回复出具日，发行人已拥有48项专利，其中22项发明专利。上述核心技术及专利均应用于发行人各款芯片及模组产品，涵盖了发行人产品的各个关键技术领域，是发行人产品性能优势的核心基础

第六节 返程投资外汇登记合规问题

一、返程投资外汇登记的相关规定

为进一步简化和便利境内居民通过特殊目的公司从事投融资活动所涉及的跨境资本交易，国家外汇管理局于 2014 年 7 月 4 日发布了《关于境内居民通过特殊目的公司境外投融资及返程投资外汇管理有关问题的通知》（以下简称"37号文"），对通过特殊目的公司返程投资等境外架构合规性予以规范。

（一）特殊目的公司

特殊目的公司指境内居民（含境内机构和境内居民个人）以投融资为目的，以其合法持有的境内企业资产或权益，或者以其合法持有的境外资产或权益，在境外直接设立或间接控制的境外企业。

（二）返程投资

返程投资指境内居民直接或间接通过特殊目的公司对境内开展的直接投资活动，即通过新设、并购等方式在境内设立外商投资企业或项目，并取得所有权、控制权、经营管理权等权益的行为。

（三）境内居民个人

境内居民个人指持有中国境内居民身份证、军人身份证件、武装警察身份证件的中国公民，以及虽无中国境内合法身份证件、但因经济利益关系在中国境内习惯性居住的境外个人。

二、返程投资外汇登记的办理

根据 37 号文，外汇局对境内居民设立特殊目的公司实行登记管理。在 37 号文实施前，境内居民以境内外合法资产或权益已向特殊目的公司出资但未按规定办理境外投资外汇登记的，境内居民应向外汇局出具说明函说明理由。外汇局根据合法性、合理性等原则办理补登记，对涉嫌违反外汇管理规定的，依法进行行政处罚。

（一）办理主体（如表 7-15 所示）

表 7-15 返程投资外汇登记的办理主体

持有证件类型	是否可办理/是否需办理	相关案例
中国身份证	应当办理/可以办理	高鹏矿业（HK02212）、国瑞置业（HK02329）

续表

持有证件类型	是否可办理/是否需办理	相关案例
中国护照	应当办理/可以办理	—
军人身份证件/武装警察身份证件	应当办理/可以办理	—
因经济利益关系在中国境内习惯性居住的境外个人	应当办理/可以办理，但对于持护照的外国公民（包括无国籍人）以及持港澳居民来往内地通行证、台湾居民来往大陆通行证的港澳台同胞，在境内办理境外投资外汇登记业务时，须审核相关真实性证明材料（如境内购买的房产、内资权益等相关财产权利证明文件等）	BBI生命科学（HK01035）
同时持有境内合法身份证件和境外（含港澳台）合法身份证件	无须办理/无法办理（视同境外个人管理）	集成伞业（HK01027）
持外国护照/外国国籍及港澳台通行证	无须办理/无法办理，但不包括"因经济利益关系在中国境内习惯性居住的境外个人"的情形	呷哺呷哺（HK00520）、奥星生命科技（HK06118）、中国宏泰发展（HK06166）、粤丰环保（HK01381）

如为多个境内居民个人共同设立特殊目的公司的，可委托其中一人在受托人境内资产权益所在地或者户籍所在地外汇分局（外汇管理部）集中办理。

（二）办理时点

境内居民以境内外合法资产或权益向特殊目的公司出资前，应向外汇局申请办理境外投资外汇登记手续。

（三）受理单位

境内居民个人以境内资产或权益向特殊目的公司出资的，应向境内企业资产或权益所在地银行申请办理境内居民个人特殊目的公司外汇登记。如有多个境内企业资产或权益且所在地不一致时，境内居民应选择其中一个主要资产或权益所在地银行集中办理登记。境内居民个人以境外合法资产或权益出资的，应向户籍所在地银行申请办理登记。

（四）申请材料

境内居民个人以境内外合法资产或权益（包括但不限于货币、有价证券、知识产权或技术、股权、债权等）向特殊目的公司出资的，应提交以下材料：

①书面申请与《境内居民个人境外投资外汇登记表》；

②境内居民个人身份证明文件；

③特殊目的公司登记注册文件及股东或实际控制人证明文件（如股东名册、认缴人名册等）；

④境内外企业权力机构同意境外投融资的决议书（企业尚未设立的，提供权益所有人同意境外投融资的书面说明）；

⑤境内居民个人直接或间接持有拟境外投融资境内企业资产或权益，或者合法持有境外资产或权益的证明文件；

⑥在前述材料不能充分说明交易的真实性或申请材料之间的一致性时，要求提供的补充材料；

⑦境内居民个人以境内外合法资产或权益已向特殊目的公司出资但未按规定办理境外投资外汇登记的，还应提交说明函。

（五）办理时限

10个工作日。涉及境内居民个人特殊目的公司外汇补登记的，20个工作日内处理完毕。

（六）相关罚则

就境内居民未按规定办理返程投资外汇登记等情形，37号文明确了相关罚则（如表7-16所示）。

表7-16 相关罚则

序号	情形	处罚结果
1	境内居民或其直接、间接控制的境内企业通过虚假或构造交易汇出资金用于特殊目的公司	《中华人民共和国外汇管理条例》第三十九条：由外汇管理机关责令限期调回外汇，处逃汇金额30%以下的罚款；情节严重的，处逃汇金额30%以上等值以下的罚款；构成犯罪的，依法追究刑事责任
2	境内居民未按规定办理相关外汇登记、未如实披露返程投资企业实际控制人信息、存在虚假承诺等行为	《中华人民共和国外汇管理条例》：由外汇管理机关责令改正，给予警告，对机构可以处30万元以下的罚款，对个人可以处5万元以下的罚款

序号	情形		处罚结果
3	在境内居民未按规定办理相关外汇登记、未如实披露返程投资企业实际控制人信息或虚假承诺的情况下	若发生资金流出	《中华人民共和国外汇管理条例》第三十九条：由外汇管理机关责令限期调回外汇，处逃汇金额30%以下的罚款；情节严重的，处逃汇金额30%以上等值以下的罚款；构成犯罪的，依法追究刑事责任
		若发生资金流入	《中华人民共和国外汇管理条例》第四十一条：由外汇管理机关责令改正，处违法金额30%以下的罚款；情节严重的，处违法金额30%以上等值以下的罚款
		若发生资金结汇	《中华人民共和国外汇管理条例》第四十一条：由外汇管理机关责令对非法结汇资金予以回兑，处违法金额30%以下的罚款
4	境内居民与特殊目的公司相关跨境收支未按规定办理国际收支统计申报的		《中华人民共和国外汇管理条例》：由外汇管理机关责令改正，给予警告，对机构可以处30万元以下的罚款，对个人可以处5万元以下的罚款

三、IPO返程投资外汇登记案例

拟上市企业或其相关股东/实际控制人如因该股东/实际控制人未及时办理返程投资外汇登记而被外汇管理局处罚，可能对企业的上市进程造成一定程度的影响。IPO 实践中亦存在返程投资未及时办理外汇登记的情形。

1. 特殊目的公司仍然存续，并在上市前完成补登记

【案例】LT 电子

发行人实际控制人之一邵某与徐某、张某（三人均系中国国籍）于 2003 年 5 月在香港设立 WF 贸易（香港）有限公司，并通过该公司返程投资 LT 电子。邵某、徐某、张某向国家外汇管理局宜兴市支局申请办理境外投资外汇补登记，并于 2016 年 4 月取得"境内居民个人境外投资外汇登记表"。

2016 年 4 月，国家外汇管理局宜兴市支局分别向邵某、徐某、张某出具"行政处罚决定书"，对三人未在规定日期办理境外投资外汇登记的行为给予警告，并处罚款 5 万元。

2017 年 3 月，国家外汇管理局宜兴市支局出具证明，确认邵某、徐某、张

某因未按规定进行外汇登记并受到外汇处罚的事宜不属于重大外汇违规行为。

根据上述案例，若拟上市企业历史上存在境内自然人在境外设立公司并通过该公司持有发行人股份的情形，且该等情形属于返程投资，境内居民应及时向外汇管理局申请办理外汇（补）登记手续，若因此受到行政处罚，发行人及相关股东/实际控制人应尽可能取得处罚机关出具的不构成重大行政处罚的证明。

2. 特殊目的公司已于发行人上市前注销

【案例】DC 环保

发行人实际控制人金某（系中国国籍）于 2006 年 7 月在香港出资设立香港 HR 国际控股集团有限公司（下称"香港 HR"），并通过受让股权的方式返程投资浙江 DC 环保科技有限公司（发行人前身），香港 HR 已于发行人上市前注销。

香港 HR 对发行人进行投资的行为已签署股权转让协议、办理了结汇手续、取得了商务主管部门的审批并且办理了工商变更登记手续，发行人股权结构稳定，股东之间未就股权转让事项产生过争议或纠纷。

国家外汇管理局绍兴市中心支局于 2014 年 10 月出具说明，确认发行人自 2011 年至说明出具之日未受到过该局的行政处罚。

发行人实际控制人金某已出具书面承诺，如发行人因其外资股东投资事宜受到任何不利法律影响，则由实际控制人承担因该等不利法律影响给发行人造成的一切经济损失。

根据上述案例，虽然发行人实际控制人历史上曾设立特殊目的公司并通过返程投资的形式持有发行人或发行人子公司股份，但由于该特殊目的公司已不再持有发行人或发行人子公司股份，未办理返程投资登记的不规范行为已经消除；且由于该特殊目的公司已注销，发行人实际控制人按现行外汇规定办理返程投资补登记手续已不具有可操作性与必要性。针对此种情况，发行人应尽可能取得外汇管理局出具的关于发行人及其相关股东/实际控制人未受到过相关行政处罚的确认意见，同时由实际控制人出具相关兜底承诺。

第七节　红筹回归合规问题

中国企业到海外上市主要通过搭建红筹架构实现境外上市融资。由于境内外证券市场监管体系的差异、法律体系的差异、投资环境的差异等，一些中国企业通过搭建红筹架构在境外上市，进行全球募资。但是，随着中国全面注册制的推出，一部分在海外上市的红筹企业通过私有化回归国内资本市场再上市，也有一部分已搭建红筹架构的企业转向回归国内证券市场。尽管《国务院办公厅转发证监会关于开展创新企业境内发行股票或存托凭证试点若干意见的通知》（国办发〔2018〕21号）允许已经搭建红筹架构的企业保留境外红筹架构在国内上市，但是与国内企业直接上市相比较，条件较高，因此，不符合采用红筹架构在国内上市的企业，还需要拆除红筹架构后直接在国内申请上市。

一、红筹架构拆除的基本方式

（一）直接持股模式

直接持股模式是指实际控制人控制的红筹企业直接或间接持有运营实体100%股权。在此模式下，拆除红筹架构首先要将实际控制人对运营实体的控制权由境外转移至境内，即由实际控制人或其境内设立的公司直接持有运营实体股权，运营实体的性质由外商独资企业变更为内资企业或中外合资企业，之后再注销红筹架构中的特殊目的公司。

在实践操作中，一般通过实际控制人或其设立的境内公司受让境外公司持有的运营实体股权，或者通过实际控制人或其设立的境内公司直接对运营实体进行增资的方式实现运营实体控制权从境外转移到境内。就股权转让方式而言，其虽然可解决境外投资人退出的资金需求，但在未新引进境内投资人的情况下，实际控制人作为股权受让方的资金压力较大，同时可能涉及所得税的缴纳；就增资方式而言，其虽然可以避免所得税缴纳，并节约资金跨境流动的时间和费用成本，但实际控制人作为增资方仍存在较大资金压力。

（二）协议控制模式

协议控制模式是指红筹企业通过协议的方式控制运营实体，从而将运营实体纳入合并报表。在此模式下，拆除红筹架构须解除WFOE与运营实体、运营实体股东之间签署的包括独家购买权合同、独家技术咨询和服务协议、股权质押合同、授权委托书、确认函等在内的一整套控制协议。

如果境外投资人希望在红筹架构拆除过程中退出，红筹企业还须回购境外投资人持有的股份。红筹企业若缺乏资金，可通过实际控制人和/或境内新投资人向运营实体增资等方式提供资金支持，WFOE或其上级公司以清算或分红的方式将收到的款项层层上缴，由红筹企业向拟退出的境外投资人支付回购价款，最后注销红筹架构中的相关特殊目的公司。

二、红筹架构拆除的实务操作

【案例一】KLHC 公司（2019 年 1 月在创业板上市）

1. 主要拆除步骤

（1）红筹架构拆除前 KLHC 的股权架构（如图 7-3 所示）

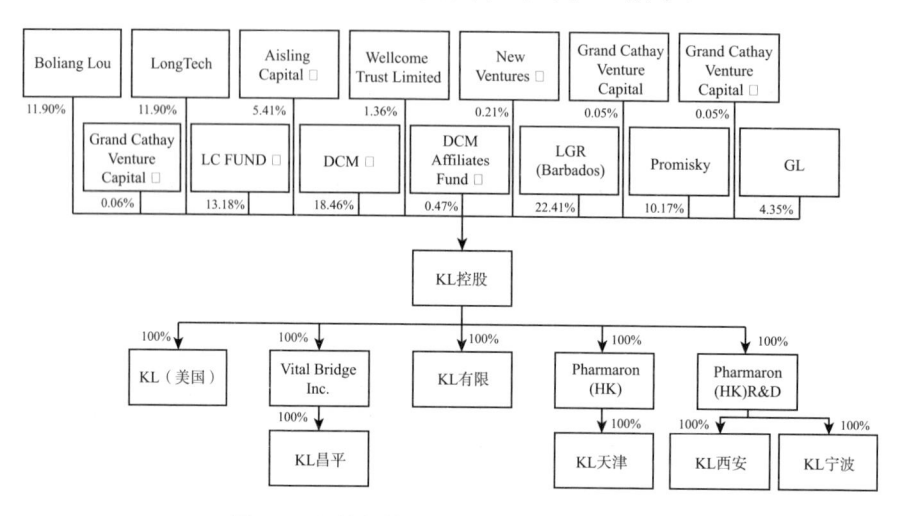

图 7-3　红筹架构拆除前 KLHC 的股权架构

（2）KL 控股回购除 Boliang Lou 外其他股东持有的 KL 控股股份

2015 年 10 月，KL 控股分别以 1 美元及与人民币 6,929,141 元等值的美元回购 LongTech 及境外投资人 GL 持有的 KL 控股股份。LongTech 为楼某持股 100% 的公司，鉴于 LongTech 取得 KL 控股股权时无实际成本，经协商，拆除红筹架构时 KL 控股以名义金额 1 美元回购 LongTech 股权，同时楼某直接和通过宁波 LTK 间接以 1 元/注册资本向 KL 有限增资。LongTech 原持有 KL 控股的股权比例与红筹架构拆除后楼某直接和间接合计持有的 KL 有限股权比例基本一致。此外，GL 持有的 KL 控股股权被回购后，以 1 元/注册资本的方式增资 KL 有限，境外回购资金均用于境内向 KL 有限增资，原持有 KL 控股股权比例与红筹架构拆除后持有 KL 有限股权比例基本一致。

2016 年 1 月，KL 控股回购其他境外投资人持有的 KL 控股股份，回购价款由境外投资人与 KLHC 新引进的投资人根据市场化原则协商一致确定。

（3）KLHC 股权调整

实际控制人、GL 对 KL 有限增资：2015 年 9 月，楼某、郑某以及 GL 分别自行或通过其指定主体以 1 元/注册资本的价格向 KLHC 增资，KL 控股以 1 元/注册资本的价格增加其对 KLHC 的投资，其中 GL 向 KL 有限支付的增资价款与 KL 控股向 GL 回购股份的价款基本相等，系 GL 从 KL 控股平移至 KLHC 持股。

引进新投资人：2015 年 9 月，因拆除红筹架构的资金需求，KL 控股将其持有的 KLHC 41.709% 股权转让给新投资人；同时，KLHC 以 13.2146 元/注册资本的价格引入新投资人。

（4）整合业务

2015—2016 年，KLHC 收购原体系下 KL 控股下属子公司，整合集团药物发现、药物开发等业务。

（5）清算注销红筹架构下的特殊目的公司（包括 LongTech）

红筹架构拆除后，KLHC 的股权架构如图 7-4 所示。

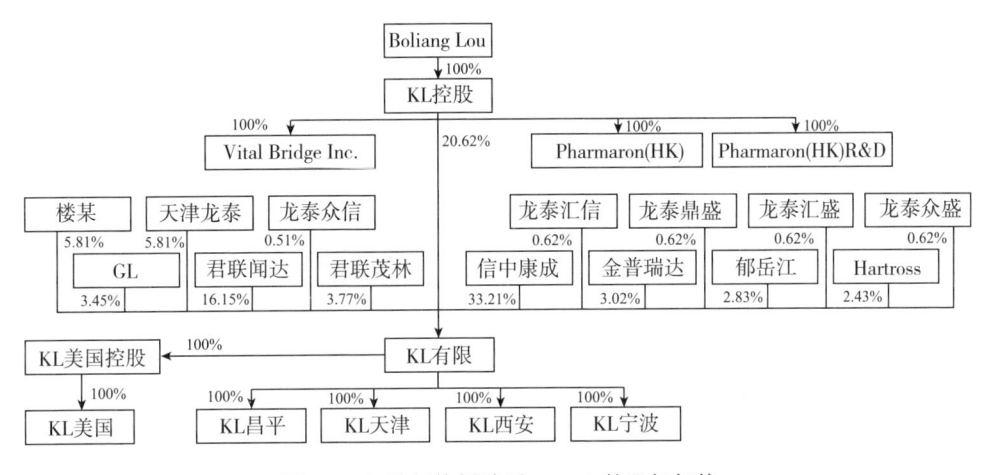

图 7-4 红筹架构拆除后 KLHC 的股权架构

2. 红筹架构拆除过程中的外汇登记和涉税问题

发行人红筹架构拆除的各环节，包括 KL 控股回购除 Boliang Lou 外其他股东持有的 KL 控股股份、KLHC 股权调整、KLHC 收购原体系下 KL 控股下属子公司所涉及的相关主体均已履行外汇登记和税收缴纳义务，符合相关法律法规的规定。

【案例二】MRHD 公司（2019 年 3 月在创业板上市）

1. 主要拆除步骤

（1）红筹架构拆除前，MRHD 公司的股权架构（如图 7-5 所示）

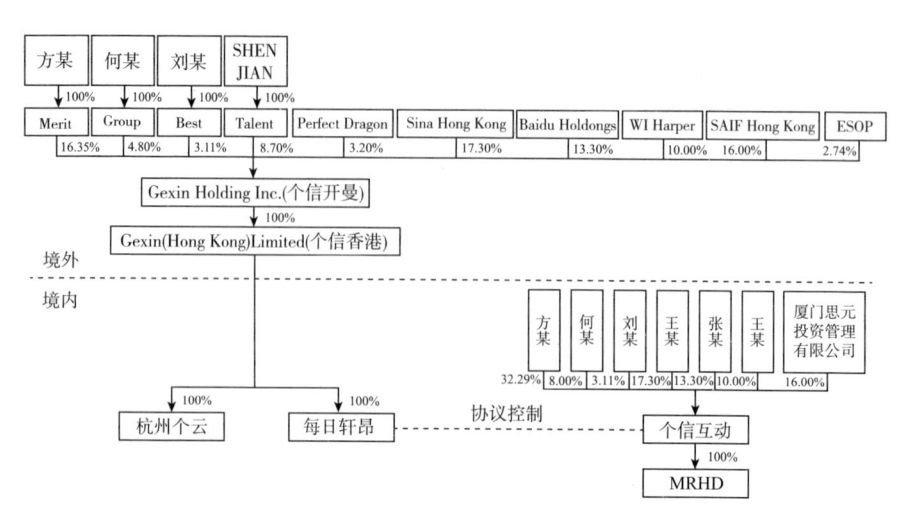

图 7-5 红筹架构拆除前 MRHD 公司的股权架构

（2）各方确定相关内容

2015 年 10 月，相关各方确定重组方案及境内拟上市主体（即浙江 MRHD 网络科技有限公司，系 MRHD 公司前身），相关各方签署重组协议及附件（包括 VIE 终止协议、股权转让协议、股份回购协议等）。

（3）MRHD 公司股权调整

①实际控制人、境内投资人及员工持股平台落地境内。2015 年 11 月，方某、沈某、何某、刘某、杭州我了个推投资管理合伙企业（系员工持股平台，与方某、沈某为一致行动人）受让个信互动持有的 MRHD 公司股权，其中方某、沈某、何某、刘某的受让价格为 1.8 元/注册资本，系参考 2015 年 6 月 30 日 MRHD 公司账面净资产协商确定；我了个推的受让价格为 4.9758 元/注册资本，系参考境外员工期权 ESOP 行权价格及 2015 年 6 月 30 日 MRHD 公司账面净资产值综合确定。

②原境外部分投资人落地境内。2015 年 11 月，北京禾裕创业投资中心（有限合伙）（新浪控股主体）、北京鼎鹿中原科技有限公司（百度控股主体）、北京信天商务服务有限公司（去哪儿控股主体）以 4.7057 元/注册资本的价格对 MRHD 公司进行增资，系境外投资者的境内主体以原始投资价格平移至 MRHD 公司持股。

③引进境内投资人。2015 年 12 月，MRHD 公司因拆除红筹架构的资金需求，以 64.32 元/注册资本的价格引入境内投资人；同时，沈某以 64.32 元/注册资本的价格向境内投资人转让其持有的部分 MRHD 公司股权，为拆除红筹架构

所需资金提供支持。

（4）受让个信香港所持每日轩昂的 100% 股权

2016 年 1 月 28 日，MRHD 公司作为股权受让方向杭州市西湖区税务局代扣代缴个信香港股权转让所得税，并取得杭州市西湖区税务局出具的《服务贸易等项目对外支付税务备案表》。2016 年 3 月 3 日，MRHD 公司向国家外汇管理局提出申请，取得了 FDI 境内机构转股外转中业务登记凭证，并于 2016 年 3 月 15 日向个信香港支付了税后股权转让款。

（5）个信开曼回购境外投资人股权

2015 年 10 月 15 日，个信开曼与新浪香港、百度控股、去哪儿、赛富、中经合签署了重组协议及股份回购协议。2016 年 3 月 18 日，个信开曼股东会通过决议，同意根据重组协议回购全部优先股股票及去哪儿持有的全部普通股股票。2016 年 3 月 30 日，新浪香港、百度控股、去哪儿、赛富香港、中经合收到个信开曼支付的全部股份回购款，并分别确认自收到回购款之日起不再享有任何股东权利及权益，且回购事项不存在任何纠纷或潜在纠纷。

（6）清算注销红筹架构相关主体

相关主体主要包括个信开曼、个信香港、个信互动、境外 BVI 平台、杭州个云等。

红筹架构拆除后，MRHD 公司的股权架构如图 7-6 所示。

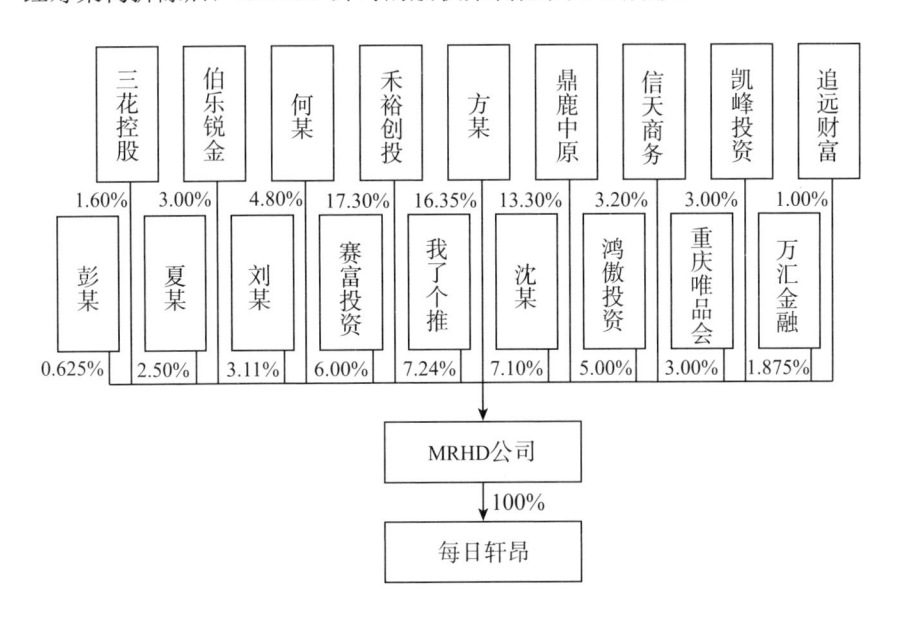

图 7-6　红筹架构拆除后 MRHD 公司的股权架构

2. 红筹架构拆除过程中的外汇登记情况

（1）方某、何某、刘某

鉴于方某、何某、刘某均为中国居民，针对红筹架构搭建过程所涉及的境外投资事宜，方某、何某、刘某等取得国家外汇管理局北京外汇管理部核发的"境内居民个人境外投资外汇登记表"，就其设立投资境外 BVI 平台公司、个信开曼、个信香港的情况进行登记，并分别就境外融资行为进行了变更登记。

红筹架构拆除后，2016 年 3 月 3 日，方某、何某、刘某分别向北京外管局提交"境内居民个人境外投资外汇登记表"，办理了外汇登记注销手续。

（2）每日轩昂

每日轩昂设立后历次增资及外债借款均已履行审批备案手续。2017 年 2 月 7 日，每日轩昂取得国家外汇管理局北京外汇管理部出具的《外汇管理行政处罚记录证明》，证明自 2013 年 1 月 1 日至 2015 年 12 月 31 日期间未发现每日轩昂存在逃汇、非法套汇及逾期未核销等违法行为，无外汇管理行政处罚记录。

3. 红筹架构拆除过程的涉税情况

2015 年 10 月 15 日，根据《每日轩昂（北京）科技有限公司股权转让协议》，个信香港以 38,906.5217 万元的价格向 MRHD 公司转让每日轩昂 100% 的股权。2016 年 1 月 28 日，MRHD 公司作为股权受让方向杭州市西湖区税务局代扣代缴个信香港股权转让所得税，并取得杭州市西湖区税务局出具的《服务贸易等项目对外支付税务备案表》。

根据个信开曼与新浪香港、百度控股、去哪儿、赛富、中经合签署的重组协议及股份回购协议，个信香港取得的上述股权转让款项应用于个信开曼回购全部新浪香港、百度控股、赛富、中经合持有的优先股股票及去哪儿持有的全部普通股股票。就上述红筹架构拆除方案，发行人已与主管税务机关进行沟通，MRHD公司作为每日轩昂股权受让方已代扣代缴个信香港企业所得税，该事项已作税务处理。

2016 年 3 月个信开曼回购股份时，个信香港已转让每日轩昂全部股权，个信开曼已不再间接持有每日轩昂，因此个信开曼股东也就不存在持有并间接转让中国居民企业股权的情形，不适用《国家税务总局公告 2015 年第 7 号——关于非居民企业间接转让财产企业所得税若干问题的公告》。

三、红筹回归的主要法律问题

（一）外汇合规问题

红筹回归过程中涉及的外汇问题主要包括红筹架构搭建以及后续融资、返程投资及红筹架构拆除过程中的外汇初始登记、变更登记及注销登记，可能的外汇处罚以及各环节涉及进出境资金的来源及外汇合规性。

根据 37 号文等的规定，境内居民自然人通过个人特殊目的公司进行返程投资应当办理外汇登记，若在未办理外汇登记的情形下存在涉嫌套汇行为和外汇出境行为，可能会对上市产生实质性障碍；在特定情形出现时，境内居民自然人还应当办理外汇变更登记及注销登记。此外，返程投资设立的外商投资企业整个存续期间内重大事项（包括外汇资金出入境事项），需要进行相应登记。

红筹企业境外融资或募集资金进行返程投资时，主要是通过向 WFOE 增资或提供股东贷款的方式，因此资金的入境及其结汇需要遵守相关规定，尤其是有关外汇资本金结汇规定及外债登记监管规定的相关要求。

此外，红筹架构拆除过程中需要向拟退出的境外投资人支付转让价款或回购价款，相关出境资金的来源及其支付汇出时预提扣缴事宜也需要遵守相应的监管要求。

（二）税务合规问题

红筹回归过程中涉及的税务问题集中在外商投资企业的性质变为内资或外资持股比例低于 25% 后，之前享受的所得税优惠的处理，以及红筹架构拆除过程中股权转让相关所得税的申报缴纳。

对于拆除红筹架构的企业，其之前作为外商投资企业享有的税收优惠，应当根据其变更之后的企业性质（外资或内资）和外资股权比例（是否低于 25%）的情况分别对待。若论证外商投资企业之前享有的税收优惠不予补缴，则应有明确的依据，如外商投资企业系按照外资优惠外的其他优惠政策（如高新产业优惠、经济特区优惠）享有税收优惠或拆除红筹架构后外商投资企业的外资比例仍不低于 25%，否则存在补缴税收优惠的风险。

在红筹架构的搭建和拆除过程中，涉及相关主体的股权在不同股东之间频繁变化的情况，而股权转让时转让对价的确定关乎所得税的缴纳。在确定股权转让对价时，应遵循公平交易原则，合理确定交易价格。

（三）实际控制人及管理层的稳定性问题

红筹回归过程中涉及的实际控制人、管理层事项主要是指境内拟上市主体的实际控制人及管理层在报告期内是否发生重大变更。根据《首次公开发行股票注册管理办法》要求，发行人最近三年（创业板及科创板为两年）内实际控制人没有发生变更，董事、高级管理人员没有重大变化。

因此，企业在红筹回归的过程中，应尽量保持境内拟上市主体实际控制人不变更及管理层不发生重大变化，以免对上市进程造成影响。

（四）资产、业务重组问题

一些红筹企业因涉及境外销售等业务，导致红筹架构拆除后的境内拟上市主体未拥有境外资产或业务的相关权益，存在资产、业务不完整、不独立的可能。为实现资产、业务的独立，境内上市主体一般会在上市前收购境外相关实体的股权，将其纳入上市架构，而该类收购通常属于同一控制下的合并行为。

根据《证券期货法律适用意见第 3 号》的规定，在同一控制下的企业重组，如果被重组方重组前一个会计年度末的营业收入或利润总额达到或超过重组前发行人相应项目的 100%，则应在重组后运行一个年度后才可申请发行，满足前述条件的情形下，发行人的主营业务未发生变更。

在上述 KLHC 公司案例中，为整合集团业务，KLHC 公司在红筹拆除过程中收购 KL 控股的其他下属子公司（在重组前一个会计年度合计营业收入超过重组前 KLHC 公司的 100%），由于前述收购属于同一控制下的企业重组且在申请发行时重组后的各公司已经完整运行了一个会计年度，因此 KLHC 公司的主营业务视为未发生变更。

第八节　税务合规问题

税务合规，越来越成为企业合规管理的一个重要环节。企业税务合规体系的规划，不仅是与国家税务信息化、智能化和大数据监管的接轨，而且是依法进行合规税务筹划、降低企业成本费用的战略需要，亦是企业上市首先要解决的一个重大法律问题。

一、税收优惠的合规性

1. 税收优惠的合法性

税收优惠的合法性，其基本原则是企业享受税收优惠要符合税法明确规定可以享受税收优惠的条件，即税收法定原则。企业上市过程中，需要重点关注地方政府制定的税收优惠是否符合税收法定原则以及税法是否授权地方政府就某项税收优惠作出明确的授权。

【案例】AW 公司

审核关注的税务问题：申报材料称，报告期内，发行人的主要产品之一试剂的销售收入分别为 2,529.77 万元、2,754.06 万元、3,253.90 万元，其中的软件销售收入占比分别为 91.96%、91.90%、91.77%；同时，招股说明书称，试剂为

AVE-76 系列尿液有形成分分析仪专用，主要用于仪器的日常清洗和维护。请发行人代表说明试剂中包含的软件品类及其功能，请保荐代表人说明发行人以前述数据申请软件产品增值税即征即退是否涉嫌税务违法。

2. 税收优惠的持续性

【案例】广东 HT 气体股份有限公司

审核反馈意见：对照高新技术企业认定条件逐项说明发行人如何符合认定条件，合并报表中公司研发费用不足 3%，是否影响公司的高新技术企业认定，高新技术企业资格续期是否存在障碍。

发行人答复：根据《高新技术企业认定管理办法》第十一条规定的高新技术企业认定条件，公司对发行人的实际情况进行了逐一对比，认为发行人符合相关规定。经核查，报告期内，发行人合并报表中公司研发费用均不足 3%，主要原因为发行人目前共有控股子公司 11 家，其中母公司发行人为高新技术企业，研发投入较多，其余子公司未开展项目及产品的研发，因此导致合并报表中研发费用不足 3%，上述情况不影响发行人的高新技术企业认定。

3. 税收优惠的依赖性

企业经营对政府补贴和税收优惠具有较大依赖性，则可能直接影响企业发行上市，案例如表 7-17 所示。

表 7-17　税收优惠依赖性相关案例

案例名称	审核问询的主要问题	具体情况
AJ 公司（被否）	发行人经营成果对税收优惠不存在严重依赖的理由及依据	2014 年度、2015 年度、2016 年度和 2017 年 1—6 月公司享受的税收优惠金额占同期利润总额的比例分别为 46.02%、142.25%、56.92% 和 63.33%，2015 年度超过 100%，主要系当期进行股份支付，且研发和销售费用投入加大使得本期利润总额较小，占比相对较高
LYZY 公司（被否）	分析政府补助和税收优惠的持续性，说明是否对政府补助及税收优惠存在重大依赖	报告期发行人获得的政府补助和税收优惠占净利润的比例高，分别为 436.36%、2,519.85%、433.61% 和 769.10%

二、依法纳税问题

（一）报告期内补税（如图 7-7 所示）

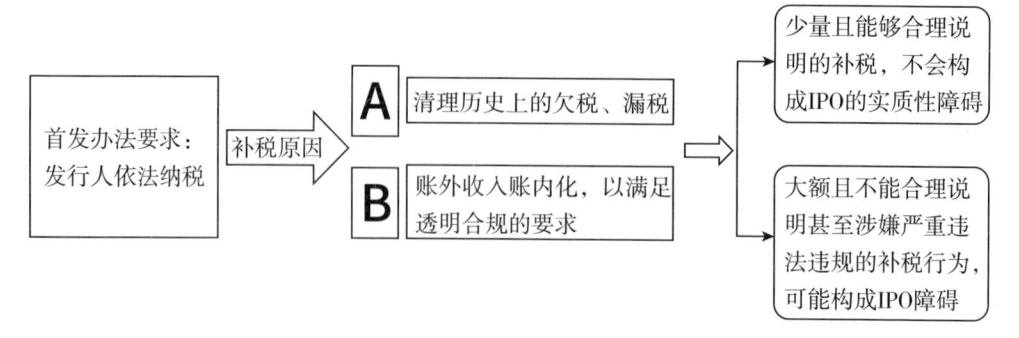

图 7-7 报告期内补税与 IPO

【案例】A 公司

反馈意见：有关部门对发行人 2012 年 1 月 1 日至 2014 年 12 月 31 日的纳税情况进行了现场检查并出具了税务处理决定书，请发行人说明税务稽查的具体情况，请申报会计师说明发行人对税务稽查的相关会计处理是否符合企业会计准则的要求。

发行人回复：有关部门于 2015 年 9 月向发行人告知初步检查结果，于 2015 年 12 月 17 日出具税务处理决定书，认定发行人因于 2012 年 1 月 1 日至 2014 年 12 月 31 日的如下行为须补缴税款 3,778,279.34 元（其中补缴增值税 246,123.98 元，所得税 3,532,155.36 元）及相应的滞纳金。发行人还应明确：①应对上述期限内收到的政府补助中尚未确认收入的部分补缴企业所得税；②相关项目在取得软件著作权后不能参与研发费用加计抵扣；③向渠道商赠送的部分包装物等销售行为应视同商品销售并按 17% 计提增值税销项税。发行人已根据处理决定补缴了 3,778,279.34 元税款及 1,169,060.12 元滞纳金。根据《中华人民共和国税收征收管理法》的规定，因纳税人、扣缴义务人计算错误等失误，未缴或者少缴税款的，税务机关在三年内可以追征税款、滞纳金。发行人律师认为，税务主管部门仅对发行人追征税款、滞纳金，未对发行人作出行政处罚，发行人上述行为并非偷税、抗税、骗税等重大税收违法行为；发行人已按照税务主管部门的核查结果补缴税款并支付滞纳金，该等情形不会对发行人本次发行上市构成实质性影响。

（二）发行人历次股权转让、转增股本涉及个人所得税

【案例】WL 公司

审核提出的主要税务问题为：发行人自然人股东未就 2016 年发行人股改中

资本公积金转增股本缴纳个人所得税。请发行人代表说明前述资本公积金的来源并说明前述情形是否符合相关税收法律规定。请保荐代表人发表明确核查意见。

（三）外资企业经营不满十年补税

根据《中华人民共和国外商投资企业和外国企业所得税法》（1991年7月1日实施，2008年1月1日失效）的规定："对生产性外商投资企业，经营期在十年以上的，从开始获利的年度起，第一年和第二年免征企业所得税，第三年至第五年减半征收企业所得税。外商投资企业实际经营期不满十年的，应当补缴已免征、减征的企业所得税税款。"

【案例一】HN 实业

审核反馈意见：发行人变更为内资企业是否须履行纳税补缴事项。

发行人答复：发行人自2009年7月设立之日起至2010年12月变更为内资企业期间，尽管作为外商投资企业的实际经营期不满十年，但发行人2009年尚未实现盈利，应纳所得税为零元，发行人2010年应纳税额60.43万元，适用的企业所得税率为25%，期间未享受任何外商投资企业税收优惠政策。

因此，发行人律师认为，发行人变更为内资企业不存在需要补缴已免征、减征企业所得税税款的情形。

【案例二】GX 油墨

审核反馈意见：

请发行人补充说明 GX 油墨成立 4 年后企业性质由外商投资企业变更为内资企业，是否需要补缴原作为外商投资企业所享受的所得税优惠税款，如需，请说明需要补缴的金额及补缴程序的履行情况。请保荐机构、发行人律师核查并发表明确意见。

发行人答复：

GX 油墨于 2006 年 5 月成立时为外商独资企业，在盈利后依法享受了相关税收优惠。2010 年 5 月 20 日，GX 油墨由外商独资企业转为内资企业。根据相关法律法规，GX 油墨转为内资企业应补缴开始获利年度起已免征、减征的企业所得税税款。根据 GX 油墨 2006—2010 年财务报告以及经江阴市第六税务分局批复同意的"通用调查报告"，GX 油墨 2007 年、2008 年亏损未享受所得税优惠，2009 年应补企业所得税 376,681.05 元，2010 年 1—3 月应补企业所得税 16,866.17 元。根据 GX 油墨提供的无锡市税收电子缴款凭证，上述应补税款已于 2010 年 6 月全部缴清。综上所述，发行人律师认为，GX 油墨成立 4 年后企业性质由外商投资企业变更为内资企业，需要补缴原作为外商投资企业所享受的所得税优惠税款，上述税款已补缴完毕，不会对本次发行构成法律障碍。

（四）虚开增值税发票问题

虚开增值税发票的法定情形包括：①为他人、为自己开具与实际经营业务情况不符的发票；②让他人为自己开具与实际经营业务情况不符的发票；③介绍他人开具与实际经营业务情况不符的发票。

《中华人民共和国发票管理办法》（2023年）第三十五条规定，虚开发票的，由税务机关没收违法所得；虚开金额在1万元以下的，可以并处5万元以下的罚款；虚开金额超过1万元的，并处5万元以上50万元以下的罚款；构成犯罪的，依法追究刑事责任。

《中华人民共和国税收征收管理法》第六十三条规定，对纳税人偷税的，由税务机关追缴其不缴或者少缴的税款、滞纳金，并处不缴或者少缴的税款50%以上5倍以下的罚款；构成犯罪的，依法追究刑事责任。

《刑法》第二百零五条对虚开增值税专用发票作出规定。虚开增值税专用发票处3年以下有期徒刑或者拘役，并处2万元以上20万元以下罚金；虚开的税款数额较大或者有其他严重情节的，处3年以上10年以下有期徒刑，并处5万元以上50万元以下罚金；虚开的税款数额巨大或者有其他特别严重情节的，处10年以上有期徒刑或者无期徒刑，并处5万元以上50万元以下罚金或者没收财产。单位犯罪的，对单位判处罚金，并对其直接负责的主管人员和其他直接责任人员处3年以下有期徒刑或者拘役；虚开的税款数额较大或者有其他严重情节的，处3年以上10年以下有期徒刑；虚开的税款数额巨大或者有其他特别严重情节的，处10年以上有期徒刑或者无期徒刑。

虚开《刑法》第二百零五条规定以外的发票，情节严重的，处2年以下有期徒刑、拘役或者管制，并处罚金；情节特别严重的，处2年以上7年以下有期徒刑，并处罚金。

【案例】DG 物流虚开增值税发票

DG 物流收到国家税务总局宁夏税务局稽查局《税务行政处罚事项告知书》，主要内容如下：

2016年6月，DG 物流由朱某、王某玉、王某三人充当中间人进行煤炭贸易。上游销货方及下游购货方以委托授权书形式委托朱某、王某玉与 DG 物流开展煤炭贸易及货款结算。

2016年7月—12月，DG 物流通过朱某、王某玉、王某三人共取得38家企业开具的品名为"煤"的3818份增值税专用发票，金额为378,246,829.04元，申报抵扣增值税进项税额64,301,956.31元。DG 物流已于2017年1月自行申报转出其中218份增值税专用发票进项税额3,662,634.70元。根据有关部门出具的税收违法案件协查函，DG 物流接受并抵扣的 3818 份增值税专用发票中，北京 KY 商贸有限公司开具的 450 份增值税专用发票、北京 TY 商贸有限公司开具的 325 份增值税专用发票、北京 JS 商贸有限公司开具的 195 份增值税专用发票，为虚开的增值税专用发票，涉及金额 96,393,321.96 元、税额 16,386,864.34 元。

2016 年 7 月—12 月，DG 物流向北京 SJ 国际贸易有限公司、大连 CY 煤炭有限公司等 20 家下游企业开具了品名为"煤"的增值税专用发票 219 份，金额为 381,023,365.96 元，销项税额为 64,773,971.98 元。

DG 物流与上下游 58 家企业的资金结算方式分为银行承兑汇票和银行电汇两种。DG 物流与 35 家上游企业、19 家下游企业共背书 162 份银行承兑汇票。经发行银行证实，其中 73 份银行承兑汇票未签发、73 份银行承兑汇票无上下游购销企业及 DG 物流背书记录，涉及金额 301,885,000.00 元。经查，银行电汇结算方式中，户名为"王某光"的账户先将资金汇款给下游企业或其法定代表人个人账户，下游企业再将资金打入 DG 物流账户，DG 物流以货款名义将款项汇给上游企业，上游企业收到资金后将款项集中打入北京 TY 商贸有限公司后，再汇款至王某光个人账户。DG 物流向 20 家上游企业支付的 121,055,234.29 元中有 89,435,290.07 元形成资金闭环回流，从 14 家下游企业收到的 129,587,418.08 元中有 92,700,000.00 元形成资金闭环回流。

经检查核实，在上述业务中 DG 物流不实际掌控煤炭的采购、销售及货物交割，不能提供煤炭购销业务真实发生的运输记录及相关证据资料，支付的货款最终回流到王某光个人账户。根据《中华人民共和国发票管理办法》的相关规定，DG 物流 2016 年接受北京 LF 商贸有限公司等 35 家企业 3600 份增值税专用发票并向北京 SJ 国际贸易有限公司等 20 家企业开具 219 份增值税专用发票的行为是虚开增值税专用发票的行为。

根据《中华人民共和国增值税暂行条例》等的规定，DG 物流取得的 3600 份增值税专用发票不得作为合法有效的扣税凭证抵扣进项税额，应转出进项税额 60,639,321.61 元。经计算，应追缴 DG 物流 2016 年 7 月增值税 3,617,429.18 元、8 月增值税 17,817,639.80 元、9 月增值税 13,558,520.89 元、10 月增值税 25,645,731.74 元，合计 60,639,321.61 元。

根据《中华人民共和国城市维护建设税暂行条例》第二条、第三条的规定，依 7% 的税率，本次查补的增值税 60,639,321.61 元应补缴城市维护建设税 4,244,752.51 元。根据《征收教育费附加的暂行规定》及《财政厅关于教育费附加征收问题的通知》第一条的规定，依 3% 的征收率，本次查补的增值税 60,639,321.61 元应补缴教育费附加 1,819,179.65 元。根据《关于印发宁夏回族自治区地方教育附加征收使用管理办法的通知》第二条，依 2% 的征收率，本次查补的增值税 60,639,321.61 元应补缴地方教育附加 1,212,786.43 元。

根据《国家税务总局关于纳税人取得虚开的增值税专用发票处理问题的通知》《中华人民共和国税收征收管理法》的相关规定，除追缴 DG 物流少缴增值税 60,639,321.61 元、城市维护建设税 4,244,752.51 元、按规定加收滞纳金外，拟处少缴税款 60% 的罚款，即 38,930,444.47 元。

三、税务处罚问题

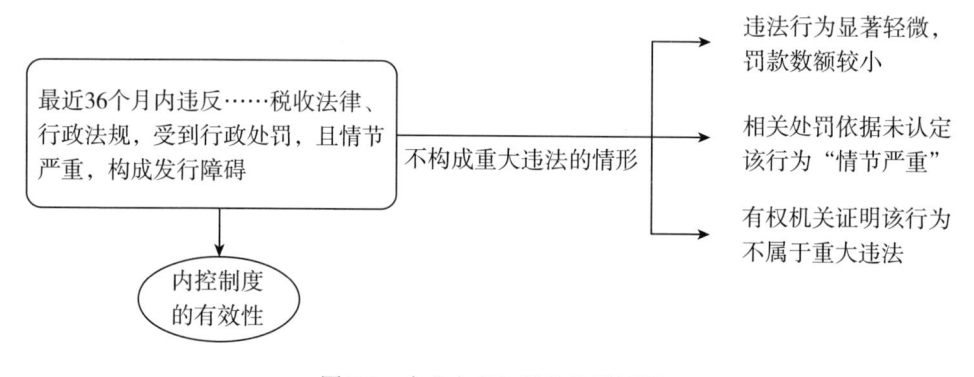

```
最近36个月内违反……税收法律、          违法行为显著轻微，
行政法规，受到行政处罚，且情节  ──┐   罚款数额较小
严重，构成发行障碍                  │
                    不构成重大违法的情形  相关处罚依据未认定
                                     该行为"情节严重"
      │
   内控制度                         有权机关证明该行为
   的有效性                         不属于重大违法
```

图 7-8　企业上市与税务处罚问题

【案例一】BAT 公司

上交所反馈：

BAT 公司未按照规定期限办理纳税申报和报送纳税资料，国家税务总局广州开发区税务局于 2018 年 12 月 27 日出具《税务行政处罚决定书》，依据《中华人民共和国税收征收管理法》第六十二条的规定，对 BAT 公司处以罚款 2,000 元。请发行人：①说明上述行政处罚所涉事项的整改情况，整改是否到位，是否获取税务机关关于以上行政处罚不属于重大违法行为的相关证明；②结合审核问答的规定，说明相关行政处罚是否为重大违法行为，上述事项对本次发行上市的影响；③结合上述事项，说明报告期内发行人的相关内部控制制度是否健全且得到有效执行。

发行人答复：

发行人于 2018 年 12 月 28 日补办了房产税纳税申报，并足额缴纳了罚款，发行人已整改到位。根据有关部门出具的"涉税征信情况说明"，发行人无欠缴税费记录。除上述情况外，未发现发行人存在其他税务违法违章行为。就上述被处罚行为，BAT 公司未取得税务机关关于以上行政处罚不属于重大违法行为的相关证明，但该违法行为不属于危害国家安全、公共安全、生态安全、生产安全、公众健康安全等领域的违法行为，亦未导致严重环境污染、重大人员伤亡、恶劣社会影响等其他严重后果，该违法行为显著轻微且罚款数额较小，不属于对本次发行上市构成实质障碍的"重大违法行为"。发行人已经根据《企业内部控制基本规范》及企业内部控制配套指引，以及相关国家法律法规，并结合实际情况和管理需要，制定了较为完善、合理的内部控制制度，内部控制制度贯穿于公司经营活动的各层面和各环节。

【案例二】HN 股份

审核反馈意见：

2014 年 5 月 16 日，杭州市余杭区税务局稽查局作出《税务行政处罚决定书》，对公司偷税行为处以少缴房产税、企业所得税税款 60% 的罚款 56,433.55 元，对扣缴义务人处以应扣未扣个人所得税税款 60% 的罚款 3,512.91 元，罚款合计 59,946.46 元。请发行人说明上述被处罚行为是否属于重大违法违规，发行人内部控制制度是否能保证发行人的合法合规经营。

发行人答复：

上述违规行为发生后，发行人已在规定期限内缴纳了相应罚款，消除了违法行为的危害后果，未对发行人生产经营造成重大影响；依据《中华人民共和国税收征收管理法》第六十三条第一款的规定，主管税务机关可以处以涉及税款 50% 以上 5 倍以下的罚款，发行人因上述事宜受到的处罚金额为涉及税款 60% 的罚款，处罚金额较小，处罚款项亦未对发行人生产经营造成重大影响；发行人亦已经取得主管机关杭州市局稽查局的确认：发行人的上述行为不属于重大违法违规行为。据此，发行人律师认为，发行人上述行政处罚决定书所认定的违规行为不属于重大违法违规行为，不会对发行人首次公开发行股票并在创业板上市造成法律障碍。

【案例三】YD 电子

2011 年 2 月 28 日，YD 电子申请上市，2 月 25 日，证监会公告取消审核会议，导致其第一次申请上市失败。

招股说明书显示，YD 电子曾通过子公司 YD（中山）多层线路板有限公司转让保税料件生产的成品线路板和短少保税料件，截至 2008 年 6 月，YD 电子不能提供正当理由证明短少的 678 吨保税进口的双面覆铜板，漏税 599 万元，因此受到拱北海关罚款 1,000 万元，金额占保税料件总价值的 10.25%，占 YD 电子 2008 年净利润的 5.64%；此外，YD 电子 2009 年补缴了 347 万元关税和 1,417 万元增值税，占公司当年净利润的 5.3%。YD 电子合计支出 2,764 万元，占其 2008

年净利润的 15.3%。YD 电子的上述行为已构成发行上市的实质性障碍。

四、拟上市企业税务合规注意事项

综上所述，为避免对首发上市造成障碍，拟上市企业在税务合规方面应关注以下几点。

①拟上市企业应确保其享受的税收优惠具有法律、行政法规依据，并确保其能够持续符合税收优惠的资格条件，同时应避免经营成果对税收优惠存在严重依赖。

②拟上市企业应依法开具和使用发票，依法纳税和履行代扣代缴义务，并敦促其历次转增股本、分红、股权转让的相关方及时、足额纳税，避免报告期内因会计差错等情形产生大额补税。

③拟上市企业应及时、足额申报纳税，避免出现情节严重的税务违法行为或受到税务主管部门的重大行政处罚；受到税务主管部门行政处罚的，须通过税务主管部门出具确认文件等方式证明该处罚不构成重大行政处罚。

第九节　商业特许经营（加盟）合规问题

具备持续经营能力是企业发行上市的重要条件，明确发行人的经营模式如商业特许（加盟）的合规性对判断企业是否具备持续经营能力具有重要的作用。

一、商业特许经营监管法律法规

①《商业特许经营管理条例》（2007）；
②《商业特许经营备案管理办法》（2011）；
③《商业特许经营信息披露管理办法》（2012）。

二、商业特许经营需要重点关注的法律问题

（一）关于商业特许经营的登记备案

《商业特许经营管理条例》第八条规定：特许人应当自首次订立特许经营合同之日起 15 日内，依照本条例的规定向商务主管部门备案。在省、自治区、直辖市范围内从事特许经营活动的，应当向所在地省、自治区、直辖市人民政府商务主管部门备案；跨省、自治区、直辖市范围从事特许经营活动的，应当向国务院商务主管部门备案。特许人向商务主管部门备案，应当提交下列文件、资料：①营业执照复印件或者企业登记（注册）证书复印件；②特许经营合同样

本；③特许经营操作手册；④市场计划书；⑤表明其符合本条例第七条规定的书面承诺及相关证明材料；⑥国务院商务主管部门规定的其他文件、资料。

商业特许经营的备案工作实行全国联网。符合《商业特许经营管理条例》规定的特许人，应当通过政府网站进行备案。

《商业特许经营备案管理办法》第六条规定，申请备案的特许人应当向备案机关提交以下材料：①商业特许经营基本情况；②中国境内全部被特许人的店铺分布情况；③特许人的市场计划书；④企业法人营业执照或其他主体资格证明；⑤与特许经营活动相关的商标权、专利权及其他经营资源的注册证书；⑥符合《商业特许经营管理条例》第七条第二款规定的证明文件；直营店位于境外的，特许人应当提供直营店营业证明（含中文翻译件），并经当地公证机构公证和中国驻当地使领馆认证；⑦与中国境内的被特许人订立的第一份特许经营合同；⑧特许经营合同样本；⑨特许经营操作手册的目录（须注明每一章节的页数和手册的总页数，对于在特许系统内部网络上提供此类手册的，须提供估计的打印页数）；⑩国家法律法规规定经批准方可开展特许经营的产品和服务，须提交相关主管部门的批准文件；⑪经法定代表人签字盖章的特许人承诺；⑫备案机关认为应当提交的其他资料。

（二）关于商业特许经营的信息披露要求

《商业特许经营信息披露管理办法》第四条规定"特许人应当按照《条例》（《商业特许经营管理条例》）的要求，在订立特许经营合同之日前至少30日，以书面形式向被特许人披露本办法第五条规定的信息"。

特许人进行信息披露应当包括以下内容。

1. 特许人及特许经营活动的基本情况

①特许人名称、通信地址、联系方式、法定代表人、总经理、注册资本额、经营范围以及现有直营店的数量、地址和联系电话；②特许人从事商业特许经营活动的概况；③特许人备案的基本情况；④由特许人的关联方向被特许人提供产品和服务的，应当披露该关联方的基本情况；⑤特许人或其关联方在过去2年内破产或申请破产情况。

2. 特许人拥有经营资源的基本情况

①注册商标、企业标志、专利、专有技术、经营模式及其他经营资源的文字说明；②经营资源的所有者是特许人关联方的，披露该关联方的基本信息、授权内容，特许人同时应当说明一旦解除与该关联公司的授权合同，如何处理该特许经营系统；③特许人（或其关联方）的注册商标、企业标志、专利、专有技术等经营资源涉及诉讼或仲裁的情况。

3. 特许经营费用的基本情况

①特许人及代第三方收取费用的种类、金额、标准和支付方式，不能披露的，应当说明原因；收费标准不统一的，应当披露最高和最低标准，并说明原因。②保证金的收取、返还条件、返还时间和返还方式。③要求被特许人在订立特许经营合同前支付费用的，应当以书面形式向被特许人说明该部分费用的用途以及退还的条件、方式。

4. 向被特许人提供产品、服务、设备的价格、条件等情况

①被特许人是否必须从特许人（或其关联公司）处购买产品、服务或设备及相关的价格、条件等；②被特许人是否必须从特许人指定（或批准）的供应商处购买产品、服务或设备；③被特许人是否可以选择其他供应商，以及供应商应具备的条件。

5. 为被特许人持续提供服务的情况

①业务培训的具体内容、提供方式和实施计划，包括培训地点、方式和时间长度；②技术支持的具体内容，说明特许经营操作手册的目录及相关页数。

6. 对被特许人的经营活动进行指导、监督的方式和内容

①特许人对被特许人的经营活动进行指导、监督的方式和内容，被特许人须履行的义务和不履行义务的后果；②特许人对消费者投诉和赔偿是否承担连带责任，如何承担。

7. 特许经营网点投资预算情况

①投资预算可以包括下列费用：加盟费；培训费；房地产和装修费用；设备、办公用品、家具等购置费；初始库存；水、电、气费；为取得执照和其他政府批准所需的费用；启动周转资金。②上述费用的数据来源和估算依据。

8. 中国境内被特许人的有关情况

①现有和预计被特许人的数量、分布地域、授权范围、有无独家授权区域（如有，应说明预计的具体范围）的情况；②对被特许人进行经营状况评估情况，特许人披露被特许人实际或预计的平均销售量、成本、毛利、纯利的信息，同时应当说明上述信息的来源、时间长度、涉及的特许经营网点等，如果是估算信息，应当说明估算依据，并明示被特许人实际经营状况与估计可能会有不同。

9. 最近两年的经会计师事务所或审计事务所审计的特许人财务会计报告摘要和审计报告摘要

10. 特许人最近五年内与特许经营相关的重大诉讼和仲裁情况

重大诉讼和仲裁指涉及标的额 50 万元人民币以上的诉讼和仲裁。应当披露此类诉讼的基本情况、诉讼所在地和结果。

11. 特许人及其法定代表人重大违法经营记录情况

①被有关行政执法部门处以 30 万元以上罚款的；②被追究刑事责任的。

12. 特许经营合同文本

①特许经营合同样本；②如果特许人要求被特许人与特许人（或关联公司）签订其他有关特许经营的合同，应当同时提供此类合同样本。

三、商业特许经营模式下企业上市关注要点

（一）商业特许经营的合法合规性

根据企业上市审核实践，特许经营权（包括商业特许经营）的取得和使用不得对发行人的持续经营能力产生重大不利影响。

审核实践主要关注并核查拟上市企业是否按照商业特许经营的相关规定开展经营活动，查验发行人商业特许经营权的备案信息及特许经营协议、特许经营管理制度等文本，并进一步判断拟上市企业开展商业特许经营是否符合《商业特许经营管理条例》《商业特许经营备案管理办法》及《商业特许经营信息披露管理办法》等规定。另外，还须核查加盟商是否满足相关法律法规和行业规范要求的具体资质。

（二）经营模式的稳定性

当企业采用直营（自营）结合特许加盟的经营模式时，还应关注直营店和特许加盟店是否会产生利益冲突，拟上市企业单独增加直营店或单独增加特许加盟店时会不会给原有经营模式带来冲击。

拟上市企业在报告期内应避免经营模式的重大改变，以减少审核对持续盈利能力的质疑。另外，企业可通过"不同区域差别化经营"的方式减少直营店和加盟店之间的利益冲突，并通过特许经营协议和加盟商管理制度来控制异地扩张的经营风险，加强稳定性。

（三）品牌管理风险

企业虽通过特许经营的方式实现商业模式的复制和低成本扩张，但不能保证独立经营的加盟商所提供的产品和服务与企业保持一致，从而可能致使企业品牌形象受损，所以采用特许经营模式的拟上市企业应当在招股说明书中提示和说明品牌管理的风险，并通过完善加盟管理体系或履约保证金、奖惩淘汰制度、内部控制制度等措施加强品牌管理。

（四）关联加盟商问题

对于存在关联加盟商的拟上市企业，审核主要关注该类加盟商的收入占比情况，毛利率是否与非关联加盟商基本一致，关联交易价格公允性、程序完备性，

减少关联交易的措施等,从而进一步判断关联加盟对公司独立性的影响。拟上市企业应在报告期内尽量避免或减少关联加盟的产生,降低关联加盟商的收入占比,通过增加非关联加盟门店、建立关联交易制度等方式弱化不利影响。

四、案例

【案例一】RS 公司

1. 公司概况

RS 公司为整体家装解决方案供应商,主要业务为家庭建筑装饰设计、装饰施工、产品配套及全国性家装品牌特许经营。商业模式为直营连锁结合特许加盟,直营连锁为主,特许加盟为辅。

2. 主要关注问题

审核部门要求核查公司"直营连锁+特许加盟"经营模式是否稳定,以及公司募投项目中新增经营店是否会使现有经营模式发生重大变化。主要反馈问题及回复如下:

问题一:公司募投项目新增经营店是否与特许加盟商产生利益冲突,公司募投项目加大家装直营连锁店的投入是否会对目前以特许加盟销售的销售体系和模式带来冲击。

主要回复意见:因公司经营的不同品牌对应不同的业务体系,各品牌在每个城市独立运作,不允许出现同一品牌在同一个城市既有加盟又有直营的现象,特许加盟仅限于"RS"品牌,其与直营连锁店的"SM"品牌在业务模式、目标客户、品牌形象等方面具有较大差异,故两者不会产生较大的利益冲突,也不会对特许加盟体系造成影响。

问题二:核查公司对加盟商的管理制度以及进入、退出机制,公司加盟店的扩张与经营店的扩张是否存在利益冲突以及异地扩张的经营风险,公司与加盟商或加盟店之间是否存在争议或纠纷。

主要回复意见:公司已建立完备的特许加盟业务管理制度,"RS"品牌直营店与特许加盟店在异地扩张时不存在区域市场重叠等情形,故不存在利益冲突。根据特许经营协议,公司对特许加盟商的特许经营仅限于"RS"品牌,并限定了特许经营授权的区域范围,具有区域保护条款,且公司特许经营管理体系要求特许加盟商在向任何第三方转让加盟店所有权或其他特许协议约定的权利前,必须得到股份公司的书面同意,否则构成合同违约。因此,公司异地扩张的整体风险较小,且与特许加盟商或加盟店之间不存在争议或纠纷。

除上述关注问题外，RS 公司在招股说明书中亦提示了特许经营可能产生的其他风险，如加盟商提供的产品与服务质量与公司的要求存在较大差距，从而使公司品牌、声誉受损的风险，以及特许经营政策变动可能引起特许经营加盟商纠纷、诉讼的风险。

【案例二】LD 公司

1. 公司概况

LD 公司主要从事生猪养殖、生猪屠宰，冷鲜肉、冷冻肉、熟食制品的生产加工及销售。公司采用"加盟经销商＋加盟店"的销售模式，直接与区域加盟经销商（主要为个人）签订区域加盟经销商特许经营合同，并通过区域加盟经销商对该区域的各加盟店进行日常监督管理。

2. 主要关注问题

公司"加盟经销商＋加盟店"业务模式的风险及其可能对公司"LD"系列品牌产生的风险。据此，公司披露的主要风险和应对措施如下：

（1）加盟经销商或加盟店违约经营的风险

公司可能存在个别加盟店发生店面管理混乱、服务质量不佳、擅自提价或促销、擅自销售变质过期产品、非公司许可销售产品，或其他未有效执行公司标准的行为，从而对公司的品牌形象造成不利影响的风险。

应对措施总结：①公司按照特许加盟合同向区域加盟经销商和加盟店收取履约保证金，如出现违约情况，公司可以扣减其履约保证金，直至解除特许加盟合同；②按照公司标准统一加盟店的装修、布置风格，通过制定严格的店面环境及服务标准，对各加盟店进行考核，采取奖惩措施；③若出现私自调价的情况，则从加盟经销商和加盟店履约保证金中扣除相应的罚款；④公司不定期派遣业务员和巡检员进行店面检查，一旦发现违规立即予以纠正，并视情节予以警告或处罚；⑤公司通过内部发货系统对各区域及单店的每日订货数量进行监控，以确保对各区域加盟经销商及加盟店的有效管理。

（2）加盟经销商或加盟店泄露商业秘密的风险

加盟经销商和加盟店在业务往来中接触到公司加盟体系的管理方式、价格体系、利益分配机制等商业秘密，若故意或过失泄露给公司的竞争对手，可能对公司销售渠道的管理和品牌推广造成不利影响。

应对措施总结：公司通过特许加盟合同明确约定加盟方的保密义务及退出后三年竞业禁止义务，尽可能通过事前预防、事后追责的方式有效保护公司的利益不受非法侵害。

【案例三】ADE 公司

1. 公司概况

ADE 公司是集珠宝首饰产品设计生产加工、品牌连锁为一体的珠宝企业，采用加盟商加盟销售和非加盟商经销销售相结合的业务模式。

2. 主要关注问题

ADE 公司以加盟销售为主，一些加盟商为公司股东，监管层要求详细核查该类加盟商的基本情况、是否为公司客户、与公司合作历史、公司向该等客户销售的收入占比情况，并核查该等客户与股东双重身份的情形是否影响公司独立性。

经中介机构核查，公司与加盟商股东之间销售收入占当期销售收入比重较低，且加盟商股东门店与其他加盟商实行统一产品定价、信用期、结算和退货政策，故加盟商股东的双重身份未对独立性构成重大不利影响。

除上述关注问题外，ADE 公司还在招股说明书中提示了加盟模式下的其他风险，如品牌风险、加盟商换货风险、无法全面掌握加盟商具体存货和销售数据的风险，公司除制定一系列加盟商管理制度外，还请保荐机构对加盟商违规的公司维权成本出具了评估意见。

【案例四】LYF 公司

1. 公司概况

LYF 公司是一家经营自主品牌的休闲食品连锁经营企业，直营店 2,111 家，特许经营加盟门店 160 家。

2. 主要关注问题

因公司存在关联加盟商从事"LYF"休闲食品销售业务的情形，监管层主要关注其可能产生的关联交易及利益冲突问题，并要求公司说明关联加盟商收入、毛利在报告期各期的占比情况，是否存在逐年上升情形。

经过核查，关联加盟商的收入占公司的营业收入比例很低，报告期内各期的收入占比分别为 1.75%、1.39%、1.22%、1.3%，对公司收入不产生重大影响。关联加盟商的毛利占公司毛利总额比例很低，对公司毛利不产生重大影响。另外，公司关联加盟商的成本加成率与非关联加盟商的成本加成率基本一致，因此中介机构认为，公司向关联加盟商批发业务定价公允，不存在利益输送的情况。

除上述财务核查外，公司还通过多项措施避免或减少关联交易，如实行不同区域差别化经营策略，同步发展直营门店和加盟门店，增加非关联加盟门店，以及建立关联交易制度等方式。

【案例五】ZDS 公司

1. 公司概况

公司从事"ZDS"品牌珠宝首饰的设计、推广和连锁经营。在报告期内，公司采取加盟、自营和电商相结合的销售模式。截至 2016 年 12 月 31 日，公司拥有自营店 294 家、加盟店 2,162 家，且自营店和加盟店所负责的销售区域相互区分。

2. 主要关注问题

针对公司上述销售模式，审核部门要求说明所有加盟商是否具备相关法律法规和行业规范要求的具体资质。

对此，中介机构查阅了公司的加盟商清单、营业收入前二十的加盟商以及在各省范围随机选取的加盟商特许经营协议、加盟商营业执照、公司出具的确认函等资料。根据商业特许经营的相关规定和公司的加盟条件，加盟申请人应为合法经营主体（企业或个体工商户），取得营业执照（组织机构代码证、税务登记证）、开户许可证等经营证照且应具有黄金珠宝首饰、工艺品、饰品零售经营资格。经中介机构的上述核查后，ZDS 公司的所有加盟商均符合前述条件。

另外，因 ZDS 公司的加盟业务收入比重较大，其在招股说明书中也提示了加盟业务收入占比及加盟管理的品牌风险。

第十节　客户、供应商入股合规问题

客户、供应商入股拟上市公司主要会产生以下几个问题。

①客户、供应商入股后，基于股权投资关系将原本市场化的销售和采购关联化，此种情形的销售和采购形成关联交易，基于现代公司治理的架构，关联交易达到一定比例需要履行相应的决议程序和披露程序。

②客户、供应商入股后，基于股权投资关系而形成的关联交易比例影响公司独立面向市场的能力，关联交易超过 30%，一般会认为拟上市企业对关联方形成重大依赖。

③客户、供应商入股后，基于股权投资关系和关联交易，公司可能存在利用股东关联关系进行利益输送的情形，需要对关联交易的合理性作出解释，需要对关联交易价格的公允性作出解释，需要对是否利用关联交易调节短期业绩作出合理解释。

综上所述，拟上市企业为了稳固供应链关系和客户关系，同意客户、供应商入股存在一定的合理性，为了解决拟上市企业在审核中存在的上述问题，单一客户、供应商入股比例一般不超过 5%，关联交易总体控制在 30% 以下。

一、客户、供应商入股案例（如表7-18所示）

表7-18 客户、供应商入股案例

序号	案例	具体情况
1	CL科技	CL科技17家经销商的主要股东或核心人员直接持有CL科技的股权，持股比例最高为2.21%，一般为0.01%～1.00%。 CL科技没有认定这17家股东经销商为关联方。招股书在"业务"章节详细介绍了股东经销商的交易情况： CL科技为推动全国性市场开拓，鼓励部分持有CL科技股权的营销人员在目标市场开设经销公司，从而调动市场推广积极性，并实现CL科技与经销商的利益一致、有利于经销网络的稳定。CL科技与入股经销商的定价方式、信用政策、计提政策、结算政策和支付政策等均与非股东经销商一致。股东经销商的控股股东或关联方在CL科技的持股比例均微小，无法对CL科技经营产生重大影响，不影响CL科技的独立性，CL科技在业务方面不形成对股东经销商的依赖。 报告期各期末，经销模式基本已实现最终销售，不存在经销商大额库存
2	ZJ钢琴	三家经销商客户入股，但是客户股东的持股比例较低，合计持股不到1%。入股后发行人与经销商之间的交易机制未发生重大变化，交易定价、赊销政策、信用政策、奖励政策与其他经销商保持一致；入股前后交易的金额和占比趋于稳定，没有发现较大波动，也没有形成客户依赖
3	TY集团	2015—2016年，存在发行人客户YD货运实际控制人的母亲陈某美及客户DB物流的全资子公司DB投资分别认购发行人增资发行的股份行为，其中陈某美持股比例为1.02%，DB投资持股比例为2.45%。审核会议提出的主要问题包括：2015—2016年，YD货运实际控制人的母亲陈某香及DB投资分别认购发行人增资发行的股份。请发行人代表说明上述增资入股后向YD货运及DB物流销售产品的综合毛利率持续下降，且2017年1—9月显著低于同期向全部客户销售综合毛利率的原因；向YD货运及DB物流销售价格的定价政策及其公允性，陈某香及DB投资增资入股时是否存在与业务合作相关的协议；2016年、2017年1—9月，同一标准的标签产品向YD货运与BS物流销售单价差异较大的原因及合理性
4	ZT精装	2015年8月，WF资产成为发行人股东。WF资产的实际控制人为深圳市WK企业股资产管理中心。报告期内，WK企业股份有限公司为发行人第一大客户，2014年、2015年、2016年及2017年1—6月，发行人对WK企业股份有限公司的销售收入分别为49,412.11万元、38,083.94万元、46,372.00万元及16,375.97万元，占营业收入的比重分别为58.46%、44.10%、46.39%及43.60%。审核会议提出的主要问题有：WK地产为发行人第一大客户，发行人股东之一WF资产唯一股东为WK企业股资产管理中心，WK地产员工代表大会对该中心的宗旨及理事会人选有最终决定权。请发行人代表说明，根据实质重于形式原则，WK地产是否为关联方，发行人是否构成对关联方存在重大依赖的情形

二、客户、供应商入股的审核关注要点

1. 客户、供应商入股的合理性

客户、供应商入股应当具有合理的商业逻辑,该商业逻辑可能是基于双方已合作多年,出于公司发展战略考虑,客户、供应商入股以分享发行人的成长收益,更好地维持长期合作;或者是市场集中度较高,客户、供应商入股系历史原因形成且符合行业特点。

此外,客户、供应商入股的价格应当公允,如果入股的价格较低,可能会存在通过降低入股价格来获取订单或其他利益输送的嫌疑。

进行合理性的说明,最终目的是打消审核机构对粉饰业绩、操纵利润、业务依赖、持股换订单等因素的疑虑。

2. 客户、供应商持股比例的高低、对公司生产经营的影响力大小

客户、供应商直接或间接持股比例在5%以上的,应作为关联方披露,相关交易应认定为关联交易,须履行关联交易的相关审议程序。并且,持股比例越高,越容易引起关注,发行人及相关中介机构应作更详尽的核查和披露。

客户、供应商直接或间接持股比例低于5%的,一般而言,对发行人生产经营难以产生重大影响。入股比例越低,对发行人的生产经营和独立性的影响越小。当然,如果入股的客户或供应商是发行人的主要或新增重要客户、供应商,且交易占比较大,即便入股比例较低,审慎起见,也应依照实质重于形式原则,比照关联方及关联交易进行披露。

此外,在治理结构上,发行人尽量不与入股的客户、供应商存在"特殊事项否决权"、派驻董事或高管等特殊权利的约定,以避免审核部门考虑入股客户、供应商对发行人的经营决策有重大影响力。

3. 发行人与入股客户、供应商交易的公允性、稳定性和可控性

(1) 在交易价格方面

关注入股前后发行人与入股客户、供应商的交易价格是否发生重大变化,与入股客户、供应商的交易价格是否与其他客户、供应商的交易价格存在重大差异。

(2) 在业务稳定性方面

对于相同或相似产品,发行人和入股客户、供应商之间交易的毛利率与发行人和其他客户、供应商之间交易的毛利率是否存在差异;在入股前后,发行人与入股客户、供应商的业务合作是否发生重大变化,金额、占比是否稳定,交易的其他条款(比如信用政策)是否发生变化,是否存在放宽账期以获取大量订单的情形。

（3）在业务可控性方面

如发行人与入股客户、供应商历史上已存在且保持长期采购、供货关系，未来的合作系可预期的维持或增长，不属于为了利益输送而进行的短期往来，则更有说服力；同时关注在入股前后，发行人是否有合适的替代客户或供应商，是否对入股的客户、供应商存在重大依赖。如果目前发行人与入股客户、供应商的交易占比较高，未来的交易应当逐渐降低至合理范围，以打消审核部门对于业务依赖的疑虑。

4.发行人的内控制度是否健全

这关注的主要是，发行人是否具有完整、独立的采购、生产、销售模式，对供应商的选择是否有统一严格的标准和流程，对客户的开拓和维护是否有统一的标准和成本控制机制；发行人是否已建立和完善关联交易的审批权限和交易流程等制度，独立董事是否对重大关联交易发表了独立意见。

第八章
注册制之企业上市审核问询机制

第一节 审核注册流程

全面注册制统一了主板、科创板、创业板的 IPO 审核注册程序（如图 8-1 所示）。

申报 → 受理与补正 → 首轮问询 → 首轮问询回复 → 再次问询及回复（如需） → 上市委员会审议 → 证监会注册 → 启动发行工作

5个工作日　20个工作日　10个工作日　20个工作日　1年内

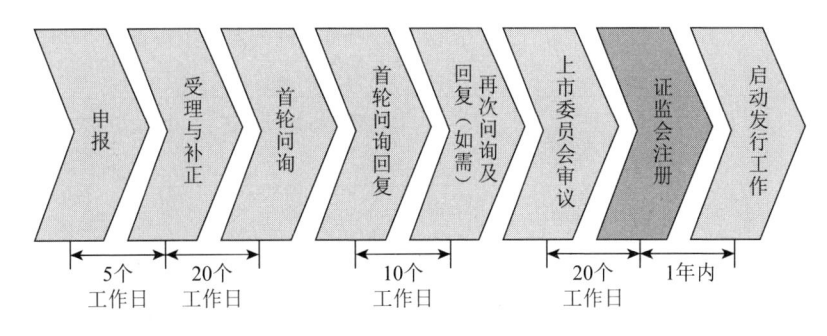

图 8-1 审核注册程序

全面注册制下沪深两交易所 IPO 审核注册流程如表 8-1 所示。

表 8-1 全面注册制下沪深两交易所 IPO 审核注册流程

主体	阶段	流程事项及时限安排		
		事项	时限相关安排	时限说明
发行人	申报	招股说明书、发行保荐书、审计报告、法律意见书、公司章程、股东大会决议等上市申请书；上市保荐书	—	不计入

续表

主体	阶段	流程事项及时限安排		
^	^	事项	时限相关安排	时限说明
交易所	受理	不符合要求的补正	30个工作日内进行补正（书面申请，经交易所同意，可延长）	不计入
^	^	作出是否受理的决定	收到申请文件后5个工作日。受理当日，发行人预先披露招股说明书等文件。10个工作日内，保荐人应当报送保荐工作底稿和验证版招股说明书。保荐机构报送的发行上市申请文件在12个月内累计两次被不予受理的，自第二次收到本所不予受理通知之日起3个月后，方可报送新的发行上市申请文件	受理日作为起算点
^	问询	首轮问询	受理之日起20个工作日	发行人及保荐人、证券服务机构回复交易所审核问询的时间总计不超过3个月。发行人回复时间不计入审核注册时限
^	^	再次问询	收到问询回复后10个工作日内	^
^	上市委员会审议	暂缓审议（只能暂缓1次）	不超过2个月	不计入
^	^	审核通过：报送证监会	—	常规计入
^	^	审核不通过：终止审核	发行人6个月后可以再次申请	^

续表

主体	阶段	流程事项及时限安排		
^	^	事项	时限相关安排	时限说明
证监会	注册	发现新增事项，要求交易所进一步落实、退回交易所补充审核等	证监会收到注册申请后20个工作日内作出	证监会要求补充审核，注册时限重新计算
^	^	作出予以注册的决定	注册决定有效期：自作出之日起一年内	常规计入
^	^	作出不予注册的决定	自作出决定之日起6个月后，发行人可以再次提交申请	^
发行人	发行上市	发行上市	在注册有效期内自主选择发行时点	不计入

第二节 企业上市发行承销与交易

一、发行与承销

（一）战略配售、高管员工参与配售

首次公开发行证券，可以实施战略配售。参与战略配售的投资者应当按照最终确定的发行价格认购其承诺认购数量的证券，并承诺获得本次配售的证券持有期限不少于12个月，持有期限自本次公开发行的证券上市之日起计算。

1. 战略配售

①首次公开发行证券数量1亿股（份）以上的，参与战略配售的投资者数量应当不超过35名。其中，发行证券数量1亿股（份）以上、不足4亿股（份）的，战略配售证券数量占本次公开发行证券数量的比例应当不超过30%；4亿股（份）以上的，战略配售证券数量占本次公开发行证券数量的比例应当不超过50%。

②首次公开发行证券数量不足1亿股（份）的，参与战略配售的投资者数量应当不超过10名，战略配售证券数量占本次公开发行证券数量的比例应当不超过20%。

2. 高管员工参与配售

发行人的高级管理人员与核心员工可以通过设立资产管理计划参与战略配售。前述资产管理计划获配的证券数量不得超过本次公开发行证券数量的10%。

（二）面向专业机构投资者询价定价

首次公开发行证券采用询价方式的，应当向证券公司、基金管理公司、期货公司、信托公司、保险公司、财务公司、合格境外投资者和私募基金管理人等专业机构投资者，以及经证监会批准的证券交易所规则规定的其他投资者询价。

参与询价的专业机构投资者可以为其管理的不同配售对象账户分别填报一个报价，每个报价应当包含配售对象信息、每股价格和该价格对应的拟申购股数。同一网下投资者全部报价中的不同拟申购价格不超过三个。

定价完成后，如发行人总市值无法满足其在招股说明书中明确选择的市值与财务指标上市标准的，将中止发行，与境外成熟资本市场的发行上市规定相一致。

（三）披露发行报价平均水平信息

首次公开发行证券采用询价方式的，网上申购前，发行人和主承销商应当披露剔除最高报价有关情况，剔除最高报价后网下投资者报价的中位数和加权平均数以及公募基金、社保基金、养老金、年金基金、保险资金和合格境外投资者资金报价的中位数和加权平均数等信息。

（四）提高网下发行配售数量占比

关于网下发行比例的具体规定如下。

①首次公开发行证券采用询价方式在主板上市的，公开发行后总股本在4亿股（份）以下的，网下初始发行比例不低于本次公开发行证券数量的60%；公开发行后总股本超过4亿股（份）或者发行人尚未盈利的，网下初始发行比例不低于本次公开发行证券数量的70%。

②首次公开发行证券采用询价方式在科创板、创业板上市的，公开发行后总股本在4亿股（份）以下的，网下初始发行比例不低于本次公开发行证券数量的70%；公开发行后总股本超过4亿股（份）或者发行人尚未盈利的，网下初始发行比例不低于本次公开发行证券数量的80%。

③发行人和主承销商应当安排不低于本次网下发行证券的70%优先向公募基金、社保基金、养老金、年金基金、保险资金和合格境外投资者资金等配售，网下优先配售比例下限遵守证券交易所相关规定。

④公募基金、社保基金、养老金、年金基金、保险资金和合格境外投资者资金有效申购不足的，发行人和主承销商可以向其他符合条件的网下投资者配售剩

余部分。

⑤对网下投资者进行分类配售的,同类投资者获得配售的比例应当相同。公募基金、社保基金、养老金、年金基金、保险资金和合格境外投资者资金的配售比例应当不低于其他投资者。

⑥安排战略配售的,应当扣除战略配售部分后确定网下网上发行比例。

（五）回拨机制调整

首次公开发行证券采用询价方式在主板上市,网上投资者有效申购倍数超过 50 倍且不超过 100 倍的,应当从网下向网上回拨,回拨比例为本次公开发行证券数量的 20%;网上投资者有效申购倍数超过 100 倍的,回拨比例为本次公开发行证券数量的 40%。

首次公开发行证券采用询价方式在科创板上市,网上投资者有效申购倍数超过 50 倍且不超过 100 倍的,应当从网下向网上回拨,回拨比例为本次公开发行证券数量的 5%;网上投资者有效申购倍数超过 100 倍的,回拨比例为本次公开发行证券数量的 10%。回拨后无限售期的网下发行数量原则上不超过本次公开发行证券数量的 80%。

首次公开发行证券并在创业板上市,网上投资者有效申购倍数超过 50 倍且不超过 100 倍的,应当从网下向网上回拨,回拨比例为本次公开发行证券数量的 10%;网上投资者有效申购倍数超过 100 倍的,回拨比例为本次公开发行证券数量的 20%。回拨后无限售期的网下发行数量原则上不超过本次公开发行证券数量的 70%。

（六）券商投行业务升级

允许发行人的保荐机构依法设立的相关子公司或者实际控制该保荐机构的证券公司依法设立的其他相关子公司参与发行战略配售,并设置一定的限售期。

路演推介时主承销商的证券分析师应出具投资价值研究报告,承销股票的证券公司应当向通过战略配售、网下配售获配股票的投资者收取经纪佣金。

为加强对股票减持行为的集中监管,发行人股东持有的首发前股份托管于保荐机构处。

（七）绿鞋机制

首次公开发行证券,发行人和主承销商可以在发行方案中采用超额配售选择权。采用超额配售选择权发行证券的数量不得超过首次公开发行证券数量的 15%。

绿鞋机制也称绿鞋期权,或超额配售选择权。绿鞋机制起源于美国,因美国波士顿绿鞋制造公司于 1963 年 IPO 时率先使用而得名。

绿鞋机制是企业 IPO 的一项特殊条款，指发行人允许承销商向投资者出售比发行人原计划更多的股票，在股票上市后的一段时间内，承销商有权根据市场情况选择从二级市场购买发行人股票，或者要求发行人增发股票，分配给对此超额发售部分提出认购申请的投资者（如图 8-2 所示）。

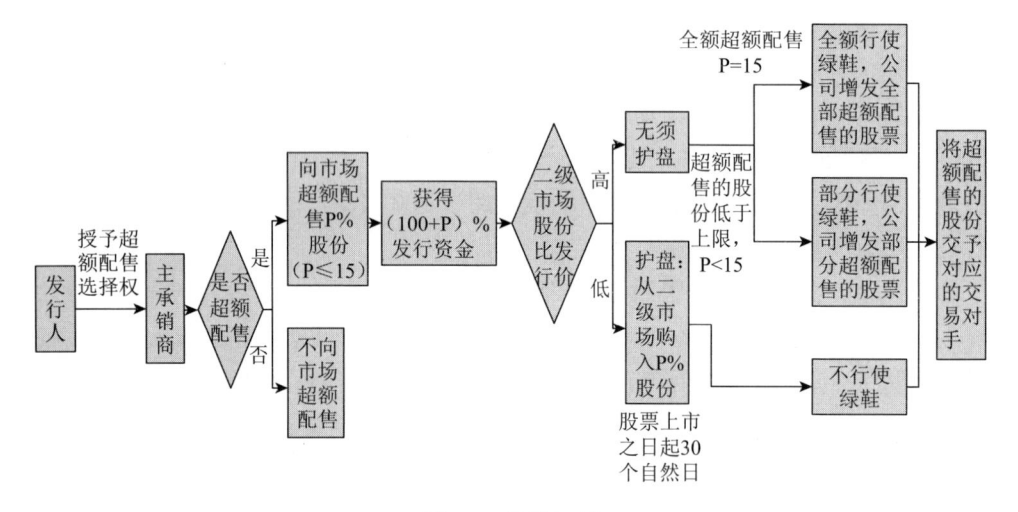

图 8-2 绿鞋机制

采取绿鞋机制属于承销商的"托市"行为之一，即在首发上市的一段时间里，新股价格容易大起大落，承销商为了减缓股价的较大幅度的上涨或下跌而主动介入股票交易。

二、对投资者适当性要求（个人投资者的限制）

（一）沪深主板

自注册制规则下首只主板股票、存托凭证发行首日起，新增普通投资者首次参与主板股票的申购、交易前，应当以纸面或电子方式签署风险揭示书。

（二）创业板

①申请权限开通前 20 个交易日证券账户及资金账户内的资产日均不低于人民币 10 万元（不包括该投资者通过融资融券融入的资金和证券）；

②参与证券交易 24 个月以上；

③普通投资者首次参与交易的，应当以纸面或电子方式签署风险揭示书。

（三）科创板、北交所

①申请权限开通前 20 个交易日证券账户及资金账户内的资产日均不低于人民币 50 万元（不包括该投资者通过融资融券融入的资金和证券）；

②参与证券交易 24 个月以上；

③普通投资者首次参与交易的，应当以纸面或电子方式签署风险揭示书。

第三节　注册制之企业发行上市信息披露的基本要求

发行人应当以投资者需求为导向，基于板块定位，结合所属行业及发展趋势，充分披露业务模式、公司治理、发展战略、经营政策、会计政策、财务状况等方面的信息。

首次公开发行股票并在主板上市的，还应充分披露业务发展过程和模式成熟度，披露经营稳定性和行业地位；首次公开发行股票并在科创板上市的，还应充分披露科研水平、科研人员、科研资金投入等信息；首次公开发行股票并在创业板上市的，还应充分披露自身的创新、创造、创意特征，针对性披露科技创新、模式创新或者业态创新情况。

发行人应当以投资者需求为导向，精准、清晰、充分地披露可能对公司经营业绩、核心竞争力、业务稳定性以及未来发展产生重大不利影响的各种风险因素。

发行人尚未盈利的，应当充分披露尚未盈利的原因，以及对公司现金流、业务拓展、人才吸引、团队稳定性、研发投入、战略性投入、生产经营可持续性等方面的影响。

发行人应当披露募集资金的投向和使用管理制度，披露募集资金对发行人主营业务发展的贡献、对未来经营战略的影响。

首次公开发行股票并在科创板上市的，还应当披露募集资金重点投向科技创新领域的具体安排。首次公开发行股票并在创业板上市的，还应当披露募集资金对发行人业务创新、创造、创意性的支持作用。

存在特别表决权股份的企业申请首次公开发行股票并上市的，发行人应当在招股说明书等公开发行文件中，披露并特别提示差异化表决安排的主要内容、相关风险和对公司治理的影响，以及依法落实保护投资者合法权益的各项措施。

保荐人和发行人律师应当就公司章程规定的特别表决权股份的持有人资格、特别表决权股份拥有的表决权数量与普通股份拥有的表决权数量的比例安排、持有人所持特别表决权股份能够参与表决的股东大会事项范围、特别表决权股份锁定安排以及转让限制等事项是否符合有关规定发表专业意见。

发行人存在申报前制定、上市后实施的期权激励计划的，应当符合证监会和交易所的规定，并充分披露有关信息。

发行人应当在招股说明书中披露公开发行股份前已发行股份的锁定期安排，特别是尚未盈利情况下发行人控股股东、实际控制人、董事、监事、高级管理人员股份的锁定期安排。

发行人控股股东和实际控制人及其亲属应当披露所持股份自发行人股票上市之日起 36 个月不得转让的锁定安排。

首次公开发行股票并在科创板上市的，还应当披露核心技术人员股份的锁定期安排。

保荐人和发行人律师应当就相关事项是否符合有关规定发表专业意见。

第九章
注册制之企业上市合规治理指引

管理好一家企业和治理好一家上市公司是不同的。企业家的领导力、战略眼光、商业禀赋是管理好一家企业最重要的基础，但是治理好一家上市公司却需要从合规的角度思考，企业上市失败很多时候是因为企业治理不规范，如中国企业上市普遍存在的业务经营不合规、内控有效性存在缺陷、会计基础工作不规范、持续盈利能力存疑、信息披露存在瑕疵等问题。

很多企业家都会提出这样的问题：一家企业到底规范到什么程度才能符合资本市场的要求？与同行业上市公司相比？与上下游产业链上市公司相比？其实，企业需要对标的永远是比自己做得好的那些企业。

每一个企业家都有一套有自己管理风格的公司治理思路，否则他不会随随便便成功。美国通用电气公司 CEO 杰克·韦尔奇曾经就公司治理谈道："其实并不是通用电气公司的业务使我担心，使我担心的是有什么人做了从法律上看非常愚蠢的事而给公司的声誉带来污点并使公司毁于一旦。"可见，当企业发展到一定的规模，公司治理是多么重要。

企业家们常常将制定完善的公司章程、股东会议事规则、董事会议事规则等公司治理制度束之高阁，很难形成规范的公司治理文化。

规范的公司治理架构中，董事会是公司的最高决策机构，股东会是公司的最高权力机构，所有权、决策权、经营权、监督权相互制衡。

第一节　企业上市组织架构设计的路径

一般情况下，上市公司的治理结构是按照图 9-1 所示的方式搭建的，这也是上市公司治理规范的基本要求。

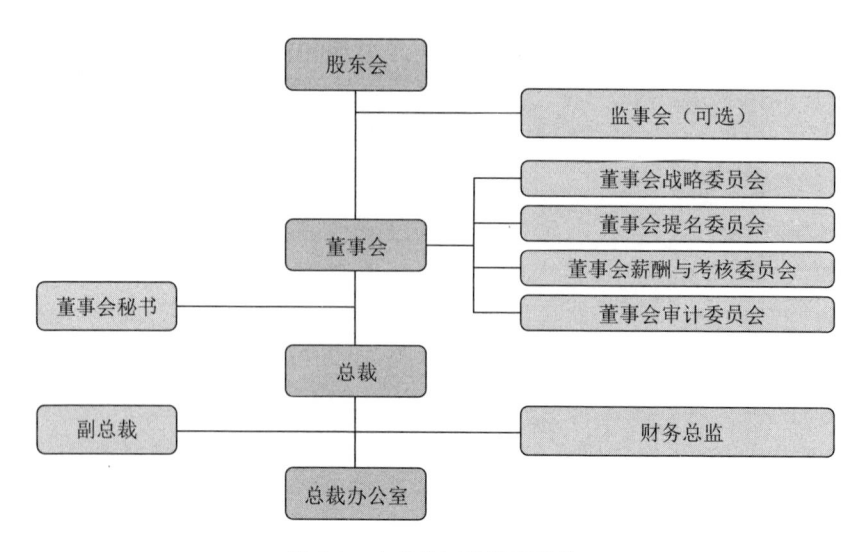

图 9-1　上市公司的治理结构

一、董事会的设计路径

上市公司董事会构成为 3 人以上，董事会人数一般设置为奇数。

独立董事人数不少于三分之一，至少包括一名会计专业人士。会计专业人士是指具有会计高级职称或注册会计师资格的人士，具体指：①具备注册会计师资格；②具有会计、审计或者财务管理专业的高级职称、副教授或以上职称、博士学位。

上市公司董事会中兼任公司高级管理人员以及由职工代表担任的董事人数总计不得超过公司董事总数的二分之一。

公司董事、高级管理人员及其配偶和直系亲属在公司董事、高级管理人员任职期间不得担任公司监事。

最近两年内担任过公司董事或者高级管理人员的监事人数不得超过公司监事总数的二分之一。

二、高级管理人员的设计路径

根据《公司法》《上市公司章程指引》的规定，高级管理人员，是指公司的经理、副经理、财务负责人，上市公司董事会秘书和公司章程规定的其他人员。

因为公司章程对公司高级管理人员具有约束力，这种约束力强于公司依据《劳动合同法》与其管理层员工签订的劳动合同。因此，基于企业发展的不同商业模式和公司治理的平台化和生态链的考量，企业可以根据实际需要约定其他重要岗位负责人为高级管理人员，比如可以考虑将COO、CTO、CIO、CMO、CCO设置为公司高管。

根据交易所对上市公司规范治理的要求，上市公司董事会秘书由公司董事、副总经理、财务负责人或者其他高级管理人员担任。

董事会秘书在董事会审议其受聘议案前，应当取得交易所颁发的董事会秘书资格证书。

一般情况下，基于交易所对上市公司董事会秘书监管的要求，上市公司董事会秘书由公司主管公司证券或资本市场业务的副总担任，董事会秘书的事务性事项由公司证券事务代表协助处理。

董事会秘书作为上市公司的高级管理人员，首先要熟悉资本市场的规则，具备一定的财务、法律知识或相关背景，具有一定的金融证券领域从业经历，对内作为董事长重要的参谋，为企业进入资本市场提供重要决策建议，对外具有整合中介机构、上下游资源的能力，具有与交易所监管机构顺畅沟通的能力。

三、法律法规禁止担任董监高的情形

1.《公司法》规定不得担任董监高的情形

①无民事行为能力或者限制民事行为能力；

②因贪污、贿赂、侵占财产、挪用财产或者破坏社会主义市场经济秩序，被判处刑罚，执行期满未逾5年或者因犯罪被剥夺政治权利，执行期满未逾5年；

③担任破产清算的公司、企业的董事或者厂长、经理，对该公司、企业的破产负有个人责任的，自该公司、企业破产清算完结之日起未逾3年；

④担任因违法被吊销营业执照、责令关闭的公司、企业的法定代表人，并负有个人责任的，自该公司、企业被吊销营业执照之日起未逾3年；

⑤个人所负数额较大的债务到期未清偿。

关于董监高担任法定代表人的企业被吊销营业执照的，如企业未按照规定在国家企业信用信息公示系统公布年报被吊销的，企业及法定代表人说明原因，改正后由市场监督管理部门出具不属于因违法被吊销营业执照的情况说明，不影响继续担任拟上市公司董监高。

董监高负有较大数额到期债务未清偿，法规并没有对数额较大作出明确的规定，一般地，以中国人民银行征信中心出具的征信报告和人民法院列入的失信被执行人名单为判断依据，凡是属于前述情形，均不宜担任拟上市公司董监高。

2. 党政机关禁止担任董监高及在企业任职的情形

相关法律、法规如下。

①《中华人民共和国公务员法》；

②中共中央纪委、教育部、监察部关于加强高等学校反腐倡廉建设的意见》（教监〔2008〕15号）；

③《关于规范中管干部辞去公职或者退（离）休后担任上市公司、基金管理公司独立董事、独立监事的通知》（中纪发〔2008〕22号）；

④《关于进一步规范党政领导干部在企业兼职（任职）问题的意见》；

⑤《国有企业领导人员廉洁从业若干规定》（中办发〔2009〕26号）；

⑥《国务院国有资产监督管理委员会关于规范国有企业职工持股、投资的意见》《国务院国有资产监督管理委员会关于实施〈关于规范国有企业职工持股、投资的意见〉有关问题的通知》；

⑦《中共教育部党组关于进一步加强直属高校党员领导干部兼职管理的通知》。

（1）国家公务员

公务员不得从事或者参与营利性活动，在企业或者其他营利性组织中兼任职务。

公务员辞去公职或者退休的，原系领导成员、县处级以上领导职务的公务员在离职三年内，其他公务员在离职两年内，不得到与原工作业务直接相关的企业或者其他营利性组织任职，不得从事与原工作业务直接相关的营利性活动。

法律、法规授权的具有公共事务管理职能的事业单位中除工勤人员以外的工作人员，也应遵循上述规定。

（2）党政领导干部

现职和不担任现职但未办理退（离）休手续的党政领导干部不得在企业等营利性组织兼职（任职）。

党政领导干部辞去公职或者退（离）休后三年内，不得到本人原任职务管辖的地区和业务范围内的企业等营利性组织兼职（任职），也不得从事与原任职务管辖业务相关的营利性活动。

（3）国有企业领导

国有企业领导人员不得未经批准兼任本企业所出资企业或者其他企业、事业单位、社会团体、中介机构的领导职务，或者经批准兼职的，擅自领取薪酬及其他收入。

离职或者退休后三年内，国有企业领导人员不得在与原任职企业有业务关系的私营企业、外资企业和中介机构担任职务、投资入股，或者在上述企业或者机构从事、代理与原任职企业经营业务相关的经营活动。

（4）国企相关人员

国有独资公司的董事长、副董事长、董事、高级管理人员，未经国有资产监督管理机构同意，不得在其他有限责任公司、股份有限公司或者其他经济组织兼职。

国有企业中层以上管理人员，不得在职工或其他非国有投资者投资的非国有企业兼职。

企业中层以上管理人员是指国有企业的董事会成员、监事会成员、高级经营管理人员、党委（党组）领导班子成员以及企业职能部门正副职人员等，也包括企业返聘的原中层以上管理人员，或退休后返聘担任中层以上管理职务的人员。

（5）高校人员

学校党政领导班子成员除因工作需要，经批准在学校设立的高校资产管理公司兼职外，一律不得在校内外其他经济实体中兼职。确需在高校资产管理公司兼职的，须经党委（常委）会集体研究决定，并报学校上级主管部门批准和上级纪检监察机关备案，兼职不得领取报酬。

直属高校校级党员领导干部原则上不得在经济实体中兼职，确因工作需要在本校设立的资产管理公司兼职的，须经学校党委（常委）会研究决定，并按干部管理权限报教育部审批和驻教育部纪检组监察局备案，兼职不得领取报酬。

直属高校处级（中层）党员领导干部原则上不得在经济实体和社会团体等单位中兼职，确因工作需要兼职的，须经学校党委审批，兼职不得领取报酬。

（6）中管干部

中管干部辞去公职或者退（离）休后三年内，不得到与本人原工作业务直接相关的上市公司、基金管理公司担任独立董事、独立监事，不得从事与本人原工作业务直接相关的营利性活动。中管干部辞去公职或者退（离）休后可以到与本人原工作业务不直接相关的上市公司、基金管理公司担任独立董事、独立监事。

中管干部是在中组部备案的干部，其任免权在中共中央，中组部在中管干部任命上有建议权，一般中管干部为副部级以上。

3. 交易所规范治理要求关于董监高任职的限制

相关法规如下。

①《深圳证券交易所上市公司自律监管指引第1号——主板上市公司规范运作》；

②《深圳证券交易所上市公司自律监管指引第2号——创业板上市公司规范运作》；

③《上海证券交易所科创板上市公司自律监管指引第1号——规范运作》。

拟上市董事、监事和高级管理人员除了符合法律、行政法规和规章规定的任职资格外，不得有下列情形：

①被证监会采取不得担任上市公司董事、监事、高级管理人员的市场禁入措施，期限尚未届满；

②被证券交易所公开认定为不适合担任上市公司董事、监事和高级管理人员，期限尚未届满；

③最近36个月内受到证监会行政处罚；

④最近36个月内受到证券交易所公开谴责或者两次以上通报批评（上交所）；最近36个月内受到证券交易所公开谴责或者三次以上通报批评（深交所）；

⑤因涉嫌犯罪被司法机关立案侦查或者涉嫌违法违规被证监会立案调查，尚未有明确结论意见（深交所）；

⑥被证监会在证券期货市场违法失信信息公开查询平台公示或者被人民法院纳入失信被执行人名单（深交所）。

四、独立董事任职要求

相关法规如下。

①《国务院办公厅关于上市公司独立董事制度改革的意见》（国办发〔2023〕9号）；

②《上市公司独立董事管理办法》（中国证券监督管理委员会令第220号）；

③《关于规范中管干部辞去公职或者退（离）休后担任上市公司、基金管理公司独立董事、独立监事的通知》（中纪发〔2008〕22号）。

独立董事是指不在上市公司担任除董事外的其他职务，并与其所受聘的上市公司及其主要股东、实际控制人不存在直接或者间接利害关系，或者其他可能影响其进行独立客观判断关系的董事。

上市公司独立董事占董事会成员的比例不得低于三分之一，且至少包括一名会计专业人士。

上市公司应当在董事会中设置审计委员会，审计委员会成员应当为不在上市公司担任高级管理人员的董事，其中独立董事应当过半数，并由独立董事中会计专业人士担任召集人。

（一）独立董事的独立性要求

下列人员不得担任独立董事：

①在上市公司或者其附属企业任职的人员及其配偶、父母、子女、主要社会关系；

②直接或者间接持有上市公司已发行股份 1% 以上或者是上市公司前十名股东中的自然人股东及其配偶、父母、子女；

③在直接或者间接持有上市公司已发行股份 5% 以上的股东或者在上市公司前五名股东任职的人员及其配偶、父母、子女；

④在上市公司控股股东、实际控制人的附属企业任职的人员及其配偶、父母、子女；

⑤与上市公司及其控股股东、实际控制人或者其各自的附属企业有重大业务往来的人员，或者在有重大业务往来的单位及其控股股东、实际控制人任职的人员；

⑥为上市公司及其控股股东、实际控制人或者其各自附属企业提供财务、法律、咨询、保荐等服务的人员，包括但不限于提供服务的中介机构的项目组全体人员、各级复核人员、在报告上签字的人员、合伙人、董事、高级管理人员及主要负责人；

⑦最近 12 个月内曾经具有第一项至第六项所列举情形的人员；

⑧法律、行政法规、证监会规定、证券交易所业务规则和公司章程规定的不具备独立性的其他人员。

（二）独立董事任职的其他条件

①独立董事原则上最多在三家境内上市公司担任独立董事，并应当确保有足够的时间和精力有效地履行独立董事的职责。

②中管干部辞去公职或者退（离）休后三年内，不得到与本人原工作业务直接相关的上市公司、基金管理公司担任独立董事、独立监事，不得从事与本人原工作业务直接相关的营利性活动。中管干部辞去公职或者退（离）休后可以到与本人原工作业务不直接相关的上市公司、基金管理公司担任独立董事、独立监事。

五、董监高忠实勤勉义务的认定规则

1. 可以认定董监高违反忠实勤勉义务的情形

①利用职权收受贿赂或者其他非法收入，侵占公司的财产；

②挪用公司资金；

③将公司资金以其个人名义或者以其他个人名义开立账户存储；

④违规将公司资金借贷给他人或者以公司财产为他人提供担保；

⑤违规与公司订立合同或者进行交易；

⑥利用职务便利为自己或者他人谋取属于公司的商业机会，自营或者为他人经营与所任职公司同类的业务；

⑦接受他人与公司交易的佣金归为己有；

⑧擅自披露公司秘密；

⑨违反对公司忠实义务的其他行为。

2. 董监高违反忠实勤勉义务的救济方式

①董监高的行为损害了公司利益，股东可提起股东代表诉讼；

②董事、高管的行为损害了股东的个人利益，股东可提起损害赔偿之诉；

③董事、高管因违反忠实义务而获得额外收益，公司可行使归入权。

第二节　注册制之家族企业治理、关联关系的合规要点

沃顿商学院教授斯图尔特·戴蒙德总结家族企业存在的十大问题：①具有自豪感，感情用事，自我主义感十分强烈；②人们为过去的利益纠葛依旧争斗不休；③很多人认为自己被低估了、不受重视；④以中央集权方式制定决策；⑤数十年辉煌的个人奋斗史会导致资产被高估；⑥个人资产可能影响公司资产；⑦不轻易解雇员工；⑧无形资产、企业文化是其关键；⑨对外部专业技能的依赖性相对较小；⑩能力并非工作的必要条件。

家族企业的公司治理问题是很多制造业民营企业普遍存在的问题。除了我们已经论述过的董监高任职治理的规定和斯图尔特·戴蒙德总结的家族企业问题外，家族企业还有一个非常重要的问题是同业竞争和关联交易的规范问题。

基于此，拟上市企业需要系统地梳理公司实际控制人的家族关系，厘清实际控制人、主要股东、董监高的直系亲属，近亲属，主要社会关系，以便于中介机构根据公司实际情况，进行全面的尽职调查，为家族企业的规范化治理提供方案和建议。

直系亲属、近亲属、主要社会关系在法律上并没有明确的定义或者司法释明，因此，一般按照以下法律法规参照释明。

一、亲属

根据《民法典》第一千零四十五条：亲属包括配偶、血亲和姻亲；配偶、父母、子女、兄弟姐妹、祖父母、外祖父母、孙子女、外孙子女为近亲属；配偶、父母、子女和其他共同生活的近亲属为家庭成员。

二、主要社会关系

相关法规有《上海证券交易所上市公司自律监管指南第 1 号——公告格式》《上市公司独立董事管理办法》《深圳证券交易所上市公司自律监管指引第 2 号——创业板上市公司规范运作》。

主要社会关系是指兄弟姐妹、兄弟姐妹的配偶、配偶的父母、配偶的兄弟姐妹、子女的配偶、子女配偶的父母等。

公司实际控制人、主要股东（持股 5% 以上的股东）、董监高可以对自己的亲属关系进行自我核查。

三、同业竞争

（一）同业竞争的认定

同业竞争的竞争方主体是指发行人控股股东或实际控制人及其全资或控股企业。

同业竞争的竞争方从事与发行人相同或相似的业务发行人不能简单地以产品销售地域不同、产品的档次不同等认定相关企业与自身不构成"同业"，而应结合相关企业在历史沿革、资产、人员、主营业务（包括但不限于产品服务的具体特点、技术、商标商号、客户、供应商等）等方面与发行人的关系，并考虑业务是否有替代性、竞争性，是否有利益冲突等确定合理的同业判定标准。

如果发行人控股股东或实际控制人是自然人，其夫妻双方直系亲属（包括配偶、父母、子女）拥有"同业"，应认定为构成同业竞争。发行人控股股东、实际控制人的其他近亲属（即兄弟姐妹、祖父母、外祖父母、孙子女、外孙子女）及其控制的企业与发行人从事相同或相似业务的，原则上认定为构成同业竞争。但发行人能够充分证明与前述相关企业在历史沿革、资产、人员、业务、技术、财务等方面完全独立且报告期内无交易或资金往来，销售渠道、主要客户及供应商无重叠的除外。

发行人控股股东、实际控制人的其他亲属及其控制的企业与发行人从事相同或相似业务的，一般不认定为构成同业竞争。但对于利用其他亲属关系，或通过解除婚姻关系规避同业竞争认定的，以及在资产、人员、业务、技术、财务等方面有较强的关联，且报告期内有较多交易或资金往来，或者销售渠道、主要客户及供应商有较多重叠的，在审核中从严掌握。

无实际控制人的发行人的重要股东与发行人经营相同或相似业务，保荐机构应从对发行人是否造成利益冲突或影响发行人独立性的角度进行核查，发行人应披露相关风险及利益冲突防范解决措施。

（二）同业竞争核查要点

不能以细分行业、细分产品、细分客户、细分区域等界定同业竞争，生产、技术、研发、设备、渠道、客户、供应商等因素都要进行综合考虑，界定同业竞争的标准从严。

判断相关业务是否应纳入或剥离出上市主体，不能仅考虑该业务的直接经济效益，要同时考虑到该业务对企业的间接效益，正常情况（已持续经营）下不鼓励资产剥离、分立，为梳理同业竞争及关联交易进行的相关安排不能影响业绩计算的合理性、连续性。

控股股东、实际控制人的直系亲属从事的相关业务必须纳入上市主体，旁系亲属鼓励纳入，不纳入要作充分论证，同时做好尽职调查，如实进行信息披露。

四、关联交易

（一）关联方

关联方是一方控制、共同控制另一方或对另一方施加重大影响，以及两方或两方以上受同一控制、共同控制的，构成关联方。

控制，是指有权决定一家企业的财务和经营政策，并能据以从该企业的经营活动中获取利益。

共同控制，是指按照合同约定对某项经济活动所共有的控制，仅在与该项经济活动相关的重要财务和经营决策需要分享控制权的投资方一致同意时存在。

重大影响，是指对一家企业的财务和经营政策有参与决策的权利，但并不能够控制或者与其他方一起共同控制这些政策的制定。

（二）关联交易的认定

关于关联方的认定。发行人应当按照《公司法》《企业会计准则——基本准则》和相应的上市规则认定并完整披露关联方。

关于关联交易的必要性、合理性和公允性。发行人应披露关联交易的交易内容、交易金额、交易背景以及相关交易与发行人主营业务之间的关系；还应结合可比市场公允价格、第三方市场价格、关联方与其他交易方的价格等，说明并摘要披露关联交易的公允性，是否存在对发行人或关联方的利益输送。

对于控股股东、实际控制人与发行人存在关联交易，且关联交易对应的收入、成本费用或利润总额占发行人相应指标的比例较高（如达到30%）的，发行人应结合相关关联方的财务状况和经营情况、关联交易产生的收入、利润总额合理性等，充分说明并摘要披露关联交易是否影响发行人的经营独立性、是否构成对控股股东或实际控制人的依赖，是否存在通过关联交易调节发行人收入利润或成本费用、对发行人利益输送的情形；此外发行人还应披露未来减少与控股股东、实际控制人发生关联交易的具体措施。

关于关联交易的决策程序。发行人应当披露章程对关联交易决策程序的规定，已发生关联交易的决策过程是否与章程相符，关联股东或董事在审议相关交易时是否回避，以及独立董事和监事会（监事或者董事会设审计委员会）成员是否发表不同意见等。

第三节　公司治理之商业贿赂的陷阱

公司合规是企业生存之道，互联网时代、数字经济时代、大数据、区块链技术让资产和交易非常透明和可追溯，企业已然在天眼之下经营，合规是必然之道。

一、HES商业贿赂的沉重代价

HES 诊断产品有限公司（以下简称"HES"）是一家做医疗诊断试剂的企业，在上市的冲刺中披荆斩棘，历经磨难，成功过会，取得批文，却在胜利在望的时候倒下了。媒体报道 HES 涉嫌一系列商业贿赂案件，在中国当前营商环境中，商业贿赂是很多民营企业容易触碰的一个法律禁区：凡是涉及公共服务、招投标等资源垄断行业，商业贿赂往往是重灾区。

回顾 HES 案例的始末（如表 9-1 所示），我们不难发现，中国营商环境中合规问题并没有引起企业家的重视，这种在企业中普遍存在的问题往往又容易被忽视。

表 9-1　法院认定的 HES 商业贿赂事实

序号	法院认定的商业贿赂事实（商业贿赂的形式）
1	2011 年春节前至 2014 年下半年，被告单位 ×× 医院检验科先后 5 次非法收受 HES 销售代表郑某所送回扣款合计人民币 15,100 余元
2	2014 年至 2016 年春节前，被告人蒋某利用职务之便，非法收受 HES 经理梅某（另案处理）贿送的软中华香烟卡，每次 1 张 5 条，共计 15 条，共计价值 8,415 元
3	2014 年 5 月至 2015 年 9 月间，被告人钱某在担任 ×× 医院检验科科长期间，利用职务便利，先后收受 HES 业务员周某所送人民币 5 万元、购物卡面值共计人民币 2 万元，合计人民币 7 万元

续表

序号	法院认定的商业贿赂事实（商业贿赂的形式）
4	2012年2月，被告人张某接受HES业务经理郭某为其个人支付2张上海市至海南省三亚市飞机票的票款
5	2011年4月至2014年10月间，被告人周某利用职务之便，在其办公室，先后6次非法收受HES业务员郑某给予的人民币12,000元
6	2013—2014年，被告人邱某利用职务便利，两次收受HES业务员高某送予的购物卡共计价值人民币4,000元，并在医疗设备及试剂采购中为高某的公司谋取利益

二、JTL创始人行贿事件

JTL是国内装修行业的一家企业，公装是其主要业务，其上市后开始开拓家装领域市场。企业家如果没有敬畏法律的意识，没有合规意识，往往会按照自己的经验和本行业内惯例行事。JTL创始人朱某涉嫌行贿案（如表9-2所示）对一家引领行业开疆拓土的企业来说，可谓毁灭性的灾难。

表9-2 JTL行贿事件信息

时间	事件
2013年4月9日	JTL披露重大事项停牌公告：因市场出现关于JTL实际控制人、董事朱某的传闻，相关事项尚在核实过程中，申请停牌
2014年1月27日	JTL披露重大事项公告：公司董事、实际控制人朱某因涉嫌行贿，被检察机关批准执行逮捕
2014年11月6日	JTL披露澄清公告：JTL关注到有媒体传闻称，公司实际控制人朱某涉嫌行贿案已步入审查起诉阶段尾声，其公司被指涉嫌单位行贿（家装装修款结算优惠）30余万元，个人则涉嫌介绍贿赂罪和非法经营罪。 经核实，公司针对上述传闻事项说明如下： ① 2014年1月27日，公司董事、实际控制人朱某因涉嫌行贿，被检察机关批准执行逮捕。 ②截至目前，公司未收到检察机关有关该事项重大进展的正式通知，也未收到关于公司是否涉及该事项的正式通知。

续表

时间	事件
2014年11月6日	根据谨慎性原则，公司高度重视此事，就此咨询了专业机构：如单位行贿事项属实，公司将聘请资深刑辩律师作为公司的辩护人，积极应对。经征询刑辩律师专业意见，公司初步认为，即使在最坏的情况下公司最终被判处单位行贿罪，根据相关法律规定，公司仅会被处以罚金，所承担的金额极小，不会对公司的经营及财务情况产生实质负面影响。 ③公司与实际控制人聘请的律师进行了沟通，公司实际控制人朱某对于被指涉嫌的介绍贿赂罪和非法经营罪并不认可，将会进行积极应对
2015年4月24日	JTL披露董事辞职公告：董事会于2015年4月24日收到董事朱某的书面辞职报告：因个人原因，朱某辞去公司董事职务及董事会战略委员会委员、董事会提名委员会委员的职务……。辞职后，朱某不在JTL建筑装饰股份有限公司担任任何职务
2015年2月25日	JTL披露重大事项进展公告：公司于2015年2月17日下午接家属通知，公司董事、实际控制人朱某已取保候审

HES和JTL的教训是深刻的，一家企业、一个企业家的成功，都有其独特的路径，但是，很多企业、企业家的失败有共同的特点，就是对法律没有敬畏之心，对规则没有敬畏之心。

第四节　公司治理之欺诈发行、操纵证券市场的陷阱

一、市值管理和操纵市场

1. 什么是市值管理和操纵市场

市值管理是上市公司基于公司市值信号，综合运用多种科学、合规的价值经营方式和手段，以达到公司价值创造最大化、价值实现最优化的一种战略管理行为。其中价值创造是市值管理的基础，价值经营是市值管理的关键，价值实现是市值管理的目的。

操纵市场，又称为操纵行情，是指某一个人或者某一集团利用其资金优势、信息优势或者持股优势或者滥用职权影响证券市场，人为地制造证券行情，即抬高、压低甚至稳定某种证券的价格水平，使证券市场供需关系无法发挥其自动调节作用，诱使一般投资者盲目跟从、参与买卖，从而为自己谋取利益的市场。

市值管理原本着眼于上市公司价值的提升，但有些上市公司及其大股东、实际

控制人将其曲解为"股价管理",把本应用在中长期不断改善上市公司基本面的功夫用在了想方设法影响上市公司短期股价上。此外,有的机构和人员打着所谓"专业机构、专业人士"的旗号或出谋划策,或直接参与、合谋操纵市场。这种伪市值管理、实操纵市场的行为是对资本市场的严重侵害,也必会受到严厉的处罚。

2. 名为市值管理实为操纵市场的情形

①以约定减持价格甚至约定保底减持价格的方式进行市值管理的(常见法律风险);

②以市值管理建议或者咨询的名义,通过产业整合、收购兼并的操作方式,建议公司加强信息披露或者安排财经公关及相关媒体释放利好消息的;

③市值管理协议约定的顾问费、咨询费与大股东减持或者减持收益挂钩的;

④市值管理服务中约定为大股东减持寻找接盘方及操作方案的(单纯以财务顾问形式为大股东减持寻找投资人不属于市值管理范畴)。

3. 相关案例

DC资产、谢某与阙某合谋操纵HK医疗集团股份有限公司(以下简称"HK医疗")股价案是一起上市公司实际控制人与私募机构内外串通讲故事、造热点、炒股价的典型案件。

2013年3月,HK医疗实际控制人阙某与谢某在上海见面,阙某向谢某表明希望高价减持HK医疗股票的意愿,谢某表示可以通过"市值管理"的方式提高HK医疗股票"价值",进而拉升股价,实现阙某高价减持HK医疗股票的目的。双方约定"管理"股价的目标和利益分配比例,合谋设立资管产品参与交易。此后,阙某利用其作为上市公司控股股东及实际控制人具有的信息优势,控制HK医疗密集发布利好信息,人为操纵信息披露的内容和时点,未及时、真实、准确、完整披露对HK医疗不利的信息,反而夸大HK医疗研发能力,选择时点披露HK医疗已有的重大利好信息。在股价达到预期后,DC资产、谢某安排阙某通过大宗交易减持HK医疗股票2,200万股,非法获利5,100余万元;DC资产、谢某分得4,858万元。

2017年8月11日,证监会发布信息,对HK医疗控股股东及实际控制人阙某、DC资产及其实际控制人作出行政处罚,没收DC资产违法所得4,858万元,并处以9,716万元罚款;对谢某给予警告,并处以60万元罚款;没收阙某违法所得约304.1万元,并处以约304.1万元罚款;同时,对谢某采取终身证券市场禁入措施。

二、违规披露、不披露重要信息

1. 信息披露义务

为保护投资者合法权益，发行人、上市公司及其他信息披露义务人依法负有信息披露的义务，应当真实、准确、完整、及时地披露信息，不得有虚假记载、误导性陈述或者重大遗漏。在内幕信息依法披露前，任何知情人不得公开或者泄露该信息，不得利用该信息进行内幕交易。

信息披露在整个资本市场运行过程中处于中心和基础地位，信息披露违法违规，不仅仅要承担民事赔偿责任、行政责任，也可能承担刑事责任。

2. 违规披露、不披露重要信息罪

《刑法》规定的违规披露、不披露重要信息罪："依法负有信息披露义务的公司、企业向股东和社会公众提供虚假的或者隐瞒重要事实的财务会计报告，或者对依法应当披露的其他重要信息不按照规定披露，严重损害股东或者其他人利益，或者有其他严重情节的，对其直接负责的主管人员和其他直接责任人员，处五年以下有期徒刑或者拘役，并处或者单处罚金；情节特别严重的，处五年以上十年以下有期徒刑，并处罚金。"

此外，《关于公安机关管辖的刑事案件立案追诉标准的规定（二）》明确规定了本罪的立案追诉标准，具体如下。

依法负有信息披露义务的公司、企业向股东和社会公众提供虚假的或者隐瞒重要事实的财务会计报告，或者对依法应当披露的其他重要信息不按照规定披露，涉嫌下列情形之一的，应予立案追诉：

①造成股东、债权人或者其他人直接经济损失数额累计在50万元以上的；

②虚增或者虚减资产达到当期披露的资产总额30%以上的；

③虚增或者虚减利润达到当期披露的利润总额30%以上的；

④未按照规定披露的重大诉讼、仲裁、担保、关联交易或者其他重大事项所涉及的数额或者连续12个月的累计数额占净资产50%以上的；

⑤致使公司发行的股票、公司债券或者国务院依法认定的其他证券被终止上市交易或者多次被暂停上市交易的；

⑥致使不符合发行条件的公司、企业骗取发行核准并且上市交易的；

⑦在公司财务会计报告中将亏损披露为盈利，或者将盈利披露为亏损的；

⑧多次提供虚假的或者隐瞒重要事实的财务会计报告，或者多次对依法应当披露的其他重要信息不按照规定披露的；

⑨其他严重损害股东、债权人或者其他人利益，或者有其他严重情节的情形。

3. 相关案例

HR 风电公司董事长韩某、财务总监陶某违规披露、不披露重要信息是一个典型案例。

韩某在担任 HR 风电公司董事长、总裁期间，于 2011 年指派时任公司副总裁兼财务总监的被告陶某等公司高管人员，通过组织公司财务部、市场部、客户服务中心等部门虚报数据等方式虚增 2011 年的收入及利润，合计虚增利润 2.58 亿余元，占公司 2011 年年度报告披露的利润总额的 34.99%。

HR 风电公司作为依法负有信息披露义务的公司向股东和社会公众提供虚假的财务会计报告，严重损害股东或者其他人的利益，被告人韩某、陶某分别作为公司直接负责的主管人员和其他直接责任人员，其行为均已构成违规披露重要信息罪。鉴于韩某、陶某犯罪的情节轻微及本案犯罪事实系 HR 风电公司自查发现并主动上报监管机关，韩某、陶某已缴纳证券监督管理委员会行政处罚决定书因虚假信息披露行为所处罚款，依法可对韩某、陶某从轻处罚。被告人韩某犯违规披露重要信息罪，判处有期徒刑 11 个月，并处罚金 10 万元；被告人陶某犯违规披露重要信息罪，免予刑事处罚。

三、董监高背信损害上市公司利益

1. 背信损害上市公司利益罪

《刑法》规定了背信损害上市公司利益罪。上市公司的董事、监事、高级管理人员违背对公司的忠实义务，利用职务便利，操纵上市公司从事下列行为之一，致使上市公司利益遭受重大损失的，处 3 年以下有期徒刑或者拘役，并处或者单处罚金；致使上市公司利益遭受特别重大损失的，处 3 年以上 7 年以下有期徒刑，并处罚金：

①无偿向其他单位或者个人提供资金、商品、服务或者其他资产的；

②以明显不公平的条件，提供或者接受资金、商品、服务或者其他资产的；

③向明显不具有清偿能力的单位或者个人提供资金、商品、服务或者其他资产的；

④为明显不具有清偿能力的单位或者个人提供担保，或者无正当理由为其他单位或者个人提供担保的；

⑤无正当理由放弃债权、承担债务的；

⑥采用其他方式损害上市公司利益的。

上市公司的控股股东或者实际控制人，指使上市公司董事、监事、高级管理人员实施上述行为的，依照上述规定处罚。

犯上述罪的上市公司的控股股东或者实际控制人是单位的，对单位判处罚金，并对其直接负责的主管人员和其他直接责任人员，依照规定处罚。

2.背信损害上市公司利益罪的"罪"与"非罪"的界限

背信损害上市公司利益罪与一般违法行为的界限主要表现在以下三点。

①由于经济活动中存在一定的风险，若行为主体所实施的行为是在法规、章程规定的范围之内，且行为人既没有滥用权利，也没有违背忠实义务，即使造成了一定的财产损失，也不能构成犯罪。若上市公司为谋求高利润授权行为人处理相关事务，而甘冒高风险，则行为人为其处理风险事务，即使已超出一般依法之事务处理范围，亦因上市公司授权，而可阻却违法。

②行为主体实施背信行为致使公司财产遭受重大损失，但实施其他行为及时补救，并没有使整体财产减少，不构成犯罪。

③根据案件事实，确属情节显著轻微危害不大的，没有对上市公司造成重大财产损失的，应根据相关规定，不以犯罪论处，而作为一般违法行为处理。

3.相关案例

鲜某背信损害上市公司利益是一个典型案例。

（1）鲜某实际控制、使用涉案账户情况

"刘某杰""鲜某""夏某梅"证券账户以及14个信托账户共计28个HOMS交易单元由鲜某实际控制、使用。账户组交易资金来源于鲜某、鲜某控制的公司及14个信托计划，交易MAC地址高度重合。

（2）鲜某采用多种手段操纵DL股份股价

1）鲜某通过集中资金优势、持股优势连续买卖操纵DL股份股价

2014年1月17日至2015年6月12日（以下简称"操纵期间"），DL股份有316个交易日，账户组在223个交易日中交易了DL股份，其中：买入量排名第一的有93个交易日，排名居前两名的交易日共计110个，排名居前三名的交易日共计117个，排名居前四名的交易日共计125个，排名居前五名的交易日共计133个；卖出量排名第一的有77个交易日，排名居前两名的交易日共计94个，排名居前三名的交易日共计105个，排名居前四名的交易日共计115个，排名居前五名的交易日共计119个。账户组买入DL股份数量占该股市场买入量比例超过10%的总共有65个交易日，超过20%的共有22个交易日，超过30%的有11个交易日，超过40%的有5个交易日，买入占比在2015年1月12日达到最高值，为56.87%；账户组卖出DL股份的数量占该股市场卖出量比例超过10%的共有50个交易日，超过20%的共有18个交易日，超过30%的共有7个交易日，超过40%的共有3个交易日，在2014年12月29日卖出占比达到最高

值，为53.46%。

操纵期间，账户组持有DL股份占该股总股本10%以上的交易日为60个，占5%以上的交易日为179个，持股最高的日期为2014年12月26日，持有47,154,962股，占总股本13.85%。

2）鲜某利用信息优势控制信息披露节奏及内容操纵DL股份股价

首先，鲜某控制DL股份拟更名事项披露节奏。2015年4月9日，DL股份申请变更企业名称为"PTP金融信息服务（上海）股份有限公司"，并标注行业及行业代码。2015年4月17日，鲜某知悉DL股份名称变更取得预先核准。DL股份原经营生产与销售的业务范围为高级挂釉石质墙地砖，房地产开发与经营，国内采购的金属材料、建筑材料批发等，而申请变更后，其名称涉及的行业为"金融信息服务"，相较公司的原经营范围发生了重大变化。DL股份更名事项涉及名称变更和经营范围变更，根据《证券法》第八十条第二款第（一）项的规定，属于需要立即公告的重大事件。但直至2015年5月7日，鲜某才将该事项提交公司第七届董事会第十次会议审议，并于2015年5月11日对外公告。公告称"立志于做中国首家互联网金融上市公司，基于上述业务转型的需要，为使公司名称能够体现公司的主营业务，公司拟将名称变更为'PTP金融信息服务（上海）股份有限公司'"。

其次，鲜某控制DL股份信息披露内容误导投资者。2015年5月11日，DL股份发布《关于获得控股股东××网站域名特别授权的公告》，公告称"本次授权可以使公司在互联网金融行业处于领先的竞争优势。该特别授权对公司的转型是具有突破性意义的，必将给公司带来深远影响"。从DL股份的公告内容来看，××网站正在筹备中，并无任何业务运营，且授权期只有1年，后续存在不确定性。而互联网金融为当时股票炒作的热点题材，上述公告内容足以对投资者产生误导。

上述公告发布后，2015年5月11日至6月2日，DL股份可交易日共计6日，股价连续6日涨停，涨幅为77.37%；同期上证指数涨幅为16.75%，中证互联网金融指数涨幅为29.58%。而鲜某控制账户组在上述事项披露之前连续买卖DL股份股票。

账户组在2015年4月21日至5月10日期间（4月15日至4月28日DL股份停牌，4月29日复牌后至5月10日共6个交易日），除4月29日当天没有交易DL股份外，其余5个交易日连续净买入DL股份，合计17,889,746股，交易金额202,077,118.46元，日均净买入约3,577,949股，远大于2014年1月17日（账户组首次交易DL股份）至2015年4月20日期间（账户组净买入DL股份的交易日共计 110 个）日均净买入量 965,936 股。

3）鲜某通过在自己控制的账户之间进行证券交易操纵 DL 股份股价

在 2014 年 1 月 17 日至 2015 年 6 月 12 日期间的 316 个交易日中，鲜某有 88 个交易日在自己实际控制的账户组证券账户之间交易 DL 股份，总量达到 84,789,478 股。鲜某在自己实际控制的账户组证券账户之间交易 DL 股份的数量占市场成交量比例超过 5% 的有 30 个交易日，超过 10% 的有 16 个交易日，2015 年 1 月 12 日最高达到 40.27%。

4）鲜某通过虚假申报操纵 DL 股份股价（大量以涨停价申买 DL 股份）

2015 年 5 月 11 日、5 月 12 日，账户组在涨停价买盘远大于卖盘的情况下，大量以涨停价申买 DL 股份，并频繁撤单然后再申报，明显不以成交为目的，以虚假申报方式制造涨停价买单众多假象，影响投资者判断，两天实际买入量均为零。

2015 年 5 月 11 日，集合竞价阶段 9:15:00 至 9:24:59，DL 股份全市场涨停价（12.06 元）买申报量为 81,381,600 股，其中，账户组 9:15:08 至 9:19:21 以涨停价买申报 DL 股份 39 笔，共计 15,804,100 股，占同期市场涨停价申买量的比例为 19.42%。2015 年 5 月 11 日之前 10 个交易日 DL 股份日均成交量为 40,148,650 股，账户组集合竞价涨停价买申报量为前 10 天日均成交量的 39.36%。集合竞价阶段 DL 股份全部卖申报量为 522,551 股，共成交 459,951 股，成交价为 12.06 元，卖申报量占集合竞价阶段市场全部涨停价买申报量的 0.64%，占账户组涨停价买申报量的 3.31%。在连续竞价阶段 9:38:53 至 13:21:26 期间，账户组对集合竞价阶段 39 笔申报中的 8 笔予以撤单，撤单量共计 5,059,600 股，撤单量占集合竞价阶段申报量比例为 32.01%。

2015 年 5 月 12 日，集合竞价阶段 9:15:00 至 9:24:58，DL 股份全市场涨停价（13.27 元）买申报量为 85,296,400 股，其中，账户组 9:15:37 至 9:23:08 以涨停价买申报 DL 股份 48 笔，共计 14,250,500 股，占同期市场涨停价申买量的比例为 16.71%。2015 年 5 月 12 日之前 10 个交易日 DL 股份日均成交量为 38,378,510 股，账户组申报量为前 10 天日均成交量的比例为 37.13%。集合竞价阶段市场全部卖申报量为 511,602 股，成交 456,802 股，成交价为 13.27 元。卖申报量占同期市场涨停价买申报量的比例为 0.60%，占账户组涨停价买申报量的比例为 3.59%。在连续竞价阶段 9:30:05 至 14:45:22 期间，账户组对集合竞价阶段 48 笔申报中的 24 笔撤单，撤单量共计 7,300,500 股，撤单数量占申买数量的 51.23%。

综上所述，鲜某通过采用集中资金优势、持股优势、信息优势连续买卖，在自己实际控制的证券账户之间交易，虚假申报等方式，影响 DL 股份交易价格和交易量，违法所得共计 578,330,753.74 元。2014 年 1 月 17 日至 2015 年 6 月 12

日，DL 股份股价涨幅为 260.00%，同期上证指数涨幅为 155.29%。

（3）鲜某未按规定报告、公告其持股信息

2014 年 1 月 17 日，香港 DL 和账户组合计持有 DL 股份 40,179,000 股，占 DL 股份已发行股份比例为 11.80%。2014 年 12 月 22 日，香港 DL 和账户组合计持有 DL 股份 62,073,147 股，占已发行股份比例为 18.23%，较 2014 年 1 月 17 日持股增加超过 5%。2014 年 12 月 26 日，香港 DL 和账户组合计持有 DL 股份 67,154,962 股，占 DL 股份已发行股份比例为 19.72%。2015 年 4 月 3 日，香港 DL 和账户组合计持有 DL 股份 49,317,324 股，占 DL 股份已发行股份比例为 14.48%，较 2014 年 12 月 26 日持股减少超过 5%。

2014 年 1 月 17 日至 2015 年 4 月 3 日，香港 DL 和账户组合计持有的 DL 股份持股比例变动两次超过 5%，鲜某作为信息披露义务人，未向证监会及上交所作出书面报告，也未通知上市公司并予公告。

（4）处罚

对鲜某操纵 DL 股份股价的行为，责令依法处理非法持有的证券，没收违法所得 578,330,753.74 元，并处以 2,891,653,768.70 元罚款。对鲜某信息披露违法行为，给予警告，并处以 60 万元罚款。

四、欺诈发行

1. 欺诈发行股票罪

《刑法》规定了欺诈发行股票、债券罪，是指在招股说明书、认股书、公司、企业债券募集办法等发行文件中隐瞒重要事实或者编造重大虚假内容，发行股票或者公司、企业债券、存托凭证或者国务院依法认定的其他证券，数额巨大、后果严重或者有其他严重情节的，处 5 年以下有期徒刑或者拘役，并处或者单处罚金；数额特别巨大、后果特别严重或者有其他特别严重情节的，处 5 年以上有期徒刑，并处罚金。

2. 相关案例

WFSK 欺诈发行股票行为和涉嫌违规披露、不披露重要信息事件是一个典型案例。

（1）基本情况

WFSK 为了达到公开发行股票并上市的条件，由董事长兼总经理龚某决策，并经财务总监覃某安排人员执行，2008 年、2009 年、2010 年分别虚增销售收入 12,262 万元、14,966 万元、19,074 万元，虚增营业利润 2,851 万元、3,857 万元、4,590 万元。扣除上述虚增营业利润后，WFSK 2008 年、2009 年、2010 年净利润（扣除非经常性损益）分别为 -332 万元、-71 万元、383 万元。

WFSK2012 年 4 月 16 日公告《2011 年年度报告》，披露了公司 2011 年营业收入为 55,324 万元。经查，WFSK 2011 年虚增销售收入 28,681 万元。

WFSK 未就公司 2012 年上半年停产事项履行及时报告、公告义务，2012 年初，WFSK 下属糖厂、米厂和油厂停产，其糖品、大米等主营产品生产陷入停顿。对主营业务处于停顿状态的事实，WFSK 未依法履行及时报告、公告义务。对上述生产线停产事项知情的人员包括龚某、副总经理兼董事会秘书肖某、副总经理严某、副总经理李某。

WFSK《2012 年半年度报告》存在虚假记载和重大遗漏，WFSK 2012 年 8 月 23 日公告《2012 年半年度报告》，披露公司上半年营业收入为 26,991 万元。经查，WFSK 2012 年上半年虚增销售收入 16,549 万元。同时，对于前述公司部分生产线 2012 年上半年停产的事项，WFSK 也未在《2012 年半年度报告》中予以披露，存在重大遗漏。

（2）处罚情况

鉴于 WFSK 上述重大违法违规行为，证监会给予的处罚如下：

①责令 WFSK 改正违法行为，给予警告，并处以 30 万元罚款；

②对龚某给予警告，并处以 30 万元罚款；

③对严某给予警告，并处以 25 万元罚款；

④对蒋某等多人给予警告，并分别处以 20 万元罚款；

⑤对马某给予警告，并处以 15 万元罚款；

⑥对黄某等多人给予警告，并分别处以 10 万元罚款；

⑦对杨某给予警告，并处以 5 万元罚款。

同时，依法将 WFSK 及主要责任人员龚某、覃某涉嫌欺诈发行股票行为和涉嫌违规披露、不披露重要信息行为移送司法机关处理。

认定龚某、覃某为证券市场禁入者，终身不得从事证券业务或者担任上市公司董事、监事、高级管理人员职务。

五、内幕交易

1. 内幕交易、泄露内幕信息罪

《刑法》规定了内幕交易、泄露内幕信息罪，该罪是指证券、期货交易内幕信息的知情人员或者非法获取证券、期货交易内幕信息的人员，在涉及证券的发行，证券、期货交易或者其他对证券、期货交易价格有重大影响的信息尚未公开前，买入或者卖出该证券，或者从事与该内幕信息有关的期货交易，或者泄露该信息，或者明示、暗示他人从事上述交易活动，情节严重的，处 5 年以下有期徒刑或者拘役，并处或者单处违法所得 1 倍以上 5 倍以下罚金；情节特别严重的，处 5 年以上 10 年以下有期徒刑，并处违法所得 1 倍以上 5 倍以下罚金。

2. 内幕交易行为的认定

内幕交易行为，是指证券交易内幕信息知情人或非法获取内幕信息的人，在内幕信息公开前买卖相关证券，或者泄露该信息，或者建议他人买卖相关证券的行为，具体包括：

①以本人名义，直接或委托他人买卖证券；

②以他人名义买卖证券（包括直接或间接提供证券或资金给他人购买证券，且该他人所持有证券之利益或损失，全部或部分归属本人或者对他人所持有的证券具有管理、使用和处分的权益）；

③为他人买卖或建议他人买卖证券；

④以明示或暗示的方式向他人泄露内幕信息。

非法获取内幕交易的行为有以下三种：

①利用窃取、骗取、套取、窃听、利诱、刺探或者私下交易等手段获取内幕信息；

②内幕信息知情人员的近亲属或者其他与内幕信息知情人员关系密切的人员，在内幕信息敏感期内，从事或者明示、暗示他人从事，或者泄露内幕信息导致他人从事与该内幕信息有关的证券、期货交易，相关交易行为明显异常，且无正当理由或者正当信息来源；

③在内幕信息敏感期内，与内幕信息知情人员联络、接触，从事或者明示、暗示他人从事，或者泄露内幕信息导致他人从事与该内幕信息有关的证券、期货交易，相关交易行为明显异常，且无正当理由或者正当信息来源。

3. 相关案例

（1）YY 医疗、WD 医疗实际控制人吴某内幕交易案

1）吴某内幕交易 HW 股份

2016 年 12 月初，HW 生态工程股份有限公司（以下简称"HW 股份"）筹划现金分红及资本公积转增股本，肖某是 HW 股份董事长，也是这一内幕信息的知情人。吴某和肖某关系密切，在内幕信息敏感期，二人频繁联系，吴某利用控制的三个证券账户买入 HW 股份 519,600 股，获利合计 9,190,977.21 元。

2）吴某短线交易 YY 医疗、WD 医疗股票情况

2015 年 7 月 16 日至 2015 年 10 月 27 日，吴某利用其控制的他人账户累计买入 YY 医疗股票 2,322,710 股，买入金额合计 77,025,846.96 元；累计卖出 YY

医疗股票 2,322,710 股，卖出金额合计 89,000,225.51 元。

2015 年 7 月 2 日至 2016 年 1 月 19 日期间，吴某利用实际控制的他人证券账户累计买入 WD 医疗股票 4,065,015 股，买入金额合计 155,845,082.25 元；累计卖出 WD 医疗股票 1,399,397 股，卖出金额合计 39,933,121.43 元。

2018 年 5 月 24 日，吴某收到证监会《行政处罚事先告知书》，综合吴某上述两项违法事实，证监会拟作出如下行政处罚：对吴某给予警告，没收违法所得 9,190,977.21 元，并处以 27,772,931.63 元的罚款。

（2）林某内幕交易 FD 科技股票

2017 年 6 月 1 日下午收市后，FD 科技董事长肖某提出员工增持股票的想法。当日 17 点左右，肖某与董事会秘书谢某平沟通了关于倡议内部员工增持公司股票的事项，基于此，谢某平拟定了《关于向公司内部员工增持公司股票的倡议书》并由肖某书面签署。

6 月 2 日 7 点，谢某平电话告知证券事务代表周某清上述事项须公开披露。7 点 30 分，谢某平、周某清与证券事务代表助理罗某斌赶到公司处理信息披露事宜，但直到 8 点 04 分才将拟披露信息提交交易所信息披露系统（交易所信息披露系统早上的提交时限为 8 点），导致该信息未正式公开披露。期间，罗某斌不慎将《关于深圳市 FD 科技股份有限公司董事长向内部员工增持公司股票倡议书的公告》（以下简称"《倡议书公告》"）遗忘在文印室复印机上。8 点 05 分，时任公司技术市场部工程师钟某文和销售技术中心文员杨某桃来公司文印室复印材料时，看到了罗某斌遗忘在复印机上的《倡议书公告》，杨某桃当场用手机对该文件进行了拍照。8 点 20 分，罗某斌发现其有关该事项披露的文件遗忘在复印机台，遂前往将该文件取回。10 点，杨某桃将其拍摄的《倡议书公告》照片发到其微信朋友圈。10 点 31 分，钟某文将杨某桃微信朋友圈中《倡议书公告》的图片发到名称为"电器销售技术部"的微信群，微信群成员林某在微信群中看到了该信息，当日 11 点 04 分将 80 万元资金转到本人的证券账户。11 点 05 至 07 分，林某买入 FD 科技 69,000 股，买入成交金额 806,630 元，中午休市期间，FD 科技正式对外披露《倡议书公告》。林某分别于 2017 年 6 月 7 日和 8 月 14 日卖出 FD 科技股票，获利共计 106,715.08 元。

证监会认为林某利用《倡议书公告》的内幕信息，通过本人证券账户交易 FD 科技股票，违反了《证券法》第七十六条的规定，构成了内幕交易的行为。决定没收林某内幕交易违法所得 106,715.08 元，并处以 106,715.08 元罚款。

第十章
注册制之企业上市尽职调查与规范整改合规指引

企业上市的尽职调查，其实质是公司自己揭开自己的面纱，在有些企业家眼中，让中介机构在自己家里翻箱倒柜摸家底似乎是在"折腾"企业，但是，这种"折腾"是非常必要的。所有的"折腾"都是为了企业能够进入资本市场，接受资本市场的检验，一切都是为信息披露的真实、完整、准确负责。

尽职调查贯穿企业上市的整个过程。企业上市前进行初步摸底，判断上市的可行性，中介机构经过初步了解后，与企业洽谈，签订上市辅导协议；进入正式调查阶段，中介机构经过全面的正式尽职调查发现问题，并就发现的问题召开中介协调会与企业进行深度沟通、讨论，确定最终上市方案；进入企业上市推进过程，项目组成员通过不断推进项目进一步发现问题，并就相关问题进行补充尽职调查，这种补充尽职调查会伴随项目申报前的整个过程。

因此，对于企业和企业上市工作小组，上市会带来很多工作量。但是，这是一个必经的过程，从不规范到规范的过程本身也是一个非常痛苦的过程。在这个过程中，不能和已经上市的公司进行比较，也不能和同行业公司进行比较，过往的经验往往可能成为今天的羁绊。

公司的实际控制人以及董事会秘书、财务总监、主管业务和技术的副总等是中介机构开展尽职调查的关键人物。

尽职调查中，企业不只是简单地如实提供相关材料，而是要通过中介机构尽职调查清单了解中介机构需要这些材料的真实意义。

第十章 注册制之企业上市尽职调查与规范整改合规指引

第一节 尽职调查的目的、小组组建及流程

一、尽职调查的目的

企业上市尽职调查的目的主要包括以下四点：
①确定企业是否具备较为全面的上市条件；
②为引进战略投资者或者引入私募融资奠定相应的基础；
③为中介机构决定是否推荐公司上市提供初步评价资料；
④为企业改制重组提供决策依据。

二、上市工作小组的组建

企业家一旦决定带领企业进入资本市场，就必须有再次创业的动力，要把上市和企业经营作为同等重要的事来抓。

在必要的时候企业应举行启动上市仪式，目的是给团队打气。企业的各个部门需要积极地为企业上市贡献力量，打好配合战。

企业上市的第一件事是组建上市工作小组。上市工作小组分为中介机构组和企业组：中介机构组由保荐机构项目保荐人作为组长，组织律师、会计师团队形成中介机构项目组；企业组以公司实际控制人，即公司董事长为组长，以公司总经理、董事会秘书、财务总监、证券事务代表为主要成员。

董事会秘书和证券事务代表系经董事会选聘的公司上市信息披露官和对外联络官，至关重要，建议企业在启动上市前，应当确定由专职人员担任公司董事会秘书和证券事务代表。

三、尽职调查的流程

尽职调查最关键的是制订详细的尽职调查计划，对调查内容、调查程序、调查执行人、时间进度及文件管理等作出规划。有组织、有计划的尽职调查将提高调查的效率、效果。

在作出尽职调查规划以后，一般会执行以下流程：
①根据企业的实际情况，确定各项调查内容的重要性水平，讨论并编制尽职调查问卷；
②进行尽职调查前的动员会，培训企业相关人员；
③发放尽职调查问卷，执行相应尽职调查程序。

尽职调查的方式一般包括以下几种：

①问卷调查；
②函证；
③访谈；
④实地走访；
⑤交叉验证复核；
⑥召开协调会讨论；
⑦其他合适的调查方式。

第二节　历史沿革的核查

企业上市尽职调查对历史沿革的核查，涉及对公司设立及历次股权变动情况、历年工商登记等相关资料的核查；对历年业务经营情况记录、年度报告的核查；对股东情况及股东出资情况，关注是否存在出资不实、抽逃出资行为。

发行人股东存在未全面履行出资义务、抽逃出资等情形的，或在出资方式、比例、程序等方面存在瑕疵的，应当在申报前依法采取补缴出资、补充履行相关程序等补救措施。

一、对历次出资的核查

核查拟上市公司及其子公司历次出资是否已经到位：若历次出资以货币方式出资，则应核查该出资是否有银行流水及资金证明；若历次出资以固定资产或者无形资产出资，则应核查固定资产或者无形资产的权属证明和评估报告。

其中，对于无形资产出资，还需要核查是否存在职务发明、权属纠纷以及出资不实的情形，如所出资的无形资产与公司实际经营是否具有勾稽关系，所出资无形资产是否给公司带来经济收益等。

二、对历次股权转让的核查

核查拟上市公司及其子公司历次股权转让是否履行了法定的决策程序，股权转让款是否已经支付，税务部门是否出具了完税证明。转让方和受让方是否存在股权纠纷或者其他代持或者信托的安排。如公司历史上频繁转让股权的，要核查具体转让原因。

三、对于是否存在代验资行为的核查

实践中，有些公司在创业初期存在找中介机构进行代验资的情形，这种情形

涉嫌虚假出资，大部分企业在财务上处理这种问题时，将验资进来的现金快速转给中介机构提供的关联公司，而拟上市公司在财务报表上以应收账款长期挂账处理。如果拟上市公司的账上长期挂大额应收非经营业务的款项，则表示该公司可能存在代验资的行为。

四、对于股东是否抽逃出资的核查

抽逃出资是公司股东通过制作虚假财务报表虚增利润进行分配或者虚构债权债务关系、利用关联关系等将出资转出去的行为。

根据《最高人民法院关于适用〈中华人民共和国公司法〉若干问题的规定（三）》，抽逃出资具体包括以下几种情形：

①制作虚假财务会计报表虚增利润进行分配；

②通过虚构债权债务关系将其出资转出；

③利用关联交易将出资转出；

④其他未经法定程序将出资抽回的行为。

拟上市公司存在长期挂应收股东借款，或者大股东长期占用公司资金的情况的，一般不认定为股东抽逃出资。

五、对自然人股东的核查

对于历史上自然人股东人数较多的情况，须重点关注其股权变动是否存在争议或潜在纠纷。保荐机构、发行人律师应当核查历史上自然人股东入股、退股（含工会、职工持股会清理等事项）是否按照当时有效的法律法规履行了相应程序，入股或股权转让协议、款项收付凭证、工商登记资料等法律文件是否齐备，并抽取一定比例的股东进行访谈，就相关自然人股东股权变动的真实性、所履行程序的合法性，是否存在委托持股或信托持股情形，是否存在争议或潜在纠纷发表明确意见。对于存在争议或潜在纠纷的，保荐机构、发行人律师应对相关纠纷对发行人股权清晰稳定的影响发表明确意见。发行人以定向募集方式设立股份公司的，中介机构应以有权部门就发行人历史沿革的合规性、是否存在争议或潜在纠纷等事项的意见作为其发表意见的依据。

发行人为定向募集方式设立的股份公司的，应当由省级人民政府就发行人历史沿革的合规性、是否存在争议或潜在纠纷等事项出具确认意见。

对于存在争议或潜在纠纷的，发行人应当提出明确、可行的解决措施，并在招股说明书中进行披露。

关于中介机构对历史上自然人股东的核查比例，审核中作如下区分处理：

①若相关自然人股东入股、退股均按照当时有效的法律法规履行了相应程序，入股或股权转让协议、款项收付凭证、工商登记资料等法律文件齐备，则保荐机构、发行人律师应对相关自然人股东股权变动的真实性、程序合法性、是否存在纠纷等进行书面核查，并抽取一定比例的股东进行访谈，访谈比例应不低于待核查股东人数及待核查股份总数的30%；

②若相关自然人股东入股、退股的法律程序存在瑕疵，或相关法律文件不齐备，则保荐机构、发行人律师应对相关自然人股东股权变动的真实性、程序合法性、是否存在纠纷等进行书面核查。

第三节 主要资产权属、债权债务、重大合同的核查要点

一、主要资产的权属核查

主要资产的核查涉及土地、房产、知识产权及其他生产设备等固定资产的权属核查。

二、主要债权债务的核查

对于公司主要债权债务的核查重点在于核查公司正在履行的借款合同，包括银行融资和其他方式的融资、实际控制人通过其他方式融资后进入上市主体的合同。

三、重大合同核查

公司的重大合同包括采购合同、销售合同，尤其是与前十大客户和供应商相关的合同。对公司重大合同的核查主要关注以下几点。

①重点核查合同中是否有对客户的重大依赖，以及厘定公司收入确认的相关条款。合同中所描述的业务模式与公司说明的业务模式是否一致，重点确定该合同规定的模式属于经销还是代理，是否存在商业特许等情形。

②重点核查是否存在关键性技术许可合同。

③核查是否存在重大战略合作合同。

④核查发行人是否存在票据融资的情况。

⑤核查实际控制人是否存在对外大额担保情形。

第四节　重大诉讼、仲裁和行政处罚，生产经营合规性，业务经营资质核查

一、重大诉讼、仲裁和行政处罚核查

对于公司涉及的重大诉讼、仲裁和行政处罚的核查关注重点在于：

①重点核查公司作为被告的重大诉讼、涉及产品质量的诉讼，涉及关键性技术的知识产权侵权或者权属纠纷诉讼等；

②确认公司是否存在被市场监督、税务、环保、土地、安全生产、海关、外汇等主管部门施加的情节严重的行政处罚。

二、生产经营合规性核查

对于生产经营的合规性核查主要涉及市场监督管理部门、食品药品监督管理部门和安全生产监督管理部门。其中市场监督管理部门主要对广告的合规性、市场监管的合规性进行规制；食品药品监督管理部门主要对食品、药品、医疗器械、化妆品及这些产品相关的广告等进行核查；安全生产监督管理部门主管安全生产和相关的政策法规工作。

生产经营的合规性之所以如此重要，原因在于一旦生产经营出了问题，企业的根基就会动摇，进而一系列的法律后果纷至沓来，最典型的反面案例就是长生生物退市案。

三、业务经营资质核查

业务经营资质的核查主要核查公司的业务是否涉及行政许可或其他资质，如商业特许资质、安全生产许可、增值电信资质、特种设备资质以及其他行业许可资质。

第五节　企业员工与劳动人事情况核查

一、劳动合同

核查员工签订劳动合同的情况，是否存在应签订劳动合同而未签订的情形。

二、用工情况

公司是否存在劳务派遣的情形，如有劳务派遣核查是否符合劳务派遣的三性

（临时性、辅助性、替代性），是否超过员工总数的 10%，是否存在规避高新技术企业关于员工学历构成条件。

三、社会保险金、公积金

拟上市公司应当率先履行社会责任，规范办理社会保险金和住房公积金的缴存手续，努力提高缴存比例。发行人在申报前应尽可能为所有符合条件的员工按规定办理社会保险金和住房公积金缴存手续。

发行人报告期内存在应缴未缴社会保险金和住房公积金情形的，应在招股说明书中披露应缴未缴的具体情况及形成原因，制定并披露切实可行的整改措施。对前述事项应取得发行人及其子公司所在地相关主管部门出具的无违法违规证明文件。发行人应对存在的补缴风险进行揭示，并披露明确的应对方案，如由控股股东、实际控制人承诺承担因发行人未按规定缴纳社会保险金或住房公积金被相关主管部门要求补缴的义务或被处以罚款的相关经济责任等。

此外，还应核查公司是否存在委托第三方机构代缴社会保险金和住房公积金的情形。

四、员工工资

核查员工工资是否为了避税存在现金发放或者由实际控制人个人通过银行转账部分发放的情形。

五、核心技术人才或管理人员

核查核心技术人才或者管理人才履职情况、诚信记录、是否有犯罪记录等，核查是否存在与原单位存在竞业禁止、保密安排等。

六、劳动纠纷

核查公司是否存在劳动合同履行及社会保险金、公积金缴纳等情形引致的劳资纠纷诉讼或仲裁。

第六节　企业财务和税务情况尽职核查

一、企业财务

核查公司财务管理是否规范、是否建立了内控制度，财务部门是否独立于控股股东，财务制度是否健全，财务人员是否专职，公司的资金管理制度、工资发放、发票开具、银行账户开立是否合规。

二、企业税务

主要核查内容如下。

①公司及其控股子公司执行的税种、税率是否符合现行法律、法规和规范性文件的要求。

②若公司享受优惠政策、财政补贴等政策，该政策是否合法、合规、真实、有效；公司的经营成果对税收优惠是否存在严重依赖。

③核查公司纳税是否规范，是否存在核定征税的情形，是否存在未开票收入等。

④核查公司及其子公司是否存在税务处罚的情形。

第七节　企业上市互联网核查方法

表 10-1　企业上市互联网核查方法

类别	序号	网站名称	查询事项
主体信息查询	1	国家企业信用信息公示系统	可查询全国及各省企业的工商登记信息，具体包括企业基本信息（营业执照上的全部内容）、股东及其出资、董监高成员、分支机构、动产抵押登记信息、股权出质登记信息、行政处罚信息、经营异常信息、严重违法信息等
	2	巨潮资讯	证监会指定的信息披露网站，可查询上交所、深交所上市的公司基本情况，包括股本及董监高、十大股东基本情况、公司披露的公告等
	3	上交所	可以查询上交所上市公司披露的信息，包括但不限于招股说明书、法律意见、年度报告、董事会、股东会决议等信息
	4	深交所	可以查询深交所上市公司披露的信息，包括但不限于招股说明书、法律意见、年度报告、董事会、股东会决议等信息
	5	北交所	可以查询北交所上市公司披露的信息，包括但不限于招股说明书、法律意见、年度报告、董事会、股东会决议等信息
	6	证监会	可以查询证监会最新发布的法规、政策及其解读、上市及并购重组预先披露信息、核准信息
	7	全国股转系统	可查询新三板挂牌企业的公告，以及预披露待审核公司的信息，新三板企业的重大事项公告、转让信息、财务信息以及新三板相关法律法规、政策资讯等

续表

类别	序号	网站名称	查询事项
主体信息查询	8	香港联交所	可以查询香港上市公司披露的信息，包括但不限于招股说明书、法律意见、年度报告、董事会、股东会决议等信息
	9	纳斯达克	可以查询纳斯达克上市公司信息，包括招股书、法律意见、重大合同等披露的信息
	10	美国证监会	可以查询美国上市公司公告信息，包括招股书、法律意见书等公开资料
	11	香港公司网上查册中心	可以查询在香港注册公司的基本登记信息，可以通过网上付费电子版查询
	12	全国建筑市场监督与诚信信息发布平台	可以查询建筑相关企业信息、注册人员信息及工程项目信息等
	13	住房和城乡建设部网站（建筑业单位资质查询）	建筑业资质查询，包括设计、勘察、造价、监理、建筑、房产开发等资质信息的查询
	14	中国证券投资基金业协会	可以查询股权投资基金等证券投资基金的基金管理人及基金的备案信息
	15	私募基金管理人分类查询公示	可查询私募基金管理人登记的实时基本情况以及违规公示情况
涉诉信息查询	1	中国裁判文书网	可以查询2014年1月1日起除涉及国家秘密、个人隐私、未成年人犯罪、调解结果以外案件的判决文书
	2	中国执行信息公开网	可查询2007年1月1日以后新收及此前未结的执行实施案件的被执行人信息
	3	全国法院失信被执行人名单信息查询系统	可以查询2013年10月24日起不履行或未全部履行被执行义务的被执行人的履行情况、执行法院、执行依据文书及失信被执行人行为的具体情形等内容
	4	中国法院网"公告查询"	可以查询到全国范围内法院案件审理公告信息
	5	人民法院诉讼资产网	可以查询全国范围内法院正在执行拍卖的资产情况
财产信息查询	1	中国土地市场网	可以查询全国范围内的供地计划、出让公告、企业购地情况等信息
	2	自然资源部官网	可以查询土地招标、拍卖、挂牌信息以及全国范围内土地抵押、转让、出租等信息，还可查询全国范围内的供地计划等

续表

类别	序号	网站名称	查询事项
财产信息查询	3	中国知识产权网	可以查询公司专利申请情况及专利法律状态
	4	国家知识产权局官网	可以查询公司专利申请情况及专利法律状态
	5	国家市场监督管理总局商标局"中国商标网"	可以查询商标注册信息，包括注册商标信息及申请商标信息；同时可以进行商标相同或近似信息查询、商标综合信息查询和商标审查状态信息查询
	6	中国版权保护中心"计算机软件著作权登记公告"	可以查询计算机软件著作权的登记情况、著作权人、撤销情况、质押情况等信息
	7	工业和信息化部ICP/IP地址信息备案管理系统	可以通过网站名称、域名、网站首页网址、许可号、网站IP地址、主办单位等查询已经备案的网站或域名的所有人信息等情况
	8	世界知识产权组织	可以查询加入WTO的所有国家专利、商标注册法律状态
	9	农业农村部植物新品种保护办公室	可以查询植物新品种权
	10	工业和信息化部官方网站	可以查询企业网站备案，以及电信增值业务许可
	11	人民法院诉讼资产网	可以查询涉诉财产情况
投融资信息查询	1	中国人民银行征信中心	可查询企业应收账款质押和转让登记信息，具体包括质权人名称、登记到期日、担保金额及期限等
	2	中国银行间市场交易商协会	可以查询DCM注册相关信息包括超短期融资券（SCP）、中小企业集合票据（SMECN）、短期融资券（CP）、中期票据（MTN）、定向工具（PPN）企业的融资情况
	3	动产融资统一登记公示系统	提供应收账款质押、融资租赁、所有权保留、留置权、租购、其他动产融资、保证金质押、存货/仓单质押、动产信托等登记业务，并提供以上动产物权的统一公示与查询
信用查询	1	信用中国	企业不良信用记录查询
	2	证监会	证券期货市场失信记录查询

第八节 企业上市主要法律问题整改方案

表 10-2 企业上市主要法律问题整改方案

主要事项	存在的法律问题	解决方案	注意事项	时间节点	需要取得文件
历史沿革涉及职工持股会清理确权事项	对已退出公司持股的员工，确认股权转让的真实性，是否存在纠纷，股权转让款是否支付；对继续持有公司股权的员工，确认其所持股权目前状态	①对公司历史上工会委员会代职工持股的情况、持股职工情况、工会委员会股权转让给职工持股平台的情况、工会委员会将股权转让给职工的情况进行核查，并与公司沟通，由公司负责制作历史股东持股情况控制表。②对历史股东进行分批分类访谈，促使 90% 以上公司历史股东就确权事宜签署经公证的《确认书》。计划按如下步骤开展工作：a. 对目前仍在公司工作的原持股职工进行确权；b. 通过公司退休人员管理办（或类似机构），与已退休或内退的原持股职工联系，并确权；c. 对已去世职工，由其合法继承人按照配偶、子女、父母、同胞兄弟姐妹的顺位）进行确权；e. 因原持股主管单位注销已经注销，申请其注销的主管单位进行确权；f. 在报纸上发布公告，通知无法联系的原持股员工前来确权。根据 4 号指引规定，确权比例应不低于 90%	建议对于尚未去世的员工确权比例达到100%，避免出现举报事项；在总体可控的前提下，争取全部员工确权比例达到100%；确权是一项系统性的工作，在达到法律规定的比例前提下，原则上在 IPO 申报之前可以继续做工作，以便于最大限度地完成 100% 确权；公司需要制定详细的分类分组，并严格根据分类分组进行确权	建议在 6 月中旬初步制定确权的总体分类和时间进度控制表，并通过内部分工、分工、建立小组长等方式做好前期准备工作；争取在 9 月完成初步确权工作	律师见证、公证处出具的《确认书》；省政府出具的历史沿革合规的确认文件

230

续表

主要事项	存在的法律问题	解决方案	注意事项	时间节点	需要取得文件
同业竞争问题		①发行人控股股东与发行人共同持有子公司股权的，建议由发行人按照评估审计评估价格收购剩余的股权。 ②发行人实际控制人控制的其他企业通过分割市场方式解决同业竞争的，不符合A股上市的要求，建议通过重组解决同业竞争，对于原在三板挂牌后摘牌的，建议发行人对此类公司与相关股东协商，通过审计、评估后以吸收合并的方式换股。 ③对于实际控制人控制的其他产业链公司，根据A股上市要求，从审慎从严考虑，并保证产业链的完整性和可扩张性，建议分不同情重组至发行人。 a. 对于不需要通过换股方式解决同业竞争的，建议直接收购股权的方式进行。 b. 对于少数股东不同意收购的，可以只收实际控制人控制的部分。 ④对于不能装入发行人主体的构成同业竞争的公司，可分两种情况解决，可以公开对外转让的，建议出售给非关联方（IPO申报前解决），如确定不能出售的，应尽快确定清算注销程序	做好实际控制人及相关股东工作，落实工作计划	11月底完成全部工作，最迟12月底	
公司治理架构的调整	独立董事尚未到位，董事调整尚未完成	建议尽快启动董事、独立董事调整到位工作，实公司规范治理的时间，考虑到报告期内董事、高管及核心技术人员变化比例不宜过大（一般情况下增加董事高管不视为变化），董事会人员建议为9人，3名独立董事，4名内部董事	其中1名独立董事须有财务背景，建议会计师或者大学教授	建议7月底完成，运行半年以上	独立董事须取得证书

231

第十一章
注册制之企业上市私募融资合规指引

第一节 企业上市引进私募融资的战略规划

企业在上市前要不要进行私募融资需要根据企业所处发展阶段的实际情况确定，并不是引进私募融资的企业就更加受资本市场青睐，关键还是要看企业自身的实力和公司治理的质量。

一、企业上市前引进私募融资的目的

一般地，企业上市前引进私募融资，主要基于以下几个方面的考虑：
①扩充公司资本金，充实公司进一步发展需要的资金；
②改变过去家族企业管理的治理结构，引进外部投资人，搭建公众公司治理的架构；
③降低企业负债率，改善公司财务结构，降低财务风险，同时增加了必要时的举债能力；
④改善对供应商、客户的财务结算状况，提高企业信誉与资信，改善经营的外部环境。

二、企业上市前引进私募融资的缺点

①大多数私募基金投资的前提都要求大股东/实际控制人进行业绩对赌和退出保障的对赌，这种对赌可能使公司为了短期利益而牺牲长远利益，甚至陷入经营的困境；
②企业上市前引入私募基金如果与公司进行的股权激励在同一年度内产生股份支付问题，从而影响公司扣除股份支付后的利润和上市发行价格。

三、企业上市前对私募基金的甄别

基于企业上市的战略考虑，企业在引入私募基金的时候，首先要对接触的私募基金管理人进行反向的尽职调查，主要是看基金管理人在中国证券投资基金业协会合规备案及持续经营情况，是否违反私募股权投资基金管理及募集的相关法律规定，是否存在为了投资单一项目募集资金的情形。

对于引进的私募基金，不仅要考虑基金管理人的管理经验、管理基金的规模，还要考虑其在市场上的口碑和对已投资项目的投后管理能力。

一般地，私募股权投资基金主要分为以下几类（如表 11-1 所示）。

表 11-1　私募股权投资基金分类

战略投资者类型	特点
证券公司直投基金	①洞悉资本市场规则，为企业上市提前联动证券公司等中介机构，整体上可以帮助企业规范运作，提供辅导及资源对接； ②资金实力雄厚； ③运作规范； ④投资条件相对严格，偏 Pre-IPO 项目，不参与企业经营管理； ⑤对公司上市后的估值有重大提升作用
国家级产业基金	①洞悉国家产业政策，偏向符合国家产业政策及国家重大项目的企业及相关上下游产业； ②资金实力雄厚； ③运作规范； ⑤投资条件相对严格，偏 Pre-IPO 项目，投资金额大，有限度地参与经营，帮助企业完成产业整合，做大做强； ⑥对公司上市后的估值有重大提升作用
地方政府产业基金	①主要服务地方政府产业，培育符合地方政府产业政策的企业； ②资金实力雄厚； ③运作规范； ⑤投资条件相对宽松，看重产业方向、团队、技术领先性、产业落地能力，具有一定的风险投资能力，不参与企业经营管理； ⑥对公司上市后的估值有重大提升作用
国内知名基金	①资金实力雄厚； ②投资条件相对严格，对公司重大经营决策有一票否决权，具有一定的资源整合能力，具备一定的企业上下游产业对接能力； ③对公司上市后的估值有一定的提升作用

续表

战略投资者类型	特点
国际知名基金	①资金实力雄厚； ②运作国际化； ③投资条件十分苛刻，对公司重大经营决策有一票否决权，具备一定的国际化对接能力，具有一定的提升国际市场和国际资源能力； ④对公司上市后的估值有重大提升作用
精品私募基金	①资金实力一般； ②运作灵活； ③投资条件较为宽松，不干预企业经营管理，对企业创始人的对赌能力具有一定的要求

第二节　企业私募融资的对赌问题

一、对赌协议的基本含义

投资企业主要是投资企业的未来，所以，投资方倾向与企业约定"对赌协议"以控制投资风险。对赌协议的正式名称是估值调整机制（Valuation Adjustment Mechanism，VAM），即根据"现有业绩"初步作价和确定投资条件，根据"未来业绩"调整作价和投资条件。

如果企业未来的获利能力达到某一标准，则融资方享有一定的权利，用以补偿企业价值被低估的损失；否则，投资方享有一定的权利，用以补偿高估企业价值的损失。

二、对赌协议中的主要对赌条款

投资方投资目标企业时对赌的主要内容通常是目标企业未来几年的业绩以及目标企业上市、并购的时间，与此相对应的对赌条款主要有估值调整条款、业绩补偿条款与股权回购条款。

1. 估值调整

投资方对目标企业投资时，通常按 P/E（市盈率）估值，确定好 P/E 后，乘以目标企业当年预计利润，作为目标企业的投资估值，以此估值作为投资的定价基础；投资方投资后，若当年利润达不到预估的利润时，按照实际实现的利润对此前的估值进行调整，退还投资方的部分投资或增加投资方的持股份额。

2. 业绩补偿

投资时，目标企业或原有股东与投资方就未来一段时间内目标企业的经营业绩进行约定，如目标企业未实现约定的业绩，则须按一定标准与方式对投资方进行补偿。

3. 股权回购

投资时目标企业或原有股东与投资方就目标企业未来发展的特定事项进行约定，当约定条件成熟时，投资方有权要求目标企业或原有股东回购投资方所持目标公司股权。

三、对赌条款在司法裁判中的法律效力

【案例一】 HF 公司与 ZX 公司、DY 公司、陆某增资纠纷案

1. 案情简介

2007 年 11 月 1 日前，ZX 公司、HF 公司、DY 公司、陆某共同签订一份《ZX 公司增资协议书》（简称"《增资协议书》"），由 HF 公司以现金 2,000 万元对 ZX 公司进行增资。《增资协议书》第七条第二项是关于业绩目标的约定：ZX 公司 2008 年净利润不低于 3,000 万元，否则 HF 公司有权要求 ZX 公司予以补偿；如果 ZX 公司未能履行补偿义务，HF 公司有权要求 DY 公司履行补偿义务。

2007 年 11 月 1 日，HF 公司、DY 公司签订"合资经营 ZX 公司合同"，HF 公司出资 15.38 万美元，占注册资本的 3.85%；DY 公司出资 384 万美元，占注册资本的 96.15%。HF 公司应于合同生效后 10 日内一次性向合资公司缴付人民币 2,000 万元，超过其认缴的合资公司注册资本的部分，计入合资公司资本公积金。如果至 2010 年 10 月 20 日，合资公司由于自身的原因无法完成上市，则 HF 公司有权在任一时刻要求 DY 公司回购届时 HF 公司持有的合资公司的全部股权。

由于 ZX 公司 2008 年的净利润未达到约定金额，故 HF 公司向法院起诉要求 ZX 公司、DY 公司、陆某承担补偿责任。一审法院认为《增资协议书》第七条第二项违反了法律、行政法规的强制性规定，故驳回了 HF 公司的诉讼请求。HF 公司不服一审判决，提起上诉。二审法院认为虽然《增资协议书》第七条第二项无效，但 HF 公司投入 ZX 公司的资金可以认定为借款，要求 ZX 公司、DY 公司予以返还并支付相应利息。ZX 公司、DY 公司不服二审判决，请求再审。再审法院最终判决 DY 公司向 HF 公司支付补偿款。

2. 争议焦点

①《增资协议书》第七条第二项内容是否具有法律效力；

②如果《增资协议书》第七条第二项内容有效，ZX 公司、DY 公司、陆某应否承担补偿责任。

3. 裁判要点

最高人民法院认为："HF 公司作为企业法人，向 ZX 公司投资后与 DY 公司合资经营，故 ZX 公司为合资企业；ZX 公司、HF 公司、DY 公司、陆某在《增资协议书》中约定，如果 ZX 公司实际净利润低于 3,000 万元，则 HF 公司有权从 ZX 公司处获得补偿，并约定了计算公式，这一约定使 HF 公司的投资可以取得相对固定的收益，该收益脱离了 ZX 公司的经营业绩，损害了公司利益和公司债权人利益，一审法院、二审法院根据相关法律的规定认定《增资协议书》中的这部分条款无效是正确的。

"《增资协议书》中并无由陆某对 HF 公司进行补偿的约定，HF 公司请求陆某进行补偿，没有合同依据。

"但是，在《增资协议书》中，DY 公司对于 HF 公司的补偿承诺并不损害公司及公司债权人的利益，不违反法律法规的禁止性规定，是当事人的真实意思表示，是有效的。DY 公司对 HF 公司承诺了 ZX 公司 2008 年的净利润目标并约定了补偿金额的计算方法，在 ZX 公司 2008 年的利润未达到约定目标的情况下，DY 公司应当依约应 HF 公司的请求对其进行补偿。DY 公司对 HF 公司请求的补偿金额及计算方法没有提出异议。"

最高人民法院的上述判决，确定了如下原则：

①投资机构向目标企业进行股权投资时，若目标企业不能完成一定的经营业绩，则应向投资机构进行补偿，此类约定为无效，即投资机构与目标企业对赌的，对赌条款无效；

②投资机构向目标企业进行股权投资时，若目标企业不能完成一定的经营业绩，由目标企业控股股东、实际控制人或目标企业以外的其他方对投资机构进行补偿，此类约定有效。

【案例二】TL 公司、XFX 公司与公司有关的纠纷案

1. 案情简介

2010 年 6 月 8 日，TL 公司与目标公司 JY 公司及其原股东 XFX 公司三方签订了增资扩股协议。在增资扩股协议中，各方约定，如果目标公司不能在 2013 年 12 月 31 日前完成上市，则投资方 TL 公司有权要求目标公司或其原股东 XFX 公司回购投资方 TL 公司所持有目标公司的全部股份，目标公司及其原股东对该

股权回购义务承担履约连带责任。之后，由于 JY 公司未能如期完成上市，作为投资人的 TL 公司依据增资扩股协议的约定，委托律师发送律师函，要求 JY 公司、XFX 公司回购 TL 公司持有的 JY 公司的股份。

一审法院判决 XFX 公司向 TL 公司支付股权回购款及相应利息，JY 公司就 XFX 公司上述付款义务承担连带责任。二审法院认可一审法院的部分裁判，驳回 JY 公司就 XFX 公司付款义务承担连带责任的判决。再审法院判决 XFX 公司向 TL 公司支付股权回购款及相应利息，JY 公司对 XFX 公司上述本息不能清偿部分承担二分之一赔偿责任。

2. 争议焦点

① 2010 年 6 月 9 日的股东会决议能否证明 TL 公司明知 JY 公司内部决议程序；

② JY 公司应否对 XFX 公司的股权回购义务承担履约连带责任；

③ JY 公司应否承担连带责任条款无效后的过错赔偿责任。

3. 裁判要点

（1）2010 年 6 月 9 日的股东会决议能否证明 TL 公司明知 JY 公司内部决议程序

根据再审查明的事实情况，增资扩股协议签订于 2010 年 6 月 8 日，在此之前 TL 公司与 JY 公司、XFX 公司就增资扩股等事宜进行磋商，而此时 JY 公司的公司章程中并没有关于公司对外担保议事程序的相关规定，至 2010 年 6 月 9 日，JY 公司才召开股东会决议对公司章程进行修订，包括股东、实际控制人及其关联方提供担保的内部决议程序。因此，2010 年 6 月 9 日的股东会决议不能证明增资扩股协议签订时 TL 公司已经知道 JY 公司的公司章程有关公司为股东提供担保须经过股东会决议的内容。因此，二审法院将 2010 年 6 月 9 日的股东会决议作为新证据采信，以后来发生的事实来判断此前行为人的审查注意义务，认定 TL 公司在签订增资扩股协议时非善意相对人，违背了新证据须与待证事实存在关联性的客观要求，属于证据采信不当。

（2）JY 公司应否对 XFX 公司的股权回购义务承担履约连带责任

增资扩股协议中约定 XFX 公司在约定触发条件成就时按照约定价格回购 TL 公司持有的 JY 公司股权，该约定的实质是投资人与目标公司原股东达成的特定条件成就时的股权转让合意，该合意系当事人真实意思表示，亦不存在违反《公司法》规定的情形，二审判决认定 XFX 公司与 TL 公司达成的股权回购条款有效，且触发回购条件成就，遂依协议约定判决 XFX 公司承担支付股权回购款本金及利息，适用法律正确。XFX 公司辩称增资扩股协议约定的股权回购条款无效，回购条件不成就，没有事实和法律依据，应不予支持。

至于增资扩股协议中约定JY公司对XFX公司的股权回购义务承担履约连带责任的条款效力问题，有如下分析。

首先，JY公司不是股权回购的义务主体，并不产生JY公司回购本公司股份的法律后果，即不存在XFX公司答辩中称增资扩股协议约定JY公司对XFX公司的股权回购义务承担履约连带责任的条款违反相关《公司法》规定的情形。

其次，增资扩资股协议约定JY公司对XFX公司负有的股权回购义务承担履约连带责任，并未明确为连带担保责任。TL公司在一审中也是诉请JY公司对XFX公司承担的股份回购价款及涉及的税款承担连带责任。但是，JY公司、XFX公司二审上诉中称"TL公司明知未经股东会批准，而约定由JY公司对XFX公司提供担保，有违《公司法》第十六条第二款的规定，其请求亦不应得到支持"。TL公司亦抗辩称"《公司法》第十六条第二款属于管理性强制性规定，即使JY公司所提供的担保未经股东会决议，也不影响担保的有效性"。二审法院在双方当事人将增资扩资股协议约定的"连带责任"条款解释为"连带担保责任"的情况下，适用《公司法》第十六条第二款的规定裁判本案。法院认为，连带担保责任属于连带责任的情形之一，但连带担保责任有主从债务之分，担保责任系从债务。双方当事人将"连带责任"理解为"连带担保责任"，并未加重JY公司的责任负担，且从TL公司诉请JY公司的责任后果看，是对XFX公司承担的股权回购价款本息承担连带责任，仍然属于金钱债务范畴，也与JY公司实际承担的法律责任后果一致，法院予以确认。因此，二审判决依据《公司法》第十六条第二款关于公司为控股股东、实际控制人提供担保的相关规定来裁判JY公司对XFX公司的股权回购义务承担履约连带责任的条款效力，并无不当。

再次，TL公司申请再审，称《公司法》第十六条第二款的规定系管理性规范，JY公司承诺为XFX公司的股权回购义务承担履约连带责任，虽然未经JY公司股东会决议通过，亦不影响公司承诺担保条款的效力，并提交最高人民法院相关案例佐证。法院认为，《公司法》第十六条第二款明确规定"公司为公司股东或者实际控制人提供担保的，必须经股东会或者股东大会决议"，目的是防止公司股东或实际控制人利用控股地位，损害公司、其他股东或公司债权人的利益。对于合同相对人在接受公司为其股东或实际控制人提供担保时，是否对担保事宜经过公司股东会决议负有审查义务及未尽该审查义务是否影响担保合同效力，《公司法》及其司法解释未作明确规定。二审法院认为，虽然JY公司在增资扩股协议中承诺对XFX公司进行股权回购义务承担连带责任，但并未向TL公司提供相关的股东会决议，亦未得到股东会决议追认，而TL

公司未能尽到基本的形式审查义务，从而认定 JY 公司法定代表人向某代表公司在增资扩股协议上签字、盖章行为，对 TL 公司不发生法律效力，适用法律并无不当。

（3）JY 公司应否承担连带责任条款无效后的过错赔偿责任

TL 公司在签订增资扩股协议时，因 JY 公司的公司章程中并无公司对外担保议事程序规定，TL 公司有合理理由相信向某有权代表公司对外签订有担保意思表示内容的增资扩股协议，但其未能尽到要求目标公司提交股东会决议的合理注意义务，导致担保条款无效，对协议中约定的担保条款无效，自身存在过错。而 JY 公司在公司章程（2009 年 6 月 9 日之前）中未规定公司对外担保及为公司股东、实际控制人提供担保议事规则，导致公司法定代表人使用公章的权限不明，法定代表人向某未经股东会决议授权，越权代表公司承认对 XFX 公司的股权回购义务承担履约连带责任，其对该担保条款无效也应承担相应的过错责任。《最高人民法院关于适用〈中华人民共和国担保法〉若干问题的解释》第七条规定："主合同有效而担保合同无效，债权人无过错的，担保人与债务人对主合同债权人的经济损失，承担连带赔偿责任；债权人、担保人有过错的，担保人承担民事责任的部分，不应超过债务人不能清偿部分的二分之一。"根据该条规定，TL 公司、JY 公司对增资扩股协议中约定的连带责任条款无效，双方均存在过错，JY 公司对 XFX 公司承担的股权回购款及利息，就不能清偿部分承担二分之一的赔偿责任。

上述法院的判决确立了如下原则。

①投资机构与目标企业股东就目标企业的上市期限进行对赌时，若目标企业未能在约定期限完成上市，则目标企业控股股东或其指定方应向投资机构回购股权并支付股权转让款，此类条款约定有效。

②在目标公司股东或其指定方需要向投资机构回购目标公司股权且支付股权转让款时，目标企业就上述股东的付款义务承担连带担保责任的，经目标公司股东会或者股东大会决议的，该类条款约定有效；未经股东会或者股东大会决议的连带责任担保无效。

③目标公司越权为控股股东或者实际控制人回购股权提供连带责任的，承担过错责任。

【案例三】ZY 投资公司与高某股权转让纠纷案

1. 案情简介

2011 年 4 月 22 日，DDX 公司、ZY 投资公司（普通合伙）及高某（DDX 公司实际控制人）签署了《DDX 公司增资协议》，约定由 ZY 投资公司对 DDX

公司进行增资；同日，ZY 投资公司与高某签署了《DDX 公司增资协议》的补充协议，对增资后 DDX 公司的经营业绩指标、公司上市及回购股权等事宜作出约定。

2013 年 9 月 17 日，ZY 投资公司与高某签订了协议书，约定了高某回购 ZY 投资公司持有的 DDX 公司股权等事宜。协议签订后，至 2014 年 3 月 31 日，高某并未按约定付款，尚欠 ZY 投资公司转让款 6,447,945 元。

2013 年 9 月 22 日，高某将 DDX 公司价值 19,021,643 元的股权质押给 ZY 投资公司，但未付清所欠款项，故 ZY 投资公司以此为由向法院提起诉讼。

2. 裁判要点

法院认为，根据协议书的约定，被告高某未按照协议约定的时间支付股权转让款，ZY 投资公司有权要求被告高某支付逾期付款违约金，故对于 ZY 投资公司要求被告高某从 2013 年 10 月 1 日起以第一笔未付款项金额 3,719,178 元为本金计算违约金至实际付清之日止及要求被告高某从 2014 年 1 月 1 日起以第二笔未付款项金额 8,854,520 元为本金计算违约金至实际付清之日止的诉讼请求，于法有据，法院予以支持。对于 ZY 投资公司主张计算违约金的标准，根据协议书的约定，每逾期一日，被告高某应按照应付金额的千分之一向 ZY 投资公司支付逾期付款违约金。被告高某在向法院提交的书面答辩状中认为 ZY 投资公司主张计算违约金的标准过高，请求法院予以调整。当事人一方可以约定一方违约时应当根据违约情况向对方支付一定数额的违约金，也可以约定因违约产生的损失赔偿额的计算方法。约定的违约金低于造成的损失的，当事人可以请求人民法院或者仲裁机构予以增加；约定的违约金过分高于造成的损失的，当事人可以请求人民法院或者仲裁机构予以适当减少。考虑到本案中被告高某违约给 ZY 投资公司造成的损失为资金占用的损失，且被告高某已向法院提交了书面答辩状请求人民法院予以适当降低违约金的计算标准，法院认为 ZY 投资公司主张违约金计算标准过高，法院按照不超过中华人民共和国人民银行同期贷款利率 4 倍的标准依法予以调整违约金的计算标准。

法院的上述判决，确立了如下原则：目标企业原股东或其指定方未能按协议约定承担回购义务支付股份转让款时，应按一定比例承担违约责任，该类条款约定有效，但是约定的违约金过分高于造成的损失的，法院予以调减，调减原则一般按不超过中华人民共和国人民银行同期贷款利率 4 倍的标准依法予以调整违约金的标准计算。

第三节 企业上市之私募融资出让股权比例和价格

一、引入私募融资的股权比例

1. 企业自身的资金需求

私募融资涉及的最重要的问题之一便是融资多少的问题，也就涉及相关的股权比例问题。对于该问题，首先需要考虑企业自身的需求。企业需要多少资金来发展自身，是该问题的核心。通常情况下，可以根据企业的发展规划，确定企业在未来两到三年内的主要资金需求额，进而测算私募股权份额；此外，有些企业有着改善财务结构的需求，此种情况下，可以在对财务报表进行审计的基础上，参照公司业务模式、行业特点等规划公司的合理财务结构，进而确定需要的资金量和私募的股权份额。

2. 上市对公司股权变化的相关要求

一般而言，公司在 IPO 前的私募，外部引入的私募基金持股应控制在总股本的 30% 以内，如果过高，则可能引起审核部门和市场对公司股权稳定性、经营稳定性的担忧。

二、私募的价格

1. 私募价格的一般衡量标准

对于多数行业而言，私募价格一般按照市盈率定价，即"私募投资价格/每股收益"。

每股收益计算基础一般以前一年实现净利润计算，也可协商按照当年预期利润计算，但是按照预期利润计算，市盈率倍数一般较低。

2. 私募价格的考虑因素

私募价格一般由战略投资者与企业协商确定，主要考虑因素包括：

①公司自身各要素情况；

②公司的现时盈利水平及未来成长性；

③公司的所处行业现状及前景、行业地位与竞争状况、市场容量、公司本身的业务与技术能力；

④公司的财务状况；

⑤公司治理的规范性、透明度。

这一点很重要。治理不规范、透明度不高，投资者则认为风险大，从而要求降低价格。

私募市场普遍价格水平多数控制在每股收益的 5～15 倍，即市盈率 5～15 倍。

第十二章
注册制之企业上市股份制改制合规指引

第一节　上市工作机制及整体工作计划

企业经过慎重考查，选定中介机构和具体执行的团队后，在各中介机构进场前一般要安排企业上市的正式启动仪式，明确上市工作机制和工作计划。

一、工作机构的组成

上市工作是一项系统工程，为了确保上市工作和公司业务发展能够有序协调推进，公司在不影响企业正常经营的前提下应当由公司实际控制人牵头统筹安排公司主要管理层共同参与并应为此设置专门的工作机构，并指定人员总体负责、具体落实上市相关工作。

为了保证公司上市工作的顺利进行，提高决策效率，建议公司成立"上市工作领导小组—上市工作负责人—专项事务工作组"三级工作组织机构。

1. 上市工作领导小组

上市工作领导小组设置组长、副组长和成员。

职责：公司上市工作领导小组是公司上市工作的决策机构，组织领导公司上市的整体工作，审核上市方案，定期听取上市工作情况汇报，研究决定上市工作的重大问题，保证组织严谨，统筹有序，执行有力，规范高效，确保上市工作的顺利推进。

2. 上市工作负责人

上市工作负责人为上市工作领导小组成员。

职责：上市工作负责人是上市领导小组指定的执行人员，在领导小组领导下开展工作，负责领导小组与专项事务工作组的对接工作，负责与中介机构的对接工作，负责组织、执行、协调、宣传等工作。

3. 专项事务工作组

专项事务工作组下设立业务组、资产财务组，各工作组的人员构成和工作职责如下。

（1）业务组

业务组人员包括组长、副组长、专职成员等。

职责：组织安排公司上市项目的日常工作；负责上市工作有关会议的会务工作，记录、整理、编发会议纪要，收集整理大事记及相关资料；负责尽职调查清单的统一下发及尽职调查资料的统一归集工作；负责协助中介机构完成尽职调查，负责尽职调查资料、档案的统一管理；负责公司对外信息的统一发布，媒体、投资者关系维护；完成与业务、法律、人事等方面的尽职调查工作；拟订各项业务发展规划；负责公司募集资金投资项目的相关工作，包括项目的选择、规划、编制可行性研究报告、获得相关政府部门的批准或备案文件；起草、审查股改过程中各项法律文件；办理公司股改的工商登记工作；办理业务资质（提供资质证书、许可证、商标、专利、专有技术等与公司业务相关的文件及事项）的转移；与律师共同拟订公司章程、"三会"议事规则等内部控制制度；拟订董事会、股东会等相关会议文件；拟订股份公司治理结构及组织架构方案；负责相关协议的起草；完成上市工作负责人交办的其他工作。

（2）资产财务组

资产财务组人员包括组长、副组长、专职成员等。

职责：根据整体安排，负责制订财务审计与资产评估的具体方案并落实；配合审计及评估机构按时完成审计及资产评估工作，并出具专项文件；跟踪了解财务审计方面的相关问题及工作进程，并就出现的问题提出解决方案；负责建立财务估值模型，进行资本结构和融资结构分析，准备盈利预测和现金流预测（如需）；协助业务组完成与资产及财务有关的尽职调查工作；协助业务组制订募集资金使用计划；完成上市工作负责人交办的其他工作。

二、会议制度

1. 领导小组会议

①召开时间：由保荐机构根据工作需要提议召集，不定期召开。

②与会人员：由上市工作领导小组成员参加。经上市工作领导小组组长同意，其他人员可列席会议。

③会议内容：听取上市工作情况汇报；审议决定上市重大问题；审议上市方

案；研究决定其他重大事项。

2. 中介机构协调会

①召开时间：由保荐机构根据工作进展情况召集，在某一阶段可能为定期会议。

②会议形式：视情况采取现场会议或电话会议的形式召开。

③会议内容：通报工作进展情况、后续工作计划、当前存在问题及建议、需要公司予以关注和配合的事项。

3. 专题讨论会

①召开时间：当需要共同讨论专项问题时召开。

②会议内容：公司相关领导及人员、上市办有关专项业务组及各中介机构对工作中遇到的具体问题进行专题讨论和对接。

三、其他工作机制

1. 中介机构提报文件流程

文件提报流程是保证上市工作顺利进行的重要机制，为防止重要文件在流转过程中出现遗失、错漏，进一步提高效率，形成合力，需提前确定良好的中介机构文件提报流程。主要内容如下。

①保荐机构拟提报给企业的文件，须与其他相关中介机构协商后统一提交给业务组。

②律师、审计师、评估师等其他中介机构拟提报给企业的文件，须同时抄送保荐机构阅存。对于重大问题，须提前与保荐机构沟通，由保荐机构负责组织专题讨论会，形成统一意见后提交给业务组。

2. 尽职调查工作机制

尽职调查是公司上市过程中的一项重要工作，公司相关机构和个人应充分重视尽职调查材料的汇总和上报工作。

尽职调查材料由公司相关部门的负责人安排并根据公司各次下发的尽职调查清单填写，由公司业务组汇总。

公司相关部门在进行尽职调查中遇到专业性问题，可咨询相关中介机构。

3. 保密工作机制

保密工作机制主要分为保密信息范围、参与人员要求、明确保密责任、具体保密要求、发言人制度及应急机制等方面。

4. 档案管理原则

项目档案指的是有关项目计划、项目进程等的项目进行当中所产出的对项目有重要价值的各种记录资料。项目档案文件中涉及很多关于公司的重要资讯（其中包括很多能对公司产生重大影响的机密资料），因此，项目进行过程当中，公司应对项目的相关档案文件进行妥善管理。对于档案的管理，公司和各中介机构均应指定专人负责项目相关档案的管理。

建议公司配备与各工作机构相对应的专职工作人员，并由公司上市工作领导小组正式通知。

四、关于尽职调查工作的开展

公司上市启动会后，参与本次上市工作的保荐机构、会计师、律师、资产评估师等中介机构将开展全面的尽职调查工作。

全面的尽职调查工作包括尽职调查材料的收集与现场调查及访谈工作两部分内容。其中，尽职调查资料的收集包括公司按照保荐机构汇总提交的各中介机构尽职调查清单提供书面和电子版的资料；现场调查及访谈工作是指各中介机构对公司及主要下属单位的现场调查及访谈。

保荐机构会将经过汇总、整理后的各家中介机构的尽职调查清单统一发送至公司，请公司尽早安排相关部门和专人负责按照尽职调查的说明填报相关的尽职调查资料。

同时，请公司协调组织各中介机构到公司现场调查，使各中介机构能够快速地对公司开展的业务及拥有的资产获得直观的印象；并安排各中介机构对公司高管的现场访谈。

1. 准备办公场所和办公条件

公司应当为专职工作人员及中介机构安排集中的办公场所，办公场所应尽量靠近公司主要职能部门办公场所，以便于提高工作效率，但同时出于保密工作的需要，不应与其他部门混合办公。同时公司应当为专职工作人员及中介机构提供必要的办公条件。

（1）办公室

办公室应配置足够的上网设备和办公用品（根据各中介机构具体要求统一安排）。

（2）会议室

提供能容纳20~30人以上的大会议室一间，容纳10人左右的小会议室一间。

（3）其他办公用品

其他办公用品主要是复印机等。

2. 制作通信录

请各家中介机构将项目成员的联系方式及角色安排发送到保荐机构，由保荐机构统一汇总后发送至业务组，由企业将上市工作领导小组、上市工作负责人及专项事务工作组成员及分工情况补充完整后，统一将电子版的完整通信录发送至各中介机构。

第二节　企业上市改制重组的基本路径

企业上市改制重组的目的是按照《公司法》要求在于增强企业的核心竞争力、突出企业的主营业务、提高企业的持续发展能力、保持企业经营独立、运作规范、减少和规范关联交易、有效避免同业竞争。

一般情况下，拟上市企业按照以下几个方面展开公司改制重组。

1. 资产重组

拟上市企业梳理主营业务，主板上市可以多元化经营，但需要剥离非经营性资产，处置类金融资产，以及持有的其他金融企业的股权，如私募基金管理公司、小贷公司、融资租赁、供应链金融等资产，整合同业竞争公司，构建完整产业链，剥离非经营需要的关联方；涉及生产经营必需的土地、厂房需评估作价进入上市主体。

2. 财务重组

拟上市企业历史账务不规范的需要合规剥离；根据企业会计准则和审计机构的意见对拟上市企业账务和报表进行调整；梳理拟上市企业及关联方历史财务报告或模拟财务数据，根据企业会计准则及审计机构的建议设立新的账务系统等。

3. 业务重组

根据企业上市规范治理的要求，清晰地梳理公司的产品线和业务线，梳理和调整公司业务体系和业务流程，按照上市公司口径整理业务发展数据；根据业务发展计划、资本市场要求的投资回报率确定投资计划和募投项目。

4. 机构重组

根据业务重组结果，按照上市公司治理准则调整、更新拟上市公司的机构设置。

5. 人员重组

根据拟上市公司治理架构和机构设置，配置合适的董监高及核心技术人员，设置股权激励平台，制订股权激励计划，建立新的激励机制和人力资源体系，新的薪酬制度，规范劳动用工，合法配置聘用制员工、劳务派遣和劳务人员，期权计划。

上述资产、财务、业务、机构、人员的重组，目的是达到上市公司治理准则要求的规范治理标准，最终设立一家符合公众公司治理水平的拟上市公司（如表12-1所示）。

表12-1 拟上市公司需要关注的板块

板块	业务改组	规范治理	同业竞争	关联交易
具体内容	拟发行上市的公司原则上应采取整体改制方式，即剥离非经营性资产后，企业经营性资产整体进入股份有限公司，企业不应将整体业务的一个环节或一个部分组建为拟发行上市公司。 改制后的公司主业应突出，具有独立完整的生产经营系统	公司的发起人应符合法律、法规规定的条件，发起人投入拟发行上市公司的业务和资产应独立完整。 公司应在改制重组和持续经营过程中，确保公司按照《上市公司治理准则》的要求，做到业务、资产、人员、机构、财务的独立	公司在改组时，应避免其主要业务与实际控制人及其控制的法人从事相同相似业务的情况，避免同业竞争。 存在同业竞争的，公司应从业务的性质、业务的客户对象、产品或劳务的可替代性、市场差别等方面判断，并进行合适的处理	存在数量较大的关联交易，应制定有针对性地减少关联交易的实施方案。 无法避免的关联交易应遵循市场公开、公正、公平的原则，关联交易的价格或收费，原则上应不偏离市场独立第三方的标准

第三节 企业上市改制之同业竞争解决方案

表 12-2 企业上市改制之同业竞争解决方案

序号	关联方	股权结构	待公司确认是否有实际经营	问题及解决方案等
1	A 有限公司	发行人控股股东控股企业	收购	1. 待解决事项 目前完成不动产登记、土地厂房注入事项。 2. 方案 ①按照公允价格_股权增资至发行人（换股）； ②经审计、评估后按照公允价格收购全部股权（现金收购）
2	B 有限公司	发行人控股股东控股公司	未经营	1. 现状 ①截至__，公司对大股东形成债务__元； ②需要解释债务形成的原因、合理性。 2. 方案 (1) 公开征集受让方 在某产权交易中心挂牌公开征集受让方（股权、债权打包一起出售）；出售股权，对受让方的要求： ①与实际控制人、公司及控股股东及关联方董监高无关系； ②受让方有实力、收购有能力收购，收购符合商业逻辑 ③受让非实控人控制的公司等原职工或者现职工； ④转让价格公允、合理，可解释。 (2) 债转股 ①需要落实控股股东对公司债权的形成原因及性质，公司及股东是否认可该债权； ②控股股东是否有意愿将债权转为股权。 如主要股东认可控股股东对 B 有限公司的债权，且也认可公司目前存在的债务困境，通过债转股可以改变公司目前的债务结构，在较少债务的情况下，出售公司股权具有较大的执行空间。 (3) 破产清算 如不能通过公开征集受让方或债转股解决同业竞争问题，可由债权人向法院提请破产清算，公司进入破产清算程序后，同业竞争因公司破产清算停业而消除

248

续表

序号	关联方	股权结构	待公司确认是否有实际经营	问题及解决方案等
3	C有限公司	发行人控股股东控股公司	实际从事原料药	1. 存在的问题 ①发行人主要产品与C有限公司主要产品同属于化学原料药，上下游产业链的完整性； ②共同属于大的医药行业，上下游产业链完整性的考虑； ③同时构成关联交易； ④公司管理层的重合，董事长法定代表人为同一人。 2. 建议 ①同属于医药行业的上下游产业链，需要考虑发行审核关注的产业链完整性，以及发行人未来自由进入该行业及上下游是否会受限。 ②不仅考虑当前在相同和相似行业、上下游是否存在同业竞争，还应考虑未来是否可能在这些领域构成同业竞争。 ③C有限公司与发行人均属于医药制造业，为同一行业。 a. 同业不竞争不能成为不构成同业竞争的理由、相同、相似业务、存在（潜在）商业机会的竞争。 b. 简单的地域、档次区分不认可；共用采购或销售渠道，不允许。 c. 同业竞争不接受划分细分市场、细分领域。与其他重要股东从事相同业务，存在同业竞争。 综上：基于发行人收购××公司后形成关联交易，且原料药和制药链打通，存在同业竞争没有基础。 3. 方案 （1）换股 各方股东根据最后一轮私募价格及摘牌前的市场价格并根据审计评估后的公允价格制定换股方案。 （2）收购控股股东持有的股权 保留其他少数股东，可行性较小

续表

序号	关联方	股权结构	待公司确认是否有实际经营	问题及解决方案等
4	D有限公司；E有限公司	发行人控股股东实际控制的公司	医药流通领域	1. 待解决事项 ①核查两家公司主要资产情况及医药生产资质； ②会计师给出是否具备并表的财务基础。 2. 方案 ①修改经营范围、公司名字，处理现有的医药业务，不再从事有同业竞争的业务； ②清算注销； ③经审计、评估后按照公允价格收购全部股权； ④按照公允价格相关股权增资至发行人（换股）
5	F有限公司	发行人控股股东实际控制的公司	新产品开发、规模小	方案： ①修改经营范围、公司名字，处理现有的医药业务，不再从事有同业竞争的业务； ②清算注销； ③经审计、评估后按照公允价格收购全部股权（现金收购），可以只考虑收购实际控制人控制的股权； ④按照公允价格相关股权增资至发行人（换股），可以考虑只置换实际控制人控制的股权
6	G有限公司	发行人控股股东实际控制的公司	实际经营中	控股股东将土地厂房增资至公司后与发行人合并

第十二章 注册制之企业上市股份制改制合规指引

续表

序号	关联方	股权结构	待公司确认是否有实际经营	问题及解决方案等
7	H有限公司	发行人控股股东实际控制的公司	实际经营中	1. 待解决事项 ①需要H有限公司确认目前公司经营的现状及未来的发展规划； ②实地核实H有限公司目前生产经营情况以及租赁大股东场地情况。 2. 方案 如公司尚未经营，发行人按照注册资本受让控股股东持有公司1%的股权；如有经营，按照审计的情况参照净资产的价格转让给发行人
8	I有限公司	发行人控股股东参股企业	实际经营中	1. 存在的问题 ①发行人制药与发行人药业由于历史原因使用相同的商号；消费者难以分清两者之间的关系，发行人制药无法控制发行人药业在经营过程中可能出现的违法、违规或者产品质量问题对发行人制药造成的负面影响。 ②发行人制药持有发行人药业5%以上的股权，控股或者全资持有发行人药业是否对该公司经营决策有重大影响，是否构成同业竞争。 2. 解决方案 ①探讨是否存在收购的可能性，控股或者全资持有发行人药业； ②发行人制药将持有发行人药业5%以上的股权转让给无关联第三方（有实力、有能力、合理），待上市后寻找机会，在适当的时机收购发行人药业。

第四节　企业上市改制之资产整合及同一控制下企业合并方案

为尽快推动发行人上市工作，目前仍计划以____年9月30日作为申报基准日，力争在____年12月31日前完成申报工作。

要求如下。

①____年8月31日前，完成上市主体的搭建，包括股东及股权的梳理、清理，A公司股权变更至发行人名下（取得变更后营业执照）。

②在向证监局申报辅导前，相关主体（发行人及其控股子公司）单体最近三年财务数据经会计师核验，并编制出最近三年合并口径报表（可以不出具审计报告，报表由发行人相关人员签字并加盖公章，与最终申报报表相比不能有重大以及实质性的差异）。

③____年9月30日前，控股股东完成对发行人增资，并取得变更后的营业执照（发行人如希望安排股权激励，也需要在____年9月30日前完成）。

④其他需要较长时间才能整理完毕的土地资产，在后期通过现金方式购入，确保基准日后发行人的股东人数、股权结构不发生重大变化。

相关事项及时间表分述如下。

（一）同一控制下企业合并

_____年8月31日前完成，涉及地块：_____。

1. 控股股东与发行人关联方签署一揽子协议

这一部分包括：①发行人关联方向发行人控股股东出售所有账面房产；②控股股东以该房产以及其所占用土地向发行人关联方增资。

注意事项如下。

①拟用于增资的土地，应当已经办理解抵押完毕。

股东或者发起人可以用货币出资，也可以用实物、知识产权、土地使用权等可以用货币估价并可以依法转让的非货币财产作价出资。

股东或者发起人不得以劳务、信用、自然人姓名、商誉、特许经营权或者设定担保的财产等作价出资。

②鉴于评估师不能对边界不明、没有权属证书的土地资产进行评估，建议前述占用土地不作切分，以免耽误进度。

③向会计师出具专项说明，说明相关土地、房产权属虽然不在发行人名下，但会如约变更，以配合审计。

④发行人关联方企业整体价值建议按照"审定净资产+拟置入土地市价"

方式确定。

2. 发行人关联方以现金方式向发行人控股股东购买增资到位后发行人关联方全部股权

操作结果：

发行人关联方对发行人控股股东形成账面应收____元；

发行人对发行人控股股东形成账面应付，备抵下文"发行人控股股东以土地等资产对发行人增资"房产交易，针对集团的应收款。

（二）发行人控股股东以土地等资产对发行人增资

_____年9月30日前完成，涉及地块：_____。

可能以增资方式进入的地块：____及____一部分。如不能如期办理完毕，建议以现金方式购入。

这一部分包括如下事项。

①发行人向发行人控股股东出售所有账面房产（约____元）。

②发行人控股股东以相关土地房产向发行人办理实物增资：拟增资土地解抵押完毕；拟切分土地，切分整合完毕，办理新的权属登记证书；相关土地办理评估完毕。

③发行人在____年9月30日前取得变更后的营业执照。

附：整合方案时间表安排

一、整体时间表

表 12-3　整体时间表

时间	事项	责任人
8月4日前	各方尽快讨论落实整合方案及时间表 发行人并与各股东讨论确认方案	集团、发行人 券商、律师 会计师、评估师
	集团、发行人与各中介机构讨论确定服务协议核心条款，并尽快安排签署	集团、发行人
8月7日前	发行人控股股东、发行人关联方（发行人）等签署一揽子交易及增资协议 董事会、股东会流程	集团、发行人 券商、律师
	发行人关联方将账面房产出售给集团，并开具发票	集团

续表

时间	事项	责任人
8月8日	会计师出具发行人关联方__年6月30日时点审计报告	集团 券商、会计师
8月9日	评估师出具发行人关联方房产及占用土地的资产评估报告（增资用） 评估师出具发行人关联方整体价值评估报告（股权转让用）	集团、发行人 评估师 券商、律师
8月10日前	发行人完成在建工程梳理（会计师核验） 确定拟转让房产范围及账面价值	发行人 会计师
8月14日	发行人控股股东董事会决议 以土地房产增资发行人关联方（仅集团） 转让发行人关联方股权（增资完成后数额） 购买发行人出售的房产 发行人董事会决议 向发行人控股股东出售房产 购买发行人关联方增资完成后前部股权	集团、发行人 律师、券商
8月28日	土地解抵押完毕	集团
8月29日	发行人控股股东召开股东会，作出股东会决议 实物增资发行人关联方（仅集团） 转让发行人关联方全部股权 决议购买发行人拟出售房产 发行人股东会决议： 购买发行人关联方全部股权 出售账面房产	集团、发行人 律师
8月31日	发行人关联方取得股东变更后工商营业执照	集团
9月1日	发行人资产出售给集团，开具发票	发行人
9月6日前	相关土地解抵押完毕 土地如需切分整合的，权证办理到位 与发行人其他股东确认资产价格、本次增资价格	集团

续表

时间	事项	责任人
9月6日	发行人控股股东 评估师出具土地房产评估报告 发出董事会通知	评估师 集团
9月10日前	拟增资进入发行人的土地解抵押完毕	集团、发行人
9月11日	发行人控股股东召开董事会，作出董事会决议 以实物方式向发行人增资 股东会通知	集团
9月25日前	发行人控股股东股东会决议 以实物增资发行人	集团
9月30日前	发行人取得增资完成后营业执照	发行人

二、分项时间表

（一）同一控制下企业合并

尽快办理土地解押，相关土地不作重新切分。

表 12-4 同一控制下企业合并时间表

时间	发行人关联方	发行人控股股东/投资	发行人
	尽快签署一揽子协议（流程"倒签"）		
8月7日前	资产出售给集团开具发票		
8月8日	出具审计报告 尽快完成三年审计报告		
8月9日		出具土地房产合一评估报告（增资） 出具企业价值评估报告（股权转让）	出具企业价值评估报告 董事会议通知

续表

时间	发行人关联方	发行人控股股东/投资	发行人
8月14号		董事会决议 土地房产增资 出售发行人关联方股权	董事会决议 购买发行人关联方股权
8月28日		土地解抵押完毕	
8月29日		股东会决议 实物增资 股权出售	股东会决议购买
8月31日前	取得变更后营业执照		

（二）发行人控股股东以土地房产向发行人增资

表12-5　发行人控股股东以土地房产向发行人增资时间表

时间	发行人控股股东	发行人
8月10日前		在建工程梳理完毕（会计师核验） 确定拟转让房产范围及账面价值
8月14日	董事会决议购买房产	董事会决议出售房产
8月29日	股东会决议购买房产	股东会决议出售房产
9月1日		资产出售给集团，开具发票
9月6日前	相关土地解抵押完毕 土地如需切分整合的，权证办理到位 与发行人其他股东确认资产价格、本次增资价格	
9月6日	出具土地房产评估报告 发出董事会通知	

续表

时间	发行人控股股东	发行人
9月11日	董事会决议 以实物增资发行人	
9月25日前	股东会决议 以实物增资发行人	
9月30日前		取得变更后营业执照

第五节　公司股份改制工作操作细则

表 12-6　公司股份改制工作操作细则

时间点	操作细则
__年__月__日	由全体发起人指定的代表或共同委托的代理人向工商信息登记机关申请名称预先核准。 （名称确定后即可申请，6个月的有效期）
__年__月__日 （时间可以根据具体情况确定，但是一般出具审计报告都要董事会决议，因此有限公司董事会决议一般不晚于审计报告出具日）（可以是审计评估出具日期的当日）	有限公司董事会决议。 ①同意公司类型由有限公司依法整体变更为股份公司（非上市公司）。 ②同意公司名称由____有限公司变更为____股份有限公司。 ③审议通过公司审计报告和评估报告。 ④公司整体变更发起设立股份公司的具体方案。 ⑤同意有限责任公司的债权债务及其他权利和义务由依法定程序变更后的股份公司依法承继。 ⑥同意公司变更为股份公司后的经营期限变更为长期。 ⑦全权委托董事会依法办理公司整体变更发起设立股份公司的相关事宜。 ⑧同意公司董事会、监事及总经理等高级管理人员应履行职责至股份有限公司创立大会暨第一次临时股东会召开之日，转由股份有限公司新组成的股东会、董事会、监事会（监事或者董事会设审计委员会）及总经理、董事会秘书、财务总监等高级管理人员按照《公司法》等法律法规及公司章程的规定履行相关职责。 ⑨提议召开临时股东会会议。当日执行董事发出关于召开临时股东会的通知（一般提前15天发出临时股东会通知，如果时间来不及，有限公司阶段可由全体股东一致同意随时召开临时股东会）

续表

时间点	操作细则
__年__月__日（可以是有限公司董事会决议的当日）	签署发起人协议
__年__月__日（指审计报告日）	会计师出具改制审计报告。 ①会计师出具改制基准日的《审计报告》，确认_____有限公司于基准日（__年__月__日）的账面净资产值。 ……
__年__月__日（指评估报告日）	评估师出具改制评估报告： ①资产评估公司出具改制基准日的《资产评估报告书》，确认_____有限公司于基准日（__年__月__日）的净资产评估值。 ……
__年__月__日	有限公司召开临时股东会。 ①同意公司类型由有限公司依法整体变更为股份公司（非上市公司）。 ②同意公司名称由____有限公司变更为____股份有限公司。 ③审议通过公司审计报告和评估报告。 ④公司整体变更发起设立股份公司的具体方案。 ⑤同意有限责任公司的债权债务及其他权利和义务由依法定程序变更后的股份公司依法承继。 ⑥同意公司变更为股份公司后的经营期限变更为长期。 ⑦全权委托董事会依法办理公司整体变更发起设立股份公司的相关事宜。 ⑧同意公司董事会、监事应履行职责至股份有限公司创立大会暨第一次临时股东会召开之日，转由股份有限公司新组成的股东会、董事会、监事会（监事或者董事会设审计委员会）按照《公司法》等法律法规及公司章程的规定履行相关职责
__年__月__日（一般与有限公司临时股东会同日）	发出召开创立大会的通知（提前15天）
__年__月__日	市场监督管理局通过股份公司名称预核准。 ①市场监督管理局颁发企业名称变更核准通知书，核准股份公司的名称。 ……

续表

时间点	操作细则
__年__月__日	召开股份公司创立大会暨第一次临时股东会。 ①审议关于_____股份有限公司筹办情况的报告。 ②审议关于_____股份有限公司设立费用的报告。 ③关于_____股份有限公司章程的议案。 ④关于组建_____股份有限公司董事会即成立第一届董事会的议案。 ⑤关于选举_____为_____股份有限公司第一届董事会董事的议案。 ⑥关于选举_____为_____股份有限公司第一届董事会董事的议案。 ⑦关于选举_____为_____股份有限公司第一届董事会董事的议案。 ⑧关于选举_____为_____股份有限公司第一届董事会董事的议案。 ⑨关于选举_____为_____股份有限公司第一届董事会独立董事的议案。 ⑩关于选举_____为_____股份有限公司第一届董事会独立董事的议案。 ⑪关于选举_____为_____股份有限公司第一届董事会独立董事的议案。 ⑫关于组建_____股份有限公司监事会（监事或者董事会设审计委员会）即成立股份公司第一届监事会（监事或者董事会设审计委员会）的议案。 ⑬关于选举_____为_____股份有限公司第一届监事会（监事或者董事会设审计委员会）非职工监事的议案。 ⑭关于选举_____为_____股份有限公司第一届监事会（监事或者董事会设审计委员会）非职工监事的议案。 ⑮关于_____股份有限公司股东会议事规则的议案。 ⑯关于_____股份有限公司董事会议事规则的议案。 ⑰关于_____股份有限公司监事会（监事或者董事会设审计委员会）议事规则的议案。 ⑱关于_____股份有限公司独立董事制度的议案。 ⑲关于_____股份有限公司对外投资管理制度的议案。 ⑳关于_____股份有限公司关联交易决策制度的议案。 ㉑关于_____股份有限公司对外担保管理制度的议案。 ㉒关于发起人用于抵作股款财产作价情况的报告。 ㉓关于聘请_____为_____股份有限公司___年度外部审计机构的议案。 ㉔关于授权董事会办理_____股份有限公司设立及注册登记等相关事宜的议案。

续表

时间点	操作细则
__年__月__日	股份公司董事会人数为5至19人（一般为奇数），其中独立董事人数不低于董事会总人数的三分之一。 　　股份公司监事会（监事或者董事会设审计委员会）人数不得少于3人（一般为奇数），其中职工代表监事不低于监事会（监事或者董事会设审计委员会）总人数的三分之一，董事和高级管理人员不得兼任监事，董事和高级管理人员的关联方、财务人员不建议兼任监事
__年__月__日	制作_____股份有限公司股东名册
__年__月__日 （一般与股份公司创立大会同日）	召开股份公司第一届董事会第一次会议。 ①关于选举_____为公司第一届董事会董事长的议案。 ②关于选举_____为公司第一届董事会副董事长的议案（如需）。 ③关于聘任_____为公司总经理的议案。 ④关于聘任_____为公司副总经理的议案（如需）。 ⑤关于聘任_____为公司财务总监的议案。 ⑥关于聘任_____为公司董事会秘书的议案。 ⑦关于_____股份有限公司总经理工作制度的议案。 ⑧关于_____股份有限公司董事会秘书工作规则的议案。 ⑨关于_____股份有限公司董事会审计委员会实施细则的议案。 ⑩关于_____股份有限公司董事会提名委员会实施细则的议案。 ⑪关于_____股份有限公司董事会薪酬与考核委员会实施细则的议案。 ⑫关于_____股份有限公司董事会战略委员会实施细则的议案。 ⑬关于_____股份有限公司设立董事会审计委员会并选举_____、_____、_____为董事会审计委员会成员的议案。 ⑭关于_____股份有限公司设立董事会提名委员会并选举_____、_____、_____为董事会审计委员会成员的议案。 ⑮关于_____股份有限公司设立董事会薪酬与考核委员会并选举_____、_____、_____为董事会审计委员会成员的议案。 ⑯关于_____股份有限公司设立董事会战略委员会并选举_____、_____、_____为董事会审计委员会成员的议案。 ⑰关于设立_____股份有限公司内部审计部的议案。 ⑱关于_____股份有限公司内部审计制度的议案。 ⑲关于_____股份有限公司内部控制制度的议案。 ⑳关于_____股份有限公司财务管理制度的议案。 ㉑关于_____股份有限公司控股子公司管理办法的议案（如有控股子公司）。 ㉒关于《防范控股股东及关联方占用公司资金管理制度》的议案（如涉及控股股东及其关联方占用资金）。

续表

时间点	操作细则
__年__月__日 （一般与股份公司创立大会同日）	股份公司可以依据实际情况增设副董事长或高级管理人员的职位。 董事会专门委员会人数应为 3 名以上董事，其中独立董事应占半数以上，审计委员会至少有 1 名独立董事是会计专业人士
__年__月__日 （一般与股份公司创立大会同日）	召开股份公司第一届监事会（监事或者董事会设审计委员会）第一次会议。 ①会议选举_____为_____股份有限公司第一届监事会（监事或者董事会设审计委员会）主席。 ……
__年__月__日 （一般与股份公司创立大会同日）	召开股份公司第一次职工代表大会。 ①会议选举_____为_____股份有限公司职工代表监事。 ……
__年__月__日	股份公司为外商投资企业的，取得外经贸委/商委关于变更为股份公司的批复文件，涉及其他前置审批手续的，办理其他前置审批手续
__年__月__日	会计师出具改制验资报告。 ①会计师出具改制《验资报告》，确认_____股份有限公司的注册资本已缴足。 ……
__年__月__日	申请办理档案迁移（迁入市局）
__年__月__日	公司向所属市场监督管理局递交申请变更登记资料。 ①申请公司变更为股份有限公司，同时申请变更公司名称、出资方式、经营期限、经营范围等。 ……
__年__月__日	市场监督管理局核发营业执照。 ①市场监督管理局核发股份公司的营业执照。 ……
__年__月__日 （市场监督管理局核发股份公司企业法人营业执照后）	权属类资产的更名申请。 ①股份公司资质、证照主体变更。 ②股份公司公章、印鉴并更。 ③股份公司税务、信用信息、基本账户、其他银行账户的变更。 ④商标、软件著作权及专利等无形资产的主体变更。 ⑤其他权属类资产的主体变更。 ⑥通知客户、供应商合同主体、发票等变更事项

第六节　企业改制以未分配利润、盈余公积、资本公积转增股本是否应当缴纳个人所得税问题

一、盈余公积

企业从净利润中提取的盈余公积，可以分为法定盈余公积和任意盈余公积。

公司分配当年税后利润时，应当提取利润的10%列入公司法定公积金。公司法定公积金累计额为公司注册资本的50%以上的，可以不再提取。公司从税后利润中提取法定公积金后，经股东会决议，还可以从税后利润中提取任意公积金。

二、资本公积

《公司法》第一百六十七条规定，公司以超过股票票面金额的发行价格发行股份所得的溢价款发行无面额股所得股款未计入注册资本的金额以及国务院财政部门规定列入资本公积金的其他收入应当列为公司资本公积金。

三、相关法规规定

1.《财政部　国家税务总局关于将国家自主创新示范区有关税收试点政策推广到全国范围实施的通知》的规定

全国范围内的中小高新技术企业以未分配利润、盈余公积、资本公积向个人股东转增股本时，个人股东一次缴纳个人所得税确有困难的，可根据实际情况自行制订分期缴税计划，在不超过5个公历年度内（含）分期缴纳，并将有关资料报主管税务机关备案。

2.《国家税务总局关于股权奖励和转增股本个人所得税征管问题的公告》的规定

①非上市及未在全国股转系统挂牌的中小高新技术企业以未分配利润、盈余公积、资本公积向个人股东转增股本，并符合财税〔2015〕116号文件有关规定的，纳税人可分期缴纳个人所得税；非上市及未在全国股转系统挂牌的其他企业转增股本，应及时代扣代缴个人所得税。

②上市公司或在全国股转系统挂牌的企业转增股本（不含以股票发行溢价形成的资本公积转增股本），按现行有关股息红利差别化政策执行。

3.《财政部 国家税务总局关于合伙企业合伙人所得税问题的通知》的规定

①合伙企业以每一个合伙人为纳税义务人。合伙企业合伙人是自然人的,缴纳个人所得税。

②合伙企业生产经营所得和其他所得采取"先分后税"的原则。

4.《国家税务总局关于〈关于个人独资企业和合伙企业投资者征收个人所得税的规定〉执行口径的通知》的规定

个人独资企业和合伙企业对外投资分回的利息或者股息、红利,不并入企业的收入,而应单独作为投资者个人取得的利息、股利、红利所得,按"利息、股利、红利所得"应税项目计算缴纳个人所得税。

综合以上相关规定,企业在股份制改制过程中如属于高新技术企业的,自然人股东以未分配利润、盈余公积、资本公积转增股本的,一般可以通过申请在不超过5个公历年度内(含)分期缴纳个人所得税,非高新技术企业参照高新技术企业申请在不超过5个公历年度内(含)分期缴纳个人所得税的,根据有关部门的规定执行,未获得申请备案的,应当及时缴纳个人所得税。

私募股权投资基金以合伙企业投资入股企业的,在企业股份制改制中未分配利润、盈余公积、资本公积转增股本的,按照"先分后税"的原则待上市减持分配时缴纳个税。

第十三章
注册制之企业发行 CDR 合规指引

第一节　CDR 法律规则体系

①《关于开展创新企业境内发行股票或存托凭证试点的若干意见》（以下简称"《若干意见》"）；

②《试点创新企业境内发行股票或存托凭证并上市监管工作实施办法》；

③《存托凭证发行与交易管理办法（试行）》（2023 年修订）；

④《创新企业境内发行股票或存托凭证上市后持续监管实施办法（试行）》；

⑤《保荐创新企业境内发行股票或存托凭证尽职调查工作实施规定》（以下简称"《实施规定》"）；

⑥《存托凭证存托协议内容与格式指引（试行）》；

⑦《公开发行证券的公司信息披露编报规则第 23 号——试点红筹企业公开发行存托凭证招股说明书内容与格式指引》；

⑧《关于试点创新企业实施员工持股计划和期权激励的指引》；

⑨《关于试点创新企业整体变更前累计未弥补亏损、研发费用资本化和政府补助列报等会计处理事项的指引》。

第二节　试点企业发行 CDR 核心要点

CDR（Chinese Depository Receipt），即中国存托凭证，是指由存托人签发、以境外证券为基础在中国境内发行、代表境外基础证券权益的证券。本章以下内容中提到的存托凭证均指 CDR。

基础证券，是指存托凭证代表的由境外基础证券发行人在境外发行的证券；存托凭证的交易可以按照有关规定采取做市商交易方式。

存托凭证的交易模式如图 13-1 所示。

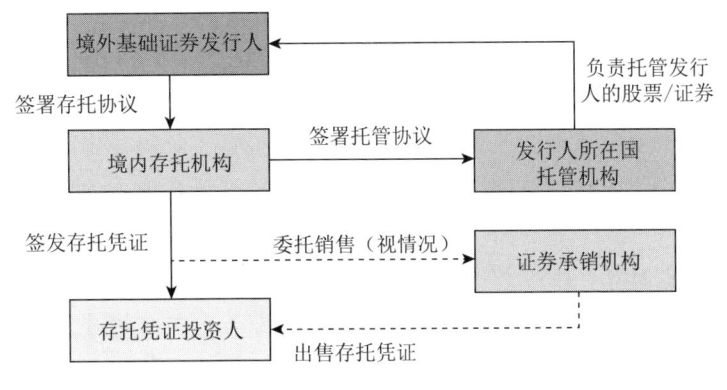

图 13-1 存托凭证的交易模式

一、CDR 发行主体

CDR 的发行主体为试点创新企业（以下简称"试点企业"，包括纳入试点的红筹企业和境内注册企业）。

（一）试点企业

CDR 的发行主体是符合国家战略，科技创新能力突出并掌握核心技术，市场认可度高，属于互联网、大数据、云计算、人工智能、软件和集成电路、高端装备制造、生物医药等高新技术产业和战略性新兴产业，达到相当规模，社会形象良好，具有稳定的商业模式和盈利模式，对经济社会发展有突出贡献，能够引领实体经济转型升级的创新企业。

试点企业可以是已境外上市的红筹企业，或尚未境外上市的企业（包括红筹企业和境内注册企业）。

属于新一代信息技术、新能源、新材料、新能源汽车、绿色环保、航空航天、海洋装备等高新技术产业和战略性新兴产业，或者具有国家重大战略意义的红筹企业，纳入试点范围。

（二）试点企业发行 CDR 的标准

已境外上市试点红筹企业发行股票或存托凭证并在境内上市的，应当符合下列标准之一。

1. 已在境外上市的红筹企业

市值[①]不低于 2,000 亿元；或者市值 200 亿元以上，且拥有自主研发、国际领先技术，科技创新能力较强，在同行业竞争中具有相对优势。

2. 尚未在境外上市的企业

尚未在境外上市的企业应符合下列标准之一。

①最近一年经审计的主营业务收入不低于 30 亿元，且企业估值不低于 200 亿元。企业估值应参考最近三轮融资估值及相应投资人、投资金额、投资股份占总股本的比例，并结合收益法、成本法、市场乘数法等估值方法综合判定。融资不足三轮的，参考全部融资估值判定。

②拥有自主研发、国际领先、能够引领国内重要领域发展的知识产权或专有技术，具备明显的技术优势的高新技术企业，研发人员占比超过 30%，已取得与主营业务相关的发明专利 100 项以上，或者取得至少 1 项与主营业务相关的一类新药药品批件，或者拥有经有权主管部门认定具有国际领先和引领作用的核心技术；依靠科技创新与知识产权参与市场竞争，具有相对优势，主要产品市场占有率排名前三，最近三年营业收入复合增长率 30% 以上，最近一年经审计的主营业务收入不低于 10 亿元，且最近三年研发投入合计占主营业务收入合计的比例 10% 以上。

对国家创新驱动发展战略有重要意义，且拥有较强发展潜力和市场前景的企业除外。

③尚未境外上市红筹企业营业收入快速增长[②]，拥有自主研发、国际领先技术、同行业竞争中处于相对优势地位；且预期市值不低于人民币 100 亿元，或预计市值不低于人民币 50 亿元、最近一年营业收入不低于人民币 5 亿元。

二、CDR审核流程

CDR 审核流程和 IPO 流程基本一样，如图 13-2 所示。

---

① 按照试点企业提交纳入试点申请日前 120 个交易日平均市值计算，汇率按照人民银行公布的申请日前 1 日中间价计算。上市不足 120 个交易日的，按全部交易日平均市值计算。

② "营业收入快速增长"是指：最近一年营业收入不低于 5 亿元的，最近三年营业收入复合增长率在 10% 以上；最近一年营业收入低于 5 亿元的，最近三年营业收入复合增长率在 20% 以上；受行业周期性波动等因素影响，行业整体处于下行周期的，发行人最近三年营业收入复合增长率高于同行业可比公司同期平均增长水平。处于研发阶段的红筹企业和对国家创新驱动发展战略有重要意义的红筹企业不适用此要求。

第十三章 注册制之企业发行 CDR 合规指引

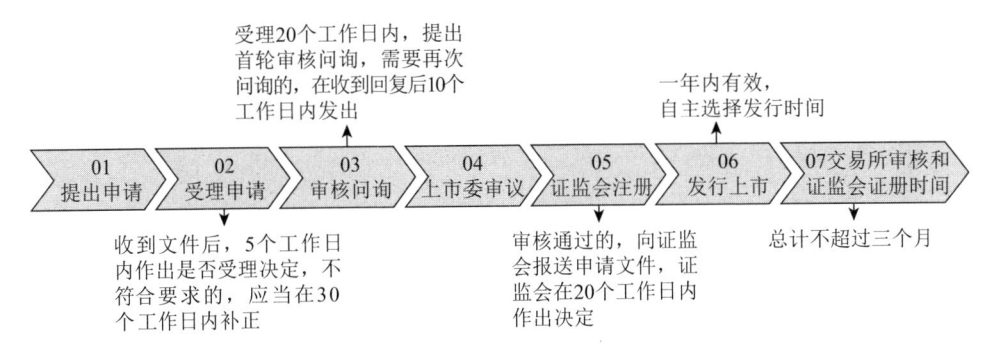

图 13-2 CDR 审核流程

CDR 发行与企业首次发行股票的不同点在于，前者由证监会科技创新咨询委员会甄选试点企业，综合考虑商业模式、发展战略、研发投入、新产品产出、创新能力、技术壁垒、团队竞争力、行业地位、社会影响、行业发展趋势、企业成长性、预估市值等因素，对申请企业进行全面分析，对申请企业是否纳入试点范围作出初步判断。

三、CDR发行、交易和存托管等基础制度

（一）参与主体

1. 基础证券发行人

2. 存托人

存托人，即与境外基础证券发行人签署存托协议，并根据存托协议约定协助完成存托凭证的发行上市的境内机构。

3. 存托凭证持有人

存托凭证持有人依法享有存托凭证代表的境外基础证券权益，并按照存托协议约定，通过存托人行使其权利。

（二）存托凭证的发行

1. 境外基础证券发行人应当符合的条件

①《证券法》第十二条第（一）至第（四）项关于股票公开发行的基本条件；

②为依法设立且持续经营三年以上的公司，公司的主要资产不存在重大权属纠纷；

③最近三年内实际控制人未发生变更，且控股股东和受控股股东、实际控制人支配的股东持有的境外基础证券发行人股份不存在重大权属纠纷；

④境外基础证券发行人及其控股股东、实际控制人最近三年内不存在损害投

资者合法权益和社会公共利益的重大违法行为；

⑤会计基础工作规范、内部控制制度健全；

⑥董事、监事和高级管理人员应当信誉良好，符合公司注册地法律规定的任职要求，近期无重大违法失信记录；

⑦证监会规定的其他条件。

其中，"会计基础工作规范"指财务报表的编制和披露符合相关会计准则和信息披露规则的规定，在所有重大方面公允地反映了公司的财务状况、经营成果和现金流量，并由注册会计师出具无保留意见的审计报告。"内部控制制度健全"指内部控制制度健全且被有效执行，能够合理保证公司运行效率、合法合规和财务报告的可靠性，并由符合《证券法》规定的会计师事务所出具无保留结论的内部控制鉴证报告。公司的董事和高级管理人员应当具备注册地法律规定的任职要求，且最近三年内不存在因重大违规受到监管部门处罚的情形；不存在因涉嫌犯罪被司法机关立案侦查或者涉嫌违法违规被证监会立案调查，尚未有明确结论意见的情形。

2. 审核

公开发行以股票为基础证券的存托凭证的，境外基础证券发行人应当按照证监会规定的格式和内容，向证券交易所报送发行申请文件。

申请公开发行存托凭证的，境外基础证券发行人应当依照《证券法》《若干意见》以及证监会规定，依法经证券交易所审核，并报证监会注册。

3. 发行类型

申请存托凭证公开发行并上市的，应聘请具有保荐资格的证券公司担任保荐人。

公开发行存托凭证的，应由证券公司承销，但投资者购买以非新增证券为基础证券的存托凭证以及证监会规定无须由证券公司承销的其他情形除外。

（三）存托凭证的上市和交易

依法公开发行的存托凭证应当在中国境内证券交易所上市交易。

存托凭证的交易，应当遵守中国法律法规的规定。存托凭证的交易可以按照有关规定采取做市商交易方式。境外基础证券发行人的收购及相关股份权益变动活动、实施重大资产重组、发行存托凭证购买资产，应当遵守中国法律法规的规定。

境外基础证券发行人不得通过发行存托凭证在中国境内重组上市。

存托凭证应当在中国证券登记结算有限责任公司集中登记、存管和结算。

（四）存托凭证的信息披露

1. 需要披露的信息

（1）招股说明书

充分披露境外注册地公司法律制度及其公司章程或者章程性文件的主要规定与《公司法》等法律制度的主要差异，以及该差异对存托凭证在中国境内发行、上市和对投资者保护的影响。

境外基础证券发行人具有股东投票权差异、企业协议控制架构或者类似特殊安排的，应当在招股说明书等公开发行文件显要位置充分、详细披露相关情况特别是风险、公司治理等信息，并以专章说明依法落实保护投资者合法权益规定的各项措施。

存在投票权差异的，相关安排应当符合拟上市证券交易所的相关规定，并应明确维持特殊投票权的前提条件，特殊投票权不得随相关股份的转让而转让，以及除境内公开发行前公司章程已有合理规定外，境内公开发行后不得通过任何方式提高特殊投票权股份的数量及其代表投票权的比例。

（2）定期报告和临时报告

按时披露定期报告，及时就可能对基础证券、存托凭证及其衍生品种交易价格产生较大影响的重大事件披露临时报告。

1）定期报告

境外基础证券发行人具有股东投票权差异、企业协议控制架构或类似特殊安排的，应当在定期报告中披露相关情形及其对中国境内投资者带来的重大影响和风险。

2）临时报告

发生以下情形之一的，境外基础证券发行人应当及时进行披露：

①存托人、托管人发生变化；

②存托的基础财产发生被质押、挪用、司法冻结或者发生其他权属变化；

③对存托协议作出重大修改；

④对托管协议作出重大修改；

⑤对股东投票权差异、企业协议控制架构或者类似特殊安排作出重大调整；

⑥证监会规定的其他情形。

2. 信息披露要求

境内境外市场信息同步披露，且应保持一致。披露时应当使用中文，且若发生冲突，以中文文件为准。

3. 免于披露的情形

证监会、证券交易所对已在境外上市的基础证券发行人及其控股股东、实际控制人等信息披露义务人，可对其信息披露事项作出具体规定。

除此之外，境外基础证券发行人及其控股股东、实际控制人等信息披露义务人有其他需要免予披露或者暂缓披露相关信息特殊情况的，可以根据相关规定免予披露或者暂缓披露相关信息，但应当说明原因，并聘请律师事务所就上述事项出具法律意见，该法律意见应及时披露。

4. 信息披露机构

发行人应在中国境内设立证券事务机构，聘任熟悉境内信息披露规定和要求的信息披露境内代表，负责存托凭证上市期间的信息披露与监管联络事宜。

（五）存托凭证的存托和托管

1. 存托人

①中国证券登记结算有限责任公司及其子公司；
②经国务院银行业监督管理机构批准的商业银行；
③证券公司。

2. 存托人的资质条件

①组织机构健全，内部控制规范，风险管理有效；
②财务状况良好，净资产或者资本净额符合规定；
③信誉良好，最近三年内无重大违法行为；
④拥有与开展存托业务相适应的从业人员、机构配置和业务设施；
⑤法律、行政法规和规章规定的其他条件。

3. 存托人的职责

①与境外基础证券发行人签署存托协议，并根据存托协议约定协助完成存托凭证的发行上市。

②安排存放存托凭证基础财产，可以委托具有相应业务资质、能力和良好信誉的托管人管理存托凭证基础财产，并与其签订托管协议，督促其履行基础财产的托管职责。存托凭证基础财产因托管人过错受到损害的，存托人承担连带赔偿责任。

③建立并维护存托凭证持有人名册。
④办理存托凭证的签发与注销。
⑤按照证监会规定和存托协议约定，向存托凭证持有人发送通知等文件。
⑥按照存托协议约定，向存托凭证持有人派发红利、股息等权益，根据存托凭证持有人意愿行使表决权等权利。

⑦境外基础证券发行人股东大会审议有关存托凭证持有人权利义务的议案时，存托人应当参加股东大会并为存托凭证持有人权益行使表决权。

⑧证监会规定和存托协议约定的其他职责。

4. 存托协议

境外基础证券发行人、存托人和存托凭证持有人通过存托协议明确存托凭证所代表权益和各方权利义务。投资者持有存托凭证即成为存托协议当事人，视为其同意并遵守存托协议约定。

（1）存托协议的条款

①境外基础证券发行人、存托人的名称、注册地、成立依据的法律和主要经营场所；

②基础证券的种类；

③发行存托凭证的数量安排；

④存托凭证的签发、注销等安排；

⑤基础财产的存放和托管安排；

⑥境外基础证券发行人的权利和义务；

⑦存托人的权利和义务；

⑧存托凭证持有人的权利和义务；

⑨基础证券涉及的分红权、表决权等相应权利的具体行使方式和程序；

⑩存托凭证持有人的保护机制；

⑪存托凭证涉及收费标准、收费对象和税费处理；

⑫约定事项的变更方式；

⑬存托凭证终止上市的安排；

⑭违约责任；

⑮解决争议的方法；

⑯存托协议适用中国法律；

⑰诉讼管辖法院为中国境内有管辖权的人民法院；

⑱其他重要事项。

（2）存托协议的修改

修改存托协议的，应由境外基础证券发行人提前以公告形式通知存托凭证持有人，并及时向证监会报告。

（3）权利的行使

存托人行使境外基础证券相应权利，应当按照存托协议约定的方式事先征求存托凭证持有人的意愿并按其意愿办理。

5. 托管

存托人可以委托境外金融机构担任托管人。存托人委托托管人的，应当在存托协议中明确基础财产由托管人托管。

（1）托管人的职责

①托管基础财产；

②按照托管协议约定，协助办理分红派息、投票等相关事项；

③向存托人提供基础证券的市场信息；

④证监会规定和托管协议约定的其他职责。

（2）托管协议的内容

①协议当事人的名称、注册地和主要经营场所；

②基础证券种类和数量；

③存托人指令的发送、确认和执行的程序；

④基础财产不得作为托管人破产财产或者清算财产，及相关资产隔离措施；

⑤托管人的报酬计算方法与支付方式；

⑥基础财产托管及解除托管的程序；

⑦约定事项的变更方式；

⑧违约责任；

⑨解决争议的方法；

⑩其他重要事项。

（3）托管协议的修改

托管协议为发行申请文件。托管协议修改的，存托人应当及时告知境外基础证券发行人，并由境外基础证券发行人向证监会报告。

6. 其他要求

存托人应当为存托凭证基础财产单独立户，将存托凭证基础财产与其自有财产有效隔离、分别管理、分别记账，不得将存托凭证基础财产归入其自有财产，不得侵占、挪用存托凭证基础财产。

存托人不得买卖其签发的存托凭证，不得兼任其履行存托职责的存托凭证的保荐人。

（六）投资者保护

1. 投资者适当性

向投资者销售存托凭证或者提供相关服务的机构，应当遵守证监会关于投资者适当性管理的规定。

2. 境内外投资者权益相当

境外基础证券发行人应当确保存托凭证持有人实际享有的资产收益、参与重大决策、剩余财产分配等权益与境外基础证券持有人权益相当。境外基础证券发行人不得作出任何损害存托凭证持有人合法权益的行为。

3. 中证中小投资者服务中心有限责任公司

可购买最小交易份额的存托凭证,依法行使存托凭证持有人的各项权利;可以接受存托凭证持有人的委托,代为行使存托凭证持有人的各项权利;可以支持受损害的存托凭证持有人依法向人民法院提起民事诉讼。

4. 境外基础证券发行人与其境内实体运营企业之间的关系安排不得损害存托凭证持有人等投资者的合法权益

5. 先行赔付

境外基础证券发行人因欺诈发行、虚假陈述或者其他重大违法行为给投资者造成损失的,境外基础证券发行人的控股股东、实际控制人、相关的证券公司可以先行赔付。

6. 境外基础证券发行人具有股东投票权差异等特殊架构的情况

持有特别投票权的股东应当按照所适用的法律以及公司章程行使权利,不得滥用特别投票权,不得损害存托凭证持有人等投资者的合法权益。否则,境外基础证券发行人及特别投票权股东应当改正,并依法承担对投资者的损害赔偿责任。

7. 终止上市后对投资者的保护

存托凭证出现终止上市情形的,存托人应当根据存托协议的约定,为存托凭证持有人的权利行使提供必要保障。存托凭证终止上市的,存托人应当根据存托协议的约定卖出基础证券,并将卖出所得扣除税费后及时分配给存托凭证持有人。基础证券无法卖出的,境外基础证券发行人应当在存托协议中作出合理安排,保障存托凭证持有人的合法权益。

8. 纠纷的处理

存托凭证持有人与境外基础证券发行人、存托人、证券服务机构等主体发生纠纷的,可以向中证中小投资者服务中心有限责任公司及其他依法设立的调解组织申请调解。

9. 基金投资存托

投资者通过证券投资基金投资存托凭证的,基金管理人应当制定严格的投资决策流程和风险管理制度,做好制度、业务流程、技术系统等方面的准备工作。基金管理人应当合理控制基金投资存托凭证的比例,在基金合同、招募说明书中明确投资存托凭证的比例、策略等，并充分揭示风险。基金托管人应当加强对基金投资存托凭证的监督，切实保护基金份额持有人的合法权益。

已经获得证监会核准或者准予注册的公开募集证券投资基金投资存托凭证，应当遵守以下规定：

①基金合同已明确约定基金可投资境内上市交易的股票的，基金管理人可以投资存托凭证；

②基金合同没有明确约定基金可投资境内上市交易的股票的，如果投资存托凭证，基金管理人应当召开基金份额持有人大会进行表决。

公开募集证券投资基金投资存托凭证的比例限制、估值核算、信息披露等依照境内上市交易的股票执行。

（七）关于减持等特殊安排

境外存量股票在境内减持退出的要求：

①试点红筹企业不得在境内公开发行的同时出售存量股份，或同时出售以发行在外存量基础股票对应的存托凭证；

②试点红筹企业境内上市后，境内发行的存托凭证与境外发行的存量基础股票原则上暂不安排相互转换。

尚未境外上市红筹企业在境内上市的，应当在申报前就存量股份减持等涉及用汇的事项形成方案，报证监会，由证监会征求相关主管部门意见。

尚未盈利的试点企业发行股票的，控股股东、实际控制人、董事、高级管理人员在试点企业实现盈利前不得减持在境内证券交易所上市的公司股票。

试点红筹企业发行存托凭证的，实际控制人应承诺境内上市后三年内不主动放弃实际控制人地位。

（八）募集资金的使用

试点企业募集的资金可以人民币形式或购汇汇出境外，也可留存境内使用。试点企业募集资金的使用、存托凭证分红派息等应符合我国外资、外汇管理等相关规定。

第三节　试点企业发行 CDR 的尽职调查

一、尽职调查的对象

中介机构应将其境内运营实体作为主要调查对象。

二、《实施规定》增加对企业特殊情况和相关风险的尽职调查要求

1. 公司治理

增加中介机构对协议控制架构、不同投票权结构、投票协议或其他公司治理特殊安排的尽职调查要求。

中介机构应通过与红筹企业实际控制人、主要股东（包括存托凭证持有人）、董事、高管和协议控制架构涉及的各方法律主体进行谈话，核查相关合同、协议及其履行情况，查阅境内外相关法律法规，查阅创新企业章程、内部制度和股东大会、董事会、监事会有关文件，咨询中介机构等方式，调查红筹企业协议控制架构、不同投票权结构、投票协议或其他公司治理特殊安排的具体情况和相关风险。

2. 存托凭证发行

增加中介机构对存托托管安排和对存托凭证持有人权益保护安排、存托人对基础证券及其相关财产的安全保障安排、托管人资格资质情况及其他与存托凭证发行上市相关事项的尽职调查要求。

对拟在境内发行存托凭证的创新企业，中介机构应通过查阅存托协议和托管协议，查阅基础股票上市地相关法律法规，查阅创新企业章程、内部制度和股东大会、董事会、监事会有关文件，与创新企业实际控制人、董事、高管谈话，走访相关机构，咨询中介机构等方式，调查创新企业存托托管安排和对存托凭证持有人权益保护安排、存托人和托管人对基础财产的资产隔离等安全保障安排，托管人资质情况及其他与存托凭证发行上市相关的事项。

3. 风险因素

增加中介机构对境内外法律制度差异、公司治理特殊安排、基础股票变动等因素导致的风险的尽职调查要求。

中介机构在调查创新企业风险因素时，除应遵守《尽调准则》的相关规定外，对于红筹企业，还应调查境内外法律制度、监管环境差异可能引发的风险；对于存在不同投票权结构、协议控制架构、投票协议或其他公司治理特殊安排的创新企业，还应调查创新企业因此类安排可能导致的管理风险、经营风险、法律风险等；对拟在境内发行存托凭证的创新企业，还应调查存托凭证持有人在分红派息、行使表决权等方面的特殊安排可能引发的风险，境内外市场交易规则差异、基础股票价格波动等因素造成存托凭证市场价格波动的风险，增发基础股票可能导致的存托凭证持有人权益被摊薄的风险。

4. 投资者保护

增加中介机构对于投资者权益保护的总体安排是否不低于境内法律要求的尽职调查要求。

5. 对境外违法违规情况、境内证券事务机构设立情况等的尽职调查

调查境内证券事务机构设立和境内证券事务负责人任职资格等情况。

三、《实施规定》简化部分对创新企业不适用、不必要的尽职调查要求

1. 对不存在改制等环节的创新企业豁免了中介机构对相关情况的尽职调查要求

中介机构对创新企业同业竞争情况的调查,如创新企业不存在改制环节,不适用《尽调准则》关于取得企业改制方案的规定。

2. 对红筹企业简化了对改制设立、历史沿革、发起人等情况和境外市场募集资金情况的尽职调查要求

中介机构在调查红筹企业改制与设立、历史沿革、发起人与股东(包括存托凭证持有人)的出资情况时,如不适用《尽调准则》的相关规定,可按照下列要求履行调查程序:查阅红筹企业注册登记文件、公司章程、股东登记名册(存托凭证持有人名册)、审计报告、验资报告、年度财务报告和股东大会、董事会、监事会有关决议等文件,走访相关政府部门和中介机构等。

3. 对符合规定的创新企业简化了对本次募集资金情况的尽职调查要求

对已在境外上市的红筹企业,其境内历次募集资金的运用情况,中介机构应按照《尽调准则》的相关规定进行调查;其境外历次募集资金的运用情况,保荐人可通过查阅相关文件、访谈等方式了解历次募集资金的金额和使用情况。

对发行人募集资金使用情况,若创新企业确实无法事先确定募集资金投资项目的,保荐人应对募集资金的投资方向进行调查,分析募集资金数量是否与创新企业规模、主营业务、实际资金需求、资金运用能力及业务发展目标相匹配,分析募集资金对企业财务状况及经营成果影响。

四、完善对部分创新企业的尽职调查方法

对已在境外上市的红筹企业,中介机构可以通过查阅红筹企业境外招股说明书、年度财务报告等具有法律效力的公开披露文件、利用境外中介机构出具的专业意见等方式进行尽职调查。

中介机构应对前述公开披露文件和专业意见进行必要的审慎核查,存有异议

的，应当进一步调查、复核，并可自行聘请相关专业机构提供专业服务。

中介机构依法应承担的责任不因利用公开披露文件或专业意见而免除或减轻。

第四节　试点企业发行 CDR 案例

JH 机器人有限公司（以下简称"JH 智能"）是首家申请发行 CDR 的科创板申报企业。根据《JH 智能公开发行存托凭证并在科创板上市招股说明书》，JH 智能发行 CDR 的基本架构如下。

一、发行概况

根据公司 2019 年 4 月 2 日召开的董事会及股东大会审议通过的《关于公司申请公开发行存托凭证并在上海证券交易所科创板上市的议案》，公司拟发行不超过 7,040,917 股 A 类普通股股票，作为发行 CDR 的基础股票，占 CDR 发行后公司总股本的比例不低于 10%，基础股票与 CDR 之间的转换比例按照 1 股 /10 份 CDR 的比例进行转换，本次拟公开发行不超过 70,409,170 份 CDR。

二、公司治理

（一）公司内部治理架构

公司成立时，根据开曼群岛法律制定了公司章程，建立了股东大会、董事会等基础性制度，形成了规范的公司治理结构。开曼群岛法律不要求公司设立监事会。

此外，公司聘任了四名专业人士担任公司独立董事，参与决策和监督，增强董事会决策的客观性、科学性。

1. 股东会的运行情况

根据开曼群岛法律，公司章程规定了股东大会的职权，并针对股东大会的召开程序作出了详细规则。

2. 董事会的运行情况

公司设董事会，董事会由 11 名董事组成，其中独立董事 4 名，设董事长 1 名。董事会下设立战略委员会、审计委员会、薪酬与考核委员会、提名委员会。

3. 监事会的运行情况

公司系在开曼群岛设立的受豁免的有限责任公司，未设立监事会。

4. 设立证券事务办公室

公司依照相关规定，在境内设立证券事务办公室，并聘任已通过境内董事会秘书资格考试的相关人员在本次发行上市完成之日起负责存托凭证上市期间的信息披露与监管联络事宜，承担境内上市公司董事会秘书的相关职责。

（二）上市章程与境内《公司法》等法律制度的主要差异

1. 股权结构

"开曼公司法"允许发行人发行普通股、优先股、可赎回股等多种类别的股份，并且可以设置特殊投票权，即每一股可以拥有多份表决权。

根据发行人《公司章程》（草案），发行人股份分为 A 类普通股股份（普通股份）和 B 类普通股股份（特别表决权股份）。每份 B 类普通股股份具有 5 份表决权，每份 B 类普通股股份的表决权数量相同。

中国《公司法》不允许特殊投票权的存在。根据《公司法》第一百零三条的规定，股份公司股东，所持每一股份有一表决权。

发行人采用的特殊投票权的股权结构与《公司法》的法律制度存在明显差异。

本次发行的存托凭证对应的基础证券为 A 类普通股。B 类普通股仅由发行人的实际控制人高某及王某持有。上述特殊投票权结构的引入是为了保证发行人的实际控制人对公司整体的控制权，从而确保发行人不会因实际控制权变化对生产经营产生重大不利影响，从而保护发行人全体股东的利益。

发行人 B 类普通股股东作为公司的管理团队能够集中公司表决权，从而能够使公司治理效率提升，进而使公司能够在市场竞争中提高管理效能并进一步提高竞争力。

在设定特殊投票权的同时，《公司章程》（草案）也对 B 类普通股及其特殊投票权进行了多方面的限制，确保上市后 B 类普通股在公司全部股份的投票权中比例不会进一步增加，不会进一步摊薄 A 类普通股的投票权比例。

另外，根据《公司章程》（草案），公司应保证 A 类普通股股份的表决权数量占公司全部已发行股份表决权数量的比例不低于 10%，保障 A 类普通股股东有权提议召开股东大会。

此外，公司股东对下列事项行使表决权时，每一 B 类普通股股份享有的表决权数量仍与每一 A 类普通股股份的表决权数量相同：

①对公司章程作出修改；
②改变 B 类普通股股份享有的表决权数量；
③聘请或者解聘独立董事；
④聘请或者解聘为公司定期报告出具审计意见的会计师事务所；
⑤公司合并、分立、解散或者变更公司形式。

2. 组织机构

"开曼公司法"要求设置股东大会和董事会，但不要求设置监事会。除个别事项外，"开曼公司法"没有规定需要由股东大会审议的事项，与公司经营相关的事项，包括利润分配、资产处置等，均属于董事会权限。

《公司法》通过列举方式规定了需要由股东会和董事会审议的事项。

根据《公司法》第三十七条，股东会行使下列职权：

①决定公司的经营方针和投资计划；

②选举和更换非由职工代表担任的董事、监事，决定有关董事、监事的报酬事项；

③审议批准董事会的报告；

④审议批准监事会或者监事的报告；

⑤审议批准公司的年度财务预算方案、决算方案；

⑥审议批准公司的利润分配方案和弥补亏损方案；

⑦对公司增加或者减少注册资本作出决议；

⑧对发行公司债券作出决议；

⑨对公司合并、分立、解散、清算或者变更公司形式作出决议；

⑩修改公司章程；

⑪ 公司章程规定的其他职权。

根据《公司法》第四十六条，董事会行使下列职权：

①召集股东会会议，并向股东会报告工作；

②执行股东会的决议；

③决定公司的经营计划和投资方案；

④制订公司的年度财务预算方案、决算方案；

⑤制订公司的利润分配方案和弥补亏损方案；

⑥制订公司增加或者减少注册资本以及发行公司债券的方案；

⑦制订公司合并、分立、解散或者变更公司形式的方案；

⑧决定公司内部管理机构的设置；

⑨决定聘任或者解聘公司经理及其报酬事项，并根据经理的提名决定聘任或者解聘公司副经理、财务负责人及其报酬事项；

⑩制定公司的基本管理制度；

⑪ 公司章程规定的其他职权。

3. 利润分配

"开曼公司法"针对发行人利润分配没有限制性规定。

《公司法》第一百六十六条规定，公司分配当年税后利润时，应当提取利润的 10% 列入公司法定公积金。公司法定公积金累计额为公司注册资本的 50% 以上的，可以不再提取。公司的法定公积金不足以弥补以前年度亏损的，在依照前款规定提取法定公积金之前，应当先用当年利润弥补亏损。公司从税后利润中提取法定公积金后，经股东大会或者股东大会决议，还可以从税后利润中提取任意公积金。公司弥补亏损和提取公积金后所余税后利润，有限责任公司依照《公司法》第三十四条的规定分配；股份有限公司按照股东持有的股份比例分配，但股份有限公司章程规定不按持股比例分配的除外。

4. 公司合并、分立、增资、减资

《公司章程》（草案）规定，公司合并、分立、增资、减资应当经过不低于出席会议的股东所持表决权的三分之二以上通过，与《公司法》保持一致。

"开曼公司法"进一步规定，公司减资时需要开曼法院确认；公司合并时需要在开曼公司注册处登记。《公司法》未有针对上述事项的类似规定，但该等事项属于行政管理类的规定，不实质损害存托凭证持有人参与发行人重大事项决策的权利。

另外，"开曼公司法"规定，开曼公司被收购时，如果 90% 以上股东接受要约，剩余 10% 的股东将有义务出售其股份，除非有欺诈或者恶意行为发生。

5. 解散和清算

"开曼公司法"允许公司通过特别决议进行清算，公司的清算资产将用于清偿公司的债务，剩余资产将分配给股东。"开曼公司法"与《公司法》对公司剩余财产的分配原则不存在实质差异。

6. 检查权

"开曼公司法"没有赋予股东法定的审阅公司账簿的权利，但赋予了股东申请法院任命调查员（Inspectors）去调查公司的权利。根据"开曼公司法"，持有五分之一以上股份的股东即可以向法院申请任命调查员调查公司，而且调查的范围包括公司的账册等资料。

《公司章程》（草案）规定，公司董事有权决定在何等范围内，以及于何时何地及根据什么条件或规则，向并非董事的股东公开公司的账目及账簿以供他们查阅。

《公司法》规定，股东有权查阅、复制公司章程、股东会会议记录、董事会会议决议、监事会会议决议和财务会计报告。股东可以要求查阅公司会计账簿。股东要求查阅公司会计账簿的，应当向公司提出书面请求，说明目的。公司有合理根据认为股东查阅会计账簿有不正当目的，可能损害公司合法利益的，可以拒绝提供查阅，并应当自股东提出书面请求之日起 15 日内书面答复股东并说明理由。公司拒绝提供查阅的，股东可以请求人民法院要求公司提供查阅。

（三）投票权差异及其安排

1. 投票权差异或类似安排下的股权种类、每股所具有的投票权数量及上限

根据 2019 年 4 月 2 日公司审议通过的《公司章程》（草案），公司股份分为 A 类普通股股份（普通股份）和 B 类普通股股份（特别表决权股份），公司每份 B 类普通股股份具有 5 份表决权，每份 B 类普通股股份的表决权数量相同，除表决权差异外，A 类普通股股份与 B 类普通股股份具有的其他股东权利完全相同。

2. 不适用投票权差异或类似安排下的表决机制的特殊事项

2019 年 4 月 2 日公司审议通过的《公司章程》（草案）有如下规定。

出现下列情形之一的，B 类普通股股份应当按照 1∶1 的比例转换为 A 类普通股股份：

①持有 B 类普通股股份的股东不再符合规定的资格和低持股要求，或者丧失相应履职能力、离任、死亡；

②实际持有 B 类普通股股份的股东失去对相关持股主体的实际控制；

③持有 B 类普通股股份的股东向他人转让所持有的 B 类普通股股份，或者将 B 类普通股股份的表决权委托他人行使；

④公司的控制权发生变更。

发生第四项情形的，公司已发行的全部 B 类普通股股份均应当转换为 A 类普通股股份。

B 类普通股股份自相关情形发生时即转换为 A 类普通股股份，相关股东应当立即通知公司，公司应当及时披露具体情形、发生时间、转换为 A 类普通股股份的 B 类普通股股份数量、剩余 B 类普通股股份数量等情况并立即将股份变化情况登记在公司的股东名册上。

3. 投票权差异或类似安排对存托凭证持有人在提名和选举公司董事、参与公司决策等方面的限制和影响

2019 年 4 月 2 日公司审议通过的《公司章程》（草案）有如下规定。

公司股东对下列事项行使表决权时，每一 B 类普通股股份享有的表决权数量与每一 A 类普通股股份的表决权数量相同：

①对公司章程作出修改；

②改变 B 类普通股股份享有的表决权数量；

③聘请或者解聘独立董事；

④聘请或者解聘为公司定期报告出具审计意见的会计师事务所；

⑤公司合并、分立、解散或者变更公司形式。

公司股东大会对上述第二项作出决议，应当经过不低于出席会议的股东所持表决权的三分之二以上通过，但根据本章程其他规定，将相应数量B类普通股股份转换为A类普通股股份的除外。

4. 拥有特殊投票权的股东因存在利益冲突而损害公司或其他股东合法权益的风险

公司采用特殊投票权结构，根据公司的说明以及《公司章程》（草案）安排，对于提呈公司股东大会的决议案（除上述"投票权差异或类似安排对存托凭证持有人在提名和选举公司董事、参与公司决策等方面的限制和影响"的特殊情况外），A类普通股持有人每股可投1票，而B类股份持有人则每股可投5票。目前，高某、王某分别控制公司13.25%、15.40%比例的股份，为公司全部已发行的B类普通股，双方合计控制公司表决权的比例达到66.75%，高某和王某对公司的经营管理以及所有需要股东大会批准的事项拥有重大影响。在上述情况下，高某和王某可对公司的事务施加重大影响，并能够影响股东大会表决结果，中小股东的决策能力将受到严重限制。在特殊情况下，高某和王某的利益可能和公司其他股东的利益不一致，可能损害中小股东的利益。

5. 投票权差异结构下保护存托凭证持有人合法权益的保障性措施

例如在公司章程中限制转让具有特殊投票权的股份，出现控制权变更、创始人退休等情形时，特殊投票权股份自动转换为普通投票权股份的情形等。

6. 境外基础证券发行人关于在境内公开发行存托凭证后不通过任何方式提高特殊投票权股份比重及其所代表投票权比重的安排（境内公开发行存托凭证前公司章程已有约定的除外）

2019年4月2日公司审议通过的《公司章程》（草案）有如下规定。

公司上市后，除同比例配股、转增股本情形外，不发行B类普通股股份，不提高特别表决权比例。

公司因股份回购等原因，可能导致特别表决权比例提高的，将同时采取将相应数量B类普通股股份转换为A类普通股股份等措施，保证特别表决权比例不高于原有水平。

其中，"特别表决权比例"是指全部B类普通股股份的表决权数量占公司全部已发行股份表决权数量的比例。

（四）协议控制结构

公司进行A轮融资时搭建了协议控制架构（VIE架构），当时考虑到境外融资的便利性，并且科创板相关政策尚未出台。

公司下属中国境内运营实体（即 VIE 公司）及其工商登记的股东（即 VIE 公司股东）均分别与相应的外商独资企业（即 WFOE）签署了独家咨询与服务协议、独家购买权协议、股权质押协议、股东表决权委托协议及配偶同意函。

三、存托凭证发行

（一）存托托管安排

2019 年 4 月 16 日，公司与中国工商银行股份有限公司签署了存托协议，委托中国工商银行股份有限公司作为本次发行存托凭证的存托人。2019 年 4 月 16 日，中国工商银行股份有限公司与工商银行（亚洲）签署了托管协议，委托工商银行（亚洲）作为存托凭证的境外基础证券托管人。

（二）存托人义务

①根据协议约定，协助发行人完成存托凭证的发行上市。

②安排存放存托凭证基础财产，可以委托具有相应业务资质、能力、诚实信用的托管人管理存托凭证基础财产并与其签署托管协议，督促其履行基础财产的托管职责。存托凭证基础财产因托管人过错受到损害的，存托人承担连带赔偿责任。

③建立并维护持有人名册。

④办理存托凭证的签发与注销。

⑤按照证监会和证券交易所的相关规定和协议的约定，向持有人发送通知等相关文件。

⑥按照协议约定，向持有人派发红利、股息等权益，根据持有人意愿行使表决权等权利。

⑦发行人召开股东大会审议有关存托凭证持有人权利义务的议案时，存托人应当参加股东大会并为持有人权益行使表决权。

⑧按照存托协议的约定，采用安全、经济、便捷的网络或其他方式为存托凭证持有人行使权利提供便利。

⑨在变更境外托管人或者调整、修改托管协议时，应当及时告知发行人，以便发行人履行信息披露义务。

⑩存托人不得买卖其签发的存托凭证，不得兼任其履行存托职责的存托凭证的保荐人。

⑪法律法规及证监会规定的和协议约定的其他义务。

（三）存托凭证持有人权利

存托凭证持有人应当符合证监会关于投资者适当性管理规定要求。根据相关法律法规及存托协议的规定，存托凭证持有人权利及义务主要如下。

①依法享有存托凭证代表的境外基础证券权益；存托凭证持有人实际享有的资产收益、参与重大决策、剩余财产分配等权益与境外基础证券持有人权益相当。

②按照本协议约定，通过存托人行使对基础证券的股东权利，包括但不限于：获取现金分红、股份分红及其他财产分配，行使配股权，行使表决权等。

③法律法规及证监会规定的和协议约定的其他权利。

（四）存托凭证持有人权益保护

存托人作为公司的登记股东，享有公司章程（草案）以及适用的法律中规定的 A 类普通股股东权利。存托凭证持有人根据存托协议的约定，通过存托人间接享有公司 A 类普通股股东权益。具体权益保护有。

①公司确保存托凭证持有人实际享有的资产收益、参与重大决策、剩余财产分配等权益与境外基础证券持有人权益相当；

②公司实际控制人关于存托凭证流通限制的承诺；

③公司上市后，除同比例配股、转增股本情形外，不在中国境内外发行 B 类普通股股份，不提高特别表决权比例；公司因股份回购等原因，可能导致特别表决权比例提高的，将同时采取将相应数量 B 类普通股股份转换为 A 类普通股股份等措施，保证特别表决权比例不高于原有水平。公司应保证普通表决权比例不低于 10%。

（五）存托凭证持有人行使权利的途径

公司将在存托协议中纳入相关条款，以保障存托凭证持有人能够采取安全、经济便捷的网络或者其他措施行使相关权利，包括但不限于：

①使用中国证券登记结算有限责任公司上海分公司或上交所网络投票系统统计凭证持有人对股东大会拟审议事项的投票意向；

②在公司实施现金、送股、配股红利分配时，通过上交所的交易系统以及中国证券登记结算有限责任公司上海分公司实现对存托凭证持有人的收益分配。

此外，公司还将按照《证券法》、《若干意见》、证监会规定以及证券交易所业务规则，按时披露定期报告，并及时就可能对基础证券、存托凭证及其衍生品种交易价格产生较大影响的重大事件披露临时报告，保障存托凭证持有人的知情权。

（六）存托凭证持有人的保障性措施

公司承诺：如因发行人的违法违规行为同时使得境外 A 类普通股股东和存托凭证持有人的合法权益遭受损害，发行人依法给予存托凭证持有人的赔偿将相当于给予境外 A 类普通股股东的赔偿。若发行人违反上述承诺，致使投资者在证券发行和交易中遭受损失的，将依法赔偿投资者损失。

四、发行CDR存在的法律风险

（一）特殊投票权结构的风险

公司采用特殊投票权结构，根据公司章程（草案）安排，对于提呈公司股东大会的决议案，A 类普通股持有人每股可投 1 票，而 B 类股份持有人每股可投 5 票。据此，高某和王某可对公司的事务施加重大影响，并能够影响股东大会表决结果，中小股东的决策能力将受到严重限制。在特殊情况下，高某和王某的利益可能和公司其他股东的利益不一致，可能损害中小股东的利益。

（二）与发行存托凭证相关的风险

1. CDR 市场价格大幅波动的风险

根据《上海证券交易所科创板上市规则》的规定，允许符合科创板定位的公司发行股票或存托凭证在科创板上市，本次拟采取发行 CDR 的方式在科创板上市。目前 CDR 属于市场创新产品，中国境内资本市场尚无先例，其未来的交易活跃程度、价格决定机制、投资者关注度等均存在较大的不确定性；同时，由于 CDR 的交易框架中涉及发行人、存托机构、托管机构等多个法律主体，其交易结构及原理与股票相比更为复杂。与此同时，科创板优先支持符合国家战略、突破关键核心技术、市场认可度高的科技创新企业，属于新一代信息技术、高端装备、新材料、新能源、节能环保以及生物医药等高新技术产业和战略性新兴产业的科技创新企业，互联网、大数据、云计算、人工智能和制造业深度融合的科技创新企业，上述符合科创板定位的企业均具有较强科技创新能力，属于市场较为热捧的对象，再加之科创板价格决定机制尚未成熟，因此公司发行 CDR 在科创板上市后，CDR 的交易价格可能存在大幅波动的风险。

2. 存托凭证持有人与持有基础股票的股东在法律地位享有权利等方面存在差异可能引发的风险

存托凭证系由存托机构以公司境外发行的证券为基础，在中国境内发行的代表境外基础证券权益的证券。因此，存托凭证持有人与境外基础证券发行人股东之间在法律地位、享有权利等方面存在一定的差异。境外基础证券发行人股东为公司的直接股东，根据公司章程规定可以直接享有股东权利（包括但不限于投票权、分红等收益权、知情权等）；存托凭证持有人为间接拥有公司相关权益的证券持有人，其投票权、收益权等仅能根据存托协议的约定，通过存托机构间接行使。尽管公司已出具《关于确保存托凭证持有人实际享有与境外基础股票持有人相当权益的承诺》，但是若未来因各种原因导致公司或存托机构未能履行存托协议的约定，确保存托凭证持有人享有相关权益，存托凭证持有人的利益将受到一定的损害。

3. 存托凭证持有人在分红派息、行使表决权等方面的特殊安排可能引发的风险

由于存托凭证持有人并非公司的直接持股股东，不直接享有获取公司分红派息以及行使表决权的权利。公司向存托机构分红派息后，存托机构应按照存托协议的约定向存托凭证持有人进行分红，分红的具体金额由存托机构确定；此外，存托凭证持有人不直接享有表决权，存托机构作为名义股东，将代表存托凭证持有人行使表决权。若存托机构未来违反存托协议的相关约定不对存托凭证持有人进行分红派息或者分红派息金额少于应得金额，或者存托机构行使股东表决权时未充分代表存托凭证持有人的共同意见，则存托凭证持有人的利益将受到损害，存托凭证持有人可能会面临一定的投资损失。

4. 存托凭证持有人持有存托凭证即成为存托协议当事人，视为同意并遵守存托协议的约定

存托协议对基础股票存托、存托凭证发行、存托凭证持有人权利行使等方面的权利和义务进行了明确约定，将自协议明确约定的生效条件满足之日起生效。认购存托凭证的行为将意味着认购人同意存托协议的条款。存托凭证持有人无须单独签署存托协议，自动成为存托协议的一方，受存托协议的约束，存托凭证持有人不具有单独修改存托协议的权利。若存托协议中的相关条款无法充分保护存托凭证持有人的利益，存托凭证持有人的利益可能会因此受到损害。

5. 增发基础证券可能导致的存托凭证持有人权益被摊薄的风险

公司本次在科创板发行CDR，每份存托凭证对应的净资产已经固定（每份存托凭证对应的净资产＝归属母公司所有者权益÷（公司期末普通股股本总额×每股转换CDR比例），但未来若公司增发基础证券，如开曼层面公司增发将会导致存托凭证持有人权益存在被摊薄的风险。

6. 存托凭证退市的风险及后续相关安排

公司本次发行存托凭证并在科创板上市后，如果公司不再符合科创板上市的条件或者其他重大违法行为，可能导致公司面临退市的风险。此外，公司也可能因不再符合有关存托凭证上市的相关法律法规或上市规则的规定而导致存托凭证

不再上市交易。虽然存托协议已就存托凭证退市时存托凭证持有人经济利益的实现方式和途径进行了安排，但如果届时存托凭证所依据的基础证券未能按照存托协议的安排转让给第三方并由存托凭证持有人相应获得转让收益，则存托凭证持有人可能面临存托凭证的流通性下降或丧失并因此遭受投资损失的风险。

7. 涉及存托凭证的中国境内法院判决可能无法在境外得到强制执行的风险

本次存托凭证的发行以及存托协议均受中国法律的管辖，而公司是依据开曼群岛法律在开曼群岛设立的有限公司，公司的部分业务和资产也位于中国境外。如公司因违反中国法律的规定或存托协议的约定，被有管辖权的中国境内法院判决向存托凭证持有人承担相应的责任，但该等判决须在开曼群岛或中国境外的其他国家或地区执行，则除非该等判决根据有关司法判决承认和执行的国际条约或适用的境外法律相关规定履行必备的法律程序，否则可能无法在开曼群岛或中国境外的其他国家或地区得到强制执行，并因此导致存托凭证持有人面临利益受损的风险。

（三）与协议控制相关的风险

①境内外有关协议控制架构的法律法规、政策环境发生变化可能引发的境外基础证券发行人受到处罚、需要调整相关架构、协议控制无法实现或成本大幅上升的风险；

②境外基础证券发行人依赖协议控制架构而非通过股权直接控制经营实体可能引发的控制权风险；

③协议控制架构下相关主体的违约风险；

④境外基础证券发行人丧失对通过协议控制架构下可变经营实体获得的经营许可、业务资质及相关资产的控制的风险；

⑤协议控制架构及相关安排可能引发的税务风险。

五、诉讼管辖和法律适用

根据存托协议的约定，存托协议受中华人民共和国法律管辖并依其解释，存托协议引发的或与存托协议相关的所有争议，由各方通过友好协商解决。如果各方在收到存托协议其他方要求协商的通知后30个工作日内未通过友好协商达成一致，则任何一方均可将此等争议提交至交易所所在地法院通过诉讼方式解决。在诉讼期间，存托协议不涉及争议部分的条款仍须履行。

存托凭证持有人在有管辖权的中国境内法院向公司及存托人提起诉讼并取得生效的司法判决、裁定的，存托凭证持有人可根据生效的裁判文书，通过法定程序向中国境内有管辖权的法院申请强制执行，但如果涉及中国司法判决、裁定在中国境外执行，则需要依据适用的境外法律得到有权机构的认可或承认后方可得到强制执行。

此外，存托人作为公司登记股东可在有管辖权的境外司法机关向公司提起诉讼，并依据适用的境外法律申请执行生效的司法判决。

第十四章
注册制之分拆子公司上市合规要点

上市公司分拆，是指上市公司将部分业务或资产，以其直接或间接控制的子公司的形式，在境内或境外证券市场首次公开发行股票并上市或者实现重组上市的行为。

上市公司基于资本市场融资功能和吸引人才的便利条件，通过设计事业合伙制和跟投机制孵化更多优质企业上市，真正实现上市公司平台化和资产证券化的激励机制，分拆子公司上市制度设计，为上市公司转型升级和创新带来了新的活力。

第一节 上市公司分拆子公司上市的条件

①上市公司股票境内上市已满3年。

②上市公司最近三个会计年度连续盈利。

③上市公司最近三个会计年度扣除按权益享有的拟分拆所属子公司的净利润后，归属上市公司股东的净利润累计不低于人民币6亿元（以扣除非经常性损益前后孰低值为依据）。

④上市公司最近一个会计年度合并报表中按权益享有的拟分拆所属子公司的净利润不得超过归属上市公司股东的净利润的50%；上市公司最近一个会计年度合并报表中按权益享有的拟分拆所属子公司的净资产不得超过归属上市公司股东的净资产的30%。

⑤上市公司不存在资金、资产被控股股东、实际控制人及其关联方占用或者上市公司权益被控股股东、实际控制人及其关联方严重损害的情形。上市公司或其控股股东、实际控制人最近36个月内未受到过证监会的行政处罚；上市公司或其控股股东、实际控制人最近12个月内未受到过证券交易所的公开谴责。上

市公司最近一年或一期财务会计报告被注册会计师出具无保留意见审计报告；上市公司董事、高级管理人员及其关联方持有拟分拆所属子公司股份，合计不超过所属子公司分拆上市前总股本的10%，但董事、高级管理人员及其关联方通过该上市公司间接持有的除外。

⑥上市公司所属子公司存在以下情形之一的，上市公司不得分拆。

a. 主要业务或资产是上市公司最近三个会计年度内发行股份及募集资金投向的，但子公司最近三个会计年度使用募集资金合计不超过子公司净资产10%的除外。

募集资金投向包括上市公司向子公司出资或者提供借款，并以子公司实际收到募集资金作为判断标准。

b. 主要业务或资产是上市公司最近三个会计年度内通过重大资产重组购买的。

c. 主要业务或资产是上市公司首次公开发行股票并上市时的主要业务或资产。

d. 主要从事金融业务的。

e. 子公司董事、高级管理人员及其关联方持有拟分拆所属子公司股份，合计超过该子公司分拆上市前总股本的30%，但董事、高级管理人员及其关联方通过该上市公司间接持有的除外。

⑦上市公司应当充分披露并说明：分拆有利于上市公司突出主业、增强独立性；本次分拆后，上市公司与拟分拆所属子公司均符合证监会、证券交易所关于同业竞争、关联交易的监管要求；分拆到境外上市的，上市公司与拟分拆所属子公司不存在同业竞争。本次分拆后，上市公司与拟分拆所属子公司的资产、财务、机构方面相互独立，高级管理人员、财务人员不存在交叉任职，独立性方面不存在其他严重缺陷。

第二节　上市公司分拆子公司上市的信息披露要求和决策程序

1. 充分披露信息

上市公司分拆，应当参照证监会、证券交易所关于上市公司重大资产重组的有关规定，充分披露对投资者决策和上市公司证券及其衍生品种交易价格可能产生较大影响的所有信息。

2. 充分披露分拆的影响、提示风险

上市公司应当根据证监会、证券交易所的规定，披露分拆的目的、商业合理性、必要性、可行性；分拆对各方股东特别是中小股东、债权人和其他利益相关方的影响；分拆预计和实际的进展过程、各阶段可能面临的相关风险，以及应对风险的具体措施、方案等。

3. 董事会要勤勉尽责

董事会应当就所属子公司分拆是否符合相关法律法规、是否有利于维护股东和债权人合法权益，上市公司分拆后能否保持独立性及持续经营能力，分拆形成的新公司是否具备相应的规范运作能力等作出决议。

4. 股东大会应逐项审议分拆事项

股东大会应当就董事会提案中有关所属子公司分拆是否有利于维护股东和债权人合法权益、上市公司分拆后能否保持独立性及持续经营能力等进行逐项审议并表决。

5. 股东大会表决程序

上市公司股东大会就分拆事项作出决议，须经出席会议的股东所持表决权的三分之二以上通过，且经出席会议的中小股东所持表决权的三分之二以上通过。上市公司董事、高级管理人员在拟分拆所属子公司安排持股计划的，该事项应当由独立董事发表专项意见，作为独立议案提交股东大会表决，并须经出席股东大会的中小股东所持表决权的半数以上通过。

6. 聘请财务顾问审慎核查、持续督导

上市公司分拆的，应当聘请符合《证券法》规定的独立财务顾问、律师事务所、会计师事务所等证券服务机构就分拆事项出具意见。独立财务顾问应当具有保荐业务资格，并在所属子公司在境内上市当年剩余时间及其后一个完整会计年度，持续督导上市公司维持独立上市地位，并承担下列工作：

①持续关注上市公司核心资产与业务的独立经营状况、持续经营能力等情况；

②针对所属子公司发生的对上市公司权益有重要影响的资产、财务状况变化，以及其他可能对上市公司股票价格产生较大影响的重要信息，督导上市公司依法履行信息披露义务。

第三节 上市公司分拆子公司上市案例

中国TJ股份有限公司（以下简称"中国TJ"）拟分拆所属子公司中国TJ

重工集团股份有限公司（以下简称"TJ 重工"）至上交所科创板上市。中国 TJ 2019 年 12 月 18 日第四届董事会第三十一次会议审议通过了《关于 TJ 重工首次公开发行股票并在上海证券交易所科创板上市的议案》《关于公司所属企业分拆上市符合的议案》等议案。

根据《中国 TJ 关于分拆所属子公司 TJ 重工至科创板上市的预案》，本次分拆符合《上市公司分拆所属子公司境内上市试点若干规定》对上市公司分拆所属子公司在境内上市的相关要求，具备可行性，具体如下。

要求一：上市公司股票境内上市已满 3 年。

中国 TJ 股票于 2008 年在上交所主板上市，符合"上市公司股票境内上市已满 3 年"的要求。

要求二：上市公司最近三个会计年度连续盈利，且最近三个会计年度扣除按权益享有的拟分拆所属子公司的净利润后，归属上市公司股东的净利润累计不低于 6 亿元（净利润以扣除非经常性损益前后孰低值计算）。

根据会计师事务所为公司出具的审计报告，公司 2016 年度、2017 年度、2018 年度实现归属上市公司股东的净利润（净利润以扣除非经常性损益前后孰低值计算）分别约为 129.29 亿元、147.71 亿元、166.95 亿元，符合"最近三个会计年度连续盈利"的规定。根据公司近三年披露的年度报告，TJ 重工 2016 年度、2017 年度、2018 年度的净利润分别约为 9.63 亿元、13.08 亿元、16.44 亿元。

公司最近三个会计年度扣除按权益享有的 TJ 重工的净利润后，归属上市公司股东的净利润累计不低于 6 亿元人民币（净利润以扣除非经常性损益前后孰低值计算）。

要求三：上市公司最近一个会计年度合并报表中按权益享有的拟分拆所属子公司的净利润不得超过归属上市公司股东的净利润的 50%；上市公司最近一个会计年度合并报表中按权益享有的拟分拆所属子公司净资产不得超过归属上市公司股东的净资产的 30%。

根据公司已披露的年度报告，2018 年归属公司股东的净利润约为 179.35 亿元；TJ 重工 2018 年度的净利润约为 16.44 亿元。因此，公司最近一个会计年度合并报表中按权益享有的 TJ 重工的净利润未超过归属公司股东的净利润的 50%。

根据公司已披露的年度报告，2018 年归属公司股东的净资产约为 1,698.90 亿元；TJ 重工 2018 年度的净资产约为 93.90 亿元。因此，公司最近一个会计年度合并报表中按权益享有的 TJ 重工的净资产未超过归属公司股东的净资产的 30%。

要求四：上市公司不存在资金、资产被控股股东、实际控制人及其关联方占用的情形，或其他损害公司利益的重大关联交易；上市公司及其控股股东、实际控制人最近36个月内未受到过证监会的行政处罚，最近12个月内未受到过证券交易所的公开谴责；上市公司最近一年及一期财务会计报告被注册会计师出具无保留意见审计报告。

公司不存在资金、资产被控股股东、实际控制人及其关联方占用的情形，不存在其他损害公司利益的重大关联交易。

公司及其控股股东、实际控制人最近36个月内未受到过证监会的行政处罚；公司及其控股股东、实际控制人最近12个月内未受到过证券交易所的公开谴责。

相关审计报告为标准无保留意见的审计报告。

要求五：上市公司最近三个会计年度内发行股份及募集资金投向的业务和资产，不得作为拟分拆所属子公司的主要业务和资产，但拟分拆所属子公司最近三个会计年度使用募集资金合计不超过其净资产10%的除外；上市公司最近三个会计年度内通过重大资产重组购买的业务和资产，不得作为拟分拆所属子公司的主要业务和资产；所属子公司主要从事金融业务的，上市公司不得分拆该子公司上市。

公司不存在使用最近三个会计年度内发行股份及募集资金投向的业务和资产、最近三个会计年度内通过重大资产重组购买的业务和资产作为TJ重工的主要业务和资产的情形。

TJ重工主要从事掘进机装备、轨道交通设备和特种专业装备的设计、研发、制造和销售，不属于主要从事金融业务的公司。

要求六：上市公司董事、高级管理人员及其关联方持有拟分拆所属子公司的股份，合计不得超过所属子公司分拆上市前总股本的10%；上市公司拟分拆所属子公司董事、高级管理人员及其关联方持有拟分拆所属子公司的股份，合计不得超过所属子公司分拆上市前总股本的30%。

TJ重工的具体情况符合这一要求。

要求七：上市公司应当充分披露并说明本次分拆有利于上市公司突出主业、增强独立性；本次分拆后，上市公司与拟分拆所属子公司均符合证监会、证券交易所关于同业竞争、关联交易的监管要求，且资产、财务、机构方面相互独立，高级管理人员、财务人员不存在交叉任职，独立性方面不存在其他严重缺陷。

（1）本次分拆有利于公司突出主业、增强独立性公司的主营业务为工程承包、勘察设计咨询、工业制造、物流与物资贸易等

TJ重工的主营业务为掘进机装备、轨道交通设备和特种专业装备的设计、

研发、制造和销售。本次分拆上市后，公司及下属其他企业（除 TJ 重工）将继续集中发展除掘进机装备、轨道交通设备和特种专业装备的设计、研发、制造和销售之外的业务，突出公司在工程承包、勘察设计咨询等方面的主要业务优势，进一步增强公司独立性。

（2）本次分拆后，公司与拟分拆所属子公司均符合证监会、证券交易所关于同业竞争、关联交易的监管要求

首先，在同业竞争方面。

TJ 重工的主营业务为掘进机装备、轨道交通设备和特种专业装备的设计、研发、制造和销售。公司的主营业务为工程承包、勘察设计咨询、工业制造、物流与物资贸易等，其中，从事工业制造的主体为 TJ 重工和中国 TJ 高新装备股份有限公司（以下简称"TJ 装备"），TJ 装备主要从事大型养路机械相关业务。因此，公司（除 TJ 重工外）与 TJ 重工的主营业务不同。

目前，TJ 重工全资子公司株洲 ZT 电气物资有限公司（以下简称"电气物资公司"）生产少量接触网支柱，该项业务于 2016 至 2018 年期间在 TJ 重工营业收入中占比低于 2%，且呈逐年下降趋势。TJ 电气化局集团轨道交通器材有限公司（公司并表范围内子公司）也生产接触网支柱。电气物资公司尚在履行中的相关业务合同系通过招投标程序签订，若电气物资公司立即停止生产接触网支柱，将造成违约并承担违约责任，使电气物资公司遭受损失，不利于维护公司市场信誉及公司中小股东的利益。

针对上述情况，TJ 重工书面承诺如下。

自本承诺作出之日，本公司将行使电气物资公司股东的相关权利，促使并确保电气物资公司履行如下义务：①电气物资公司不会签署任何新的接触网支柱销售合同，不会在接触网支柱领域开拓新的业务机会；②电气物资公司将仅为履行其现行有效的接触网支柱相关合同而开展接触网支柱生产工作，除为此目的外不进行任何接触网支柱生产活动；③电气物资公司在履行完毕所有现行有效的接触网支柱相关合同后，将停止所有接触网支柱生产工作，并不再进行接触网支柱生产等与中国 TJ 及其控制的企业（TJ 重工及其子公司除外）构成竞争的业务。

针对本次分拆，公司作出书面承诺如下。

①本公司承诺将 TJ 重工作为本公司及本公司控制企业范围内从事掘进机装备、轨道交通设备和特种专业装备的设计、研发、制造、销售和维修的唯一平台。② TJ 电气化局集团轨道交通器材有限公司（公司并表范围内子公司）与 TJ 重工全资子公司电气物资公司均从事接触网支柱生产业务。TJ 重工已承诺其将行使作为电气物资公司股东的相关权利，促使并确保电气物资公司不会签署任何

新的接触网支柱销售合同，不会在接触网支柱领域开拓新的业务机会。除上述情况外，截至本承诺函出具之日，本公司及本公司控制企业（不含 TJ 重工）不存在与 TJ 重工形成竞争的业务。③除上述情况外，本公司承诺将尽一切合理努力保证本公司控制企业（不含 TJ 重工）不从事与 TJ 重工形成竞争的业务。本公司将对控制企业的经营活动进行监督和约束，如果本次上市后本公司控制企业（不含 TJ 重工）的业务与 TJ 重工的业务出现除现有竞争业务之外的竞争情况，本公司承诺在知悉相关情况后立即书面通知 TJ 重工，并在符合有关法律法规、本公司股票上市地相关证券交易所上市规则、有权监管机构的其他要求、本公司向中国 TJ 高新装备股份有限公司已经作出的不竞争承诺及利益相关方合法权益的前提下，尽一切合理努力采取以下措施解决本条所述的竞争情况：在必要时，本公司将减持所控制企业股权直至不再控制，或者本公司将转让所控制企业持有的有关资产和业务；在必要时，TJ 重工可以通过适当方式以合理和公平的条款和条件收购本公司控制企业的股权或本公司控制企业持有的有关资产和业务；如本公司控制企业与 TJ 重工因同业竞争产生利益冲突，则优先考虑 TJ 重工的利益；及／或有利于避免和解决同业竞争的其他措施。本公司承诺不会利用本公司作为 TJ 重工控股股东的地位，损害 TJ 重工及其他股东（特别是中小股东）的合法权益。

总结以上内容：①公司（除 TJ 重工外）的主营业务与 TJ 重工的主营业务领域不同；②接触网支柱业务在 TJ 重工营业收入中占比较小且逐年下降，TJ 重工已承诺将促使并确保电气物资公司不会签署任何新的接触网支柱销售合同，不会在接触网支柱领域开拓新的业务机会；③公司针对 TJ 重工本次分拆已作出避免同业竞争的相关承诺。因此，本次分拆后，公司与 TJ 重工不存在实质性同业竞争，公司与 TJ 重工均符合证监会、证券交易所关于同业竞争的监管要求。

其次，在关联交易方面。

公司与 TJ 重工不存在显失公平的关联交易。本次分拆后，公司发生关联交易将保证关联交易的合规性、合理性和公允性，并保持公司的独立性，不会利用关联交易调节财务指标，损害公司利益。本次分拆后，TJ 重工发生关联交易将保证关联交易的合规性、合理性和公允性，并保持 TJ 重工的独立性，不会利用关联交易调节财务指标，损害 TJ 重工利益。

因此，本次分拆后，公司与 TJ 重工均符合证监会、证券交易所关于关联交易的监管要求。

（3）上市公司与拟分拆所属子公司资产、财务、机构方面相互独立

公司和 TJ 重工均拥有独立、完整、权属清晰的经营性资产；建立了独立的

财务部门和财务管理制度，并对其全部资产进行独立登记、建账、核算、管理，TJ 重工的组织机构独立于控股股东和其他关联方；公司和 TJ 重工各自具有健全的职能部门和内部经营管理机构，机构独立行使职权，亦未有 TJ 重工与公司及公司控制的其他企业机构混同的情况。公司不存在占用、支配 TJ 重工的资产或干预 TJ 重工对其资产进行经营管理的情形，也不存在机构混同的情形，公司和 TJ 重工将保持资产、财务和机构独立。

（4）高级管理人员、财务人员不存在交叉任职的情形

TJ 重工拥有自己独立的高级管理人员和财务人员，不存在与公司的高级管理人员和财务人员交叉任职的情形。

（5）独立性方面不存在其他严重缺陷。

公司、TJ 重工资产相互独立完整，在财务、机构、人员、业务等方面均保持独立，分别具有完整的业务体系和直接面向市场独立经营的能力，在独立性方面不存在其他严重缺陷。

综上所述，公司所属的 TJ 重工在科创板上市符合《上市公司分拆所属子公司境内上市试点若干规定》的相关要求。

第四节　注册制之上市公司分拆子公司上市审核要点

全面注册制实施，已有在香港上市的 JS 软件分拆子公司 JS 办公、W 医疗分拆子公司 XM 医疗、SY 集团分拆子公司 XNW 在科创板、创业板上市，根据交易所审核上市公司分拆子公司上市的实践，上市公司分拆子公司上市主要关注点如表 14-1 所示。

表 14-1　上市公司分拆子分司上市主要关注点

公司名称	相关反馈问题
JS 办公	招股书披露，发行人在本次发行前须取得香港联交所就分拆上市的批复及保证配额的豁免同意函。请发行人：①说明中国内地及香港地区关于分拆上市公司子公司独立上市的相关法律法规及监管规则的要求，说明并披露发行人是否已经履行所有法定程序，是否符合相关法律法规和监管规则的要求；②说明发行人在境内分拆上市，是否取得境外证券监管机构、自律组织的许可，是否履行境外上市公司董事会或股东大会批准程序；③说明 JS 软件在香港首次公

续表

公司名称	相关反馈问题
JS办公	开发行股票的具体情况，包括但不限于发行时间、上市的资产业务情况与发行人的业务、资产、人员等方面的关系，申请公开发行时香港联交所关注的主要问题；④说明 JS 软件及其实际控制人、控股股东、控制的各下属企业在业务经营、信息披露、规范运作等方面是否存在违法违规行为，是否曾受到相关管理部门的处罚或监管措施，前述情况是否对本次发行构成法律障碍；⑤补充说明发行人招股说明书中涉及 JS 软件及下属企业、JS 软件的股东和实际控制人等方面的披露内容，与 JS 软件在香港联交所披露的公开信息是否一致，并以列表方式详细说明。 JS 软件是否与发行人有替代性及竞争性，与发行人业务不构成同业竞争的理由是否充分，是否存在为发行人承担成本费用、输送利益等情形；JS 软件对业务板块划分的依据，是否清晰明确、是否持续稳定，是否能有效实施，是否存在资产、人员、财务、机构、业务混同的风险，是否会对发行人的经营产生实质不利影响；JS 软件中已上市公司对前述业务划分及同业竞争的信息披露是否一致，相关避免同业竞争等承诺事项是否已经履行，及如何保障上述承诺能够持续履行；JS 软件对于新业务在各下属上市公司之间如何划分，如何保障发行人及中小股东利益不受损。 说明发行人独立上市的必要性，是否符合行业惯例，独立开展业务的可行性和市场前景，是否对关联方存在重大依赖。 招股书披露，报告期内发行人存在较多关联交易。请说明发行人实际控制人、一致行动人及其控制的企业的对外投资情况，是否投资于与发行人业务相同或相似的企业，对外投资的企业是否在发行人的客户、供应商拥有权益，是否存在为发行人承担成本费用、输送利益等情形
XM医疗	招股说明书披露，发行人的间接控股股东为香港上市公司 W 医疗。请保荐机构和发行人律师核查关于联交所上市公司分拆上市的相关法律法规及监管规则的要求，就发行人是否已履行所有法定程序，是否符合相关法律法规和监管规则的要求，是否存在对原股东的强制配售义务，控股股东及其董监高人员在上市期间的是否曾受到香港证监会、联交所或相关管理部门的处罚或监管措施，是否存在违法违规的情况，发行人信息披露与 W 医疗在香港的信息披露是否存在重大差异，前述情况是否对本次发行条件构成影响，并发表意见。 补充披露是否存在与 W 医疗共享研发成果、受让其研发成果、利用发行人相关人员在 W 医疗任职期间的职务发明或者在前述研发成果的基础上再研发的情形，如有，补充披露发行人与 W 医疗对研发成果权属的约定、是否存在纠纷及双方对研发投入的划分；结合前述披露，补充披露发行人和 W 医疗在研发团队、研发投入、研发技术等方面如何划分，并对比同行业研发投入情况，分析并披露发行人对 W 医疗的研发体系或者研发能力是否存在依赖。

续表

公司名称	相关反馈问题
XM医疗	补充披露发行人销售渠道的获得和维持情况。补充披露发行人是否存在与W医疗及其关联方共享销售渠道，或者发行人通过W医疗及其关联方进行销售的情形；补充披露发行人客户和W医疗客户重合情况；补充披露发行人客户拓展机制，及是否依赖W医疗及其关联方；结合前述披露情况，充分披露发行人的营销和客户获取对W医疗及其关联方是否存在重大依赖及依据。 请发行人补充披露与W医疗及其关联方是否存在供应商重合的情况，并结合披露情况，说明发行人对W医疗及其关联方的供应商网络是否存在依赖。 补充披露发行人的业务与W医疗从事的业务的技术差异，是否存在跨越及交叉的可能性；补充披露发行人和W医疗是否存在业务或者市场切割约定；结合前述披露情况，进一步分析并披露发行人与其直接或者间接控股股东是否存在同业竞争或者潜在同业竞争情形
XNW公司	根据申报材料，SY集团系香港联交所上市公司，控制公司控股股东EBP药业100%股权。请发行人：①说明香港地区关于分拆上市公司子公司独立上市的相关法律法规及监管规则，说明并披露发行人是否已履行所有法定程序，是否符合相关法律法规和监管规则的要求，提供香港联交所就发行人分拆上市的同意函；②说明SY集团在香港上市的具体情况，包括但不限于上市方式（IPO、借壳）、上市的业务和资产范围以及与发行人业务和资产的关系、上市时联交所关注的主要问题、上市后的再融资和并购重组情况；③说明上市期间SY集团及其控股股东、实际控制人、董监高是否曾受到香港证监会、联交所的处罚或监管措施，是否存在违法违规情况，是否构成本次发行上市的障碍。请保荐机构和发行人律师发表核查意见，说明核查过程。 根据申报材料，实际控制人蔡某通过SY集团和SY控股两大控股平台控制多家企业。①请发行人说明实际控制人控制的所有层级公司情况，包括主营业务、主要产品、报告期内主要财务数据（资产、净资产、收入、净利润），与发行人是否构成同业竞争。②实际控制人控制的维生药业主营业务为维生素C原料药的生产、销售，主要产品包括维生素C原料及系列产品如维生素C纳、维生素C钙等品种。请发行人结合生产工艺差异、原材料差异、技术差异、市场及客户差异、技术及生产人员可替代性等，详细说明维生药业维生素C原料药及系列产品与发行人维生素C含片之间是否构成同业竞争业务。③请发行人说明关联企业与发行人是否存在共用采购及销售渠道、人员交叉任职等情形，发行人资产是否完整，业务及人员、财务、机构是否独立，是否具有完整的业务体系和直接面向市场独立经营的能力。 根据申报材料，报告期内发行人与关联方存在多种类型的关联交易。请发行人说明：①向关联方销售的商品具体内容、销售金额、单价、占同类交易比例，与向无关联第三方销售价格是否存在差异；②向关联方采购的商品具体内容、销售金额、单价、占同类交易比例，与向无关联第三方采购价格是否存在差异，发行人是否具备独立的采购渠道；③向关联方采购水、电、蒸汽等能源的原因，对发行人独立性的影响；④向ZQ制药采购技术开发的内容、作价

续表

公司名称	相关反馈问题
XNW	情况，发行人技术是否独立；⑤向关联方租赁房产的用途、作价情况，对独立性的影响，发行人资产是否完整；⑥与关联方之间资金拆借的用途，是否计息；⑦与关联方之间的票据兑换是否有真实交易背景，是否合法合规；⑧自关联方受让的保健食品批准证书/保健食品生产技术、商标、专利的具体内容，作价情况，关联方是否将所有相关资质、无形资产转让给发行人，是否仍保留其他与发行人业务相关的资质、无形资产，发行人资产、技术是否完整、独立

第十五章
注册制之企业上市失败典型案例

第一节　科创板上市失败典型案例

一、HY公司

2019年9月5日，上交所科创板股票上市委员会合议不同意HY公司发行上市。

上交所于2019年4月12日受理HY公司科创板发行上市申请，进行了三轮审核问询，重点关注了HY公司三个方面情况。

一是发行人直接面向市场独立持续经营的能力。

发行人主要业务模式之一是重大专项承研，该类业务系基于国家有关部门的计划安排，由发行人的关联方（单位D，根据信息披露豁免规则，发行人未披露其名称）分解、下发任务，研制经费通过有关部门、单位A（根据信息披露豁免规则，发行人未披露其名称）逐级拨付，未签署相关合同。发行人的重大专项承研业务收入来源于拨付经费，该项业务收入占发行人最近三个会计年度收入的比例分别为35.38%、25.08%、31.84%。

二是发行人会计基础工作的规范性和内部控制制度的有效性。

发行人2019年3月在北京产权交易所挂牌融资时披露的经审计2018年母公司财务报告中净利润为2,786.44万元，2019年4月申报科创板的母公司财务报告中净利润为1,790.53万元，两者相差995.91万元。产生净利润差异的主要原因是，发行人将2018年12月收到的以前年度退回企业所得税、待弥补亏损确认递延所得税资产，从一次性计入2018年损益调整为匹配计入申报期内相应的会计期间，其中调增2018年所得税费用357.51万元、递延所得税费用681.36万元，合计影响2018年净利润-1,038.87万元。发行人应收账款账龄划分和成本费用划分不够准确，导致两次申报的财务报表成本费用多个科目存在差异。两次申报时间上仅相差一个月，且由同一家审计机构出具审计报告。

三是关联交易的公允性。

发行人的业务开展对关联方单位A、单位D存在较大依赖，其中近三个会计年度与单位A的关联销售金额分别为4,216.68万元、3,248.98万元、6,051.04万元，占销售收入的比例分别为66.82%、25.73%、32.35%。发行人未能充分说明上述关联交易定价的公允性。

下面介绍上交所三轮问询的关注点。

1. 第一轮问询

报告期内关联交易主要为向关联方单位A销售电子系统产品与服务，单位A报告期各期均为公司前两大客户之一。

请发行人作以下回复。

①补充披露公司与单位A的关联关系，并说明招股说明书（申报稿）未作披露的原因。

②披露持续关联交易的背景和原因，关联交易的定价方式、依据及价格的公允性，发行人履行的审议程序是否符合《科创板首次公开发行股票注册管理办法（试行）》第十二条第（一）项规定的发行条件。

③分析说明并补充披露关联交易未来是否长期存在，关联交易是否可持续。若是，请详细分析说明并补充披露关联交易对发行人独立开展业务的影响，测算关联交易对公司未来经营业绩的影响，并作风险提示。

④补充披露报告期内关联交易占同类交易的比例。

⑤参照交易所上市规则及其他业务规则的相关规定补充披露是否存在其他关联方。如存在，进一步披露报告期内与该关联方之间是否存在交易，以及交易的标的、金额、占比。

请保荐机构、发行人律师和申报会计师对上述事项核查并发表意见。

请保荐机构、发行人律师和申报会计师进一步核查：①发行人是否依照相关规定完整披露关联方及关联交易；②报告期内关联交易发生的必要性及商业逻辑、定价依据，交易价格是否公允，是否均已履行必要、规范的决策程序，公司是否已制定并实施减少关联交易的有效措施；③报告期内是否存在关联交易非关联化的情形；④发行人的内部控制制度是否健全且被有效执行；⑤报告期内是否存在严重影响独立性或者显失公平的关联交易。

媒体关注到，北京产权交易所公告显示，发行人增资项目正式挂牌，拟募集资金金额不低于 1.33 亿元,所募集资金除补充公司现有业务流动资金外,将主要作为航空航天专用控制芯片和嵌入式操作系统的前期研发投入,以及后续承接重大型号任务的提前投入准备金。本次增资拟征集投资方不超过两家,对应股份数不超过 334 万股,且增资完成后,新增股东持股比例占总股份数的 10%。但该项目挂牌时间不久,便于 3 月 29 日宣告终结。根据北交所的公告,截至 2018 年 12 月 31 日,发行人资产总计 2.20 亿元,营业收入 1.81 亿元,净利润超 2,786 万元。对比招股说明书,二者在发行人资产总额、营业收入上均存在一定的出入,净利润差异较大。

请发行人说明:①增资项目在短时间内挂牌、终止的原因,是否有其他正在筹划或正在实施的增资计划;②在北京产权交易所挂牌使用的财务数据是否经审计,是否由同一家审计机构出具审计报告,公布的财务数据存在较大出入的原因,该差异是否属于会计差错更正,是否符合《企业会计准则第 28 号——会计政策、会计估计变更和会计差错更正》的规定;③在北京产权交易所挂牌增资挂牌的估值情况,与本次发行上市申请估值方法、估值参数及估值结果是否存在较大差异。

请保荐机构对上述事项核查并发表明确意见。

请保荐机构和申报会计师核查发行人是否存在会计基础薄弱的情况,发行人目前财务人员配备、核算系统配备和内部控制等,能否确保发行人财务数据真实、准确、完整。请详细说明核查程序、结果并发表明确意见。

2. 第二轮问询

招股说明书披露,发行人采取三类不同的销售模式:重大专项承研、项目销售及产品销售。发行人与关联方单位 A 合作的业务主要为载人航天工程重大专项研制,报告期内该项目收入占总收入的比重分别为 66.82%、25.73% 和 32.35%。

请发行人作以下回复。

①补充披露报告期各期三类销售模式下收入占比,说明未采用合同约束机制的原因及相关权利义务关系情况、发行人与单位 A 的具体分工情况,结合重大专项承研模式的流程等情况说明该销售模式是否具备市场化运作机制、是否须依法履行相关招投标程序、是否存在法律风险、是否影响发行人的持续经营能力。

②补充说明发行人关联交易价格的公允性。

③说明 TC 公司、SS 公司的主营业务、股权结构,2018 年与发行人交易金额增长的原因,以及张某 2018 年 12 月辞任董事长的原因,是否规避关联交易的披露。

④发行人与 TC 公司、单位 A 既有采购又有销售，请进一步说明发行人与上述客户的合作模式，单位 A 和 TC 公司提供的技术服务的具体内容、是否为核心技术，发行人是否具有独立提供的能力。

⑤请发行人补充说明 A 和 B 以外客户开拓，特别是民用客户开拓的情况，是否存在对主要客户的依赖，并在此基础上进一步说明发行人是否具备持续经营能力。

请保荐机构和申报会计师核查并发表明确意见。

3. 第三轮问询

根据发行人及中介机构对问询函的回复，重大专项承研模式特指公司与单位 A 之间的载人航天重大专项项目的销售模式，公司与单位 A 之间不签订合同，而是在载人航天工程办公室明确发行人具备参与载人航天重大专项项目资格的基础上，由总体单位每年下发关于下拨研制经费的通知和关于下达研制计划的通知，明确发行人作为项目参与方的权利义务。发行人通过参加载人航天工程办公室组织的评比、审查流程获得承研资格，不履行投标程序。发行人对整个研制周期所需经费进行价格预算后，再经载人航天工程办公室组织专业机构进行审价、议价，确定承研单位研制总经费。发行人与单位 A 按照总体单位下发的年度研制计划要求，按节点进行研发工作、产品交付与拨款工作。其中发行人主要负责空间应用系统相关关键电子学系统研发工作，按照验收要求将成果交付单位 A，单位 A 进一步将发行人提交的电子学系统与其他单位提交的科学实验装置结合，进行系统联调、联试、总装等后，交付上级总体单位。此外，发行人根据项目需求向单位 A 采购环境模拟试验、元器件质保服务等。承研单位向总体单位交付研发成果后，即使最终任务失败也不会要求各承研单位将所拨经费退回。该业务的收入确认原则为，公司在完成年度研制计划中的具体项目后，交付上级单位验收，在项目完成验收前，按照已经发生的开发成本金额确认开发收入，不产生利润；在取得客户确认的开发任务完成证明材料后，根据项目已拨付经费金额与原累计确认的收入金额之间的差额进行调整，形成项目验收年度利润。报告期各期，发行人对单位 A 的关联方预收账款分别为 1,228.38 万元、4,236.29 万元和 2,890.97 万元。发行人与单位 A 还存在空间、军工电子系统项目销售的关联交易，发行人参加单位 A 组织的择优遴选流程，拆解客户需求，概算项目成本并增加合理利润作为报价，并通过审价议价的流程，双方达成一致约定后确认项目价款。

请发行人披露：①上级总体单位名称、性质，与发行人及单位 A 是否存在上下级隶属关系；②重大专项承研的业务承接方式，发行人是否独立参加载人航天工程办公室组织的评比、审查流程，是否独立报价，"项目参与方""承研单位"具体是单位 A 还是发行人，拨付给发行人的经费金额由总体单位确定还是由单位 A 确定，经费是否由总体单位拨付给单位 A，由单位 A 拨付给发行人；③公司在完成年度研制计划中的具体项目后，交付的"上级单位"的具体指代，"取得客户确认的开发任务完成证明材料"的客户的具体指代，是否需要总体单位的验收，项目完成并验收时的具体收入确认时点；④发行人与单位 A 之间的关联交易既有销售又有采购，说明业务模式是否为单位 A 承接项目，将其中部分任务拆解给发行人完成；⑤若最终任务失败，尚未拨付的经费是否仍会拨付；⑥若发行人无法向客户提供开发任务完成证明材料或客户不予确认，是否仍能取得经费，是否存在经费取消或总额调减的可能性；⑦实际发生成本是否需要客户审定，若发生成本小于原申报的预计发生成本，是否会调减经费总额；⑧报告期各期，发行人对单位 A 按重大专项承研和项目销售区分的收入明细、预收账款明细；⑨对于重大专项承研、空间电子系统、军工电子系统，分别披露单位 A 对供应商的遴选标准，是否有其他供应商可以选择，其他供应商是否与单位 A 有关联关系，单位 A 是否可以独立完成相关工作；⑩发行人与单位 A 是否存在同业竞争，是否会对发行人构成重大不利影响。

请保荐机构和申报会计师对上述①~⑧核查并发表明确意见；请保荐机构和发行人律师对上述⑨、⑩核查并发表明确意见。

二、TT 科技

上交所科创板股票上市委员会作出不同意上海 TT 科技股份有限公司（以下简称"TT 科技"）发行上市的决定。

上市委员会针对企业提出了以下问询意见。

1. 发行人定位为"基于自主核心产品的专业技术集成服务商"

发行人各期主营业务收入中近 50% 为采购第三方品牌产品后直接对外销售；对于自主品牌产品，发行人全部采用 OEM 方式。针对 OEM 生产环节，发行人目前仅有两人负责 OEM 厂商现场工艺指导与品质管控，部分产品由发行人提供原材料后委托 OEM 厂商进行分装加工，部分产品通过直接采购 OEM 厂商成品贴牌后对外销售。

请发行人代表补充说明：①申请文件所述发行人"专业技术集成服务商"的具体内涵；②申请文件所述"技术集成解决方案"在业务模式和经营成果中的体现。请保荐代表人对申请文件是否准确披露"专业技术集成"的业务模式和业务实质发表意见。

2. 发行人核心技术包括生产类核心技术和技术集成服务类核心技术

对于生产类核心技术，由于产品种类繁多，核心技术并不对应单一具体产品，更多地体现在为客户提供针对性强的技术集成产品和服务方面。技术集成类核心技术主要包括用户信息采集及分析、智能仓储物流技术，此类技术主要体现在发行人电子商务平台"探索平台"的运营上。

请发行人代表补充说明：①上述两类技术如何在发行人主要产品和服务中使用，发行人核心生产技术如何体现在自有品牌产品销售中；②外购第三方产品销售如何体现发行人的核心技术；③上述两类技术先进性的具体表征和创新性，在境内外处于什么水平；④申请文件所披露的"核心技术相关产品和服务收入及其占比"的依据；⑤在互联网、大数据及物流技术方面不具备技术优势和技术领先性的情况下，将用户信息采集及分析等技术认定为公司核心技术的依据。

请保荐代表人：①以具体技术参数、研发数据等说明核心技术的主要内容，以揭示其具有的创新性、先进性，并结合主营业务和产品分析说明发行人的科创企业属性；②对发行人是否准确披露其核心技术及其先进性和主要依靠核心技术开展生产经营情况发表意见。

3. 申请文件多处采用"打破国外巨头垄断""实现部分产品国产替代、进口替代"类似表述

请保荐代表人就申请文件所述下述事项发表意见：①市场地位相关佐证依据的客观性；②除发行人外，是否存在同类产品的国内厂家，如有，说明相关产品与发行人产品在质量、档次、品类、价格方面的差异；③发行人相关产品与国外厂商在数量上的重合能否作为其认定发行人产品实现进口替代的依据；④在实现自主产品进口替代的情况下，技术集成第三方品牌收入占主营业务收入比重近50%的原因。

4. 关于技术秘密

发行人直接销售给终端生产商的特种化学品，无论是自主品牌还是第三方品牌，均与自身核心技术——材料配方技术直接相关，而出于自身及下游生产客户的商业秘密考虑，公司未对该技术本身或具体配方申请专利。请发行人代表进一步说明采用技术秘密方式保护的材料配方核心技术与主要产品全部采用 OEM 模式进行生产之间的合理逻辑性，相关产品是专用产品还是通用产品，毛利率偏低的原因，第三方品牌如何使用发行人配方，配方是否存在使用公开、被反向技术破解或外泄的可能，相关技术秘密是否已进入公知领域，是否会对公司的核心竞争力和持续经营能力产生重大不利影响。

三、HA公司

2019年8月30日，证监会对科创板申报公司HA（北京）科技股份公司（以下简称"HA公司"）首次公开发行股票的注册申请作出不予注册的决定。

证监会作出不予注册的决定有如下原因。

①发行人于2018年12月28日、12月29日签订，当年签署验收报告的4个重大合同，金额为15,859.76万元，2018年年底均未回款，且未开具发票，公司将上述4个合同收入确认在2018年。2019年，发行人以谨慎性为由，经董事会及股东大会审议通过，将上述4个合同收入确认时点进行调整，相应调减2018年主营业务收入13,682.84万元，调减净利润7,827.17万元，扣非后归母净利润由调整前的8,732.99万元变为调整后的905.82万元，调减金额占扣非前归母净利润的89.63%。发行人将该会计差错更正认定为特殊会计处理事项的理由不充分，不符合企业会计准则的要求，发行人存在会计基础工作薄弱和内控缺失的情形。

②2016年，发行人实际控制人金某将567.20万股股权象征性地以1元的价格转让给了刘某永等16名员工。在提交上交所科创板上市审核中心的申报材料、首轮问询回复、二轮问询回复中，发行人都认定上述股权转让系解除股权代持，因此不涉及股份支付；三轮回复中，发行人、保荐机构、申报会计师认为时间久远，能够支持股份代持的证据不够充分，基于谨慎性考虑，会计处理上调整为在授予日一次性确认股份支付5,970.52万元。发行人未按招股说明书的要求对上述前期会计差错更正事项进行披露。

上交所在四轮审核问询中，关于上述问题的问询情况如下。

1. 第二轮问询

（1）关于发行人历史代持关系

请发行人以列表的方式，详细披露各项股权代持的形成时间、背景、代持原因、出资资金来源、代持协议的主要内容、是否通过代持规避相关法律法规、清理时间、清理方式、是否存在纠纷或潜在纠纷等。

请发行人进一步说明以下事项。

①刘某宇等16人和刘某永等16人在解决代持的时点是否为发行人员工。

②与刘某宇等16人解除代持、金某将股权转让至员工持股平台等是否适用《股份支付准则》[①]，若不适用，请详细说明原因；若适用，请详细说明对财务报表的影响。

[①] 即《企业会计准则第11号——股份支付》。

③刘某宇等 16 人和刘某永等 16 人最初入股时的入股数量、价格、款项具体支付方式，最初代持股份时是否适用《股份支付准则》，若适用，请说明对本次申报报告期期初财务报表的累计影响。

④对于同样原因形成的代持解决方式不同以及成本差异较大的原因，是否存在纠纷。

⑤金某以 1 元价格将股份转让给刘某永等 16 人，股权转让价格是否合理，金某是否缴纳个人所得税，是否符合税收相关法律法规的规定，是否存在补缴或被处罚的风险。

⑥2016 年 11 月引入 LT 创新和 QY 投资时增资价格与股权转让价格差异的原因及合理性。

请保荐机构、发行人律师对上述事项进行核查，并进一步说明对于股权代持认定的具体核查过程、核查的具体内容、取得的相关资金流水等核查证据是否充分，请补充提供相应核查底稿，若存在其他能够直接或间接佐证代持行为的资料，请一并提供，并对核查底稿与相关认定编制索引。

（2）关于收入确认时点合理性和预计负债的充分性

根据回复材料，发行人承担验收后维保责任和义务的期间为终验证书签发之日起 24 个月（部分项目为 3 年或 5 年），2018 年 12 月 28 日、29 日签订的 4 个合同均于 2018 年 12 月签署验收报告并确认收入，总金额约为 1.37 亿元，占 2018 年营业收入的比例约为 22%。

请发行人披露：①收入确认的具体时点（签署初验报告/签署终验报告），申报及回复材料所述签署验收报告时点与终验证书签发时点的时间间隔及变化情况，报告期内实际完工时点与验收报告签署时点的时间间隔及变化情况，是否存在提前或延后确认收入调节利润的情形；②结合验收后维保责任和义务的内容与时间，可比公司的质保费用预计负债计提政策，进一步披露发行人对验收后维保责任和义务计提的预计负债是否充分，计提政策是否符合行业特征及自身的业务发展情况。

请保荐机构、申报会计师对上述事项进行核查，并发表明确意见。

2. 第三轮问询

（1）关于股份代持

根据回复材料，在公司发展初期，金某于 2010 年 10 月至 2011 年 7 月期间先后将其所持 HA 公司股权转让给刘某永等 33 人，希望其能加入公司或者为公司发展提供规划咨询建议、帮助公司进行市场推广开拓。

请保荐机构、发行人律师核查：①代持形成时，被代持的刘某永等人的具体身份，是否属于发行人客户或供应商的工作人员，为发行人"提供规划咨询建议、帮助公司进行市场推广开拓"的具体内容；②刘某永等人是否实际出资，出资价格是否公允，是否存在利益输送。

请保荐机构、发行人律师说明核查方式、核查过程、核查依据，并发表明确意见。

请保荐机构、申报会计师进一步提供认定金某对刘某永等员工股权转让为解除股权代持的证据材料，并结合取得的各项材料，说明不属于股份支付、不确认股份支付费用的依据是否充分，认定过程及结论是否审慎，并发表明确意见。

（2）关于收入确认及销售合同结算条款实际执行情况

根据回复材料，发行人解决方案业务和技术开发业务在签署初验报告时确认收入；2018年12月28日、29日签订，当年签署验收报告并确认收入的4个项目基本尚未回款，与回复材料所述解决方案和技术开发业务主要合同条款之价格及款项相关内容（解决方案业务通常在完成初验后约定的累计支付比例合计占合同总额的70%～100%，技术开发业务通常在完成初验后约定的累计支付比例合计占合同总额的80%）不一致；报告期内确认收入的合同项目中单个合同金额在300万元以上的合同中，各期期末尚未终验的项目数量分别为1个、27个、99个，涉及收入金额分别为494.14万元、7,201.82万元、29,152.28万元。

请发行人作以下回复。

①补充披露在签署初验报告时确认收入是否符合行业惯例，与同行业可比公司的比较情况及差异原因。

②补充披露上述四个项目收款情况与回复材料所述主要合同条款中价格及款项相关内容不一致的原因及合理性。

③列表说明报告期各期确认收入的项目合同中金额排名前十的项目合同的合同总金额、确认收入金额、合同签订时间、合同签订时收款金额及比例、初验证书签署时间、初验证书签署时点收款金额及比例、终验证书签署时间、终验证书签署时点收款金额及比例，对于终验证书签署后未收款的合同，列明实际收款时间及金额、截至目前的收款情况。

④补充披露解决方案业务和技术开发业务合同实际执行中的具体结算模式，是否按合同条款所述在合同签订生效、初验合格、终验合格等节点完成后收到相应款项，若否，请说明原因及合理性；若为一次性收款，具体收款时点及其与终验证书签署时点的先后情况，签署终验证书是否为客户付款的前提条件。

⑤补充披露结合报告期各期确认收入的合同项目的初验、终验、当期收款、试运行期间发行人的维保义务及相关成本及期后具体回款情况，对照回复材料所

述收入确认各项条件，逐项说明在签署初验证书时是否满足上述收入确认各项条件，进一步说明完成初验时确认收入的合理性。

⑥补充披露终验法下报告期各期收入、成本、利润总额、净利润相较于当前初验法下的变动情况。

⑦补充披露发行人报告期内是否曾经变更收入确认时点，若有，请说明具体变更时间、原因及对报告期财务数据的影响。

⑧对照相关合同原文进一步核实更新版招股说明书第 316 页"3.6 如果合同设备因卖方原因在再次终验测试时仍未能通过验收，则卖方有权终止本合同"与第 318 页"3.5 如果再次终验仍不合格，买方有权终止本合同"相关表述，明确在未能通过终验时，是卖方有权终止合同，还是买方有权终止合同。

⑨补充披露报告期各期解决方案合同项目实际完工时点与验收报告签署（确认收入）时点间的平均天数、验收报告签署时点与终验证书签发时点间的平均天数，报告期内上述平均天数的变化情况及原因，是否存在期末集中发货、集中确认收入的情况。

请保荐机构和申报会计师核查上述事项，说明发行人收入确认是否审慎，是否符合企业会计准则的规定，是否存在提前确认收入的情形等，并发表明确意见。

3. 第四轮问询：关于重大合同的会计处理

根据回复材料，发行人在未得到客户同意之前提前开具发票，会导致客户拒收，从而导致发票作废。发行人 2018 年 12 月 28—29 日签订、2018 年当年签署验收报告并确认收入的 4 个合同项目，2018 年年底均未回款，且未开具发票，与合同相关条款不一致，未提供充分证据，且与报告期内其他项目收入确认政策差异较大。请发行人结合相关合同条款、回款比例等上述相关情况，进一步说明上述重大合同会计处理是否符合企业会计准则的规定。

请保荐机构和申报会计师核查上述事项并发表明确意见。

第二节　创业板上市失败典型案例

一、WJ科技

根据创业板上市审委会 2020 年 11 月 11 日的会议结果公告，江苏 WJ 科技股份有限公司（下称"WJ 科技"）成为第一例创业板注册制以来 IPO 审核不通过的案例。

（一）创业板上市审委会主要关注的问题

1. 股东间资金流水异常

要求公司结合黄某、张某和潘某之间的股权转让及其资金往来和纳税情况等说明实际控制人的认定理由是否充分，实际控制人所持发行人的股份权属是否清晰，是否符合《创业板首次公开发行股票注册管理办法（试行）》第十二条的有关规定。

2. 实际控制人认定存疑

WJ科技的第一大股东WSL集团持股比例超过三分之一，并有两名来自WSL集团的人员担任董事，其中一名担任公司董事长。WSL集团为昆山市国有独资企业，报告期公司90%以上销售收入来源于昆山市智慧城市建设。对此，上市审委会要求WJ科技说明WSL集团被认定为对公司既无控制权，也无重大影响，仅作为财务投资人的理由是否充分。

（二）创业板上市审委会在第四轮审核中对上述两个问题提出问询

1. 关于股权变动

根据申报材料和审核问询回复，总结如下内容。

① 2006年6月黄某将其持有的WJ科技30%股权以40.80万美元的价格转让给张某，2016年4月张某将发行人30%（329.615424万股）的股权转让给潘某。2005年7月至今，黄某和张某共同在昆山WJ投资发展有限公司任职。黄某与潘某之间存在资金转账，资金主要用于潘某受让发行人股份及对发行人增资。

② 潘某团队在房地产项目开发过程中承担撮合成交、前期调研、立项、审批、规划和相关手续办理等工作。

③ 黄某与潘某团队口头约定以项目销售总收入的千分之四作为确定分享房产收益的参考依据。

④ 截至2018年，潘某、汤某、李某、陈某合计获得房产收益2,432.37万元，相关房产销售从2005年就开始，但房产收益款一直未支付，直到张某转让发行人股权时（2016年）才陆续予以支付。

⑤ 黄某长期旅居美国，张某长期旅居加拿大，两人事业重心转往国外，因此转让发行人股份。

⑥ WSL集团通过受让黄某股份成为发行人第一大股东。2016年5月28日，WSL集团出具《关于明确潘某为WJ科技（昆山）有限公司实际控制人的确认函》，声明其仅作为财务投资者入股，并确认潘某为WJ有限的实际控制人。发行人现任董监高中，薛某为WSL集团提名的董事长及董事，丛某等二人分别为WSL集团提名的董事、监事。

⑦薛某既担任 WSL 集团董事长，又担任发行人董事长，WSL 集团为发行人第一大股东。

⑧潘某 2000 年 5 月至 2016 年 12 月就职于 WJ 软件、WJ 有限，担任总经理（其中 2005 年 12 月至 2014 年 4 月、2016 年 6—12 月担任董事）。

请发行人作以下回复。

①结合黄某、张某和潘某的任职经历、股权转让、资金往来、业务合作等情况，补充披露三人之间是否存在实质或潜在的关联关系，是否存在其他利益安排。

②补充披露潘某等人对房产项目贡献与其工作履历、专业、学历等情况的匹配性，撮合成交的具体内容，撮合成交、前期调研、立项、审批、规划和相关手续办理工作未由各房产项目主要运营团队完成而由潘某等完成的原因及商业合理性，相关撮合工作相较于房产运营中其他环节的重要性，其他环节负责人员是否得到相应奖励，潘某等在业务开展过程是否涉及商业贿赂。

③补充披露合作房产项目销售金额，潘某团队获得房产收益与相应房产销售金额的匹配性，潘某团队未就房产的收益分配方案与黄某签订书面协议的原因，口头约定的真实性及可验证性。

④补充披露房产收益款一直未支付直到股权转让时才予以支付的合理性，相关人员前期未要求黄某兑现、支付的原因，相关收益款兑现需要同时结合发行人股权转让的合理性，相关股权转让与收益款兑现是否为一揽子安排。

⑤补充披露黄某和张某转让股权是否存在除移居国外之外的其他原因，相关信息披露是否真实、准确、完整。

⑥结合同类并购重组的平均市盈率，补充披露 2016 年黄某与张某重心转移国外未选择直接出售公司（如通过上市公司并购重组）而选择将股权低价出售给潘某等人的原因及合理性，如果意图让潘某等人负责公司经营，未采用增资入股等股权激励方式而采用低价转让股权方式的原因，黄某与张某股权转让价格的合理性。

⑦补充披露张某将相关股份转让给潘某是否为黄某安排或授意，其将相关股份低价出售给潘某后是否存在（潜在）纠纷。

⑧结合 WSL 集团提名发行人董事和监事、薛某担任发行人董事长等情形及 WSL 集团在发行人股东大会、董事会中表决权行使情况、日常生产经营中发挥的实际作用等，补充披露 WSL 集团作为发行人第一大股东仅为财务投资者的合理性，未认定其为实控人、控股股东的理由是否合适、充分。

（三）深交所在决定终止 WJ 科技上市审核的决定文件中对 WJ 科技 IPO 被否的原因进行说明

WJ 科技未能充分、准确披露相关股东之间的股权转让及其资金往来和纳税情况；

WJ 科技未能充分、准确披露认定实际控制人的理由、实际控制人所持 WJ 科技的股份权属是否清晰；

WJ 科技未能充分、准确披露 WSL 集团仅作为财务投资人的合理性等；

不符合《创业板首次公开发行股票注册管理办法》第六条、第十二条以及《深圳证券交易所创业板股票股票发行上市审核规则》第十五条、第二十八条的规定。

二、QJ科技

根据创业板上市审委会 2020 年 12 月 30 日的会议结果公告，QJ 科技（首发），不符合发行条件、上市条件和信息披露要求。

创业板上市委员会否决主要理由如下。

①报告期各期发行人产品主要销往欧洲，其中对 Ideal 公司的销售收入占比超过 80%。请发行人代表：说明业务高度依赖第一大客户是否符合行业惯例；结合 Ideal 公司的市场竞争力，说明发行人业务高度依赖是否会对持续经营能力产生重大不利影响。

②发行人竞争对手 MZ 科技于 2019 年成为 Ideal 公司供应商，后与发行人对 Ideal 公司的销售收入差距缩小。请发行人代表结合产品研发、生产、技术创新能力，说明与 MZ 科技相比的竞争优劣势，是否存在因竞争导致市场份额减少的风险。

③发行人主要客户 Ideal 公司受疫情影响于 2020 年第二季度停产，对发行人订单大幅减少。请发行人代表结合最新的在手订单以及收入实现情况，进一步说明海外疫情是否对发行人未来经营业绩造成重大不利影响。

④请发行人代表结合报告期内新客户拓展情况，说明发行人新客户开拓进展缓慢的原因及未来业务发展的成长性。

创业板上市审委会在第四轮审核问询中，关于上述四个方面的问询情况具体如下。

问题一：关于客户集中度

审核问询回复显示，报告期内发行人向 Ideal 公司销售金额占营业收入的比例均超过 80%，可比公司 MZ 科技对 WN 公司、XDW 公司两大热交换器客户销售金额占冷凝式热交换器销售收入的比例分别约为52%～67%、32%～45%；由于欧洲冷凝式壁挂炉行业集中度高，发行人称客户集中度高符合行业惯例。

请发行人作以下回复。

①补充披露全球主要壁挂炉企业生产冷凝式壁挂炉的情况，结合欧洲和全球壁挂炉市场的生产商数量及市场份额、行业进入壁垒、准入门槛及竞争程度等，分析冷凝式壁挂炉行业是否确实存在集中度高的情形，请结合行业特性披露具体原因及相关依据。

②结合可比公司冷凝式热交换器的客户数量、销售占比等情况，分析并披露发行人对第一大客户的销售占比远高于可比公司MZ科技的合理性，发行人认为其下游客户集中度高符合行业惯例的表述是否准确。

③结合Ideal公司在全球壁挂炉市场（而非仅在欧洲市场）的行业地位、销售规模及市场份额，补充披露发行人收入集中于第一大客户的合理性，发行人与主要客户合作的业务稳定性和可持续性的具体分析及依据，基于上述内容并结合发行人单一产品的销售结构、竞争对手已进入发行人第一大客户供应商体系并逐渐加大供货的现实情况，请根据《深圳证券交易所创业板股票首次公开发行上市审核问答》第7问的要求明确说明发行人是否属于非因行业特殊性、行业普遍性导致客户集中度偏高的情形。

请保荐人根据《深圳证券交易所创业板股票首次公开发行上市审核问答》第7问的要求逐条核查并发表明确意见，说明发行人客户集中是否对其持续经营能力构成重大不利影响。

问题二：关于持续经营能力

审核问询回复显示，Ideal公司销售区域集中在英国及爱尔兰地区，2018年、2019年营业收入规模为2.9亿英镑、3.2亿英镑。Ideal公司透明度与经营状况均公开市场披露，不存在重大不确定性风险。近年来整个欧盟地区燃气壁挂炉的复合增长率维持在1.5%左右，英国是欧洲最大的冷凝式壁挂炉市场，2019年英国市场燃气壁挂炉销量增速1.8%。国内竞争对手MZ科技于2019年进入Ideal公司供应商体系并逐渐加大供货。

请发行人：

①补充披露Ideal公司向公开市场披露的生产经营等情况，包括但不限于Ideal公司股权结构、公司治理情况、主营业务收入构成及净利润情况等；

②结合疫情在英国及欧盟地区的发展情况及对当地经济的影响、燃气壁挂炉市场空间、Ideal公司经营和财务状况等因素，补充披露欧洲壁挂炉市场是否存在市场容量减少、增长停滞等情形，Ideal公司受疫情影响销售是否下滑，是否

存在发生重大不利变化的风险；

③根据《深圳证券交易所创业板股票首次公开发行上市审核问答》问题4的相关规定逐项披露发行人是否具有直接面向市场独立持续经营的能力。

请保荐人逐项对照《深圳证券交易所创业板股票首次公开发行上市审核问答》问题4的相关规定核查并发表明确意见。

问题三：关于产能和客户拓展

审核问询回复显示，产能利用率保持较高状态，人力资本有限，因此更注重对现有客户需求的挖掘，提升对现有客户的销售金额，其他客户开拓进展相对缓慢。截至2020年3月31日，发行人的机器设备账面原值为5,143.91万元，其中主要生产经营设备原值为1,856.68万元，报告期内产能未发生变化。

请发行人：

①补充披露发行人在报告期内未扩充产能的原因，是否因为未开发新客户或原有客户订单没有增长；

②补充披露截至目前发行人对大西洋集团的销售情况，是否为其定制开发新的热交换器型号；

③结合MZ科技与发行人报告期内新增客户情况，披露发行人在客户拓展和市场竞争力方面的比较情况，发行人的主营业务是否具有可持续性，是否会受到竞争对手的较大冲击。

请保荐人发表明确意见。

三、CX文化

根据创业板上市审委会2021年2月2日的会议结果公告，CX文化（首发）不符合发行条件、上市条件和信息披露要求。创业板上市委员会的主要关注点如下。

一是发行人实际控制人的认定。发行人历史上存在红筹架构的搭建、拆除情形，现有股权架构系映射红筹架构拆除前的结构形成，设计较为复杂。发行人实际控制人包括HR公司、田某、金某及徐某，前述四方对发行人实施共同控制。黎某系HR公司董事长、总经理、法定代表人，曾任发行人董事长。

二是MX公司商誉减值的会计处理。发行人于2016年3月收购MX公司，交易对价金额为20.80亿元，形成商誉金额为19.68亿元。MX公司收购前实际控制人为田某，发行人将本次交易作为非同一控制下企业合并处理。报告期内，MX公司未发生商誉减值。2020年4月，发行人聘请评估机构出具商誉追溯评估报告，并根据报告对MX公司截至2016年年末的商誉计提减值3.47亿元，该项减值损失发生于 2016 年度，不在报告期内。发行人认为，追溯调整系从保护中小投资者利益角度出发并基于审慎原则作出。

创业板上市审委会在第一轮审核问询中，关于上述问题的问询情况具体如下。

发行人与其股东及相关方之间曾存在协议控制的红筹架构，相关架构已于申报前解除。2016 年 3 月发行人收购 MX 公司 100% 股权，并将该项交易认定为非同一控制下企业合并。

请发行人：①补充披露发行人红筹架构解除过程（含股权变动、管理层收购以及承接退出股东股份的资金来源、各步骤中的主要主导方），HR 公司、田某、金某及徐某参与发行人日常经营管理情况，MX 公司设立目的与发行人的经营业务实质及关联度；②结合发行人在收购 MX 公司前后的自身股权结构（含直接和间接持股）、表决权、收益权、日常经营管理权的情况及变动过程等事项，对照企业会计准则中控制权相关认定标准，进一步补充披露发行人实际控制人认定的准确性、认为收购 MX 公司事项属于非同一控制下企业合并的合理性。

请保荐人、发行人律师和申报会计师发表明确意见。

上市委员会审议认为：

发行人在拆除红筹架构后，股权架构设计复杂，认定实际控制人的理由不充分、披露不完整，不符合《创业板首次公开发行股票注册管理办法（试行）》第六条以及《深圳证券交易所创业板股票发行上市审核规则》第十八条、第二十八条的规定；

发行人在 2020 年 4 月基于截至 2019 年年末的历史情况及对未来的预测，根据商誉追溯评估报告对收购 MX 公司产生的商誉进行追溯调整，并在 2016 年计提减值损失 3.47 亿元，上述会计处理未能准确反映发行人当时的实际情况，不符合《注册管理办法》第十一条以及《审核规则》第十八条的规定。

第三节 企业上市问询反馈撤回申报典型案例

表15-1 SL信息技术股份有限公司

序号	主要关注点	具体问询问题
1	关于销售模式、销售收入及真实性	（1）第一轮问询 目前，发行人客户主要是政府机构、运营商及大型集成商。结合行业特点，发行人客户以下内容：①区分政府机构、集成商和运营商等不同客户类型，说明发行人产品的情况，发行人如何通过自有销售团队销售产品；针对集成商，运营商或其他企业进行销售的情况，是否存在最终业主方指定发行人的销售模式，是否存在显著差异，发行人所采取的直销模式与通常意义上的直销模式有何不同；②按非合并方式和重要性原则列示主要客户的销售金额和占销售收入的比重，并结合销售的主要产品和销售数量等分析报告期内发行人对主要客户销售额变动的原因；③针对不同类型客户、不同产品的交付条件和合同约定等主要条款，披露发行人可比公司存在的具体收入确认政策收入确认时点、确认依据，是否符合企业会计准则的相关规定，是否与同行业可比公司存在显著差异。 请发行人说明：①与运营商合作的具体经营模式；②运营商以外其他主要客户的基本情况，包括但不限于成立时间，注册资本和实收资本、注册地址、实际经营所在地、主营业务、资产和销售规模、股权结构和合作历史等；③获取订单或者合同的方式，是否存在未签订合同确认收入的情况，如有，请说明是否符合会计准则的规定，发行人是否承担安装调试责任，安装调试是否构成收入确认的核心要素，最终业主方（如有），主要产品名称、销售收入金额；④运营商以外的其他主要客户的销售情况，包括但不限于客户名称、验收业主方约定的验收凭据确认收入的情况，是否审慎；⑤合同收入占营业收入的比重，期末应收账款和期后回款情况等，说明以合同约定收入确认原则凭据确认的验收情形；⑥报告期内收入截止性测试的具体情况，质保金比例及金额，各期确认收入的情形，是否跨期确认收入的情形；⑦结合在手订单和下游行业应用需求规模等情况，说明发行人销售收入增长是否具有可持续性，并作无分风险揭示。 请保荐机构、申报会计师对销售收入确认的真实性和收入确认原则的审慎性进行核查，说明核查范围和核查过程，并发表明确意见。

316

续表

序号	主要关注点	具体问询问题
1	关于销售模式、销售收入及真实性	（2）第二轮问询 问询回复显示，发行人披露的主要销售合同的最终业主方均为政府部门，但中国政府采购网公开的相关信息与发行人披露的业务信息之间存在差异和矛盾，且发行人各直接客户之间的合同获取方式及商业政策均不差异，发行人也未明确说明其与直接客户、最终业主方之间的业务模式及合理性。 请发行人披露：①发行人与直接客户、实施方和最终业主方的具体业务模式，采用多层销售架构的原因及合理性，同类型客户之间结算政策和验收政策的原因及合理性，发行人如何识别销售报酬转移的核心要素，相关业主方产品中标价格符合所披露政策的具体方法；②发行人与直接客户口径的产品销售价格与最终业主方口径的比较情况及差异原因，是否符合正常的商业逻辑；③补充非合并口径下报告期各期前五大客户的具体销售情况和对应的最终客户并更正2017年度和2018年度披露错误的数据信息。 请发行人进一步说明：①多级通信运营商、广电网络所涉及项目是否为同一合同和同一最终客户公告的具体情况及合理性，相关项目市场开拓过程、用途、与客户原有视频通信系统关系；②结合最终业主方中标公告的名称及有关信息，逐项定量分析报告期各期500万元以上收入项目实现的具体情况，包括但不限于多层销售架构名方的名称及权利义务安排，项目名称和内容，合同和招投标的具体情况，中标日期、合同签订时间、具体项目的中标销售数量，合同总金额等，实施方中标方名称、中标项目名称，验收数量和发行人产品的采购数量和金额，发行人产品的验收数量，项目中标日期和验收日期、验收数量及收入确认之间的匹配关系，截至2019年3月31日的收款情况，是否存在发行人中标客户签订合同的日期早于发行人中标的情形；③新疆BX公司为贸易商客户，发行人披露的销售客户群体存在较大差异，发行人的描述是否存在误导性，说明与该客户的合作过程，合作背景和合作历史，发行人是否存在其他经销客户，经销商客户、经销商客户的相关关系，发行人及其关联方、资金往来或其他利益安排，是否与发行人及其关联方、发行人应收账款的增长幅度大大超过营业收入增长幅度的具体原因，应收账款的实际执行情况与应收账款账龄较大的原因，是否违反同义务安排，客户采购该产品的目的，最终客户验收政策实际执行情况与结算政策以及放宽信用政策或刺激销售的情况，请进一步说明发行人到最终客户的收入确认与结算政策是否合理，是否符合企业会计准则的规定。

第十五章 注册制之企业上市失败典型案例

317

续表

序号	主要关注点	具体问询问题
1	关于销售模式、销售收入及真实性	请保荐机构和申报会计师核查发行人最终实现销售的情况，包括但不限于实地走访并盘点最终业主方安装的设备数量，向最终业主方实施方访进行函证等，详细说明核查方式、核查过程，并发表明确意见。 （3）第三轮问询问询政府部门，答终端系统终端调试的设备并由最终客户直接面向发行人销售的设备进行了核查：①发行人在政府部门直接采购；②发行人 2018 年度收入主要来源于华南地区；③公开资料显示，发行人生产的网络系统终端调试的设备并不需要中介机构或参加联合调试的方式对发行人销售的设备进行了核查：④最终业主方的函证回复情况较差，中介机构以参加联合调试的方式对发行人销售的设备进行了核查：⑤发行人报告期内存在当年已实现销售但尚未连接入网的终端。 请发行人：①充分揭示对政府客户存在依赖相关政府政策变化影响发行人经营和业绩的风险；②分析广东省相关网络完成全覆盖后对发行人经营业绩的影响，并充分揭示收入地域集中等相关风险。 请发行人进一步说明：①关于最终客户的销售情况，结合主要集成商（或最终客户）一最终客户"的间接采购模式，分析不同客户之间存在不同收入确认方式的原因及合理性；②关于"发行人—运营商—集成商—最终客户"的具体情况，说明各方签订合同的内容及服务的内容及服务，提供的产品或服务的内容及发行人的连接入网时间，逐项列示多层销售架构的具体情况，是否应取得最终客户的验收依据，分析不同客户之间存在不同收入确认方式安排，是否为买断式销售，是否存在任提前面的原因及合理性，发行人的收入确认方式安排，是否为买断式销售，是否存在任主要责任人；④A 公司、B 公司、C 公司等未实现最终销售收入就确认销售收入的依据及合理性，结合《企业会计准则第 14 号——收入》的相关规定，进一步说明发行人对该运营商销售确认的依据及合理性，结合《企业会计准则第 14 号——收入》的相关规定，进一步说明发行人对该运营商销售确认的依据及合理性；⑤区分不同产品及型号，定量分析发行人与运营商或最终客户的产品销售价格比较同行业政府部门的产品销售价格比较同行业政府部门中标价格之间的比较情况及具体差异原因。 请保荐机构和申报会计师对上述事项进行核查并就销售收入的真实性和准确性发表明确意见，说明：①参与联合调试的书面说明，核查过程和核查依据，各地政府部门确认收入的设备安装数量、盘点数量和联调数量，补充提供各地政府部门出具的书面说明；②对于未连接入网但主要集成商客户的相关设备的核查方式、核查过程和核查方式，结合各集成商客户的历史沿革，说明发行人集成商客户的股东、实际控制人和主要员工是否与发行人及其关联方、运营商及其核心员工、最终客户之间是否存在关联关系，资金往来或其他利益安排的情形，相关销售业务是否真实发生。

318

续表

序号	主要关注点	具体问询问题
1	关于销售模式、销售收入及真实性	（4）第四轮问询 根据问询回复：①发行人对部分项目对应的中标单位与发行人回复的各方名称存在差异，发行人与直接客户合同签订日期早于政府部门的中标日期，相应中标合同总金额合计远低于发行人与直接客户合同总金额和发行人与直接客户合同金额和数量；②保荐机构和申报会计师实地走访并抽样观测了安装入网的终端设备数量；③区分报会计师对最终业主方的函证发函和回函比例较低。 请发行人列表说明：①报告期各期各产品的销售情况与各期销售收入数量，与各期新增客户及其销售收入构成，进一步分析报告期各期销售收入大幅增长的原因。 请保荐机构、发行人律师和申报会计师逐项说明发行人对招投标信息与销售合同各期新增客户，销售合同金额及占比，对应的核查比例，核查内容、核查数量及比例；②报告期各期对直接客户发函的具体原因，差异金额及数量，函证内容、函证数量、销售设备的数量的回函具体内容；函证内容，函证数量和合理性；③实地走访并参加联合调试的具体核查过程及内容，未获得核查过程及内容，包括不限于具体地点、交通方式和实地走访的人员，参加核查目的，进一步实地走访并盘点抽样观测的销售设备的数量和使用状况
2	关于存货	（1）第一轮问询 报告期各期末，公司存货净额分别为4,744.49万元、10,478.01万元和16,548.06万元，其中库存商品和发出商品均大幅增加，存货周转率低于同行业可比公司。 请发行人：①结合发行人对外采购情况，披露原材料、库存商品存放地存货的形成原因及各科目；②按存放地披露存货各科目的金额，发行人对异地存货的管理措施；③披露发出商品的主要构成和采购产品的形成原因及与同行业可比实现情况，发出商品和原材料的库龄情况，分析发行人存货跌价准备计提是否充分；④披露库存是否存在较大差异；⑤披露2016年年末和2017年年末发行人存货余额高于营业成本的原因

319

续表

序号	主要关注点	具体问询问题
2	关于存货	请发行人说明：①存货的会计核算和成本结转的会计处理方法；②存货的收发存管理、权利与义务等具体情况；③存货跌价准备的具体计提方法；④发行人与供应商对异地存放和在途运输的存货损毁灭失风险的承担约定，发行人针对存货的内部控制管理制度的建设和执行情况；⑤存货尤其是发出商品的盘点制度、盘点地点、盘点执行人员和盘点结果等。 请保荐机构和申报会计师就异地存放的存货的盘点情况、具体执行的核查程序、核查方法和核查范围、替代性程序是否充分进行核查，并对上述事项发表明确意见。 （2）第二轮问询 问询回复显示，发行人执行"以销定采"的采购业务模式，库存商品和发出商品的余额逐年增加，存货周转率显著低于同行业可比上市公司。 请发行人：①进一步说明发行人库存商品和发出商品各主要产品的订单覆盖率、最终业主方的中标信息，定量分析发行人库存商品和发出商品在手订单、对应订单的具体情况、最近一年及一期末发出商品的期后销售实现率，结合发行人在手订单、最终业主方中标项目的执行情况和设备安装周期等因素，进一步分析上库存商品和发出商品期后实现销售的金额，结合项目执行的原因及合理性；②说明发行人最近一年及一期的统计方法、一年以上库存商品和发出商品逐年上升的原因，结合项目执行的具体情况进一步说明原因；③说明发行人库龄分析存货跌价减值准备计提的具体过程；④定量比例和计提金额是否存在显著差异；⑤说明发行人与同行业可比上市公司相比存货周转率较低，结合发行人与同行业公司在生产模式和销售模式等方面的异同进一步分析存货周转率较低的合理性。 请发行人及申报会计师对上述事项进行核查，说明是否对异地存放的存货进行了充分盘点及盘点比例并发表明确意见。 （3）第三轮问询 回复材料显示：①核心电路板和机箱为相关网络交换服务器的核心原材料，报告期内发行人"其他领用"核心电路板分别为1个、113个、253个和2个；②发行人库存商品的订单覆盖率仅为32.21%，其主要构成为配套设备等；③发行人发出商品金额逐年增加。

续表

序号	主要关注点	具体问询问题
2	关于存货	请发行人说明：①"其他领用"或"其他出库"的去向，"其他领用"中只包含核心电路板而未包含机箱的原因及合理性，如计入固定资产或费用支出，请说明配比关系；②交换服务器、网管服务器和融合服务器订单覆盖率较低的原因及合理性，配套设备的主要构成，订单覆盖率仅为10.25%的原因及合理性；③结合发行人发出商品对应在手订单的验收条款，进一步说明发出商品逐年上升的原因及合理性。请保荐机构和申报会计师对上述事项进行核查并发表明确意见。 （4）第四轮问询 请发行人进一步说明报告期各期末履行的盘点情况，包括但不限于盘点程序的具体过程及数量、金额比例，包括但不限于盘点地点、盘点数量、盘点人员、盘点日期、盘点差异及原因。请保荐机构和申报会计师结合报告期存货构成及分布情况，说明：①对原材料、库存商品和发出商品分别执行监盘程序的具体过程及数量、金额比例，包括但不限于函证监盘地点、监盘数量、监盘日期、监盘结果及差异原因；②列示报告期各期对发出商品履行函证程序的具体情况，包括但不限于函证存在的具体原因，对未回函的函证履行替代程序及充分性量、金额及比例、客户的回函数量、差异数量、金额及差异原因。
3	关于应收账款	（1）第二轮问询 招股说明书披露，发行人2017年营业收入、净利润分别为34,766.77万元、6,939.85万元，2018年营业收入、净利润分别为115,159.74万元、47,514.32万元。同时，发行人2017年、2018年应收账款分别为14,067.81万元、72,431.03万元。 请发行人补充披露发行人报告期末应收账款回款情况，定量披露预期信用损失率的确认依据和过程，结合发行人应收账款逾期情况和回款情况，进一步分析发行人应收账款坏账准备计提是否充分，是否与同行业可比公司之间存在显著差异。

321

续表

序号	主要关注点	具体问询问题
3	关于应收账款	请发行人进一步说明：①2018年相比2017年，净利润的增长幅度大大超过营业收入增长幅度的具体原因，费用与成本相对减少是不是重要原因之一，费用与成本的会计核算本问询函中询问题6的相关要求是否存在变化；②2018年营业收入进行分析请发行人主要成本增长幅度是否显大于销售量增长幅度的原因及合理性，与终端设备销售增长的原因及合理性，与直接客户、最终主方和中标项目之间的对应关系，销售增长是否均来源于产品销售客户；③报告期各期末主要客户应收账款的形成时间，合同规定结算周期、是否如期还款及原因、相关收入确认的具体依据，期后还款情况，各期末应收账款是否均为对新增客户的销售所致，相关客户与发行人及其实际控制人是否存在关联关系；④定量解释公司应收账款账龄的统计方法、一年期以内应收账款的计提比例低于可比上市公司的原因和合理性。 请保荐机构和申报会计师补充说明对应收账款核查的具体情况、核查程序和核查范围，并发表明确意见。 (2)第三轮问询 请发行人补充披露截至报告期末逾期应收账款的余额和累计期后回款情况。 请发行人进一步说明：①集成商或运营商客户的回款是否实质上依赖政府部门的付款，发行人收入确认依据是否充分；②发行人应收账款周转率明显著低于同行业但一年以内坏账准备计提比例低于同行业的原因及合理性，结合《企业会计准则第14号——收入》的相关规定进一步分析发行人收入确认依据是否充分，发行人严格执行的原因及合理性，结合一客户存在显著低于同行的付款政策的原因及合理性，应收账款大量逾期是否违反了合同的约定；③同类型客户和同相关的内部控制制度是否健全并得到有效执行；④区分是否约定质保金，说明报告期各期末应收账款余额中质保金的金额及比例，并结合历史的退换货情况说明质保金部分是否满足收入确认的原则。 (3)第四轮问询 发行人2018年度收入和应收账款余额均大幅上升，历史数据不足以支撑发行人预计应收账款的回款风险。请发行人按客户逐项分析并评估应收账款的回款情况，进一步说明发行人计提坏账比例和历史损失率的确认依据是否合理、坏账准备计提是否充分。 请保荐机构和申报会计师对上述事项进行核查并发表明确意见，说明对应收账款履行的不同核查方式的具体内容、对应收账款的核查金额及比例，详细列示报告期各期末应收账款履行的函证情况，包括但不限于发函数量、应收账款金额及比例、回函数量、回函金额及比例、差异金额及差异原因、对未回函的替代程序及充分性

续表

序号	主要关注点	具体问询问题
4	关于员工持股计划及股份支付	（1）第二轮问询 招股说明书披露，公司不存在正在执行的对董事、监事、高级管理人员、其他核心人员、员工实行的股权激励及其他制度安排。回复材料显示，2017年12月股东北京QT公司将其所持SL有限5%的股权以35.28万元（低于每股净资产）转让给SL力智，2018年9月11日SL力智将部分合伙企业份额转让给SL启贝、SL力景、SL力均、SL力捷。 请发行人补充披露上述员工持股平台获得发行人的股份，是否适用《企业会计准则11号——股份支付》，相关会计核算是否符合准确并分析理由。 请保荐机构及申报会计师对上述股份变动是否适用上述企业会计准则进行核查，并对权益工具的计量方法及结果是否合理；②是否存在与股权所有权或收益权相关的限制性条件及相关条件是否真实、可行、服务期的判断是否准确，服务期各年/期确认的员工服务成本或费用是否准确；③发行人报告期内股份支付相关会计处理是否符合上述企业会计准则相关规定并发表明确意见。 （2）第三轮问询 回复材料显示，2017年12月，北京QT公司将其所持SL有限5%的股权转让给SL力智，作为员工持股计划预留的股权；2018年7月27日，四个持股平台的历次沿革及历次合伙企业份额转让给SL力智；2018年9月11日，SL力智将部分合伙企业份额转让给SL启贝、SL力景、SL力均、SL力捷。上述员工持股计划实施期较长，且发行人2018年业绩出现大幅增长，发行人问复未说明持股平台受让SL力智合伙企业份额的价格情况。请发行人补充披露员工持股计划的授予日及确定依据。 请发行人进一步说明：①结合SL启贝、SL力景、SL力均和SL力捷四个员工持股平台的历史沿革及历次合伙企业份额转让价格，对应SL力智转让给发行人股权的公允性，进一步定量分析相关股份支付处理的公允性；②相关出资的资金来源，是否存在由发行人及其关联方向员工提供资金支持的情形。请保荐机构和申报会计师对上述事项进行核查并发表明确意见。 （3）第四轮问询 根据回复材料，发行人2018年度前三季度收入较2017年度同期大幅上升且已签订了大额的销售合同，发行人2018年度经营业绩较2017年度大幅提升的情况，发行人仍按照截至2018年1月31日的股东权益评估价值和2017年净利润为基础确认股份支付的公允价值。 请发行人结合已签订的在手合同的公允价值变动的原因，发行人股份支付费用确认是否属于前期会计差错更正，进一步说明发行人未充分考虑评估基准日至授予日之间发行人股权的公允价值确认依据的充分性，如未能提供充分证据，调整相应的股份支付费用并说明是否属于前期会计差错更正，是否影响发行条件。 请保荐机构和申报会计师对上述事项进行核查并发表明确意见。

续表

序号	主要关注点	具体问询问题
5	关于关联方资金拆借	（1）第一轮问询 报告期内发行人已经注销的关联方较多，同时存在关联方资产、股权转让以及关联资金往来情形。 请发行人说明以下内容：①是否严格按照《公司法》、企业会计准则及证监会的有关规定披露关联方和关联交易，报告期内相关关联方注销的原因，合法合规性，人员和资产处置情况，是否存在争议或潜在纠纷，是否履行了法定程序，是否完善了防范对外资金拆借的制度，如未收取，是否损害发行人利益，结合报告期内对外资金拆借情况，说明是否已经建立《公司法》第一百四十八条规定的情形。④关联方无偿转让相关专利权情况，目前的转让进度情况，发行人主要产品是否涉及使用上述专利的销售情况，上述关联方是否已将与发行人业务相关的专利技术等均转至发行人。⑤向关联方采购外其他供应商的采购价格进行比较，说明是否存在显著差异，是否存在对发行人或关联方的利益输送，是否存在显失公平情形。 请保荐机构、申报会计师和发行人律师就公司及关联方的银行资金流水和公司的审议程序等进行核查，并就上述事项发表明确意见。 （2）第二轮问询 问询回复显示：①上海QT公司于2016年度代杨某以转让和冲抵预付款的方式偿还SL动力借款本金，之后由杨某偿还上海QT公司上述代还款本息；②杨某、未某、王某根据公司规定在报告期内因出差、参加展会、部分办公设备采购预借备用金，以报销形式偿还294.17万元；③其余关联方资金均来源于关联方的薪酬、投资及分红等所得，并以转账方式支付。 请发行人进一步说明：①上海QT公司代杨某偿还资金来源发行人支付的收购款；②定量列示杨某、未某、王某和陆某等关联方资金拆借的具体情况，相关资金来源是否为发行人支付的收购款；②定量列示杨某、未某、王某和陆某等关联方资金拆借的具体流向。

续表

序号	主要关注点	具体问询问题
5	关于关联方资金拆借	请保荐机构、发行人律师和申报会计师对上述事项进行核查，并发表明确意见。 (3) 第三轮问询 问询回复显示：①发行人报告期初存在向关联方借款的情形，并于报告期内结清，同时还存在向关联方拆借资金用于支付房租及物业费、施工及设备购置费用和财务人员薪酬的情形；②HC 公司已于 2013 年度停止经营，但存在向发行人拆借资金用于经营；③KE 公司已经于 2014 年度停止经营，但仍与发行人存在资金往来。 请发行人补充披露 2016 年期初关联方拆借余额及各期变动情况及期末余额、资金拆入的金额、时间，偿还资金拆入的金额、时间，资金拆出的金额、时间，形成过程和利息去向，资金拆出的金额、时间，形成过程和利息余额。 请发行人说明：①逐笔列示各项资金拆出的金额、时间、资金去向，KE 公司、HC 公司、资金拆入 QT 公司、KE 公司、HC 公司、KE 公司和北京 QT 公司的主要财务数据；②发行人报告期初对北京 QT 公司、KE 公司、HC 公司、王某和陆某等关联方其他应收款的形成方式和资金来源、原因及合理性，是否为真实债权；③最近三年及一期 HC 公司、KE 公司和北京 QT 公司的主要财务数据。 请保荐机构、发行人律师和申报会计师对上述事项进行核查并发表明确意见。 (4) 第四轮问询 根据问询回复，实际控制人及其一致行动人与发行人存在大额资金拆借并同时与多名自然人进行资金来往的情形，存在共同借款人郑某。 请发行人说明上述自然人的背景和简历，相关借款的资金用途、利率及利息约定、真实性和合理性、杨某、陆某和王某均系曾向郑某拆借资金的原因及合理性，上述自然人与发行人、供应商、客户、最终业主及关联方和核心经办人员是否存在关联关系、交易、资金往来和其他利益安排。 请发行人律师和申报会计师对发行人与关联方发生资金拆借时相关制度和所履行的决策程序进行核查并对发行人内部控制的有效性发表明确意见

表15-2 成都YD生物制药股份有限公司

序号	主要关注点	具体问询问题
1	关于委外研究、共有专利和合作研发	(1) 第一轮问询 报告期内，发行人存在合作研发的情形。 请发行人：①结合公司与浙江YT签订的技术转让协议，补充披露C技术转让收入的收入确认时点；②结合公司与浙江YT公司签订的技术转让协议研发负担的情况，补充披露公司对应的开发支出的会计处理；③充分披露报告期内XLP专利使用费用的会计处理；④补充披露公司目前在研项目的外部研发合作情况；⑤结合合作研发的情况，披露合作研发的具体模式，合同签署、主要协议约定、研发主要项目、研发成果、研发成果所有权归属等。 请保荐人、申报会计师核查并发表意见。 (2) 第三轮问询 根据招股说明书问询回复，发行人在研产品中有7个一类新药，其中2个已进入临床试验阶段，产品C于2016年11月获得临床批件，2019年1月开始Ⅰ期临床；产品Y于2015年7月获得临床批件，目前已完成健康人单次和多次给药的安全性、耐受性、药代/药效动力学研究，拟计划开展Ⅰ/Ⅱ期研究。产品C相同适应症已上市产品3个，处于临床阶段产品1个。产品Y相同适应症已上市产品5个，处于临床阶段产品5个。请发行人补充披露：①7个在研一类新药的技术来源，公司是否具备相关技术储备和技术力量配备，相关产品的研发模式，是否存在合作研发，相关技术和产品的知识产权归属情况，是否存在专利纠纷等；②2个已进入临床试验阶段的创新1类新药前期临床试验的情况，本期临床试验的主要风险。 请发行人：①结合产品C和产品Y的相同适应症产品（包括已上市产品与处于临床阶段产品）的具体优劣势；②结合发行人现有核心技术与其他相同适应症产品，说明发行人产品的市场前景，并对比说明发行人核心技术与其他产品的差异；发行人是否拥有创新药研发产品）的具体优劣势；②结合发行人核心技术的关键核心技术。 请保荐机构核查并发表意见。 (3) 第四轮问询 根据问询回复，对于新药研发的药物临床前的药理毒理评价及临床研究所需技术，公司在创新药的研发方面，通过自身具备的四大核心技术平台及委外研发的方式，可满足创新药研发的整个流程中所需技术。且根据申报文件，发行人有多个专利为其他方共同拥有、发行人存在合作研发的情形。

续表

序号	主要关注点	具体问询问题
1	关于委外研究、共有专利和合作研发	请发行人进一步说明以下内容。①委外研究项目开展和具体协议约定情况，包括但不限于委外研究的具体方式、双方的权利义务约定、费用承担分配、技术成果权利归属等；发行人核心技术对委外研究与合作研发的差异；发行人委外研究是否存在依赖，技术成果权利归属的。发行人持续经营能力是否存在依赖，发行人与其他方关于共有专利的具体安排，包括但不限于双方的权利义务，相关专利权的使用和利益分配等；发行人核心技术对共有专利是否存在依赖，发行人持续经营能力是否依赖或相关共有专利。③发行人核心技术对合作研发是否存在依赖，共有专利和合作研发事项是否存在纠纷或潜在纠纷。④上述委外研究、共有专利和合作研发经营能力是否依赖或相关单位。 请保荐机构、发行人律师核查并发表意见
2	关于已上市产品的研发成果归属	(1) 第三轮问询 根据招股书披露，公司成立于 2009 年 6 月 1 日，但多个产品在公司成立时即获得生产批件或上市，其中产品 W 于 2009 年上市，产品 F 于 2008 年获批，产品 Z 于 2008 年上市。报告期内三个产品的化学药制剂收入占当期收入比例约 60%。 请发行人：①说明产品 W、产品 F、产品 Z 的生产批件及上市申请中的申请人及资质所有人，发行人是否取得上述化学药制剂的生产批件；②说明产品 W、产品 F、产品 Z 化学药制剂相关的研究历程，结合实际控制人、参与研发的核心技术人员的任职经历，说明发行人取得上述产品的专利技术等研发成果的资质所有权、上述研发成果的合法合规性、发行人取得研发成果的规范性、研发成果归属。 请保荐机构、发行人律师核查，并就发行人研发成果的合法性、研发人员的资质、研发成果归属发表明确意见。 (2) 第四轮问询 根据问询回复，公司产品 W、产品 F、产品 Z 化学药品研发团队研究成功。北京 YG 公司系发行人控股股东、实际控制人王某所控制的公司，副总经理袁某在其任职于北京 YG 公司期间带领研发团队研究成功。目前不再从事药品研发工作，故与成都 NDK 生物制药有限公司、成都 BT 药业有限公司等企业签署合作开发协议，故与成都 BT 药业有限公司、四川 KRD 制药有限公司等企业签署合作开发协议，委托上述企业进行上述主要产品的药品注册批件注册工作；在公司具备了相应生产资质后，通过签订转移协议，将上述产品转移至公司名下。目前公司系上述产品的药品注册批件的资质所有人。

续表

序号	主要关注点	具体问询问题
2	关于已上市产品的研发成果归属	①请发行人进一步说明：北京 YG 公司主营业务的情况；王某是否具有营业代存、竞争性、是否有利益冲突、主要客户及供应商是否存在重叠。请保荐人及发行人律师对上述事项进行核查，发行人构成重大不利影响的同业竞争发表明确核查意见。 ②请发行人结合产品 W 等三类药品的研发和药品注册取得过程中应用的核心技术来自自主研发"、请保荐人取得上述药品注册批件的依据是否充分；发行人律师核查并发表意见。 ③根据申报文件，发行人与成都 TTS 公司和 PD 药业公司同时拥有合作产品 W 等三类药品，在发行人具备了相应生产资质后，将相关药品批件至发行人名下的原因。请保荐人律师核查并发表意见，公司尚无对应的生产线，而公司合作当时拥有通过 GMP 认证的对应产品生产线，且产能充足。因此，在公司的技术支持下由合作方取得该药品的生产批件。请发行人进一步说明：均因尚未具备相关药品的生产资质的地方先行取得药品批件的情况下，发行人与成都天台山和普德药业的合作生产药品与产品 W 药品一样，发行人律师核查并发表意见。
3	关于市场推广服务	（1）第一轮问询 招股说明书披露，报告期内发行人销售费用 14,537.42 万元、22,356.67 万元和 41,205.40 万元为 42.91%、46.93% 和 53.60%。销售费用中推广服务费分别为 12,959.97 万元、20,165.26 万元、38,486.79 万元，占营业收入比重分别为 89.15%、90.20%、93.40%；占销售费用比重分别为 7.34%、5.86%、3.99%。职工薪酬分别为 1,067.19 万元、1,310.33 万元、1,645.57 万元，占营业收入比重分别为 7.34%、5.86%、3.99%。 请发行人：①结合公司报告期各期销售人员人数、构成，披露各期销售人员人均工作变动情况，与同行业可比公司销售人员规模、人均工资比较情况及差异原因；②披露报告期内推广服务费大幅增加的原因；③披露推广服务商的选取标准、选择程序、推广服务的主要内容，及主要支付对象及付费标准；④披露公司对会议推广合规性的内控制度及执行情况。

328

续表

序号	主要关注点	具体问询问题
3	关于市场推广服务	请发行人说明：①报告期内前五大市场推广商的情况，是否存在因商业贿赂、不正当竞争等原因被行政处罚或其他诉讼纠纷等；②报告期内公司的销售费用增长率逐年增加，公司销售费用率高于同行业上市公司的原因及合理性，是否符合行业上市公司的行业趋势，包括各项行业趋势、会议地点、会议参加人员、讲师的劳务报酬，会议举办的会议情况、相应的会计核算方法、会议内容、会议返利，相应的会计处理是否符合企业会计准则的规定；④推广服务费中是否存在销售性，准确性的核查过程，结论；就"两票制"后公司销售费用会计处理是否符合企业会计准则的规定发表明确意见。请保荐机构、申报会计师核查发行人销售收入和销售费用会计准则的执行的有效性，并说明对发行人报告期内销售费用真实请保荐机构、发行人律师核查是否存在商业贿赂，并发表意见。 (2) 第二轮问询 请发行人：①说明学术推广会议费用会计核算的依据是否充分，报销手续是否完备，支出是否合法合规，②说明报告期内报告期的影响配比情况，说明各地"两票制"后营销模式改变导致的推广服务费发生的业务金额与相关的毛利率情况，并与"两票制"前的毛利率进行比较；③说明发行人对相关经销商是否支付推广费用，如是，说明相关公司的业务增长是否依赖足够的销售商销售金额与相关销售商金额的对应关系；④结合上述情况，并与仿制药为主业的上市公司的销售费用核查情况给予相关比较，说明公司推广服务费金额较大的原因，是否符合商业惯例；②在营销活动中是否存在给予公司自然人、医药代表或客户回扣、账外返利、礼品，是否存在承担上述人员或其亲属境内外旅游消费等相关商业贿赂行为；③有关支出是否存在直接汇入自然人账户的情形；④自主学术推广会议是否建立完善了相关的内控制度，包括召开情形，召开内容，平均内容、参与人次，费用报销情况、发行人是否建立完善了相关的内控制度，报告期内核查过程和方法。 (3) 第三轮问询 根据公开资料及问询回复情况，发行人报告期内的主要推广服务推广服务商成立时间与发行人起始合作时间均非常接近。发行人的推广服务商 JFB 公司沈阳分公司曾于 2017—2018 年两次因发票违法受到行政处罚。

续表

序号	主要关注点	具体问询问题
3	关于市场推广服务	请保荐机构进一步核查并说明：①报告期内主要推广服务商的成立时间，结合主要推广服务商的成立时间及与发行人起始合作时间、专为发行人成立、说明推广服务商的具体服务内容及服务费用支付情况及支付对象，推广服务商是否与发行人存在关联关系，是否存在发行人代垫成本费用或股东及管理人员的情况，推广服务商是否存在为发行人代垫成本费用的情况；③推广服务商学术推广会议相关组织和支出情况，包括召开频次、召开内容、平均参与人次、费用报销情况等；④推广服务商在营销活动中是否存在给予过相关医生、医务人员、医药代表或客户回扣、账外返利、礼品，是否存在承担上述人员或其亲属境内外旅游费用等变相商业贿赂行为；⑤上述发票违法行为是否与发行人相关，推广服务商在承担发行人产品的推广服务过程中，是否存在违法违规受到行政处罚；⑥发行人针对推广服务商的日常营销活动合规性的监督机制。 （4）第四轮问询 根据问询回复，公司的主要推广服务商大多成立 2016 至 2017 年，随着"两票制"政策在全国的逐步施行，部分经销商逐步转型专注于市场推广服务工作。保荐机构检查推广人推广服务费主要推广服务费及活动成果证明材料、资金支付凭证，抽查报告期内金额较大的市场推广服务费，调取相应凭证。 请发行人：①进一步说明经销商逐步转型专注于市场推广工作业务的原因，经销商新设立的市场收入占其总收入的比例；②说明报告期内主要推广服务商来源于发行人推广服务人员占其员工）及其关系潜在的关联关系，报告期内是否存在发行人股东及董监高及其家庭成员及其离职员工）及其关系密切的家庭成员、发行人股东及董监高及其家庭成员（含离职明报告期各期发行人向推广服务商支付服务费情况，包括支付时间、支付金额及支付凭证，如否，请发行人说明如何监督推广服务费报销凭证时，发行人是否要求推广服务商提供向第三方支付费用的凭证，如否，请发行人说明如何监督推广服务商日常营销活动中的合规性。 请保荐机构、律师对以上事项进行核查并发表意见，并分析说明若推广服务在营销推广活动中存在商业贿赂及其他不合规情形，发行人是否应承担相关法律责任，并分析对发行人生产经营及持续经营能力是否产生重大不利影响

续表

序号	主要关注点	具体问询问题
4	关于带量采购政策对公司的具体影响	（1）第一轮问询 招股说明书披露，2019年1月，国务院正式发布了国家带量采购试点方案，进一步明确了未来集中采购试点的规则，并且对于后续的回款、药品使用以及保证医院积极性等方面作了进一步安排。 请发行人：①披露目前公司药品品种集中采购目录情况的药品情况，包括药品名称、采购区域及采购数量；②披露公司已中标集中采购的药品名称，包括药品名称、中标价格及数量，中标价格与集中采购前价格的变动情况；③结合发行集中采购的区域、各地取得的条件及程序，补充披露发行人产品能否持续获取订单，能否保障销售价格稳定；④披露报告期内通过招投标方式获取的收入金额及占比，报告期内发行人是否存在应履行招投标程序而未履行的情形。 请保荐机构、发行人律师核查，并发表意见。 （2）第二轮问询 请发行人：①进一步说明与公司主要产品相同适应症、疗效的其他品种纳入带量采购目录的情况；②说明4+7带量采购对发行人未来经营的具体影响，结合发行人产品的同类药物较多，发行人市场无绝对优势市场份额的情况，以及发行人参与招投标的情况，中标价的有关情况，补充披露未来是否可能出现中标价接近或低于发行人生产成本的情形，是否对发行人的持续经营能力产生重大不利影响。 请保荐机构核查并发表意见。 （3）第三轮问询 目前，公司未有产品被纳入集中采购目录；与公司主要产品相同适应症、疗效的其他品种暂时没有被纳入带量采购的情况。公司主要产品与集中采购制剂产品全部需要参与招投标，根据公司的中标价和第一批纳入带量采购产品价格平均降幅测算，公司主要产品纳入带量采购后，依然可以获得一定的利润。考虑带量采购可以保证了采购量，提升产品销售量；企业无须投入大量人力物力进行市场推广活动，中标带量采购对公司业绩造成负面影响的可能性较小。

续表

序号	主要关注点	具体问询问题
4	关于带量采购政策对公司的具体影响	请发行人进一步说明带量采购政策对发行人未经营的具体影响；结合发行人产品的同类药物较多、发行人无产品占据绝对优势市场份额以及发行人参与招投标的情况和相关测算依据，进一步说明未来是否可能出现中标价接近或低于发行人生产成本的情形，若中标价低于发行人生产成本或产品未中标对公司的影响；发行人是否存在业绩大幅下滑的风险，是否对发行人的持续经营能力产生重大不利影响；若存在前述风险，请完善相关风险披露与重大事项提示。 请保荐机构核查并发表意见。 （4）第四轮问询 请保荐机构就带量采购政策对发行人生产经营和持续经营能力的影响进行核查，并表明确核查意见。
5	关于合作模式	（1）第一轮问询 公司的产品 YS 等采用合作经营的模式。在"两票制"政策实施前，合作方将生产出来的产品向公司销售，公司再将产品向经销商销售，公司的利润通过二者之间的差价实现；而在"两票制"政策实施后，为符合政策规定，合作方作为药品生产企业，合作方将其生产出来的产品直接销售给经销商，再由配送经销商销售到最终医院，因此在"两票制"政策实施后，公司对于合作产品只能通过向合作方销售原料药或收取技术使用费的方式实现利润。 请发行人补充披露：①"两票制"导致合作方式发生变化对发行人收入和利润的具体影响；②合作产品的收入、成本金额及占比；③技术实际控制人、董事、监事、高级管理人员等与成都 TTS 公司等合作方是否存在关联关系，发行人是否通过合作方式进行利益输送或承担成本费用的情形，交易价格是否公允；④同行业可比公司是否存在类似合作方式；⑤合作方的经营模式是否合法合规；发行人合作产品的经营模式是否合法合规，补充提供相关依据资料。 请发行人：①说明是否存在合作生产方代垫成本费用的情形；②"两票制"前后公司的业务实质是否发生变化，结合业务实质，说明"两票制"前后合作产品会计处理是否合适；③从货物流、资金流、承担责任和风险等方面分析在"两票制"前合作产品按总额法确认收入的合理性；④结合合作方实质说明合作业务收入确认是否符合企业会计准则的规定，报告期内是否存在合作产品的质量问题。 请保荐机构、申报会计师核查，结合发行人业务实质进行核查，分析合作产品的内控控制、报告期内是否存在合作产品的质量问题，并发表意见。

续表

序号	主要关注点	具体问询问题
5	关于合作模式	（2）第二轮问询 发行人对针剂采用技术服务的方式实现销售。报告期内，因发行人不具有部分产品的GMP生产的情形，报告期内相关收入两千多万元，相关产品由发行人购回并实现销售，"两票制"后由生产方直接销售。 请发行人：①披露报告期内在发行人改变模式前后，发行人与相关技术对应的产量变化情况；②披露相关企业除发行人产品外，其他针剂的生产情况，是否以发行人的产品为主，是否具有独立的销售渠道，相关模式改变后，相关企业如何实现销售，是否需要借助于发行人的销售渠道。 请发行人结合上述情况说明发行人技术服务收入的公允性，并进一步说明合作模式在"两票制"前后的业务实质是否发生变化，会计处理与业务实质是否相符。 （3）第四轮问询 请保荐机构、发行人律师对发行人与成都TTS公司等的合作模式进行核查，并对同行业可比公司是否存在类似合作方式、发行人及其实际控制人、董事、监事、高级管理人员等与成都TTS公司等合作方是否存在关联关系、发行人是否通过合作方式进行利益输送或收入利润调节、发行人合作产品的经营模式是否合法合规，合作方是否具备相关业务资质等事项发表明确核查意见。
6	关于GMP证书到期	（1）第一轮问询 招股说明书披露，编号为CN×××的GMP证书已于2019年9月15日到期，另外有四项药品生产批件也将于2019年7月和11月到期，编号为SC×××的GMP证书将于2019年4月9日到期。 请发行人补充披露：①是否已取得生产经营所必需的相关许可、资质、认证、认定、产品是否取得了全部必需的批文、是否满足所必需的国家、行业及地方标准规范，并披露其具体情况及有效期，是否合法有效；②发行人部分即将到期的资质许可是否存在续期障碍，如存在，分析披露是否会对发行人的业务经营产生不利影响；③发行人境外经营是否符合国家相关规定，是否因产品质量问题受到主管机关处罚、警告或调查，是否存在产品质量纠纷。 请保荐人、发行人律师核查，并发表意见。

333

续表

序号	主要关注点	具体问询问题
6	关于GMP证书到期	（2）第四轮问询 根据申报文件，编号为CN×××的GMP证书已于2019年4月9日到期，编号为SC×××的GMP证书将于2019年9月15日到期，另外有四项药品生产批件也将于2019年7月和11月到期；已到期GMP证书的重新申请情况，是否已获得新的GMP证书，是否对发行人经营存在影响；即将到期的GMP证书和药品生产批件的重新申请情况和最新进展，是否存在申请无法获批的风险，及无法获批对发行人生产经营的影响；请按重要性原则完善相关风险揭示。请保荐机构、发行人律师核查并发表意见

表15-3 北京HTRS科技股份有限公司

序号	主要关注点	具体问询问题
1	关于核心技术	（1）第一轮问询 招股说明书披露，北京HTRS科技股份有限公司（下称"HTRS"）是全球领先的人工智能语音及科研机构提供数据资源服务商，为人工智能全产业链中的企业及科研机构提供数据资源和服务。请发行人披露：我国智能语音产业中市场份额前十名的企业名称、主营业务，是否为发行人的竞争对手，如是，进一步结合该等企业的经营情况、市场地位、技术实力和关键业务指标等，分析发行人的竞争优势以及市场地位。请发行人说明：①"产品线已包含全球130余个主要语种和方言""目前公司客户累计数量达400家""我国智能语音产业中市场份额前十名的企业及科研机构""唯一入围的数据资源服务企业""拥有超过500个自主知识产权可授权使用数据""向下游客户提供了累计2,000余个定制数据""人工智能库及相关服务""已应用于智能助理、智慧交通、智能搜索、智能家居、自动驾驶等16类应用领域"等相关数据和信息的来源或判断依据，所在细分行业的技术壁垒和专业门槛，竞争状况和发展趋势，业务增长是否可持续；③发行人是否有效应对新竞争对手进入，如何体现发行人的竞争优势，如何保证发行人对目标客户的议价能力，发行人的核心技术是否存在被快速迭代的风险；④发行人基于人工智

334

续表

序号	主要关注点	具体问询问题
1	关于核心技术	能数据资源开发的核心技术与发行人销售产品或提供定制服务、软件著作权和专利权利之间的关系、专利及著作权的情况，发行人未取得任何专利的情形是否属于行业惯例；⑤核心技术与数据资源定制服务和数据库产品之间的关系，如何将相关技术应用于数据库设计、生数据采集、标注和质量检测等生产经营过程中，是否存在将通用技术认定为核心技术的情形；⑥结合数据资源产品情况，说明目前发行人拥有的数据资源产品的迭代关系、各代产品之间的区别和改进、各代数据资源产品的客户开拓情形。 请保荐机构核查上述事项并发表明确意见。 招股说明书披露，人工智能数据资源的开发主要涉及数据库设计、数据采集、数据处理、质量控制、数据安全管理等过程。发行人的核心技术涉及数据库设计、数据采集、数据处理和质量控制环节。 请发行人以浅白、易于理解的方式披露：①数据库设计技术设计出复杂的采集和处理方案，发行人掌握该技术的具体含义，如何通过该技术设计出复杂的采集和处理方案，发行人掌握该技术的具体含义；②多模态数据采集技术实现多台设备为数据的同步，发行人自主研发的同步技术是否申请了专利或软件著作权；③发行人采取何种方式实现多台设备数据采集工作；④大数据驱动的高效数据处理技术如何实现高效率的数据处理工作，包括处理设备的结构方式，处理时间和空间方式的分布情况，是否存在对外采购核心技术的情形，发行人的算法在集群系统的具体能功能及实现的具体功能，定量描述数据校验的处理能力；⑥发行人同步竞争对手掌握文本正则化技术类似技术的情况，该等技术是否为通用技术或开源技术，补充披露核心技术、技术名称和技术保护措施及其对应关系，发行人具体业务模式。 请保荐机构进行核查并发表明确意见。 (2) 第二轮问询 回复材料显示，发行人研发的核心技术主要应用或服务于数据资源设计、采集、处理（标注）、质检等人工智能数据资源开发相关的内部环节。发行人注重在相关领域构建及核心技术积累的核心技术保护，但并不单纯依赖以申请专利的形式对核心技术进行保护。 请发行人说明：①同行业公司或上下游行业是否有较易突破上述核心技术，相关技术是否有较高的技术壁垒及公司目前单纯依赖以申请专利的竞争优势；②发行人及其子公司目前尚未拥有专利是否与公司的技术先进性相矛盾；③公司并不单纯依赖申请专利的

335

续表

序号	主要关注点	具体问询问题
1	关于核心技术	形式对核心技术进行保护,是否符合行业惯例,以及公司核心技术积累和保护的具体途径;④公司相关技术是否成熟或存在快速迭代的风险,下游市场空间是否接近饱和或市场份额排行的"智能语音"的"天花板"情形;⑤回复材料称发行人入围《中国智能语音产业发展白皮书(2017—2018)》的中国智能语音企业市场份额合计78.9%,而HTRS位居第7名,仅占2.00%,"是唯一入围的数据资源服务企业",上述企业是否在生产经营过程中均自主开发数据资源,上述市场份额的具体计算依据及合理性,是否可能误导投资者。请保荐机构核查并发表明确意见。 (3)第三轮问询 回复材料称,发行人的核心技术具备较高技术壁垒,较难同行业公司或上下游行业突破。发行人注重在相关领域的核心技术积累构建及核心技术保护,但并不单纯依赖以申请专利的形式对核心技术进行保护。 请发行人:①说明发行人已提交的8项发明专利申请的形式对核心技术进行保护的主要内容、发明人及截至目前所处的阶段,与发行人的核心技术具备较高技术壁垒,是否与"并不单纯依赖以申请专利的形式对核心技术突破行业"相矛盾;②进一步说明发行人的市场地位、技术实力、衡量核心竞争力的关键业务数据、主要财务指标的比较分析;③提供与可比公司的可比业务在市场地位、技术实力、衡客户自身的训练数据库之间的差异,如何体现发行人数据库设计的优势;⑤以主要类型项目为例,说明发行人提供定制服务和数据库开发的业务流、数据流和财务流的流转情况。 (4)第四轮问询 回复材料显示,发行人的核心技术具备较高壁垒,较难同行业公司或上下游行业突破。发行人注重在相关领域的核心技术积累构建及核心技术保护,但并不单纯依赖以申请专利的形式对核心技术进行保护。 请发行人区分数据库开发和基础研发两类技术未取得的竞争优势以及较难用专利形式进行保护的理由,说明发行人核心技术人有能力设计覆盖多语种(方言、多场景、多领域)的数据库的全面性,专业性优势的衡量指标为发行人合理以及具体的语种、场景、领域,采集方案更为复杂的数据库产品,说明上述衡量指标说明发行人在语音语言学基础积累构建及核心保护,①用浅白语言说明发行人的核心技术与竞争对手相比的竞争优势以及披露研发费用的内容构成、金额及占比。 请发行人:①进一步说明发行人与同行业公司或上下游行业公司的核心技术及核心技术未取得的比较优势;②发行人在数据库设计领域的全面性、专业性优势的衡量指标为发行人合理全面性,是否具备新颖性;④发行人在数据库设计领域、多领域的数据库产品,说明上述衡量指标说明发行人某些典型的产品举例说明发行人在语音语言学基础语种、场景、领域,方案的复杂性及其相应的技术难度;⑤结合公司某些典型的产品举例说明发行人在语音语言学基础

续表

序号	主要关注点	具体问询问题
1	关于核心技术	研究、多语种多模态数据设计技术、数据同步技术、大数据驱动的高效数据处理技术、分布式高性能自动校验技术等核心技术定向的运用及技术壁垒；⑥说明各类人工智能训练数据库结构，与发行人的数据库结构比较差异情况，发行人提供定制服务所涉及的数据库设计并提供相关依据；⑦说明与纳税申报表中"加计扣除"研发费用之间的差异情况并逐项解释原因；⑧分析基础研发工作对核心技术尤其是数据库设计技术的贡献并说明相关依据。请保荐机构核查并发表明确意见
2	关于募集资金用途	（1）第二轮问询 说明拟使用募集资金 20,863 万元购置场地和装修、8,218 万元购买硬件设备和 6,241 万元购买数据服务的合理性及必要性，募集资金支出项目是否与发行人目前的资产规模及管理能力相匹配，未选取 A 股上市公司中 "软件和信息技术服务业" 企业进行比较的原因，是否具有误导性。 （2）第四轮问询 发行人本次拟募集资金 7.2 亿元，募投项目的实施地点为北京市海淀区，公司拟在北京市海淀区中关村、上地区域附近购置房产用于各项目的研发和办公场地。 请发行人：①区分场地费、人员薪酬、数据购置和开发费等类别量化说明募集资金的具体细分用途及合理性，并结合合同或土地价格、人员工资水平、工时等量化分析募集资金使用后的情况；②结合购置房产产能使用现有生产经营规模、财务状况、技术水平和管理能力，在手订单及未来订单获取能力等是否相适应及依据，并对公司募集大额产后的管理和消化能力作风险提示；④募集资金中用于扩大现有产品产能、结合现有各类产品的部分，结合报告期内的产能、产量、销量、产销率、销售区域、项目达产后各类新增的产量，以及本行业新产品开发生产的，有关产品的市场容量、主要竞争对手情况对项目前景进行详细的分析论证、技术保障、项目投产后新增产能情况、发行人应结合新产品的市场容量、主要竞争对手、行业发展趋势、技术保障、场地费用的用途区别，募集资金用于新产品开发生产的，对项目目前的市场情况进行详细的分析论证；⑤说明如何准确区分募集资金投资项目自主研发产品及产品扩建项目、一体化技术支撑平台等合建项目的用同类费用的合理性；⑥说明拟于推确区分募集资金投资项目自主研发产品总额为 2.1 亿元，本次拟募集资金总额 7.2 亿元远大于公司资产总额的合理性，并对上述事项针对性风险揭示及重大事项提示。 ⑦发行人于 2018 年末的资产总额为 2.1 亿元，本次拟募集资金总额 7.2 亿元远大于公司资产总额的合理性，并对上述事项针对性风险揭示及重大事项提示。 请保荐机构核查并发表明确意见

续表

序号	主要关注点	具体问询问题
3	关于采购业务	（1）第一轮问询 报告期内，发行人注销或转让的关联方较多。2016年度，发行人存在与实际控制人控制的企业进行采购服务和销售产品或服务的情形。 请发行人披露：①通过关联企业S公司采购数据服务的商业背景和原因，交易的具体内容，包括但不限于相关服务的最终提供方名称、服务具体内容、定价依据、毛利和毛利率等，与独立第三方采购价格进行比较，分析采购价格是否公允；②通过关联企业S公司销售服务和商品的商业背景和原因，销售的具体内容，包括但不限于最终客户名称、产品或服务的具体内容、定价依据、发行人毛利率，关联企业对外销售毛利率，包括但不限于最终客户毛利率，是否最终实现销售，注销前一年及一期的主要财务数据，是否存在发行人代垫成本或费用的情形，关联企业毛利率为发行人代垫成本或费用的情形，公司注销的人员安排、客户资源和业务转移的具体情况。 请发行人说明：①未收购S公司而重新成立相关子公司的原因；②S公司的历史沿革、出资来源、是否合法合规；③S公司除与发行人进行交易外，是否与其他关联方或第三方有业务往来，是否存在与发行人供应商或客户重合的情况；④报告期内注销或转让的关联企业的主要财务指标，与发行人客户和供应商之间是否存在交易，资金往来或其他利益安排，是否存在代垫成本或费用的情形；⑤发行人与S公司的日常性关联交易是否履行了必要的决策程序。 请保荐机构、发行人律师及申报会计师分别对上述事项进行核查并发表明确意见。 （2）第二轮问询 回复材料显示，S公司实际无员工，其客户资源和业务亦来源于发行人，其注销后不涉及人员安排、客户资源和业务转移的情况；2015年度发行人因存在与S公司的关联交易，导致对2016年期初应收账款和应付账款进行调整。请发行人说明：①报告期初发行人对S公司的应收账款和应付账款余额构成，2015年度发行人对S公司的采购和销售收入的具体构成，包括但不限于最终客户或最终供应商的名称、产品或服务类型、采购或销售收入金额、毛利率等，最终客户或最终供应商是否仍持续合作；②2016年度发行人通过S公司对外销售的最终客户后续合作情况，是否持续合作，最终客户资金占用，公允性和合理性；③S公司向发行人收取10%的代理销售费用的必要性，公允性和合理性，是否属于变相非经营性资金占用，2016年和2017年亏损的原因及合理性；④发行人对S公司销售收入的716.94万元与S公司对外销售收入的796.60万元以及回复材料披露的该公司主要财务数据不一致，请核实相关数据的真实性和准确性。

全面注册制与企业上市合规之路

338

第十五章 注册制之企业上市失败典型案例

续表

序号	主要关注点	具体问询问题
3	关于采购业务	请保荐机构和申报会计师进行核查，包括但不限于实地走访或函证其最终客户或最终供应商等，说明具体的走访比例和发函相关情况，并对采购业务进行核查，核查过程和核查结论，关于转让后与发行人客户和供应商、发行人与高级管理人员、担任董事或发行人实际控制人及其配偶、发行人代垫成本或费用的情形。 请保荐机构和发行人律师：①对 S 公司注销的事项进行核查，说明核查程序及核查结论；②核查报告期内上述关联企业是否存在违法违规的情况。 （3）第三轮问询 回复材料显示：①发行人被数据采集人支付数据采集服务费用；②对于境内数据采集人员、采集完成后，标记人员数量规模和管理难度、发行人与供应商分别约占采用 10%～11.5% 的服务费率，采购定价具有公允性和合理性，处于境内同类公司的市场报价的区间；③发行人通过一体化人工智能数据处理技术支持平台对标注服务实施管理。 请发行人：①说明报告期内的服务费率与 S 公司的毛利率的比较情况及差异原因；②发行人报告期各年度采集人的服务费率；③进一步说明报告期内是否出现返工的情况，发行人与劳务服务企业的服务费用调整情况，结合采购企业的服务费率变动情况，人员数量和反映在服务费率上的服务费率，发行人如何量化劳务采购企业的管理难度并反映在服务费用调整机制，返工导致的服务费率，核心业务系统进行信息系统专项核查并出具专项核查报告，对系统控制、运营日志和运营的真实性、准确性和完整性进行核查，对财务数据和业务数据的衔接是否存在运营被违规修改的情形进行核查并发表明确意见。 请保荐机构和申报会计师对上述事项进行核查并发表明确意见，相关的内部控制有效性发表明确意见。

续表

序号	主要关注点	具体问询问题
3	关于采购业务	(4) 第四轮问询： 根据专项核查报告，2016年及2017年发行人未保留业务数据，2018年发行人仅保留了部分业务数据，中介机构对采购框架合同、采购订单资料、经双方盖章确认的验收结算单、收到的发票、支付采购款项的银行回单进行了核查并对劳务公司进行了函证。 请发行人补充披露各类业务经营过程中采购和销售业务的定价方式和过程。请发行人说明：①结合与客户的保密条款约定，说明发行人未保留业务数据的原因及合理性，发行人是否保存了与经营数据相关的日志数据，如何保证生产经营过程可追溯，进一步说明发行人与财务报表相关的内部控制是否健全并有效执行；②发行人对劳务公司提供服务的人数、结算金额的对比情况，结算调整及差异原因，验收结算确认单中相关结算数据的依据和来源，定量分析发行人与财务报表人员相关的依据和来源，定量分析发行人与财务报表人员相关核对服务实际发生人数和工作过程进行复核确认，进一步说明发行人复核实际发生服务人数和工作量如何进行复核确认，如何保证实际采购业务与财务数据信息一致。 请保荐机构和申报会计师对上述事项发表明确意见，说明：①在没有保存业务数据的情况下如何对发行人数据服务费支出进行核查，如何保证核查结论的合理性和准确；②对劳务公司提供服务的真实性进行核查的过程，劳务公司向个人付款的相关凭证和完税凭据，包括但不限于核查个人的身份登记录，个人提供服务后确认的签字凭证、税凭据等

表15-4 HJ芯片制造（苏州）股份有限公司（"HJ芯片"）

序号	主要关注点	具体问询问题
1	关于同业竞争	(1) 第一轮问询 招股说明书披露，①发行人与最终控股股东LH电子及其控制的部分其他企业存在业务相同或类似情形，双方拟通过市场区域划分、支付代理费，签署《避免同业竞争的协议》等形式避免或减少同业竞争，双方进入对方市场均需要支付代理费或服务费；②发行人存在利用竞争方营销网络拓展客户，维系客户关系的情形；③发行人控股股东LH电子持股15.87%的S公司与S公司原业务为晶圆制造，LH电子正在收购S公司，收购完成后，LH电子将持有其100%股

340

第十五章 注册制之企业上市失败典型案例

序号	主要关注点	具体问询问题
1	关于同业竞争	权；④LH电子发行人在市场地区销售晶圆金额从2016年的176,171.35万元快速下降到2018年的103,304.73万元，降幅41.36%，而发行人在LH电子市场区域销售晶圆金额从2016年的98,988.42万元，增加到2018年的177,987.68万元，增幅高达79.81%。请保荐机构、发行人律师核查以下事项并发表明确意见。①是否简单以产品销售地域不同、产品的具体细分领域的不同来认定"同业"；结合相关企业历史沿革、资产、人员、主营业务（包括但不限于产品的具体特点、技术、商标商号、客户、供应商等）等方面与发行人的关系，以及业务是否有替代性、竞争性、判断是否构成竞争。②报告期内，竞争双方在主要市场的销售收入及对比情况，销售变动原因及合理性。③报告期内竞争双方对重合方客户、供应商的重合情况，对重合客户、供应商的销售、采购金额占各自销售、采购金额的比例，供应商相比是否存在差异，如存在，说明差异原因及合理性，是否存在通过重合客户、供应商进行利益输送的情形。④晶圆制造厂是否片设计公司，通过市场区域划分方式，将拥有更多芯片设计公司的地区划归LH电子及其控制人产生重大不利影响，是否会影响发行人自主拓展相关市场；在主要市场均属于竞争方的情形下，发行人拓展海外市场的可行性、合理性，是否会影响发行人自主拓展海外市场空间大小。⑤报告期内，双方进入对方市场领域均支付代理费或服务费的情形，定价依据及公允性，是否建立了完整的业务体系，是否支付代理费服务费进行销售的原因及必要性，是否符合《科创板首次公开发行股票注册管理办法（试行）》的相关规定，是否具有直接面向市场独立持续经营的能力，通过支付代理费或营销服务费能否有效避免同业竞争。⑥发行人通过第三方转售对方市场区域的情形，相关措施及其有效性。⑦竞争双方与整的业务及人员、机构是否独立、是否具有直接面向市场独立持续经营的能力，是否建立了《避免同业竞争协议》的相关规定，是否具有直接面向市场独立持续经营的能力，支付代理费服务费。⑧发行人与发行人关于市场区域划分，是否合法、有效。⑨竞争方关于发行人与竞争方关于生产销售12英寸①、8英寸以及所有尺寸（含12英寸和8英寸）晶圆的续约期后的续约安排。⑩报告期内LH电子及其控制的其他企业生产销售12英寸、8英寸以及所有尺寸以及发行人生产销售12英寸、8英寸以及所有尺寸晶圆收入和毛利的比例；完

---

① 英寸，英美制长度单位。

续表

序号	主要关注点	具体问询问题
1	关于同业竞争	成对S公司的收购后，上述收入和毛利金额及其相关占比情况，结合S公司制造晶圆的类型，会进一步扩大与发行人的相关比例，竞争方是否存在IC设计服务业务或者在相关地区销售或是否类业务收入和毛利的比例，是否属于同业竞争；竞争方报告期内在发行人市场地区销售金额快速下降是否对市场地区销售快速上升的原因。① 结合与①相关的比例，竞争方与发行人市场而发行人在竞争方市场地区的经营地域、产品或服务的定位，说明竞争双方关于市场划分的协议是否切实、有效，同业竞争是否会导致发行人与竞争方之间的非公平竞争，是否会导致发行人与竞争方之间相互或者单方让渡商业机会的情形，以及对发行人未来发展的潜在影响，是否对发行人构成重大不利影响，是否符合《科创板首次公开发行股票注册管理办法（试行）》所创板股票发行上市审核问答》的相关规定，是否构成本次发行上市的障碍。 （2）第二轮问询 发行人与其控股股东LH电子从事完全相同的业务，双方进入对方市场均需要支付代理费或服务费。请发行人：① 结合报告期内发行人与最终控股股东及其关联方关联股股份、产能、产销量、毛利率等方面及其变化情况、客户、供应商重叠的情形下，进一步说明在核心制程工艺受制于控股股东、相关代理费或服务费或服务费对销售收入金额占比很小的情形下，通过市场划分方式解决同业竞争的措施是否切实可行、有效，是否会对发行人自主拓展市场、持续经营产生重大不利影响；② 在竞争方对发行人该同类收入或毛利占发行人该同类业务收入或毛利的比例达30%以上的情况下，认定发行人不构成重大不利影响，补充提供相关证据，并结合证据论证发行人是否符合《科创板首次公开发行股票注册管理办法（试行）》规定的发行条件。 请发行人披露以地域、细分产品划分解决同业竞争问题的做法是否符合相关监管要求。 请保荐机构、发行人律师对上述事项进行核查，避免给发行人带来重大不利影响。 （3）第三轮问询 根据问询回复，LH电子于2019年5月22日出具承诺函，LH电子将采取合法措施保证在2020年12月31日前在HJ芯片的市场区域内LH芯片的同类收入占HJ芯片该类业务收入的比例降至30%以下；在厦门联芯连续盈利年度的次年起，在HJ芯片的市场区域LH芯片的同类业务毛利占HJ芯片该类业务毛利的比例降至30%以下。

续表

序号	主要关注点	具体问询问题
1	关于同业竞争	报告期内，发行人在LH电子市场区域内的销售金额大幅增加，从2016年的98,988.42万元，增加到2018年的177,987.68万元，增幅79.81%；LH电子在发行人市场区域内的销售金额大幅降低，从2016年的176,171.35万元下降到2018年的103,304.73万元，降幅41.36%。请发行人说明：①LH电子所采取"合法措施"的具体内容及其有效性；②上述承诺的具体内容及披露的有效性；②上述承诺内容及披露行信息披露义务，与LH电子及其关联方报告期内需要证券交易所履行哪些披露义务；与LH电子及其关联方报告期内对上述客户的采购变动情况及合理性，大幅增长主要来源于LH电子销售金额的原因及合理性。报告期内发行人在LH电子销售区域内销售金额大幅增长的原因及报告期内对上述客户的采购减少，该等客户与发行人客户的重合情况，发行人销售收入的增长是否主要来源于上述客户，LH电子及其关联方是否存在通过让渡商业机会对发行人进行利益输送的情形；④通过承诺及限定细分产品与细分市场领域的方式解决同业竞争是否符合相关监管要求。请保荐机构、发行人律师对上述事项进行核查，说明核查方式、核查手段，并发表明确意见
2	关于独立性	（1）第二轮问询 发行人0.13um、28nm、40nm、55nm、80nm及90nm制程晶圆制造技术均来自LH电子授权使用，且非独占、排他的许可方式。根据回复材料：发行人已经完全掌握28nm、40nm等先进制程技术，技术授权将免费提供授权人使用。LH电子出具的确认函，授权技术到期后经相关政府部门核准同意核准展使用该制程所创造之收入比例的具体水平，是否公允、合理；②LH电子如将相关技术其他主体使用，对发行人形成新的竞争；③授权技术到期后续展需要哪些政府部门核准，已对控股股东技术不存在重大依赖；④公司已经完全掌握了28nm、40nm等先进制程技术，已对控股股东技术不存在重大依赖是否符合企业的实际情况，如果已完全掌握，能否在不依赖授权技术的情况下独立研发、生产；技术协议到期后无法继续授权，会引请发行人披露：①报告各期各类产品涉及LH电子及其主要技术的取得方式，发行人向LH电子支付技术授权费用的确定依据，包括但不限于LH电子出具的确认函，授权技术到期后经相关政府部门核准同意续展使用该制程所创造之收入比例的具体水平，是否公允、合理；②LH电子如将相关技术其他主体使用，对发行人形成新的竞争；③授权技术到期后续展需要哪些政府部门核准，已对控股股东技术不存在重大依赖

343

续表

序号	主要关注点	具体问询问题
2	关于独立性	起与哪些第三方的知识产权纠纷，涉及哪些知识产权；⑤公司是否具备"研发一制造一销"的一体化完备的产业链条，是否具备自我创新驱动发展的动能和持续的盈利能力，公司是否自主拥有自主知识产权的产业化公司，是否符合《科创板首次公开发行股票注册管理办法》"发行人业务完整，具有直接面向市场独立持续经营的能力"的要求；⑥公司未对境外股权、业务进行重组的原因，有无将芯片相关核心技术及研发平台均从境外转移到发行人，以提高自主创新能力和独立性的方案；⑦结合报告期内发行人通过 LH 电子及其关联方代销产品金额占收入总额的比例，说明在发行人对主要市场销售要通过控股股东 LH 电子及其关联方进行的情况下，回复材料认为发行人拥有完整独立的销售服务体系是否符合企业实际情况，在产供销差异原因及合理性，发行人是否具备独立经营和开拓市场的能力，是否构成发行上市障碍。请发行人说明，若不能取得 LH 电子的技术授权，对发行人生产经营的具体影响，并结合该影响说明是否对 LH 电子存在技术依赖。请保荐机构、发行人律师对上述事项进行核查，并发表明确意见
3	关于客户、供应商重合	(1) 第一轮问询 报告期内竞争双方客户、供应商的重合情况，对重合客户、供应商的销售、采购金额占各自销售、采购金额的比例，竞争双方对重合客户、供应商的销售、采购价格的确定依据及公允性，与非重合客户、供应商相比是否存在差异，如存在，说明差异原因及合理性 (2) 第三轮问询 根据问询回复，发行人报告期内与最终控股股东 LH 电子及其关联方的客户、供应商存在重合。其中报告期内，发行人对重合客户、供应商的销售、采购金额占比分别为 33.54%、27.86% 和 25.59%。销售占比分别为 93.86%、94.21% 和 95.76%，对重合供应商的采购占比为请发行人说明以下内容：①重合客户、供应商的名称，销售产品名称、采购产品在层数、制程工艺、应用领域等方面的具体差异。②发行人与最终控股股东及其关联方对重合客户、供应商的销售、采购占比，供应商的确定依据及公允性，与重合客户、供应商相比是否通过重合客户、供应商进行利益输送的情形。请发行人与最终控股股东及其关联方关于客户的划分原则，包括合作历史、具体结算模式、付款、回款方式等。③发行人与最终控股股东及其关联方进行利益输送的情形。请保荐机构、发行人律师和申报会计师对上述事项进行核查，说明核查手段、核查方式，采购价格、采购价格及其公允性、发行人律师、发行人与最终控股股东及其关联方对上述事项进行核查，并发表明确意见

续表

序号	主要关注点	具体问询问题
4	关于持续盈利能力	（1）第一轮问询 招股说明书披露，发行人尚未盈利及最近一期存在未弥补亏损。请发行人：①按照《上海证券交易所科创板股票发行上市审核问答》第2条规定上述规定进行核查并发表核查意见；②在发行人尚未盈利的情况下，发行保荐机构按照"发行人具有持续盈利能力，财务状况良好"的判断依据；③按照《公开发行证券的公司信息披露内容与格式格式准则第41号——科创板公司招股说明书》第三十三条的规定，充分揭示尚未盈利及存在累计未弥补亏损的风险。 （2）第二轮问询 报告期各期末，公司资产负债率远远高于可比公司的规模，报告期内利息保障倍数均为负数，但公司在招股说明书中认为自身具备较强的偿债能力。请发行人进一步说明相关认定的依据和理由是否充分适当。请保荐机构结合报告期内的经营情况及财务数据，说明核查依据、方式和过程，进一步就发行保荐书中认为"发行人具有持续盈利能力"是否符合企业实际情况进行核查，并发表明确意见。 （3）第三轮问询 发行人报告期内连续三年扣非后均为亏损。请保荐机构、申报会计师进一步就"发行人具有持续盈利能力"是否符合企业实际情况进行核查，说明核查依据、方式和过程，并发表明确意见。
5	关于研发领料	（1）第一轮问询 招股说明书等申请文件多处涉及研发技术人员数量，具体人数前后多处披露不一致；报告期内研发支出合计数与研发支出数量差异金额差异较大。请保荐机构，申报会计师核查以下事项并发表明确意见：①研发技术人员的界定标准及目前在研项目分配的研发人员数量与发行人目前披露的各处披备的研发人员数不一致的原因，若数据有误，请统一并修改相关披露文件；②报告期内各研发项目开发周期、成果及配备的研发人员情况，目前未被安排研发项目的剩余研发人员工作安排的情况，目前发行人研发人员的构成情况；③结合不同的研发项目，折旧摊销等研发支出各项目研发支出的构成情况、主要耗用材料的名称、数量、具体用途，最终去向及最终在各期财务报表中的反映情况；④结合研发人员的界定依据，核查是否存在研

345

续表

序号	主要关注点	具体问询问题
5	关于研发领料	发人员从事非研发活动的情形,若存在,核查研发支出与计入生产活动的人工支出的标准,及该划分是否合理及合理处理以及相关会计处理;⑤结合研发项目与生产经营及专利取得等情况,核查确定高某等三人为核心技术人员的原因及合理性。 (2) 第二轮问询 根据申报材料及问询回复,发行人报告期内研发支出中的材料支出,报告期内各期其他材料支出分别为 8,402.22 万元、10,961.68 万元、11,953.06 万元,占材料支出比重分别为 70.31%、62.62%、59.37%,材料最终是向主要是研发测试后报废。 请发行人说明:①其他材料的主要内容,是否与研发活动直接相关;②材料研发测试后报废后具体处理方式,涉及销售相关废品的,说明各期相关废品销售收入情况,涉及支付费用请第三方处理相关数量及处理费用金额。 请保荐机构、申报会计师对上述事项进行核查,并发表明确意见。 (3) 第三轮问询 根据回复资料,报告期各期发行人研发费用材料费用中包括折旧费用金额 6,038.26 万元、10,145.40 万元、9,627.79 万元,检测费 2,026.80 万元、346.60 万元、1,906.63 万元,以及少量人工支出。 请发行人进一步说明:①将折旧费用、检测费、人工费用等归入材料费用核算的原因及合理性,相关会计核算是否准确;②上述折旧费用对应的机器设备的原值及折旧年限、各期折旧计入生产活动和研发活动费用的金额、相关折旧费用在生产活动和研发活动之间分配的具体标准、分配是否准确,是否存在将不应列入研发支出的支出列入研发费用的风险;③发行人在向主管税务机关申报的研发支出与本次申报研发数据是否存在差异,将折旧费用等列入研发费用等向税务机关申报是否得到税务机关的认可;④是否存在因虚报研发费用而被税务处罚的情况,说明核查方式、核查过程、核查结论,发行人研发费用核算是否准确,是否存在会计基础薄弱的情况,并发表明意见。 请保荐机构、发行人律师对上述事项④进行核查,并发表明意见。

续表

序号	主要关注点	具体问询问题
6	关于会计政策与会计估计变更	（1）第一轮问询 发行人原始报表与申报报表差异情况报告显示，2016年及2017年发行人原始报告与申报报表所有科目均存在差异，且多数科目差异存金额较大，其中净利润差异金额分别为2.51亿元和4亿元；差异报告还显示：①除了企业会计准则发布及法规变化要求以外，申报会计师核查会计估计变更或会计政策变更的情况；②LA公司及其股东及发行人及控股股东间是否存在关联关系或其他利益安排，及发行人代LA公司垫付电费的原因及业务背景，是否存在关联方资金占用；③发行人是否存在会计基础薄弱情形，财务相关内控的整改持续时间、相关内控制度是否完善并得到有效执行。 （2）第二轮问询 发行人回复，报告期内变更了部分会计政策及核算方法，报告期内不存在会计政策变更或会计估计变更的情况。请保荐机构、申报会计师对以上事项进行核查，并发表明确意见。 （3）第三轮问询 根据回复材料，发行人首轮问询回复时认为报告期内发生了会计政策和会计估计变更的情况，首轮和二轮问询中保荐机构、申报会计师认为发行人除企业会计准则发布及法规变化要求以外，报告期内会计政策和会计估计不存在变更。请发行人进一步说明除企业会计准则发布及法规变化要求以外，报告期内会计政策和会计估计是否发生变更，若发生变更，进一步说明变更具体内容及对财务报表各科目数据的具体影响，若变更为重大变更的，请按《公开发行证券的公司信息披露内容与格式准则第41号——科创板公司招股说明书》第七十一条要求补充披露相关信息。请发行人及申报会计师，并就发行人报告期内是否变更了会计政策和会计估计以及相关变更是否为重大变更发表明确意见

347

续表

序号	主要关注点	具体问询问题
7	关于本次发行上市决策程序	（1）第一轮问询 发行人最终控股股东LH电子系纽交所上市公司。请保荐机构、发行人律师核查以下事项并发表明确意见：①发行人本次上市是否符合相关监管要求，是否依法履行有关程序，是否履行了完备的法律程序，相关信息披露是否一致，是否符合相关监管规定，减持、稳定股价；②发行人各级控股股东关于发行人股份锁定、避免同业竞争等以及其他承诺是否履行；③发行人、控股股东是否严格按照《关于进一步推进新股发行体制改革的意见》，作出关于欺诈发行上市的股份购回承诺，包括上市前和上市后的股份购回，是否合法、有效；④中介机构是否严格《关于进一步推进新股发行体制改革的意见》要求作出承诺。 发行人最终控股股东LH电子于2000年在纽约证券交易所挂牌上市。请保荐机构、发行人律师就LH电子在纽交所的公开信息与本次申请文件和财务报告所披露的内容是否存在差异，差异原因及合理性进行核查，并发表明确意见。 （2）第二轮问询 发行人最终控股股东LH电子2000年在纽约证券交易所挂牌上市。请保荐机构、发行人律师对上述事项进行核查，信息披露是否符合监管法规要求，是否履行了相应的决策、信息披露程序。 请保荐机构、发行人律师对上述事项进行核查，并发表明确意见

表15-5　北京MG移动科技股份有限公司

序号	主要关注点	具体问询问题
1	关于首轮问询未落实问题	请发行人、保荐机构、发行人律师及申报会计师回复中对首轮问询及其回复中以下问题予以进一步核查。①首轮问询11第1个小问题，公司回复表示未从事广告内容制作相关业务，但发行人核心技术中自动化素材设计人机互动化素材为在线素材编辑系统，帮助客户成批制作广告素材。请发行人进一步说明上述表述存在矛盾的原因并如实披露是否存在广告内容制作客户具备相关广告业务资质，是否需要具备相关广告业务资质。②首轮问询11第5个小问题，请发行人补充披露在海外营销中是否需遵守相关投放地的法律法规要求以及公司的应对措施，公司是否存在违反投放地法律法规的情形。

第十五章 注册制之企业上市失败典型案例

序号	主要关注点	具体问询问题
1	关于首轮问询未落实问题	③首轮问询问题12，请发行人补充披露境内行业主管部门能否对发行人通过香港子公司开展业务实施有效监管，说明公司营业税金及附加金额、应交增值税、应缴的返利政策及金额，是否存在违反税务规定的情形。④首轮问询问题14，按照供应商及客户分别说明报告期的返利确认方式，预提计算方式，对账差异、年末返利支付是否与客户及供应商签约主体一致，是否存在第三方回款或者支付的情况。⑤首轮问询问题23第3个小问题，进一步说明并核实报告期个人购买账户比公司LS公司采购媒体资源的原因以及LS公司是否为媒体资源的最终提供方。⑥首轮问询问题27，发行人同行业可比公司LS公司采购媒体资源的原因以及LS公司是否为媒体资源的最终提供方。⑥首轮问询问题27，发行人服务器及相关租赁费用的账务处理方式，结合租用的服务器数量、时长、吞吐量等情况重化分析出现错误的原因，修正后2016年搜索展示类的原因。⑦首轮问询问题37，首轮问询问题38，收入确认中"合同约定的结算标准"确认收入的具体内涵。⑨首轮问询问题42，管理费用中服务费用大幅下降的原因。⑧首轮问询问题38，收入确认中"合同约定的结算标准"确认收入的具体内涵。⑨首轮问询问题42，管理费用中服务费用大幅下降的原因。⑧首轮问询问题45，说明2017年母公司所得税费用比重占利润总额的比率不符的原因。⑩首轮问询问题54，结合款项具体性质说明向供应商收取的保证金额以及应付账款的合理性测试过程。⑬首轮问询问题57，现金流中大额的住未款项的原因，是否具有借款性质。⑫首轮问询问题56，结合期初现金的个人借款760万元的背景。请发行人严格按照问题进行披露或说明，核查范围应包括发行人及其重要子公司。⑪首轮问询问题56，结合期初现金的个人借款760万元的背景。请发行人严格按照问题进行披露或说明，核查范围应包括发行人及其重要子公司。的交易对手方、交易背景及金额，2016年支付的劳务支付的情况，请保荐机构和发行人律师就未正面回复问询的情况出具专项说明。
2	关于核心业务系统	根据首轮问询回复，发行人补充披露：①核心业务系统对财务报表中收入有重大影响。请发行人说明：①核心业务系统对财务报表中收入有重大影响。请发行人说明：①核心业务系统导致财务报告风险；③核心业务系统与外部系统对接关键环节，业务系统数据及关联控制环节，包括但不限于系统开发、变更权限、运维、安全、备份、逻辑访问。

349

续表

序号	主要关注点	具体问询问题
2	关于核心业务系统	相关人员授意、指示或强令系统维护人员伪造、变造、删除、篡改系统数据或系统日志的情形、是否存在导致数据异常的重大事故、是否对财务数据或系统变更记录、是否通过审批、是否存在导致数据产生重大影响及相关金额；⑦核心业务系统与财务系统，对接差错或差异的发现及解决过程；⑧是否存在发行人与客户关于计费内容或结果的意见不一致或纠纷及其解决情况。请保荐机构和申报会计师对发行人信息系统（包括但不限于核心业务系统、财务系统等）出具专项核查报告，专项核查报告应当详细说明对发行人信息系统的核查方法、核查人员、核查内容、核查过程及核查结论，并对发行人业务系统是否真实、准确、完整地记录发行人的经营活动，发行人财务系统引用的业务系统数据是否真实、准确、完整，发行人业务系统的运营数据和财务系统的运营财务数据是否真实、准确、完整，与信息系统运行相关的关键内部控制的有效性发表明确意见
3	关于业务模式	根据首轮问询问题12的回复，公司的内部交易主要是发行人及境内子公司因向香港子公司等境外主体的客户提供营销推广服务，而向境外主体收取的技术服务费。发行人收入主要来自香港子公司，结算主要以香港子公司与境外公司和母公司的广告主进行结算，结算货币主要为美元，但发行人主要利润来源于国内母公司。请发行人补充说明：①境内主体与境外主体之间的具体内部交易过程，相关营销推广服务费的计算方式，包括主营业务活动开展方式的签约主体、客户的签约主体、服务器的租用、办公场所的租用以及人员的聘用；③公司母公司营业收入的构成，应收应付款项的结算、结算货币与结算主体，说明发行人境外主体及境内主体主要涉及的原因；④主要结算方式，结算金额，结算方式及结算主体；⑤请采取适当措施保证公司有足够的分红能力实现投资者回报。三方支付平台实际对应对的结算方式不同结算方式下大额资金往来核查，相关货币资金收入的占比，请说明、发行人律师及申报会计师就发行人不同结算方式下大额投资金往来核查，相关货币资金收入的函证程序予以说明，并说明核查及函证的结果。请保荐机构、发行人律师及申报会计师核查并发表明确意见

350

续表

序号	主要关注点	具体问询问题
4	关于技术先进性	根据首轮问询问题 9 的回复，发行人在大数据营销产业价值链中参与的环节是 DSP+DMP，并表示行业内公司所追求普遍结果，不同企业采用不同的技术手段和实现方式。在技术先进性对比方面，发行人选取与公司主营业务收入、净利润/毛利、用户刻画数据维度等项目比较体现主要体现在高吞吐量、数据标签库及毫秒级快速响应。请发行人补充披露：①通过该等项目比较技术水平优势主要体现在高吞吐量、数据标签库及毫秒级快速响应。请发行人补充披露：①通过该等项目比较技术水平的合理性，该等项目是否为行业公认的评价要素及其依据；②国内主要从事上述业务的公司及基本情况；③发行人 DSP+DMP 行业云作为行业发展前景、行业竞争情况、面临的主要风险，结合国内出海公司需求披露公司市场占有率及发行业排名；④发行人租用亚马逊云服务器的租用主要作用、毫秒级的响应与公司技术及服务器的关系、公司技术水平在吞吐量及响应方面是否能够发挥主要作用，是否存在将相关服务器水平的体现；⑤应对网络延迟、高并发计算、海量数据分析的技术及其具体的先进性表现；⑥报告期末自核心技术的收入及占比。 请保荐机构和发行人律师核查并发表意见
5	关于大数据来源	根据首轮问询问题 16 的回复，发行人每通过一次广告投放，公司的投放决策系统都会得到投放效果反馈信息（均为脱敏信息，比如用户是否点击某个广告，是否下单购买等），根据这些效果数据，公司积累了自己的投放数据资源。由于发行人积累的投放数据直接跟广告投放效果有关，而这些信息通常媒体方无法获得，因此发行人比媒体方拥有更有价值的营销成效数据，能帮助发行人准确预测用户面对广告时的行为。具体来说，发行人出价策略主要通过展示价值评估、出价策略预估结合实现。媒体方的展示请求包括媒体信息、展示位置信息和用户信息三种。此外，发行人并不占有展示请求数据。请发行人补充披露：①经营所使用的大数据是否来源于脸书、谷歌等媒体，发行人开展生产经营主要依靠自身长期积累的数据还是脸书、谷歌等媒体提供的数据，发行人拥有的具体大数据的来源和获取方式，获取的有效营销结果数据量、谷歌等媒体提供数据，营销结果数据与展示请求数据的差异；②营销成效数据拥有更有价值的营销壁垒体现；③发行人比媒体方拥有更有价值的营销成效数据论断依据、相关价值的主要体现，发行人上述数据能够实现的具体作用，相比同行业企业而言营销成效数据是否有竞争力；④媒体方取的信息是否包含展示条件、无差别地向所有方提供，是否可以通过支付额外的成本获取更多的信息，并进一步说明媒体方提供的竞价决策信息对竞价决策的重要性，发行人对相关信息是否存在依赖，如是，

351

续表

序号	主要关注点	具体问询问题
5	关于大数据来源	请对相关风险予以提示；⑤展示请求的具体竞价要求及标准，以示例说明自身积累的数据在实时竞价决策中发挥的作用，公司核心技术未应用场景，并提供证据或者行业指标说明发行人数据在决策中的优势；⑥积累的营销成效数据在两个评估程序中的作用，展示价值评估中相关价格的形成基础还是媒体方提供的数据。请保荐机构和发行人律师核查并发表意见
6	关于信息披露豁免	发行人申请豁免披露：①首轮问询问题 17 中，与脸书及谷歌之间的合同条款等；②首轮问询问题 21 中，同为营销服务提供商或其他代理商公司的最终广告受益人的交易信息。鉴于发行人对脸书的交易存在重大依赖，与脸书的交易情况可能严重影响投资者的决策判断；同为营销服务商的决策判断；同为营销服务商的最终广告受益人对判断公司服务能力属于重要信息。请发行人补充披露：①与脸书通过脸书及谷歌分别实现的营业收入及毛利率；②百度、360、字节跳动、阿里、网易、腾讯等具体情况；②报告期内脸书投放的广告投放分别属于搜索展示类及效果类的收入，如是其指定代理商请披露相关销售金额及占收入比重，发行人是否为其指定的广告投放商，如是其指定代理商请披露相关销售金额及占收入比重；⑤上述客户如不是其指定代理商，将知名互联网企业合作作为公司客户及服务能力证明的合理性；⑥报告期通过代理公司进行投放的广告主中，指定公司及投放主体及非指定投放对应的收入金额及比重，指定投放主要涉及的代理商名称及对应金额。请发行人补充说明与谷歌合作协议收入的主要条款及计费方式，合同订立双方及结算双方等具体情况，发行人律师和申报会计师核查并发表明确意见
7	关于发行人流量采购	根据首轮问询问题 17 及 23 回复，发行人对脸书的流量采购占比高是由于脸书在移动互联网的寡头垄断地位造成，不会影响综合性投放广告业务的承接，与脸书之间的付款违约条款包含，如在发出通知后仍未收到款项，脸书可中止任何广告。2016 年第四季度，公司集中精力扩大搜索展示类业务，向脸书采购 9,356.51 万元，应付账款余额 9,753.41 万元。2016 年发行人搜索展示类业务前五大供应商采购金额合计为 2.36 亿元，第一名为脸书，第二名是 MeetSocial，采购 7,448.67 万元。

续表

序号	主要关注点	具体问询问题
7	关于发行人流量采购	请发行人进一步说明：①根据重大合同，部分合同存在指定脸书投放渠道的要求，发行人提供的投放渠道选项仅有三个，即脸书、谷歌及推特，请发行人结合移动互联网市场竞争格局、在手合同主要约定、实际业务承接中相关流量方的承接、主要客户在其他渠道是否存在投放说明发行人对脸书的流量采购占比是否会影响综合性投放广告业务的承接；②发行人与脸书、谷歌之间的合同金额、付款金额和信用期及报告期平均结算时长，应付账款余额，函证回函金额；③2016年搜索展示类业务展示前五名采购额计数大于搜索展示类业务成本的原因；④MeetSocial的背景、股东、主营业务，与公司及重董监高是否存在关联关系、任职关系、共同投资关系或者其他重大利益关系，2016年向其采购的主要流量、时点及主要投放的广告主，2017年后采购额下滑的原因。请发行人补充披露：①脸书提供给其他代理商的流量与公司的代理商列为同行业可比公司的原因；②脸书是否存在调整合作策略的风险；③对发行人流量采购依赖业务能力影响的风险提示；④2016年发行人具体采购脸书流量的时点，主要投放的广告主，在2016年第四季度与脸书之间的合作开始并持续走高的原因进行具体明确的分析，如存在相关风险请予以说明。请保荐机构核查并核实披露，有针对性的提示；④上述代理商的业务模式与公司是否存在差异，上述代理商的业务模式与公司是否存在差异，以及未将上述代理商列为同行业可比公司的原因；②脸书是否存在调整合作策略的风险；③对发行人流量采购依赖业务能力影响的风险提示；④2016年发行人具体采购脸书流量的时点，主要投放的广告主，在2016年第四季度与脸书之间的合作开始并持续走高的原因进行具体明确的分析，如存在相关风险请予以说明。请保荐机构核查并发表明确意见
8	关于发行人收入及相关核查	根据首轮问询回复，公司主要客户为国内有出海需求的企业，一般采用香港或其他境外子公司作为结算主体，实际经营主体为国内公司。因此，公司主要以香港子公司和广告主要资源方和广告主进行结算，结算货币主要为美元。报告期，公司收入56,488.83万元、227,938.04万元和432,820.90万元，年复合增长率为176.80%。此外，发行人现金流入毛利率低于HL科技的原因及合理性，但发行人对HJ国际2018年的销售额约为2.52亿元。请说明发行人对DD公司2018年销售额为5.60亿元，DD公司为SJHT公司的子公司。根据HL科技与同行业可比公司的原因及公司的年报，其前五大客户中无发行人。③公司对DD公司2018年销售额为5.60亿元，DD公司为SJHT公司的子公司。根据SJHT公司的年报，其前五大客户中无发行人。请说明上述差异原因。④根据公开资料查询，公司前五大客户中多数成立于2015年，部分公司实缴资本低于50万元，缴纳社会保险金人数低于20人，存在被标注为"小微企业"的情形。请发行人以列表方式说明首轮及本次问询涉及的客户情况及现金流入规模较大。①发行人针对主要客户收入、相关变动趋势，以及公司客户的留存率。②HJ国际主体经营为国内公司，以成本估算为1.85亿元，以及发行人对HL科技的原因及合理性，未将HL科技作为同行业可比公司的原因。③公司对DD公司2018年销售额为5.60亿元，DD公司为SJHT公司的子公司。根据SJHT公司的年报，其前五大客户中无发行人。请说明上述差异原因。④根据公开资料查询，公司前五大客户中多数成立于2015年，部分公司实缴资本低于50万元，缴纳社会保险金人数低于20人，存在被标注为"小微企业"的情形。请发行人以列表方式说明首轮及本次问询涉及的客户

续表

序号	主要关注点	具体问询问题
8	关于发行人收入及相关核查	成立时间、注册资本、实缴资本、股东及实际控制人、主营业务、应收账款收入、信用期及回款情况、函证程序、函证及回函金额、并对相关信息予以必要的分析说明，是否存在第三方回款情况，与上述客户是否存在关联关系、任职、共同投资或者其他需要说明的关系。⑤发行人及其董监高、发行人客户北京DK公司法定代表人一直从事DSP等研发。请说明北京DK公司采购公司业务的需要性。⑥根据公开信息查询，发行人客户北京DK公司签订日期为2019年1月1日，请提供报告期主要客户合同。⑦发行人提供的重大销售合同签订日期为2019年1月1日，请提供报告期主要客户合同。请保荐机构、发行人律师及申报会计师核查并发表明确意见
9	关于来自代理及行业毛利率对比	公司业务分为搜索展示类业务及效果类业务。报告期，公司对代理公司的应收账款占对其收入的比重分别为97.59%、27.61%及36.31%，而对游戏行业高于游戏公司。同时，公司毛利率对其收入的比重分别为77.42%、20.43%及8.53%，代理客户应收账款占收入的比重明显高于游戏公司。同时，公司毛利率的毛利率分别为20.31%、6.24%、4.38%，发行人来自游戏公司的毛利率分别为16.37%、2.30%及1.89%；来自代理公司的毛利率分别为7.71%、5.02%及6.05%。请发行人补充披露：①按照搜索展示类业务及代理电子细分）及代理其他电子细分》及代理客户（直接客户按照游戏、电子商务、媒体资讯及其他必要的分析。②公司对代理公司及直接客户之间是否存在应收款款、信用期及期后回款、期后回款说明；③搜索展示类业务应收收账款占比、收入金额占比、应收账款。是否存在放宽信用期激销售的情况，代理公司应收账款占收入比重高于游戏行业及公司对公司平均值的原因、是否存在放宽信用期激销售的策略，并对上述情况予以具体详细的说明；⑤公司针对游戏代理公司及代理其他行业效果类中来自游戏行业的原因，代理公司是否存在于年末突出销售的情况？④代理公司在年末突出销售的情况，代理公司毛利率低于公司整体行业的原因、毛利率低于公司整体行业的原因及依据，是否符合会计准则的要求。请发行人进一步说明：①报告期搜索展示类及效果类业务的前五大客户名称、成立时间、确认收入时间及金额、期末应收账款，是否存在因信用期不同或其他原因及依据，是否符合公司不同分担成本流相关成本流量采购等费用的情况。请保荐机构、申报会计师核查并发表明确意见
10	关于公司毛利率有所下滑	报告期，公司毛利率分别为20.31%、6.24%、4.38%，逐步下滑。其中最主要的计费方式CPM报告期平均单价分别为19.53元/千次、14.96元/千次及14.75元/千次。此外，公司表示未主动采用低价竞争策略，2018年搜索展示类毛利率有所下滑，是由客户广告投放实时竞价结果导致成的。

354

续表

序号	主要关注点	具体问询问题
10	关于公司毛利率下滑	请发行人补充披露：①结合行业公司及行业发展情况，按照不同业务类别分别说明发行人毛利率与同行业公司毛利率差异的合理性，报告期毛利率下降的原因，报告期内搜索展示类毛利润的影响下降或波动的原因；②"未主动采用低价竞争策略"的具体含义，报告期各类业务价格下降或波动的原因，发行人是否存在低价竞争的情况；③针对相关价格下降对公司业务类以敏感性测试；④是否存在实时价格竞争导致毛利率为负的情况；⑤对公司毛利率及净利润持续下滑以及对竞争力对于毛利率的影响及净利润为负的原因，报告期销售搜索展示类业务毛利率及净利率持续下滑以及对客户占比越来越高的原因，单体报告期销售额逐渐下滑的原因，效果类业务是否存在行业拓展之乏力竞争力下降的情况。请保荐机构、申报会计师核查并发表明确意见。报告期内公司应收账款余额分别为 25,303.94 万元、75,733.36 万元、101,507.13 万元，金额较大，应收账款坏账风险对公司影响较大。
11	关于应收账款	请发行人：①量化分析报告期各期末应收账款快速增长的原因，与同行业公司坏账准备计提比例及金额，下游客户的还款能力说明对坏账准备充分性以进一步分析；②对于账龄在1年以上，期末单独计提坏账准备的应收账款，说明对应的客户、主营业务、股东及实际控制人、收入金额、信用期限、形成收入的具体时点，相关业务属实及真实性，未能结算的原因，相关坏账准备是否充分；④针对1年以上应收账款占比持续上升予以风险提示；⑤说明坏账准备、各减值测试方法，并结合期后回款等说明坏账准备计提的充分性。请保荐机构及申报会计师核查并发表明确意见。
12	关于销售费用	根据首轮问题40的回复，报告期，发行人客户数量为24家、78家及100家。合同人客户数量为1093家。其中，合同规模在500万元以上的客户数量为24家、78家及100家。合同规模在100万到500万元的客户数量为44家、118家及129家。发行人开拓客户方式为公司商务及公司人员通过参加展会、上门拜访、老客户介绍等方式开发新客户，随着公司业务规模的扩大及知名度的提升，客户主动联系情况也日益增多。发行人销售费用分别为1449.32万元、2037.43万元及2062.23万元，除员工薪酬外其他销售费用分别为260.37万元、209.24万元及183.64万元，持续下滑。请发行人：①结合报告期营销人员数量，说明平均薪酬变化及变化原因；②公司按照直接客户（直接客户游戏、电子商务、媒体资讯及其他电子细分）及代理公司客户以细分，并说明相关客户数量变化的原因；③结合行业公司情况，对公司销售费用占营业收入比重较低的合理性以说明；④主要客户拓展方式下主要销售费用规模大幅上升的情况下说明在除员工薪酬外的新的销售费用持续下滑的原因及合理性。请保荐机构及申报会计师核查并发表明确意见

续表

序号	主要关注点	具体问询问题
13	其他	报告期内，公司经营活动现金流入金额累计为64.32亿元，经营活动现金流出金额累计为61.93亿元，其中2018年经营活动现金流入为41.59亿元，现金流出为39.40亿元。随着发行人收入规模持续上升，现金流入及流出规模出现扩大，资金发行人涉及洗钱风险，资金收付管理制度是否符合反洗钱的相关规定和请保荐机构、发行人律师和申报会计师核查公司是否涉及洗钱及反洗钱的相关规定和要求，并发表明确意见，说明核查过程、方法和发表意见的依据

注：因北京MG移动科技股份有限公司在两次问询后主动撤回申报，上表所列问题为第二次问询中的主要问题。